KB194304

秘資金
비 자 금

손충무(국제저널리스트)지음

도서출판 이포

'비자금' 이 한 권의 책이 나라를
바로 세우는 '터닝 포인트' 가 될 것이다.

김성광 목사 (강남교회, 강남금식기도원원장)

'비자금' 이란 말은 우리나라 국민들에게 비교적 익숙한 단어이다. 재벌 기업가들의 비자금으로부터 전직 대통령들의 비자금까지, 국민들은 언론을 통해서 수많은 비자금 소식을 전해 들었기 때문이다. 그러나 어딘가 모르게 매번 속 시원하게 의문이 해결되었다는 느낌은 들지 않는다.

최근 가장 크게 시선을 끌었던 비자금은 김대중 – 노무현 전 대통령들의 비자금 의문이다. 항간에는 60여 년의 대한민국 역사상 가장 큰 비자금이라는 소문이 떠돌 정도였다. 이 두 정권은 재벌 기업들로부터 매년 수천억에서 1조 원씩 거둬들인 사회 헌납금과 국가 세금의 일부를 유용하여 다양한 용도의 북한 지원금과 좌파 시민단체들의 후원금으로 불법 전용하였다는 주장이다. 그 규모만도 수십조 원이 넘고, 사용 용도도 정권 유지금, 방송 언론사 장악금, 좌파인사들의 재산 유용금 등 다양하다고

한다. 게다가 비자금에 관여한 인사들은 재산을 축적하는 과정에서 엄청
난 탈세를 저지르고도 국세청의 세무조사조차 받지 않았다는 비난까지
일고 있다.

더 나아가서 북한 지원금으로 전용된 비자금은 적화통일의 야욕을 포
기하지 않는 북한 공산당에게 남한을 침략할 만한 핵무기와 미사일을 준
비하는데 충분한 자금 역할을 하여, 김일성 – 김정일 체제를 굳건히 만드
는데 도움을 줬다고 하니 답답한 노릇이다. 이 정도의 소문이라면 언젠가
한번쯤 이 문제를 집고 넘어가지 않을 수 없을 듯하다.

물론 김대중 전 대통령의 다양한 북한 지원이 그간 단절되었던 남북
교류의 물꼬를 텄다는 데에서는 긍정적 평가를 내릴 수 있겠지만, 오히려
그 지원금이 북한 공산당의 침략을 돕는 자금이 되었다면 그 책임을 피하
기 어려울 것이다.

결국 김대중 전 대통령은 초대 이승만 대통령의 건국 활동과는 반대로
북한의 김일성 – 김정일을 위해 좌파 활동한 셈이다. 김대중 –노무현 대
통령의 북송자금이 없었다면 북한은 이미 소련이 해체된 것처럼 개혁 개
방의 길을 걸을 수밖에 없었을 것이라고 한다. 그랬더라면 자유를 빼앗기
고 굶주림으로 죽어가는 수많은 북한주민들이 지금쯤 대한민국의 국민들
처럼 자유를 누리며 행복한 삶을 살고 있지 않았겠는가? 그의 행적을 어
떻게 평가하는가에 따라서 그 결과도 달라지겠지만, 적어도 북한의 공산
당 정권을 지속시켰다는 비난을 면하기는 어려워 보인다.

이처럼 비자금이란 단지 개인 비리의 차원을 넘어서 국가 역사의 향방
을 결정하는 중차대한 주제인 것이다. 대한민국이 선진국형의 정치 발전
과 경제 성장을 추구한다면 각종 비자금들은 반드시 투명하게 밝혀져야
하며, 비자금이 아닌 합법적인 자금이 되도록 법제화하는 길이 조속히 만
들어져야 한다.

각종 비자금들이 검은 돈으로 남아서 법조계와 정치계에 현재와 같이
계속적으로 공급된다면 국가의 정치 질서는 파괴되고 사회정의는 사라져

서 혼란과 불행이 가속될 것이며, 결국 국가는 퇴락의 길을 걷게 될 것이기 때문이다.

이 책 '비자금'은 바로 그 점을 지적하고 있다. 이 책은 한때 김대중을 선생님으로 추종하여 사형선고 받은 그의 생명을 지켜주기까지 했던 국제 저널리스트 손충무 작가가 나라의 기강을 바로 세우기 위해 공정한 자료를 모아서 엮은 책이기에 아마 그의 정의로움에 반론은 없을 것이라 믿는다.

또한 이 책은 미래 대한민국의 지도자로서 꿈을 키우는 젊은이들에게 바른 지표를 제시하며, 현재의 정치 – 경제 – 사회에 이념 혼란을 초래하고 있는 비자금의 흐름을 파악하는 데에도 도움을 줄 것이라 여겨진다.

대한민국이 잘사는 법치국가, 행복한 선진국가가 되려면 과거역사의 잘못을 깨닫고 바로잡는 과정을 거쳐서 단계적인 발전과 성장을 이루어야 한다. 이 책 '비자금'이 그 전환점 역할을 하길 기대하며 추천의 글을 대신하는 바이다.

'김대중·김정일 최후의 음모' 한국판을 읽는 한국의 독자들에게

中川聖男 (일본 프리 저널리스트)

 지난 2002년 10월 일본에서 발행되었던 '김대중·김정일 최후의 음모'(저자 손충무) 일본어판이 곧 한국어판으로 발행된다는 소식을 듣고 이 추천의 글을 씁니다.

지난 8년 동안 '김대중·김정일 최후의 음모' 일본어판은 일본에서 한반도 연구에 꼭 필요한 저서였습니다. 이 책이 뒤늦게나마 한국에서 출판된다는 소식은 일본어판을 만드는데 참가한 우리들을 기쁘게 합니다.

이 책이 일본에서 처음 발행되었을 때 한국의 여러 출판사가 한국어판으로 번역 출판을 하겠다고 일본 출판사에 찾아왔었지만, 한국으로 돌아가서는 김대중 정권 기간에는 이 책을 발행할 수 없다는 안타까운 이야기도 있었습니다.

　김대중 노무현 정권 당시 인천공항에서는 일본에서 두 권 이상의 책을 구입해올 경우 한 권은 압수했으며, 한국의 외국서적 수입업자들이 정부에 '김대중 · 김정일 최후의 음모' 일본어판에 대해 수입허가 신청을 냈으나 번번이 불허 당했다는 이야기도 들려오고 있었습니다만 늦게나마 2010년 이명박 정권에서 '김대중 · 김정일 최후의 음모' 한국어판이 출판된다는 사실에 감명 받았습니다.

　추천의 글을 쓰는 본인(나까가와 세이요)은 30여 년 전부터 손충무 선생을 알고 지내왔습니다. 손충무 선생이 도쿄에 도착하면 그의 주변에는 항상 일본의 한반도 전문 저널리스트들과 학자 20여 명이 찾아왔습니다. 그것은 손충무 씨가 움직이는 곳에는 반드시 큰 뉴스거리가 있었기 때문입니다.

　손충무 씨는 1998년 김대중 정권 시대가 시작되자 정권에 의해 구속당했습니다. 2년 동안 감옥살이를 하고 나온 그가 2001년 1월 3일 느닷없이 도쿄에 나타났습니다. 그리고 1월 6일 도쿄 시내 모 호텔에서 일본 언론인 및 한반도 전문 학자들 40여 명이 모여 '손충무 도쿄 방문 환영' 오찬을 가졌습니다.

　그때 손충무 씨는 세계가 모르고 있었던 새로운 사실을 발표했습니다. 그것은 한국과 일본 및 전 세계가 모른 채 꽁꽁 숨겨져 있었던 엄청난 폭발력을 가진 뉴스였습니다.

　그는 이렇게 말했습니다. "여러분 6 · 15 평양선언이 어떻게 이루진 줄 아십니까? 김대중이 김정일에게 현대건설을 통해 8억 달러라는 엄청난 국민들의 혈세를 국민도 모르게 보내서 이루어진 것입니다. 그런 사실에 충격을 받은 미국 정부는 김대중 정부에게 두 번이나 위험경고를 보냈습니다. 이런 일이 있을 수 있습니까?"라며 흥분했습니다.

　그는 덧붙여 "한국인으로서는 최초로 내가 이 정보를 입수했으며, 이 정보는 서방 세계 고위 정보 소식통으로부터 입수한 것입니다. 그 소식통은 이렇게 말했습니다. 김대중 정부는 6 · 15 평양회담 달성을 위해 현대 그룹을 통해 현금 5억 달러를 보냈고, 또 김대중 정부는 현대그룹 해외 지사망을 이용해 추가로 3억 달러를 보낸 데 대해 정보기관에서 추적 중에 있습니다"라고 폭로했습니다.

그날 이후 김대중 씨가 평양을 방문하기 위해 김정일에게 엄청난 달러를 갖다 바쳤다는 이슈의 돌풍이 불기 시작했습니다. 그리고 일본 언론들은 앞다투어 추적 보도를 시작했습니다.

손충무 씨는 이러한 빅 뉴스거리를 터뜨리고 난 뒤 도쿄에서 미국으로 건너갔고, 워싱턴에서 정치 망명을 선언했습니다.

정치 망명생활 일년 반 후 '김대중 · 김정일의 최후의 음모'라는 일본어판 저서가 일본에서 출간되었고, 이 책은 지난 8년 동안 일본 전역에서 엄청난 센세이션을 불러일으키며 팔렸습니다. 그리고 많은 일본인들에게 한반도 정세와 김대중, 그리고 김일성, 김정일 부자와의 관계를 알도록 만들어 주었습니다.

6 · 25 전쟁이 끝나지 않고 휴전으로 총부리를 겨누고 있는 한국의 현실에서 한국 국민들과 젊은이들이 꼭 읽어 올바른 사상과 이념으로 한국의 평화가 이루어지기를 바라는 마음에서 추천의 글을 올립니다.

대한민국에 진실된 자유 민주주의의
뿌리가 내리길 기원하며

　최근 한국에서 고 김대중 전 대통령의 자서전이 발간되어 많은 의문점을 남기고 있는 것으로 압니다.

　자서전이나 회고록이라는 것은 자신의 일생을 되돌아보고 자신이 걸어온 길에 대하여 숨김이 없이 밝혀 지난 잘못에 대한 깨달음과 후세들에게 본보기가 되고 좋은 연구 자료가 되도록 하는 것입니다. 그러나 김대중 전 대통령은 사후(死後) 자서전을 발간하면서도 본인이 저지른 죄에 대하여 용서를 구하지 않았을 뿐만 아니라 수많은 사람들을 나락의 구렁텅이에 빠뜨리고 부도덕하게 저지른 사실들에 대하여 숨기고 있습니다.

　김대중 전 대통령은 자신이 오직 민족과 국가를 위해 헌신하고 충성한 것으로 거짓말을 하고, 자신이 지은 죄는 위장으로 치장하고 진실은 모두 감추었습니다.

　북한의 김일성 김정일 부자와 내통하며 자유 민주주의 대한민국을 붉게 물들게 한 사실을 알고 있는 산 증인들이 살아 숨 쉬고 있는데도 말입니다. 그리고 정치를 이용하여 재산을 축적한 사실 또한 자서전에는 한 마디도 들어 있지 않습니다. 어떻게 이런 분을 대통령까지 오른 한국 정치계 거목이라고 자부할 수 있으며, 국가와 민족을 위해 평생 몸 바쳤다고 할 수 있습니까?

조선일보 김대중 고문은 칼럼에서 "김대중 자서전은 자신의 유리한 점만 기술되었고, 김대중 정권 시절 김대중의 사상과 이념 친북 좌파정치에 대하여 중점 보도하였던 조선, 동아일보 및 모든 언론사에 대하여 세무사찰을 감행한 사실에 대해 한마디도 언급하지 않았다. 김대중 정권의 언론사 세무사찰은 전 세계에 유래가 없으며 외국 언론으로부터도 언론 탄압이라고 비판받은 김대중 정권의 횡포였다"라고 말하고 있습니다.

또 김대중은 본인이 김일성과 내통하며 공작금을 받아 친북좌파 행위를 해온 사실에 대하여 추적 보도한 언론인, 출판인, 소설가 등 14명을 정권을 잡자마자 감옥에 보낸 사실도 밝히지 않았습니다.

그리고 조갑제 닷컴의 조갑제 대표도 "김대중의 자서전은 허구와 거짓투성이다"라고 칼럼을 통하여 논평했습니다. 이외 김대중의 행적을 지켜보며 알고 있는 많은 사람들이 이구동성으로 자서전을 비판하고 있습니다.

자서전을 통하여 진실을 밝힌 내용은 '나는 첩의 자식 이었다' 고 처음으로 밝힌 자신의 출생의 비밀뿐입니다.

김대중 전대통령은 '김대중은 첩의 자식이었다' 라고 특종 보도한 언론인, 출판인, 소설가 등 14명을 대통령 권좌에 오르자마자 그 막중한 권력을 이용하여 감옥에 보냈고, 가정과 경제 파탄은 물론 단란했던 가족들과도 뿔뿔이 흩어지도록 만들었던 과거사가 있습니다.

1971년 제8대 대통령 후보 당시 도쿄에서 조총련 국제국장 김병식으로부터 김일성이 보낸 공작금(대선자금) 20만 달러(현재 2천만 달러 값어치)를 받은 사실도, 평양 김정일을 만나기 위해 2000년 6월 김정일에게 국민 혈세 8억 달러를 갖다 바친 사실도 자서전 내용에는 찾아볼 수가 없습니다.

또 1968년 총선에 출마한 김대중(지역구목포)에게 남파 간첩 3명을 통해 보낸 김일성의 달러 공작금(선거자금)도 숨겼습니다. 그뿐 아니라 이수동, 김영완, 이형택, 권노갑 등 김대중 측근들이 뉴욕으로 3억 달러를 불법으로 빼돌려 부동산에 투자하는 등 국민들을 배신하고 조국을 배반한 사실에 대해서 한마디 언급도 없습니다.

결국 김대중과 측근들이 저지른 불법 사실에 대하여 국민들에게 밝히고, 잘못 알려지고 기록되어 있는 한국 정치사를 바로 알리는 일이 저자의 책임으로 돌아왔습니다. 이에 따라 네 권에 걸친 역사의 증언을 출간하는 것입니다.

또한 필자는 1945년 8 · 15 해방 이후, 1948년 8 · 15 대한민국 정부수립 기간 내 공산주의자들이 저지른 만행과 1950년 6 · 25 김일성의 남침을 모르는 절대다수의 젊은이들을 위해 공산주의가 무엇이며, 고려연방제가 무엇인지 알리기 위해 목숨이 다할 때까지 병상에서 글을 쓰고 있습니다.

필자는 46년 동안 언론인 생활을 하면서 한국정치 권력자들의 불법 사실을 국민들에게 알리고 진실을 보도해 왔습니다. 그 이유로 정신적 육체적인 고문을 받았으며, 그로 인해 발병한 병 때문에 현재 미국 버지니아 병원에서 투병 중에 공산주의를 지향하는 친북좌파 정치인들에 의해 붉게 물들어 가는 대한민국에 진실 된 자유 민주주의의 뿌리가 내려 행복한 나라가 되길 기원하는 마음으로 독자님들께 이 글을 바칩니다.

필자는 이 책을 마무리하지도 못한 채 쓸어진채 42도의 높은 열이 3주간이나 계속되자 병상을 지키던 둘째 아들 세영(Sonny Y. Son) 부부가 긴장하여, 멀리 샌디애고에 사는 첫째 우영(William Y. Son)이와 시애틀 해군병원의 의사인 막내 국영(Khenty Y. Son)이에게 연락하자 급히 달려온 이들 삼형제 앞에서 유언을 남기기도 했습니다.

서울에서 30년의 벗 이영우 장로가 병실을 찾아와 특별기도와 위로를 해주었으며, 권영해 장로(전 안기부장), 정재연 권사(소망교회)님을 비롯하여 자국본(자유대한지키기국민운동본부) 황성준 목사님을 비롯한 많은 주의 종들의 중보기도가 큰 위로를 주었으며, 해외 출장 중에도 국제전화를 통해 투병생활을 일일이 체크하며 기도를 하여 준 김재욱 박사(GEC회장), 진금섭 장로(워싱턴중앙교회), 이장연, 김영돈, 박인철, 유천종, 박윤식 목사님의 기도가 큰 힘이 되어주었습니다.

또한 워싱턴 샤론교회 교우들과 중앙장로교회 중보기도 회원 여러분, 버지니아 한인교회 교우 일동이 하나님께 '손충무 장로를 살려 한국 좌파들과 북한 김정일 악마집단을 무너뜨리는 한국의 모세가 되어 바른 역사의 기록을 남기게 하여 주세요' 하는 중보기도가 하나님의 마음을 움직여 주셨음을 믿습니다. 그리고 미국에 유학중인 평양예술단 학생들과 함께 오리고기 요리를 만들어 몇 번인가 병실을 찾아준 마영애 단장의 수고에도 감사를 드립니다.

한편 지난 8월 「김대중 X-파일 제1탄」 '김일성의 꿈은 김대중을 남조선 대통령으로 만드는 것이었다' 를 발행한 출판사 관계자들이 여러 채널을 통해 김대중 추종자들로부터 어려움을 당하고 있음을 듣고 있습니다. 그러나 이에 굴하지 않고 오직 그들의 가면을 벗겨 진실을 세상에 알려 좌경세력 척결에 앞장서겠다는 사명감으로 「김대중 X-파일 제2탄」 '비자금 - 김대중 · 김정일 최후의 음모' 를 출간해 주시는 이포출판 이정승 사장과 직원들에 감사와 위로의 말씀을 드립니다.

필자는 지금 병석에서 하나님께 때로는 투정과 불평을 늘어놓으며 참회의 눈물을 흘리며 기도를 하고 있습니다. 1953년 피난시절, 부산 충무동 감리교회를 내 발로 찾아가 예수를 믿기 반세기……, 이번처럼 눈물과 통곡의 기도를 드리고 큰소리로 찬송가를 부르며 예수님께 매달려 기도하기도 처음입니다.

"예수님! 이 죄인의 생명을 다시 한 번 살려주시어 영광 받으시기 원하옵나이다. 그리고 빨리 그리운 조국 한국으로 돌아갈 수 있도록 건강이 회복되게 하여 주시옵소서. 아멘"하며 기도하고 있습니다. 사랑하는 독자 여러분들의 중보기도가 더욱 필요한 때입니다.

감사합니다.

2010. 9. 30.
미국 버지니아 병원 센터(Virginia Hospital Center) 809호실에서

저자 손 충 무 拜上

차 례

제 1 장

김대중은 좌파 공산주의자(외신보도)

노무현이 대통령에 당선되자 김정일은 금강산 자락에
'축 노무현 남조선대통령 당선,
위대한 남조선 빨치산의 영웅 권오석 동지의 딸 청와대 입성' 이라는
커다란 프랭카드를 내걸었다.
그러니까 김대중은 김일성과 형제 같은 사이였으며,
노무현 장인 권오석은 김일성으로부터
'남조선 최고 빨치산 영웅' 칭호를 받은 북한의 영웅이었다.

김대중 당선은 대한민국의 재앙

첫 출발은 강경파인 이슬람 근본주의자들(Islamic fundamentalists)로 조직된 과격 테러분자들이 불러온 '테러와의 전쟁'이라는 비극의 역사와 함께 출발했다.

2001년 9월 11일 뉴욕, 워싱턴 D.C, 펜실베니아 주 등 세 곳에서 동시다발적으로 발생한 여객기 납치 테러 사건은 전 세계를 충격 속으로 몰아넣었다. 오사마 빈라덴의 지시에 의해 알카에다 테러 조직이 저지른 이 사건은 제4차 세계 전쟁을 예고한 신호탄이었다.

그날의 불행에 의해 미국은 지금 이라크, 아프가니스탄에서 두 개의 전쟁을 치르고 있으며, 유엔과 자유세계는 이란과 북한(조선민주주의인민공화국)을 상대로 핵개발 포기 전쟁을 벌이고 있다.

지금 유엔과 미국을 비롯한 자유 국가들은 국제 테러리즘을 뿌리 뽑기 위해 미국을 중심으로 동맹을 더욱 튼튼히 굳히며 '테러와의 전쟁'을 빨리 끝내기 위해 지혜를 모으고 있다. 미국과 영국이 앞장서고 그 동맹 국가들이 함께 참여하여 치르고 있는 '테러와의 전쟁'은 전선도, 전쟁도, 적국도, 국경도 없는 21세기형 새로운 형태의 전쟁이다.

세계인들은 지난 20세기 한 세기 동안은 미국과 구소련의 두 강대국에 의한 냉전(Cold War) 체제에서 공산주의가 몰락하고 자유 민주주의 체제가 승리함으로써 지구촌에는 전쟁이 끝난 것으로 판단했었다. 그러나 지구촌은 민주주의와 공산주의라는 이데올로기(Ideologue) 싸움은 끝이 났지만 기독교 문화와 이슬람 문화의 종교를 바탕에 깐 적대적 감정이 국제 테러리즘이라는 새로운 전쟁을 불러와 세계를 혼란 속으로 몰아가고 있다. 도처에서 테러와 자살폭탄으로 희생자가 늘어나는 또 다른 불행을 만들고 있는 것이다. 이러한 혼란은 중동 지역뿐만 아니라 아시아, 유럽, 아프리카에 이르기까지 세계 곳곳에 테러리즘 소탕이라는 새로운 명분의 전쟁 '테러와의 전쟁'을 불러왔다.

20세기 냉전 시대의 전쟁은 미국 편과 소련 편으로 갈라져 동서(東西) 두 진영으로 나누어졌으며, 이에 따라 각 나라는 자신들의 국가 이익에 따라 미국과 소련 편으로 양분되어 한 세기를 살았다. 그러나 새로운 세기, 즉 21세기는 미국을 중심으로 한 기독교 문화권 국가들에게 나쁜 감정을 갖고 있는 '이슬람 과격분자들의 국제테러리즘을 어떻게 막아내고 뿌리를 뽑아야 하는가?' 라는 과제를 안겨 주고 있다.

지금 세계의 많은 나라들은 미국과 영국이 중심이 되어 치르고 있는 '테러와의 전쟁' 에 적극적인 지지, 소극적인 지지, 적극적인 반대, 소극적인 반대라는 갈등과 이해득실로 나누어져 있다. 그러므로 21세기라는 새로운 세기의 세계 질서는 미국과 기독교 국가들에 대한 이슬람 국가들의 불만과 테러 전쟁이라는 불행한 역사를 떠안고 흘러가고 있으며, 그 종착역이 어디쯤인지 새로운 냉전 시대의 끝이 보이지 않고 있다는 데 비극이 있다.

9 · 11 테러 사건 후 미국인들은 허탈했다. 엄청난 충격을 어떻게 받아들여야 할지 정부도, 언론도, 종교인들도 커다란 고통을 견뎌내기에 안간힘을 쏟았다.

9 · 11 동시 다발적 테러는 1943년 군국주의(軍國主義) 일본이 하와이 진주만의 미 해군 기지를 기습 공격했을 때보다 더 많은 희생자를 냈으며, 이날의 피해는 제2차 세계대전이 끝난 후 최대의 비극이었다. 당시 미국 언론들은 '남북전쟁보다도 더 큰 재앙인 이 엄청난 국가적 재앙의 충격을 어떻게 받아들여야 할지 허무감을 가진 사람들이 늘어나고 있다' 고 보도했다.

2001년 9월 14일 당시 조지 부시(George W. Bush) 미국 대통령은 전 세계인을 향해 "이제 우리는 전선도, 전쟁도, 적국도 없는 21세기의 전쟁을 시작한다. 이 전쟁은 무한대의 정의로운 전쟁이며 21세기의 새로운 전쟁이다"라고 선언했다.

미국 역사학자들은 9 · 11 테러 공격을 타이타닉호 침몰 사건, 일본의 진주만 공격 사건보다도 더 큰 쇼크와 충격을 준 사건으로 기록했다.

미국 역사학자들과 군사 전략가들은 "타이타닉호의 침몰은 근대문명의 사치와 호화스러움이 빚어낸 참사"라고 정리한다. 또 일본의 진주만 침략 공격은 "일본 군부의 소수 강경파들이 저지른 무모한 야만 행위, 선전포고도 없는 비겁한 전쟁"이라고 정리했다. 그러나 9·11 테러 행위는 타이타닉호의 비극이나 진주만 공격의 비극을 훨씬 능가하는 "20세기 최대의 불행이며 야만인들에 의해 저질러진 잔인한 행위"라고 정리했다. 그렇기 때문에 테러를 당한 미국인들뿐만 아니라 테러 공포 속에 놓여 있는 세계인들이 분노하고 있으며 보복과 응징을 다짐하는 미국의 '테러와의 전쟁'에 세계 60여 나라가 동참했다.

조지 부시 대통령과 참모들은 그때부터 21세기를 요리할 수 있는 강력한 팍스 아메리카나(Pax Americana)의 세계 판도를 그리기 시작했다. 9·11 테러 공격을 사주한 빈 라덴은 어떻게 보면 미국의 은인이었다. 9·11 테러는 21세기 미국의 새로운 세계 전략의 지도를 그리며 새 판을 짜기에 좋은 구실을 제공해 준 셈이었다.

1989년 5월, 로널드 레이건 대통령과 고르바초프 소련 대통령이 냉전 시대를 마감하는 악수를 나누며 "미국과 소련은 이제 이데올로기 싸움을 끝내고 우방 친구 국가로 합치게 되었다"고 선언했었다. 그 날자 뉴욕 월스트리트 저널은 1면에 통단 활자로 'WE-WIN(미국은 이겼다)'라고 보도했다. 한 세기의 냉전 싸움을 마감하는 역사적인 날을 상징하는 타이틀이었다. 그것은 레이건 정권의 승리였으며 자유 민주주의 체제의 승리였다. 한 세기 동안 지구촌에 엄청난 피해를 입히고 2억 명 이상 인간의 생명을 앗아간 공산주의 체제는 75년 만에 마침내 종말을 고했다.

'테러와의 전쟁'은 미국과 동맹 국가들에게 아프가니스탄 전쟁 승리, 이라크 전쟁 승리, 사담 후세인 생포와 교수형, 리비아 독재자 카다피의 항복으로 그 종말을 가까이 하고 있지만 그 한 자락에 한반도 문제가 골치 덩어리로 남아 있다. 그것은 한반도 북쪽의 '조선민주주의인민공화국'이라는 김일성, 김정일 주체사상의 나라 북한이라는 집단이 20여 년 전 지구상에서 사라진 낡은 마르크스 레닌주의, 스탈린주의를 껴안고 버티고 있다는 점이다. 그로 인해 9·11 테러 사건과는 아무런 연관성이 없는 북한 핵문제가 국제 테러리즘과 같은 국제 사회의 중요한 골칫거리로 부상했다. 그것은 악마 집단인 알카에다와 국제 테러 조직에 북한이 대량살상무기(WMD)를 판매하고 기술을 전수하였으며, 그 위험이 아직도 남아 있기 때문이다.

김정일의 북한은 러시아와 파키스탄에서 핵무기 개발 기술을 배우고 자재를 도입하여 만든 대량살상무기를 국제 테러 조직에 넘겨주는 것은 물론 미국 본토까지 공격할 수 있는 미사일을 개발하여 동맹인 일본과 한국을 위협하고 있다. 그래서 '테러와의 전쟁'에 나선 미국과 그 동맹 국가들과 자유세계는 한 목소리로 북한의 핵무기를 '완전하고 영원히 돌이킬 수 없는 폐기'를 요구하고 있다.

국제사회는 김정일에게 "리비아의 카다피를 본받으라"고 요구하고 있다. 그런데도 김정일은 끝내 국제사회의 여론을 무시하며 저항하고 있다.

9·11 테러 발생 후 미국은 "테러 국가는 물론 테러 국가를 지원하는 나라도, 테러 조직을 숨겨 주거나 그들을 돕는 지원 국가들도 테러 조직으로 공격 대상이 된다"고 선언했다.

또한 부시 대통령은 북한을 테러를 지원하는 국가로 분류하고 '악의 축' 국가로 언급했다. 국제 테러 조직과 불량 국가에 미사일을 팔고 핵무기와 생화학무기 기술까지 전수하고 있었기 때문이다. 그런데 '악의 축' 국가인 북한에 미국의 동맹인 대한민국 김대중 정권이 현대그룹을 통해 2000년 5~6월 사이에 8억 달러(한국 정부는 5억 달러)의 현금을 불법으로 보내고, 현대그룹은 금강산 관광이라는 미명 아래 9억 5천 만 달러라는 거액을 보낸 것이다. 김정일은 그 돈으로 핵무기를 개발하고 군사력을 증강시켜 자유세계를 협박하고 있으며, 국제사회의 골칫덩어리로 등장하고 있다.

1998년 2월 김대중 정부에서부터 노무현 좌파 정권이 끝나는 2008년 2월 중순까지 10년 동안 북한 김정일에게 퍼부어 준 돈은 50~60억 달러

(한국 돈 50~60조원)라는 천문학적인 금액이다. 그래서 자유 민주주의와 평화를 사랑하는 선량한 대한민국 국민들은 자신들도 모르는 사이에 테러 지원 국가의 국민이라는 억울한 누명을 썼다.

김대중과 김정일은 2000년 6·15 평양선언을 통해 '우리끼리, 민족끼리' 약속을 하고, 노무현은 2007년 10월 4일 김정일을 만나 남한 대통령으로는 두 번째로 '우리끼리 민족끼리'를 약속하고 포옹했다. 김정일이나 죽은 그의 아비 김일성과 그 추종자들이 말하는 '우리끼리 민족끼리'라는 말은 한국과 미국 사이에 맺은 반세기간의 한·미 동맹을 깨고 '주한 미군 철수', '양키 고 홈'을 하라는 것이다.

김정일을 껴안고 그 볼에 키스를 하며 '우리끼리 민족끼리' 탱고를 춘 두 명의 남한 대통령 김대중과 노무현은 절대 대통령이 될 수 없는 인물들이었다. 그들 두 사람은 자유 대한민국이니까 자신들의 정체를 감추고 전라도 사람들과 친북 좌파 세력들에 의해 옹립되어 대통령이 될 수 있었지 만약 그들이 북한에서 태어났거나 북한의 한국 침략전쟁 때 남한이 북한군에 함락 당했다면 그들 두 사람은 세상에 존재할 수 없었던 인물들이었다.

대통령에 당선된 노무현이 세상에 태어난 후 처음으로 발을 들여놓은 뉴욕 땅에서 "1950년 한국 전쟁 때 미군이 참전해 주지 않았다면 오늘 내가 이곳에 오지 못했을 것이다. 아마 세상을 떠났거나, 아니면 북한의 어느 정치범 수용소에 있었을 것이다"라고 고백할 정도로 그는 대한민국에 무한정한 은혜를 입은 사람이다. 그런데도 김정일을 찾아가 그를 포옹하고 볼을 맞대고 비비며 '우리끼리 민족끼리' 하며 합창을 할 수밖에 없었던 것은 일찍이 두 사람 모두 김일성으로부터 커다란 은혜를 입은 사람들이었으며, 가슴과 머리에 붉은 물감이 가득 차 있었기 때문이다. 김정일은 김대중을 향해 "남조선의 대통령으로 당선된 김대중은 위대한 수령님(김일성)으로부터 형제의 우애와 믿음으로 큰 바다(大海)와 같은 은혜를 입었는데도 그 은혜를 모르는 인간이다"라고 공개 석상에서 말했다.

노무현이 대통령에 당선되자 김정일은 금강산 자락에 '축 노무현 남조선 대통령 당선, 위대한 남조선 빨치산의 영웅 권오석 동지의 딸 청와대 입성'이라는 커다란 플래카드를 내걸었다. 그러니까 김대중은 김일성과 형제 같은 사이였으며, 노무현의 장인 권오석은 김일성으로부터 '남조선 최고 빨치산 영웅' 칭호를 받은 북한의 영웅이었다.

김대중과 노무현은 김정일을 포옹하고 볼을 비빌 수밖에 없는 위치의 인물들이었다. 그 고마움과 은혜를 갚기 위해 좌파 10년 잃어버린 세월 동안 50~60억 달러를 보낸 국가 반역 행위자였으며 자유 대한민국의 배신자였다.

김대중과 노무현이 김정일을 껴안고 탱고를 추고 부루스를 추도록 만든 한 단계 낮은 반역자들도 마찬가지다. 신성한 통일을 팔아 3억 달러를 챙겨 먹은 임동원, 박지원, 권노갑, 김영완, 그리고 그들과 함께 국민 세금을 축내도록 날 강도짓을 한 정몽헌과 현대건설 관련자들의 파렴치한 범죄 행위는 국민의 이름으로 고발되어야하며 처단하여야 한다. 그뿐 아니라 현대아산을 해체하고 그 자산을 모두 압수하여 국고에서 가져간 돈을 배상하도록 만들어야 한다.

김대중과 노무현 정권이 탄생하지 않았으면 김정일은 이미 지구상에서 사라졌거나 러시아나 스위스로 도망쳤을지 모른다. 설사 그가 도망을 치지 않았다고 해도 김정일 체제는 존재하지 못했을 것이다.

김대중 정권이 탄생하기 전인 1995~1998년 사이 북한은 굶주림과 질병에 견디다 못해 300만 명이 죽은 기아(飢餓)의 나라였으며 죽음의 땅이었다. 숨이 넘어가는 김정일에게 김대중, 정몽헌, 임동원, 박지원, 김보현(전 국정원차장)이 8억 달러를 보내 숨을 돌리게 만들어 주었다. 그 후 김대중, 노무현 좌파 정권 10년 동안 50~60억 달러를 공짜로 주어 핵무기와 미사일을 개발하고 인공위성을 빙자한 대륙간 탄도미사일을 개발하여 일본 상공 위를 날아가 태평양 입구에서 추락하는 기술까지 갖추게 되었다.

북한은 김대중, 노무현 정권과 현대가 보내준 자금으로 이미 핵을 보유하고 8,000개의 폐연료봉에서 플루토늄을 추출하는 작업을 마치고 농

축 우라늄을 만들고 있다는 협박과 함께 어설픈 행동을 보여주고 있다. 그 때문에 새로 탄생한 버락 오바마 미국 정부도 한쪽으로는 북한의 협박을 무시하면서 한쪽으로는 북한이 베이징 6자 회담에 나오도록 압력과 설득 전략을 펴고 있다.

그러나 미국의 많은 사람들은 이제 한반도 문제에 대해 자주 짜증을 내며 얼굴을 붉힌다. 그들은 이제 코리아가 미국의 동맹이 아니라고 생각한다. 미국인들이 그런 생각을 갖게 된 것은 김대중, 노무현 좌파 정권이 10년 동안 저질러 놓은 반역 행위와 이적 행위 때문이다. 그러면 김대중과 노무현이 어떤 반역 행위를 하였으며 어떻게 자유 대한민국을 망치려고 했는가 살펴보자.

한국 언론들과 지식인들은 정보가 부족한 탓도 있겠지만 무엇 때문인지 지난 10년 간 모른 체하거나 외면했다. 특히 많은 언론인들, 종교인들, 지식인들, 야당 정치인들도 눈을 감고 귀를 막고 입을 다무는 죄악을 저질렀다. 그런 가운데 손충무, 조갑제, 이도형이 1997년 선거 초반부터 가장 선두에 서서 '김대중 당선은 국가의 재앙'이라는 사실을 알고 당선 반대 투쟁을 했다. 그리고 김대중(조선일보 고문), 류근일 같은 5, 6명의 진실된 언론인과 서정갑 예비역 대령이 이끌던 옛날의 대령연합회, 국민행동본부가 없었다면 대한민국은 적화(赤化)되었을 것이다.

남한에 있는 빨갱이 좌파 세력들, 친북 세력들, 김대중과 노무현 추종자들 몇 백만 명을 제외한 4,000만 명의 국민들이 눈을 감고, 입을 닫고, 침묵하고 있을 때 생명을 내놓고 투쟁해 온 사람들 때문에 지금 자유 대한민국이 유지되고 있는 것이다. 그런데도 이명박 정권은 그런 점을 깨닫지 못하고 있으며, 그런 갈등과 함께 보수 세력들로부터 인정을 받지 못하고 있는 데 비극이 있다.

이명박 대통령은 물론 그의 주변에 몰려 있는 인물들은 좌파 정권 10년 동안 몇 분의 애국 투사들이 투쟁할 때 얼굴 한 번 보인 적이 없었다. 단 돈 만 원짜리 한 장 성금을 낸 적도 없는 그런 인물들이 공짜로 얻은 권력을 누리고 있다. 그러니 좌파 정권 10년 동안 투쟁해 온 애국 투사들의 그 엄청난 고통과 인내의 아픔을 모르고 있다. 그래서 이명박 정권과 애국 투쟁 세력들과의 사이에 커다란 갭이 놓여 있으며 문제가 쌓이고 있는 것이다.

이제 김대중과 노무현이, 그리고 친북 좌파세력들이 어떻게 대한민국을 김정일에게 공짜로 넘겨주려고 했는지 그 정체를 캐 보자.

김대중 당선은 대한민국의 재앙 불러

1997년 12월19일 네 번째 대통령 선거에 출마한 김대중은 투표한 유권자 36%의 지지를 받아 제15대 대통령으로 당선됐다. 김대중이 정치판에 발을 들여놓은 후 국회의원 선거에 출마 네 번 만에 당선된 것처럼 대통령 선거에서도 세 번 낙선하고 네 번째 도전하여 당선의 영광을 안았다. 끈질긴 승부수와 집념의 결실이었다.

한국은 15대 대통령 선거까지 모두 열네 번 대통령 선거를 치러 8명의 대통령을 선출했으며, 김대중의 당선으로 두 번째 섬 출신 대통령을 탄생시켰다. 8명의 대통령 가운데 김영삼이 경남의 거제도(巨濟島)출신이며, 김대중은 목포에서 작은 발동선을 타고 2시간 정도 가면 도착할 수 있는 작은 섬 전남 하의도 출신이다. 그런 섬에서 어렵게 출생한 김대중이 대통령이 되었다는 사실은 김대중 본인과 그 집안 사람들, 추종 세력들에게는 위대한 인물의 탄생이며 영광이자 자랑거리였다.

그러나 김대중의 당선은 대한민국의 큰 재앙이었으며, 반대자들에게는 지옥이었다. 김대중을 마치 '김대중 종교'의 교주처럼 믿는 광신도들과 일부 호남 사람들은 그를 가리켜 "망해가는 백제(百濟)를 끝까지 지키려고 황산벌에서 장렬히 전사한 계백 장군 이후 가장 위대한 호남의 인물"이라고 추겨 세웠지만, 김대중 정권의 탄생은 7,000만 명 남북한 국민 모두에게 재앙을 선물했으며, 한반도 통일이 늦어지는 불행한 결과를 불러왔다.

김대중의 당선은 김영삼 대통령의 판단 미스와 이회창과 김영삼의 갈등, 정치 초년생인 이회창의 미숙한 행동 때문에 김대중이 36만 표를 더 얻어 어렵게 당선된 것이다.

1997년 12월 선거는 여당 후보인 이회창이 절대 패배할 수 없는 선거였다. 그런데도 이회창은 어이없게 36만 표라는 근소한 차이로 패배했다.

이회창 후보는 대학 시절부터 법률 공부만 하고 사법고시에 합격하여 법관이 됐다. 법대생들은 사법고시 합격을 위해 다른 공부는 깊이 파고들지 못하며 법관이 된 다음에도 평소 생활이 재판에만 매달려 있기 때문에 사물을 보는 폭이 넓지 못하고 마음의 문을 활짝 열어 놓지 못하는 단점이 있다.

판사가 된 사람들의 최대의 꿈은 대법관(大法官)이 되는 것이다. 대법관으로 있는 이회창을 감사원장, 국무총리, 여당의 대표최고위원, 대통령 후보로 만들어 낸 사람이 김영삼 대통령이었다. 그런데도 이회창의 인기가 좀처럼 오르지 않고 있었다. 그것은 IMF 사태를 불러온 여당 후보자인데다 국민들에게 이회창 개인에 대한 호감도가 낮았기 때문이었다. 그래서 YS와 이회창 두 사람 사이에 갈등이 생겼다. 거기에다 이회창 후보의 두 아들이 군대에 가지 않으려고 체중 조절을 통해 병역을 면제받았다는 사실을 김대중 쪽에서 흘리고 있었다.

이 사건을 폭로한 이재왕(당시 36세)은 병무청 직원이었다. 그는 이회창 후보의 두 아들이 군대를 가지 않고 병역을 기피했다고 김대중 쪽에서 정보를 흘리자 처음에는 이회창을 찾아갔다. 그런데 이회창이 만나주지 않자 측근인 백남치 의원의 보좌관 조규태를 만나 "이회창 후보 두 아들의 병역 면제는 불법이 아니다. 나에게 10억 원을 주면 불법이 아니라는 사실을 공개 증언하겠다"고 제의했다. 그러나 이회창 측에서 아무런 반응을 보이자 않자 김대중 당인 새정치국민회의(이하 국민회의)를 찾아가 이회창 두 아들이 돈을 쓰고 불법으로 병역 면제를 받았다는 사실을 폭로하겠다고 제의했던 모양이다.

이재왕은 1997년 12월 10일 공개 기자회견을 통해 "1990년 10월과 11월 이회창 후보 아들 정연 씨가 나를 찾아와 체중 감량 방법을 가르쳐 달라고 했다. 다음 해인 91년 친구의 소개로 정연 씨가 세 번째 찾아와 롯데호텔에서 만났으며, 그 후 그는 병역 면제를 받았다"고 폭로했다. (註 1)

한나라당과 이회창 후보는 이재왕을 상대로 '명예훼손과 통합선거법위반' 혐의로 고소했으며 검찰은 불구속 기소했다. 그러다가 선거가 끝나고 김대중이 취임한 후인 1998년 여름 재판부는 이재왕에게 징역 1년을 선고하고 법정 구속했다.

서울 구치소에 수감된 이재왕은 필자의 옆 감방에 있었다. 그러나 그의 태도는 당당했다. 그를 면회 오는 사람들은 국민회의 쪽 사람들이 많았다. 2~3개월 후 그는 서울 구치소를 떠나 공주(公州) 교도소로 이감되었으며 1개월 후 석방됐다는 소문이 들려 왔다.

그런데 이 문제는 5년 후 노무현과 이회창 싸움 때에 또 터졌다. 이 사건은 선거가 끝난 멋 훗날 모두 거짓말로 밝혀졌지만 이미 좌파 정권 10년이 흘러간 다음이었다. 아쉬운 것은 두 번 모두 두 아들 병역 면제에 대한 반격을 제대로 하지 못하고 어처구니없이 일방적으로 당했다는 사실이다. 그런데 아직도 그 문제에 대해 의심스럽게 생각하는 사람들이 많은 것도 사실이다. 왜, 어떤 연유로 두 아들 모두 병역을 면제받을 수 있었을까하는 의아심이다.

또 이인제(李仁濟) 의원이 YS가 이회창 후보를 적극적으로 지지하지 않는다는 사실을 알고 한나라당 대통령 후보 경선에 출마하여 이회창과 겨루다가 패배한 후 당을 떠난 것도 악재였다. YS가 정치인으로 키워준 이인제가 경선 투표에 불복 한나라당을 탈당하여 독자적으로 대통령 선거에 출마하면서 55%선인 여당 지지표 가운데 20%를 이인제가 뺏어가는 바람에 김대중이 어부지리를 얻어 당선된 것이다.

이인제가 경선에 불복 한나라당을 탈당하고 나가자 김영삼 대통령이 이인제의 탈당을 적극 만류하면서 이회창에게 "이인제를 적극 포용하여 함께 가야 한다"는 신호를 몇 번이나 보냈다고 한다. 그런데도 이회창은 이인제를 끌어안지 못하고 엉거주춤하고 있었다. 그래서 YS가 이회창에게 두 번이나 직접 전화를 하여 "이인제를 끌어안아야 한다. 주변 사람들 말 듣지 말고 이 후보가 직접 찾아가서 담판을 하라고 말해주었다"고 증언했다. (註 2)

YS의 권유에 따라 이회창은 이인제를 만나기 위해 2~3차례 한밤중에 이인제 집을 방문했으나 이인제는 만나주지 않았다. 이인제가 이회창을 피하고 만나주지 않았던 것은 이미 김대중 측이 이인제 측에 깊이 손을 대고 접촉하며 흥정을 하고 있었기 때문이다.

김대중은 이인제가 대통령 선거에 출마하도록 이인제 측근들을 적극 부추기고 있었다. 이인제가 출마하여 이회창 지지표를 가져가야만 김대중에게 유리하기 때문이었다. 정치판에 지금까지 남아 떠도는 이야기는, 김대중이 아들 김홍일을 내세워 이인제를 세 번씩 찾아가 만나도록 했으며 상당한 선거자금을 지원 했다는 것이다. 그것을 증명이나 하듯 결국 이인제는 새로운 당을 만들어 대통령 선거에 출마하여 상당한 충청도 표를 가져가는 바람에 김대중이 당선되도록 만들어 주고 말았다.

한국 정치판에는 "김대중이 아들 김홍일을 이인제에게 세 번씩 보내면서 어떤 비밀 협상이 있었을 것이다"하는 소리가 지금까지 남아 있다. 결국 그런 소리가 진실로 나타났다. 김대중이 대통령에 당선된 후 이인제는 자신이 만든 당을 깨고 김대중의 국민회의와 합당했다. 그래서 '김대중과 이인제 사이에 어떤 흥정이 있었다' 는 의혹을 믿는 사람들이 많아졌으며, 5년 후 이인제가 스스로 그런 사실을 폭로했다.

2002년 민주당 대통령 후보 경선에 출마한 이인제는 김대중이 자신을 밀어줄 것으로 알고 있었다. 이때 민주당에는 정치 초년생 노무현이 민주당 대통령 후보 출사표를 던졌으나 사람들은 이인제가 후보가 될 것으로 생각하고 있었다. 그러나 이인제의 믿음은 빗나갔다. 김대중은 아들 김홍일이 주도권을 쥐고 있는 민주당 청년조직 연청을 움직여 전라도 광주에서부터 노무현에게 대의원표를 몰아주어 노무현을 후보로 만들고 있었다.

결국 이인제는 자신이 김대중의 허수아비로 노무현을 당선시키기 위한 이용물이라는 사실을 뒤늦게 깨달았다. 그래서 "김대중이 나를 배신하고 있는 것은 김정일과 비밀 흥정을 한 사실을 내가 알고 있기 때문에 두려운 것이다. 그 비밀을 알고 있는 내가 두렵기 때문에 김정일과 맺은 흥정을 무덤까지 가져갈 노무현을 당선시킨 것"이라고 폭로했다. 그 때만 해도 사람들은 이인제의 이야기가 무슨 뜻인지 잘 몰랐다.

이회창이 김대중에게 고배를 마신 또 다른 이유는 김종필과 박태준을 자기편으로 끌어들이지 못했기 때문이다. 김대중은 15대 대통령 후보자로 나서면서 자신의 사상을 의심하는 영남 지방과 보수층 유권자들을 안심시키기 위해 김종필과 박태준을 자기편으로 끌어들이는 데 상당한 노력을 기울였다.

"김대중은 한글 이름만 빼놓고 모두 가짜이다. 김대중은 빨갱이다"하고 비판하는 김종필과 협상을 통해 "당선 후 공동정권을 운영한다는 협정을 맺었다. 김종필과 김대중은 "당선 후 처음 2년 반 동안은 대통령 중심제로 김대중이 대통령을 하고, 후반 2년 반은 내각책임제로 개헌 김대중은 상징적인 대통령에, 김종필은 내각책임제 하의 첫 총리를 맡는다"는 공동정권 탄생을 국민들 앞에 발표했다.

그런데도 그런 협정을 믿는 국민들은 많지 않았다. 권력에 눈이 먼 추한 정치꾼들의 장난이라고 생각했다. 김대중은 자신을 의심하는 보수 반공세력들과 영남(嶺南)지역 투표자들의 표를 얻고, 김종필의 정치 기반인 충청도 지역의 표를 얻어야하기 때문에 그를 이용했을 뿐이다.

김종필은 김대중을 이용하여 국무총리라도 하면서 인생 말년의 노후를 즐길 뿐 김대중이 2년 반 후에 내각책임제로 개헌, 자신에게 총리 자리를 줄 것이라고는 10% 정도밖에 믿지 않았을 것이다.

김대중과 협상할 때 JP 진영을 대표한 인물이 김용환(金龍煥, 박정희 정권 때 재무장관) 의원이었다. 박정희 정권 때 40대 초반에 재무부 장관으로 기용되었고 후에는 청와대 경제담당 수석 보좌관이 될 정도로 총명하고 빈틈없는 사람이었다. 그가 DJ측과 협정을 마무리 지은 어느 날 밤 JP와 함께 이태원의 한 식당에서 3명이 만났다.

그때 JP와 김용환이 필자에게 "함께 가자. 손 동지가 필요하다. 김대중이를 가장 많이 알고 그의 모든 것을 손 동지가 가지고 있으니 우리를 함부로 취급하지는 않을 것이다"라고 하면서 김대중의 당으로 함께 가자고 권유했다. 그러나 거절 했다. "저는 한국 정치는 하지 않기로 결심한 사람입니다. 박정희 정권 때, 전두환 정권 때, 그리고 YS도 그토록 함께 일하자고 권유했으나 거절했습니다. 저는 국가와 민족을 위해 내가 할 수 있는 능력을 발휘하여 여러분들을 도와주고는 있으나 언론인의 길을 그대로 가려고 합니다"하는 말을 하고 헤어졌다.

그날 이후 김종필과 김용환을 만난 적이 없다. 2003년 경 JP가 워싱턴을 방문하여 망명 생활 중인 필자를 만나자고 연락을 했으나 건강이 좋지 않다는 핑계로 만나지 않았다.

그날 밤 식당을 나와 헤어지면서 JP와 김용환에게 "김대중은 믿을 수 없는 인간입니다. 반드시 배신을 할 것입니다. 협정문서가 있고 국민에게 공표했다고 안심하지 마십시오. DJ는 아침에 한 말과 저녁에 한 말이 다릅니다"하며 충고를 해 주었다.

그러한 충고는 2년 반 후에 적중했다. 김종필과 김대중이 갈등 끝에 헤어진 것이다. 김종필은 "김대중의 사상이 의심스럽다"며 공격했으나 이미 버스는 산 넘고 고개 넘어 보이지 않았다. 김종필의 모습만 처량해지고 추한 꼴을 보인 형국이 되고 말았다. 게다가 "김대중이 나라를 망치는 데 일역을 담당했다"는 비난을 받아야 했다. 또 육군사관학교 8기 동창생 모임에도 참석하지 못할 정도로 많은 비난과 모욕적인 언사를 들어야 했다.

지난 2009년 5월 23일은 김종필이 졸업한 육군 사관학교 제8기 졸업 및 소위 임관 60주년이 되는 날이다. 육사 8기생은 총 1,339명이 6개월씩

훈련을 받고 1949년 5월 23일 소위로 임관되었다. 그리고 1년 후인 1950년 6월 25일 김일성이 남한 침략 전쟁을 일으키자 전선에 투입되어 소대장으로 복무하던 8기생 절반가량이 전사했다. 2009년 5월 말까지 267명이 생존해 있었으나 그 동안 유명을 달리 한 사람이 많을 것으로 생각된다.

2009년 8기생 소위 임관 60주년 기념식은 약 200여 명이 참석했는데, 이 자리에 JP의 모습은 보이지 않았다. 표면상의 이유는 건강이 좋지 않다는 것이었으나 진실은 김대중 당선에 기여했다는 비난을 받는 것이 두려워 이날 행사에 참석하지 못했을 것이라고 참석자들이 전했다.

김대중 - 김종필 공동정권 탄생을 비판하는 사람들은 "대한민국을 이토록 망하도록 만든 책임은 김대중이 60%, 김종필과 이회창이 각각 20%씩 있다"고 꼬집는다.

김종필은 김대중과 공동정권 탄생 협상을 하면서 처음에는 상당히 주춤거리며 다른 루트를 통해 이회창과 흥정을 하기를 바랐다. 그런데도 정치가 무엇인지를 몰랐던 이회창은 김종필을 자기편으로 포용하거나 끌어오지 못했다. 이회창이 두 번에 걸친 김대중, 노무현과의 싸움에서 도저히 질 수 없는 선거에 참패를 당한 것은 개판 같은 한국 정치판 생태를 몰랐으며, 그 가운데서도 미친 개판 같은 대통령 선거판을 제대로 읽지 못하고 알지 못했기 때문이다.

또 다른 패배 원인은 이회창 주변에 몰려 있던 언론계 출신 특별보좌역들의 무능과 전략 부족 때문이었다. 그뿐 아니라 DJ나 YS 같이 생명을 내어 놓고 뛰어 주는 충성스러운 가신(家臣)들이 없었기 때문이다. 법조계에 있다가 김영삼 대통령의 부름으로 행정부에 들어갔다가 정치판으로 들어간 이회창은 시궁창 같은 정치판을 제대로 알지 못했으며, 한나라당 내부의 복잡한 계보(系譜)를 장악하지 못했다.

이회창 씨가 측근 부총재 한 명과 가까운 박세직 의원(전 재향군인회 회장)을 필자에게 보내 선거 전략을 위한 조언을 부탁해 온 적이 있었다. 그래서 ① 이회창 주변에 포진하고 있는 언론인 출신 특별보좌역들을 뒤로 돌리고, 현장 정치를 해온 경험자들을 전면에 배치하라. ② 주변 참모들을 KS(경기고등학교, 서울대학교 출신) 마크가 아닌 일반 대학 출신자들로 교체하라. ③ 귀족 이미지를 빨리 벗고 서민 곁으로 다가가라. ④ 넥타이를 매지 말고 점퍼 차림으로 하루에 한 번씩 지하철과 버스를 타고 다녀라. ⑤ 전국의 재래시장 바닥을 돌면서 밑바닥 민심을 잡아라. ⑥ 젊은 청년들이 감동할 수 있고, 희망을 가질 수 있는 정책과 이벤트를 만들라. ⑦ 김대중이 당선되면 나라가 좌익들, 빨갱이들이 판치는 공산주의자의 나라가 될 수 있다는 위험성을 분명하게 짚고 넘어가라고 말해 주었다.

그러나 이회창은 그런 충고를 외면했다. 결국 그는 김대중뿐만 아니라 대통령이 되어서는 안 될 노무현에게까지 고배를 마시며 국가를 좌익들이 판치는 위기의 나라로 만들고 국민들을 허탈감 속으로 빠트린 역사의 죄인이 되었다.

필자는 미국에서 망명자 생활을 하면서도 이회창의 생명을 지켜 주었을 뿐만 아니라 세 번이나 어려운 정치 고비를 넘을 수 있도록 도움을 주었다. 그런데도 이회창은 고마움과 감사를 모르는 은혜를 모르는 사람이었다. 그러니까 이회창 주변에 생명을 내어 놓고 뛰어주는 사람들이 없는 것이다(이회창 관련 부분은 다른 챕터에서 언급할 것이다).

훗날 YS는 "내가 처음에 이회창을 잘못 판단했기 때문에 중간에 지지를 포기했다. 그는 대통령이 될 수 없는 그릇임을 깨달았기 때문이었다"고 증언했다. (註 3) 그래서 국민들은 통분해 하는 것이다.

"YS가 처음부터 이회창을 추천하지 말든지, 추천했으면 화끈하게 밀어주고 당선되도록 해 주어야 되는 것이 아닌가?" 하고 불평하는 사람들도 많이 있다. 그러나 밀어주어도 정치 경험이 없고 선거를 치러 본 경험이 없었던 이회창은 실패할 수밖에 없었다.

김대중이 이회창 후보를 36만 여 표 차로 누르고 당선되자 김대중의 정체를 잘 알고 있는 필자는 물론 김영삼, 이철승, 정승화, 손주항 씨 같은 우국 인사들은 이구동성으로 "큰일 났다. 이제 대한민국은 커다란 위험에 빠졌다"며 많은 걱정을 했다.

그러던 어느 날 백선엽 장군(전 육군참모총장, 대장)이 골프를 하자면서 초청했다. 성남 미8군 골프장에서 만났다. 18홀 라운드를 하면서 백장군은 나라 걱정을 많이 했다. 유치송 전 야당 총재, 장경순 장군(전 국회부의장), 손주항 전 의원도 만났다. 그들은 "손 발행인께서 김대중의 정체를 잘 알고 또 그에 대한 비밀자료를 많이 갖고 반대를 했으니 이제 DJ가 철저하게 보복을 할 것입니다. 몸조심을 해야 합니다. 그리고 DJ가 뒷구멍으로 김정일과 어떤 장난을 할지 모르니 잘 감시해 주세요. 그런 일을 제대로 할 수 있는 사람이 손 발행인 밖에 없습니다. 국내에 있는 언론인들은 박지원이 뿌린 촌지에 물들어 있고, 또 겁쟁이 들이며 그런 정보소스를 얻을 수도 없습니다. 그런 정보는 미국과 일본에서 나오는데 해외정보에 접근할 수 있는 사람은 손 발행인 밖에 없습니다. 그러니 어떤 정보를 입수하면 우리들에게 알려 주십시오. 그러면 우리가 곳곳에 안테나를 만들어 국민들에게 알릴 것입니다" 하며 부탁을 했다. (註4)

그러나 필자의 가슴 속에는 더 큰 걱정거리가 자리 잡고 있었다. 김대중의 당선으로 대한민국은 자칫하면 좌익(빨갱이)들이 판을 치는 세상이 될 것이며, 북한이 그토록 원하는 한·미 동맹이 해체되고 고려연방제로의 통일 논의가 확산될지도 모른다는 우려였다. 또 김대중 가슴 속에 숨어 있는 좌익사상과 오랫동안 김일성으로부터 형제와 같은 애정으로 지원받은 '공작금 값'을 해야 하기 때문에 북한이 펼치는 협박에 견디지 못할 것이며, 김대중이 꿈속에서도 바라고 있는 노벨평화상을 받기 위해 국제 사기를 벌일지도 모른다는 걱정이었다. 필자의 그런 예상은 그대로 적중했다.

'DJ는 좌파 정권', 미국 언론들 보도

1997년 12월 20일 김대중의 당선이 확정되자 미국의 월스트리트 저널은 12월 22일자 기사를 통해 '김대중 당선자는 포퓰리스트(Populist, 대중영합주의자)', '예측하기 어려운 정치인(Unpredictable)'이라 표현하고 '김대중의 경제 정책은 근거 없는 (Unfounded) 허구의 정책'이라고 비판했다.

월스트리트 저널은 또 '한국의 강경 보수층 국민들은 김대중이 좌익 동조 인물이라고 의심하고 있었는데 아직도 이 나라 많은 국민들은 김대중이 좌익 성향을 버리지 않고 있는 것으로 믿고 있다'고 보도했다.

이 신문의 스티브 그레인(Steve Grain), 마이클 슈츠맨(Michael Schuman) 두 기자가 공동으로 보도한 기사는 '김대중 주변의 측근들은 인기 위주의 국회의원, 좌파적 성향의 학자들이 진을 치고 있다고 월가(뉴욕 증권가) 전문가들은 진단하고 있다'고 보도했다. (註 5)

한편 워싱턴 포스트는 1998년 1월 18일자 '세계 경제 전망' 특집 한국편 기사를 통해 '새 대통령 당선자이며 좌익계(leftist)인 김대중은 IMF 구제 금융에 부수되는 조건들을 수용하였다'고 보도했다. (註 6)

김대중이 당선되어 아직 취임도 하지 않고 당선자 신분으로 있을 때부터 외국 언론들은 김대중을 좌익계, 좌파계로 보도하고 그가 공산주의자임을 일깨워 주고 있었다. 월스트리트 저널과 워싱턴 포스트가 보도한 기사에 대해 한국 언론들은 대부분 침묵하고 있었으나 조선일보만이 '긴급제언(緊急提言)'이라는 칼럼을 통해 번역 소개하고 주간지 「인사이드 월드」가 번역 보도했을 뿐이다. (註 7)

한국 언론들은 선거 기간 중 김대중이 유리하다고 전망되자 벌써 그 때부터 좋은 찬양 기사 '김대중 용비어천가'에 많은 지면을 제공하고 있었다. 한국 언론들의 '갈보 근성', '해바라기 근성'이 이미 시작되고 있었다.

김대중 '용비어천가'를 부르던 자신들의 목에 DJ가 보낸 저승사자들이 칼을 들이대고 달려드는 아픔을 맛보아야 하는 시간은 그리 멀지 않은 시간에 찾아왔다.

DJ 특급 비밀 아는 안기부 간부들, 언론인들 구속하라!

1997년 12월 20일 아침, 김대중은 당선이 확정됐다는 중앙선거관리위원회의 발표가 있은 후 기자들이 집 앞으로 몰려들자 당선 소감 제1성을 통해 "정치 보복은 절대로 하지 않겠다"고 말했다.

김대중은 "나는 정치 보복을 수없이 당해 온 사람이다. 정치 보복은 나 한 명으로 족하다"고 했다. 그러나 김대중의 거짓말은 다음날 바로 시작되었다. 김대중은 측근 오길록(吳佶錄, 형사사건 전과 4범)을 검찰 간부들에게 보내 자신의 커다란 약점이자 큰 비밀을 알고 있는 안기부장 권영해(權寧海)를 비롯하여 안기부 간부 10여 명과 언론인 5명을 긴급 구속하라고 부당한 압력을 행사했다.

오길록의 압력과 전화 협박에 시달린 검찰 간부들이 분노해 그런 사실을 검찰과 법원에 출입하는 기자들에게 넌지시 흘렸다. 김대중 당선자에게 보내는 경고성이었다.

1998년 1월 8일 동아일보, 중앙일보, 세계일보 등 석간신문들은 일제히 '국민회의 오길록 민원실장 검찰에 선거수사 압력 시비'라는 제목 아래 큰 박스 기사로 김대중이 보낸 오길록이 검찰에 협박하고 전화한 사실의 추태를 크게 보도했다.

동아, 중앙, 세계일보의 기사에 의하면 '오길록 국민회의 민원실장이 대검찰청 공안부 고위 검사들에게 직접 전화를 하거나 찾아가 대통령 선거 기간 동안 검찰의 수사 태도를 강하게 항의 하고 앞으로 수사를 잘 하라고 요구했다'고 보도했다. '오길록 씨는 검찰에 협박 전화를 할 때 "나는 집권당이 될 국민회의 김대중 당선자의 측근이며 민원실장이다. 검찰 태도에 불만이 많다. 국민회의 당선자가 고소 고발한 안기부 직원들과 언론인들을 모두 구속하고 엄벌에 처하라"고 요구했다고 보도했다.

한편 오길록 외 또 다른 국민회의 당직자들도 검찰에 전화를 하여 "국민회의가 선거 때 고소한 이도형(월간지 「한국논단」 발행인), 함윤식(주간지 「한길」 발행인), 손충무(주간지 「인사이드 월드」 발행인), 천봉재(월간지 「월드 코리아」 발행인)를 체포 구속하라"는 부당한 요구를 했다' 고 보도했다. (註 8)

이 기사가 보도되자 맹형규 한나라당 대변인은 특별 성명을 통해 "국민회의 오길록 민원실장이 검찰 관계자에게 집권당 운운 하며 위협성 전화를 걸고 앞으로 수사를 잘하고 체포 구속하라는 상식 이하의 압력성 폭언을 일삼는데 대해 개탄을 금치 못한다"고 밝히고 "김대중 당선자는 진정한 국민과의 공감대를 형성하기 위해서는 주변 인물부터 엄중히 다스리는 읍참마속(泣斬馬謖)의 자세를 보여야 할 것"이라고 경고했다. (註 9)

오길록의 불법 범죄 행각이 언론에 보도되자 천봉재 월드 코리아 발행인은 오길록을 '업무방해죄' 로 검찰에 고소했다. 천봉재 발행인은 소장을 통해 '국민회의 오길록 실장이 월드 코리아 사무실에 무단 침입하여 김대중에게 불리한 기사를 보도했다고 사무실 집기를 마구 집어던지고 폭력 행위를 했으며, 보도를 위해 준비한 원고 뭉치를 가지고 도망가는 등의 행패를 부렸다' 고 주장했다.(註 10)

김대중 곁에는 이토록 후안무치하고 안하무인격인 저질스러운 사람들이 많이 몰려 있었다. 김대중과 그 아들 김홍일 밑에 전라도 출신 깡패들인 이른바 '사시미 칼잡이' 들이 많이 몰려 있다는 소문도 널리 퍼져 있었다. 김대중이 처음에 검찰에 압력을 넣고 협박했을 때도 검찰은 손을 대지 못하고 꿀 먹은 벙어리 모양이었다. 천봉재가 고소한 사건은 기각시키고 김대중이 고소한 사건은 입건 기소를 했다.

또 98년 2월 21일에는 함윤식을 구속 기소하고, 손충무는 불구속 기소했다. 그래도 검찰이 며칠 동안 눈치를 보며 머뭇거리고 있자 국민회의 소속 국회의원 5명을 김태정 검찰총장에게 보내 선거 기간 동안 자신과 아들 김홍일, 국민회의 간부들이 벌인 북한 간첩들과의 범죄 행위 수사를 하고 비밀 보고서를 갖고 있는 안기부 간부들을 체포하라고 압력을 행사하고 있었다.

그때쯤 검찰과 경찰, 안기부에는 목포, 광주, 전주에 근무하던 호남 출신들이 대거 서울지검과 안기부 본부로 이동 발령을 받고 있었다. 이른바 '호남 세력들의 엑소더스'가 시작됐으며 일부에서는 '호남마피아 서울 점령'이라고 비아냥댔다.

손충무 사건은 처음 경상도 대구 출신 검사가 6개월 동안 수사를 한 후 마지못해 불구속 기소했으며, 1998년 5월 13일 첫 재판이 서울지방법원 319호 법정(최세모 판사)에서 열렸다. 이날 재판에서 변호인들은 "김대중 X-파일의 기사와 단행본 책자는 허위 사실이 없으며 공소장 어디에도 허위 사실을 썼다는 내용은 없다. 단지 책 표지 사진과 기사 내용의 사진이 너무 자극적이다. 검찰의 기소는 말이 되지 않는다. 무죄를 주장한다"고 검찰 측을 공격했다.

그러자 김대중과 국민회의는 무척 당황했던 모양이다. 그들은 고심 끝에 북한 김정일이 친북 좌파 여성 언론인 문명자가 제공해준 허위 정보를 안기부에 넘겨 사건을 조작하도록 만들었다.

문명자는 60년대 월간 여성잡지 여원(女苑)의 도쿄 통신원 노릇을 하다가 박정희 대통령 부인 육영수 여사를 인터뷰한 것이 계기가 되어 경향신문 통신원으로 발령을 받아 워싱턴에 가 있다가 동아일보, 조선일보를 거쳐 MBC 방송의 특파원을 지냈다.

박정희 정권의 유신 선포 후 미국에 망명했으나 내막적으로는 김대중에 관련된 정보를 워싱턴 대사관 KCIA 공사에게 제공하는 프락치를 해왔다. 그러다가 유엔주재 북한 대표부 한시해 대사와 긴밀해져 비밀리에 평양에 가서 김일성을 만났다.

그런 사실이 밝혀지면서 KCIA에서 신임을 하지 않자 그 다음부터는 친북 앞잡이 언론인으로 변해 김일성, 김정일 선전에 열을 올렸다. 미국은 그녀가 가져오는 북한 정보 때문에 눈을 감아 주었다.

문명자는 김대중이 후보자 시절부터 평양을 드나들며 김정일, 김대중 사이의 비밀 통로 역할을 했다. 그래서 서울과 워싱턴, 도쿄의 정보망으로부터 입수한 황장엽, 김덕홍의 북한 탈출과 한국 망명에 김영삼, 권영해, 손충무가 관련된 사실을 알게 되었다.

또 김정일이 황장엽과 김덕홍의 망명에 대한 보복으로 김영삼 대통령 가족, 권영해 안기부장의 가족을 납치하거나 유인하여 평양으로 데려오는 작전을 수립하고 미국과 일본의 행동 조직을 통해 다섯 차례의 공작을 펼쳤다. 그러나 김정일은 평양의 그런 공작 음모가 어떤 루트를 통해 손충무에게 넘겨지는 것을 몰랐으며 모두 실패했다.

문명자는 그런 사실을 어디서 들었는지 그것을 김정일에게 전달했으며 김대중이 당선되자 김정일은 문명자를 통해 김대중, 박지원에게 "손충무를 제거 하라"는 지령을 내려 보냈다. 그래서 문명자는 김대중의 지시를 받은 국정원 수사국 직원 2명에게 세 차례에 걸쳐 손충무를 제거하기 위한 허위 정보를 수사 기록으로 만들고 황급하게 서울을 빠져 나갔다.

문명자와 국정원이 꾸민 수사 기록으로 손충무의 2차 선고 재판이 6월 3일에 열리기로 되어 있었다. 그런데 이틀 전인 6월 1일 새벽 5시에 검찰 수사관 5명을 보내 체포 영장도 없이 긴급 구속이라는 명분으로 불법 연행하여 하루 종일 검찰청에 가두어 두었다가 오후 6시에 영장을 받아 서울구치소로 보냈다.

그런데 문명자가 제공한 허위 거짓 정보는 검찰이 손충무를 긴급 구속하는 데는 유용했으나 법원에서는 무죄가 선고됐다. 너무 엉터리 허위 정보라는 사실을 재판부는 알고 있었다.

재판이 진행되는 동안 국정원에서 넘겨준 문명자의 증언 기록에 너무 허점이 많이 나타나 변호사들은 문명자를 증인으로 요청했으며 검찰도 증인으로 요청했다. 재판부는 문명자에게 출두하도록 세 번씩이나 소환장을 보냈으나 그녀는 재판정에 나타날 수가 없었다. 국정원과 짜고 친 고스톱의 허위 증언이었기 때문이다.

재판부는 세 번씩이나 문명자를 불러도 나타나지 않자 그녀를 법정모욕죄로 체포하도록 선고하는 한편 문명자 증언 부분에 대해서는 무죄 판결을 내렸다. 그러자 당황한 검찰은 또 다른 혐의로 공소장을 변경, 구속 상태를 이어 갔다. 그런데 재미있는 것은 첫 재판을 받도록 기소한 검사는 일반 형사부 검사였으나 불법으로 긴급 구속을 한 검사는 공안부로 넘겼다. 공안부 검사 박철준과 신동엽은 목포와 광주에서 며칠 전에 서울지검으로 이동해온 전라도 출신들이었다.

김대중과 국민회의측이 얼마나 당황했으면 목포와 광주에서 전라도 출신의 검사들을 차출, 손충무를 긴급 구속하도록 만들었을까? 이제 그들이 저지른 더러운 범죄 음모의 진실이 밝혀지는 날도 그리 멀지는 않았다.

2000년 6월 3일 손충무가 2년 징역을 살고 춘천교도소에서 출옥하여 병원에 입원해 있는 동안 도쿄에서 발행되는 주간 잡지 「SAPIO」는 2회에 걸친 특집 기사를 통해 '反 김대중 언론인들의 옥중투쟁은 처절했다. 일본에서는 김대중 씨가 민주주의 수호자 언론 자유를 지키는 사람으로 알려져 있지만 한국에서는 언론 자유를 탄압하는 대통령으로 변질되어 있다. 한국 야당과 김영삼 전 대통령뿐만 아니라 지식인들 사회에서도 언론인들에 대한 고소는 완전한 정치 보복으로 받아들이고 있다. 대학 교수들과 재야 법조인들은 "김대중은 언론인들의 비판을 겸허하게 받아들이고 반성해야 한다"고 충고하고 있다' 며 김대중의 악행 사실을 자세하게 보도했다. (註 11)

이에 앞서 미국 「워싱턴 타임즈」는 주말 판 특집 표지에 손충무와 둘째 아들 손세영(Sonny Y. Son)의 컬러 사진을 크게 싣고 2페이지에 걸쳐 '한국의 군사 독재 정권 시절 언론 보도 때문에 생명을 구할 수 있었던 김대중 씨가 대통령에 당선되자마자 자신을 비판한 언론인 5명을 무더기로 고소하고 손충무 씨 등 2명을 불법적으로 감옥에 보내는 독재자 모습을 나타내고 있다. 그런 사실에 대해 한국 언론들은 그 진실을 정직하게 보도하지 못하고 있으나 국제 언론 단체들은 김대중 씨에게 항의하며 즉각 석방하라고 요구하고 있다' 고 보도했다. (註 12)

김대중은 당선 초기부터 언론을 장악할 준비를 하고 있었다. 특히 그 중에서도 선거 기간 동안 자신에게 반대 의사를 표시한 중앙일보, 조선일보, 동아일보 세 개 신문사를 표적으로 삼고 있었으며, 결국 그들 세 개 신문사의 발행인들을 세금 포탈이라는 억지 죄명을 만들어 구속했다. 그로 인해 김대중은 세계 속에 언론 탄압 독재자로 낙인이 찍혔으며, 김대중 정권 몰락의 길을 스스로 만들었다. 또 권영해 안기부장과 박일룡(朴一龍) 차장, 이대성(李大成), 고성진(高成鎭) 국장 등 안기부 간부 10여 명을 무더기로 구속, 감옥에 보내도록 검찰에 압력을 행사한 불법 사건을 저지른 것은 그들이 자신의 약점을 너무 많이 알고 모든 자료를 갖고 있기 때문이었다.

김대중은 자신의 약점을 많이 알고 있는 언론인들과 정보기관 간부들이 자유스럽게 활동을 할 경우 자신이 '김일성 - 김정일 부자'와 거래해온 사실이 밝혀질까 두려워 그들을 모두 감옥으로 보내 입을 열지 못하도록 해야만 두 다리를 펼 수 있기 때문이었다.

김대중이 권영해 안기부장과 간부들을 그토록 무서워했던 것은 바로 자신이 관련된 '황장엽(黃長燁)리스트'와 '이대성 파일'을 갖고 있기 때문이었다. 이 핵폭탄과 같은 '황장엽 리스트'와 '이대성 파일'을 찾아서 파기 시켜야만 했다. 또 손충무가 가지고 있는 '김일성 - 우스노미야 X-파일'을 빼앗아 없애야만 마음 편히 잠을 잘 수가 있기 때문이다.

그러면 김대중이 그토록 폐기시키고자 했던 '황장엽 리스트'는 어떤 것이며, '이대성 파일'의 내용과 정체는 무엇인가? 이제 그 내막을 추적해보자.

황장엽 리스트의 첫머리에 오른 김대중

김영삼 대통령이 임기 1년을 남겨둔 1997년 2월, 북한정권 서열 26번째이며 김일성 주체사상을 만들었던 노동당 국제문제 담당서기 황장엽 씨가 비서 역할을 하던 김덕홍(金德弘, 노동당 자료 연구실 부실장)과 함께 대한민국으로 망명했다.

황장엽은 애당초 한국으로 망명보다는 미국에 가기를 원하고 있었다. 필자는 러시아에도 많은 고급 정보망을 갖고 있다. 1995년 11월 모스크바를 방문했을 때 고위 정보통으로부터 "북한 고위층 인사 중 한명인 황장엽이 미국 방문을 원하고 있다"는 정보를 입수했다. 그래서 서울로 돌아와 권영해 안기부장에게 모스크바에서 입수한 황장엽 관련 정보를 전달하고 워싱턴으로 가서 미국 정보기관과 접촉했다. 미국은 대 환영이었다. 그래서 중국의 에이전트를 통해 평양에 있는 황장엽과 연락을 할 수 있는 라인을 찾기 시작했다. 그런 때 권영해 부장은 미국 보다는 한국으로 데리고 오는 것이 더 좋을 것 같다는 판단을 하고 김영삼 대통령에게 보고했다. 황장엽과 권영해 안기부장 사이에 의견 일치를 보고 1년에 걸쳐 비밀리에 추진해온 거대한 탈출 사건이 결국 성공을 거두었다.

황장엽 망명 사건은 김정일을 낭떠러지로 몰고 간 거대한 배신이었다. 그런가 하면 반세기 동안 남북한 사이에서 남한이 얻은 가장 큰 인물의 북한 탈출 망명 사건이었다.

황장엽과 김영삼 정권 사이에는 1년 전인 1996년부터 북한을 탈출하여 대한민국으로 망명하기 위한 비밀 접촉이 모스크바와 베이징을 통해 은밀하게 진행되고 있었다. 남한에서 그런 비밀은 아는 사람은 김영삼 대통령, 권영해 안기부장과 망명 추진을 담당한 고위 담당자, 그리고 필자 등 극히 제한된 5~6명의 사람만이 알고 있을 뿐이었다. 물론 북한 쪽에서는 황장엽과 김덕홍 두 사람뿐이었을 것이다.

황장엽과 김덕홍은 애당초 도쿄에서 한국 대사관으로 가거나 미국 대사관으로 가게 되어 있었다. 이에 따라 필자는 미리 도쿄에 가서 미국 대사관측과 접촉 대사관 문을 밤에도 열어 놓도록 교섭했다. 또 그들이 급하면 한국 대사관으로도 뛰어 들어 갈 수 있도록 준비했으며, 만약의 사태에 대비하여 사복 경찰들이 한국 대사관 주변에 매복하고 있었다. 그런데 어쩐 일인지 조총련에서 파견된 청년 20여 명이 스크럼을 짜듯이 황장엽과 김덕홍을 둘러싸고 다니며 감시하고 있어 도쿄에서의 탈출은 실패하고 말았다.

황장엽과 김덕홍은 북한 비밀 경호원들이 전혀 눈치 채지 못하도록 자연스럽게 행동하며 그들을 안심시켰다. 평양 귀국을 이틀 앞두고 베이징에 도착한 그들은 북한 대사관에 여장을 푼 후 가족들에게 줄 선물을 사야 한다는 핑계를 대고 대사관을 빠져 나왔다. 두 사람은 그 길로 택시를 타고 한국 총영사관으로 들어가 망명을 신청했다. 베이징에 오랫동안 살아 지리에 밝았던 김덕홍의 공이 컸다. 두 사람이 대한민국에 공식적으로 망명 신청 서류에 사인을 한 후 한국 정부는 중국 정부에 그 사실을 통고하였으며, 북한 측의 무력 공격을 우려 중국 경찰의 보호를 요청했다.

북한은 처음에 "남한 정권이 두 사람을 강제 납치하였다"고 주장하며 중국 정부에 북한으로 송환해 줄 것을 요청했다. 또 민간인으로 위장시킨 특수부대 대원 100여 명을 베이징으로 파견, 황장엽과 김덕홍이 머물고 있는 한국 총영사관 건물을 습격하여 두 사람을 평양으로 데리고 간다는 작전을 세우고 움직였다.

그러나 중국 정부는 한국, 미국, 일본 등 자유세계의 강력한 압력을 외면할 수가 없었다. 중국 외무성 공안 당국의 고위 당국자들이 한국 총영사관으로 가서 황장엽과 김덕홍을 만나 그들이 자유의사에 따라 대한민국으로 망명하려 한다는 사실을 확인한 후 그 사실을 북측에 전달했다. 그와 함께 베이징에 파견한 특수부대원들을 중국에서 철수시키라고 통고했다. 그리고 한국 정부의 요청에 따라 한국 대사관과 총영사관에 군대를 파견하여 북한 측이 도발하지 못하도록 경고했다.

중국, 한국, 북한 사이에 이 문제를 해결하기 위한 줄다리기 외교 전쟁이 상당 기간 동안 벌어졌다. 하지만 중국은 두 사람을 북한으로 송환할 수 없다는 사실을 북한 당국에 통고했다. 그러자 평양 측은 "남조선으로 보내는 것은 반대한다. 중국에 체류하도록 해 달라"고 애걸했다. 그러나 황장엽과 평소 좋은 관계를 유지해온 장쩌민(江澤民) 국가 주석은 북한의 요청을 들어주지 않았다. 그는 두 사람을 북한으로 보내면 총살당한다는 사실을 알고 있었다. 또 중국에 머물도록 해도 언제든지 북한 암살자들에 의해 목숨을 잃거나 평양으로 납치당할 수 있다는 사실을 알고 있었다.

장쩌민 주석은 황장엽을 살리고 싶었다. 그는 외교부에 은밀하게 한미 양국과 협의하여 황장엽이 한국이나 미국으로 갈 수 있도록 방법을 연구하라고 지시했다. 그래서 중국 정부 관리들은 동맹인 북한 관계를 고려, 북한의 자존심도 살려주는 차원에서 두 사람을 바로 서울로 보내지 않고 제3국으로 추방하기로 했다. 그리고 한국이나 미국 정부가 영향력을 행사 할 수 있는 나라로 보낼 수 있다는 사인을 서울과 워싱턴에 보냈다.

김영삼 정부는 미국과 논의한 끝에 두 사람을 필리핀으로 보내기로 합의했으며, 중국 정부는 황 씨 일행을 필리핀으로 추방했다. 그리고 필리핀 정부는 미군 기지를 거쳐 대통령 별장에서 2주일간 머물도록 한 후 두 사람을 서울로 보냈다.

남북한 분단 후 반세기 동안 북한으로부터 많은 사람들이 탈출 남한으로 망명하였지만 김일성 주체사상의 창안자이며 김일성, 김정일로부터 총애를 받던 거물급 망명은 황장엽이 처음이었다.

황장엽, 김덕홍의 망명으로 김정일은 땅을 치며 통분하면서 황장엽의 망명을 막지 못한 책임을 물어 대대적인 숙청작업을 벌였다. 황장엽과 김덕홍은 서울 도착 후 안기부 내부에 마련된 비밀 가옥에서 생활하며 평양에서 가져온 비밀 보따리를 풀기 시작했다.

미국도 중앙정보국(CIA), 국방정보국(DIA), 국무성, 국방성 등 북한 정보 전문가들과 한반도 전략 팀들이 몇 차례 서울을 방문하여 황장엽과 김덕홍을 만나 북한의 고급 정보를 청취했다.

황장엽과 김덕홍이 풀어 놓은 비밀 정보 가운데 가장 놀라운 사실은 북한의 핵 개발과 미사일 개발 수출 정보, 남한 정부기관 곳곳에, 그리고 정치계, 언론계, 종교계, 학계에 침투하여 활동하고 있는 간첩 조직망과 평양으로부터 자금 지원을 받으며 북한 지령을 받고 움직이는 친북 세력의 명단이었다.

황장엽이 밝힌 사회 저명인사 상층부 친북 세력은 무려 200여 명이었으며, 이 가운데 누구나 알 수 있는 유명 인사가 40여 명이나 포함되어 있었다. 그 가운데 맨 첫자리를 차지한 인물이 김대중이었다.

그런 사실을 알게 된 김영삼 대통령과 권영해 안기부장은 상당히 고심했다. 김대중의 정체를 발표할 경우 국민에게 주는 충격과 분노는 엄청날 것이었다. 김대중 추종 세력들과 호남인들의 "정치 탄압이다", "거짓 조작된 것이다"하는 반대 여론과 정서를 생각해야 하는 정치적 결단이 필요했다. 당시 상황에 대해 YS와 권영해 씨는 "자칫 하면 1년 후에 있을 선거도 치를 수 없을 뿐만 아니라 광주 사건 같은 또 다른 불행한 사건이 발생할 수도 있다는 점을 고려하지 않을 수 없었다"고 나중에 고백했다. (註 13)

그러나 아무리 정부 톱클래스에서 감추고 있어도 발 없는 말은 지구를 돌고 있었다. 황장엽, 김덕홍 씨가 서울에 도착한 2~3개월 후부터 언론계와 정치판에는 "황장엽 리스트가 있다. 그 리스트에는 김대중을 비롯하여 몇 백 명이 담겨 있다고 한다"는 소문이 나돌기 시작했다. 또 "김대중이 김일성으로부터 공작금을 받고 있었다"는 소문도 돌고 있었다.

황장엽의 망명으로 가슴을 조이고 있던 김대중이 '황장엽 리스트'에 대해 상당히 신경과민 현상을 보이고 있었다. 김대중은 민주당 정보위원회 소속 국회의원들을 불러 국회 정보위원회를 소집하여 안기부장을 상대로 "황장엽 리스트가 있는가? 있다면 그 정체가 무엇인가?"하고 질문하도록 만들었다. 그럴 때마다 안기부는 "황장엽 리스트 같은 것은 존재하지 않는다"고 답변했다.

그런데도 "황장엽 리스트가 존재하며 CIA에 제공되어 미국도 알고 있다"는 소문으로 확대되어 번지고 있었다. 언론들도 무성한 황장엽 리스트 소문을 추적하며 가십 기사 정도로 보도할 뿐 그 진상에 대하여서는 제대로 알맹이 있는 보도를 하지 못했다. 그만큼 톱클래스의 비밀이었으며 큰 정보였다.

안달이 난 김대중, 서울의 미 CIA와 접촉

황장엽 리스트 때문에 안달이 나고 초조해진 사람은 김대중이었다. 김대중은 미국 대사관에 파견되어 있는 한국계 CIA 부책임자 K씨 부부를 집으로 초대했다. K씨는 남의 시선을 피하기 위해 아내를 대동하고 동교동 김대중 집으로 가서 저녁식사를 함께 했다. 식사를 하던 김대중이 K씨에게 "혹시 황장엽 리스트에 대해 알고 있는가? 서울에서는 미국도 알고 있다는 소리가 나돌고 있다"고 물었다. 김대중의 그런 질문에 대해 K씨는 모르는 이야기라며 한마디로 부인했다. 그런데도 "황장엽 리스트가 존재한다. 김대중의 이름을 비롯하여 여야 정치인들이 상당수 포함되어 있다"는 등 소문은 꼬리에 꼬리를 물고 번져나갔다.

얼마 후 김대중은 중간에 사람을 넣어 CIA 한국 주재 책임자 미국인 R씨에게 만나고 싶다는 청을 넣었다. 김대중 집에 초청 받아 저녁 식사를 했던 R씨는 그 답례로 용산 미군기지 안에 있는 자신의 집으로 김대중 부부를 초대했다. 그 자리에서 김대중은 다시 "황장엽 리스트에 대한 루머가 상당히 확산되고 있다. 기자들 사이에는 워싱턴 CIA 본부가 분석 중에 있다는 말들도 나돌고 있다"고 말했다.

R씨는 김대중의 질문에 대해 "우리는 그 문제에 대해 아는 것이 없다. 단지 권영해 안기부장이 국회 정보위원회에서 황장엽 리스트는 존재하지 않는다는 증언을 했다는 것은 한국 신문을 통해 알고 있다. 우리는 그 이상도 그 이하도 모른다"고 답변했다. 두 차례나 미국 CIA 서울 책임자와 부책임자로부터 황장엽 리스트의 존재에 대하여 아는 바 없다는 말을 들은 김대중은 안심했다.

다음날 김대중은 기자들을 자기 사무실로 불러 커피를 마시며 "내가 CIA에 확인한 결과 황장엽 리스트 같은 것은 존재하지 않는다는 말을 들었다. 황장엽 리스트가 있다는 말은 누군가 의도적으로 만들어낸 거짓말이다"라고 말했다. (註 14)

김대중이 의도적으로 기자들에게 한 말이 신문에 크게 보도되었다. 김대중이 CIA 서울 책임자를 두 차례나 만났다는 사실이 언론에 보도되자 워싱턴의 CIA 본부는 무척 당황하며 분노했다. 서울에 주재하는 CIA 책임자 R씨는 본부로부터 경고와 주의를 받았다. CIA 요원은 자신이 CIA 요원이라는 사실을 외부에 발설하면 안 되며, 자신이 만나는 사람들에게 신분이 노출되어서도 안 되며, 누구를 만나거나 행동하는 것이 언론에 보도되는 것은 더욱 안 된다는 CIA 복무 규칙을 위반하였기 때문이다.

그러나 황장엽 리스트는 엄연히 존재하고 있었다. CIA 서울 지부장 R씨는 황장엽 리스트에 대해 그 정체를 알고 있었으며, 그 중 한 부가 워싱턴 본부에 도착한 사실도 알고 있었다. 하지만 진실을 말할 수 없다는 사실을 김대중은 알지 못했다.

황장엽 리스트는 4부가 존재했다.

황장엽 리스트는 실제로 존재하고 있었다. 황장엽, 김덕홍을 조사한 안기부 수사관은 북한 간첩들과 탈북자들을 전담 수사하는 전문 수사관 K 국장이다. 그는 훗날 김대중의 지시에 의해 안기부 감찰실에서 체포되어 안기부 지하실에 있는 고문실로 끌려가 상당히 고통을 받은 후 검찰에 의해 감옥으로 보내졌다.

그는 6개월간 서울 구치소에서 수감 생활을 했는데 평소에 필자와 가까운 사이였다. 또 황장엽 일행 탈출 망명 사건에는 필자도 일정 부분 관여했기 때문에 어느 부분은 필자도 알고 있었다. 그런데도 정보를 공개할 수 없었기 때문에 비밀 해제가 될 때까지 기다려야만 했다. 평소 우정을 나누던 가까운 사이의 두 사람이 차가운 서울 구치소 감옥 안에서 만났으니 반가울 수밖에 없었다. 우리는 서로를 위로하며 구치소에서 6개월 가량을 함께 보냈다. 그리고 그는 집행유예로 1심 재판에서 먼저 풀려 나갔다.

구치소 면회실이나 의무실 또는 대기실에서 만나 서로의 건강을 걱정하며 위로하는 틈틈이 그 놈의 기자 정신이 발동했다. 내가 "당신이 보관하고 있던 황장엽 리스트는 비밀 장소에 잘 있겠지요?" 하고 묻자 K 국장이 대답했다. "말도 마소. 그 자들이 황장엽 리스트 때문에 이종찬이가 부임하자마자 나를 긴급 체포하고 지하실로 끌고 가 직위 해제 통고하고, 사무실 금고 열쇠를 가지고 가서 관련 서류를 모두 가지고 갔습니다. 금고 속에 있던 리스트와 수사 자료도 모두 갖고 갔습니다. (註 15)

김대중 정권 출범 후 이종찬이 초대 국가정보원 원장으로 부임했다. 그는 부임 며칠 후 국정원 조직 개편을 하면서 과거 안기부 시절의 전문가들을 영남 세력이라는 이유로 대대적으로 숙청하고 그 자리에 호남 세력들을 대거 등용했다. 그로 인해 이종찬은 상당 기간 동안 '김대중의 꼭두각시', '독립 운동가 할아버지의 명예를 더럽힌 후손'이라는 비아냥대는 소리를 들었다.

이종찬으로부터 부당 해고를 당한 국정원 간부들이 행정소송을 제기하여 법원으로부터 승소 판결을 받은 사람은 상당수가 된다. 그래서 이종찬은 후배들로부터 많은 욕을 먹는 불행한 위치가 됐다.

이종찬이 국정원장으로 부임한 며칠 후 K국장은 아침에 출근 하자마자 그 자리에서 긴급 체포당했으며, 금고 속에 보관하고 있던 리스트를 가져갔다는 것이다.

황장엽 리스트라는 것은 처음부터 만들어진 것은 아니었다. 몇 개월 수사를 하는 동안 황장엽, 김덕홍이 진술하거나 글을 쓴 자료 가운데 "김일성이 김대중에게 두 곳의 루트를 통해 돈을 주고 있다는 말을 했다"는 충격적인 증언 부분과 남한 정부기관, 군부, 정치판 등 곳곳에 침투하여 평양으로부터 지령을 받는 자, 해외 유학을 할 때 평양에 가서 노동당에 입당한 자들, 유학 생활을 할 때 북한에서 보내준 자금을 받거나 일본 조총련에서 제공하는 장학금을 받은 자들 이름을 정리한 자료를 '리스트'라고 불렀다.

애당초 이 자료는 4부가 만들어졌다. 그 가운데 1부는 김영삼 대통령에게 보고 하였기 때문에 YS가 보관하고 있었고, 1부는 CIA에 제공하였으며, 1부는 권영해 안기부장이 자신의 집에 보관하고 있다가 압수당하였다. 그래서 현재 남아 있는 것은 2부로 YS가 갖고 있는 것과 미국 CIA 본부에 있는 것이다. 그런 사실도 2001년까지만 해도 밝혀지지 않았다. 그러나 필자가 워싱턴에 도착하여 세 차례에 걸쳐 '황장엽 리스트 워싱턴 도착 확인' '김대중 정권 황장엽 리스트 때문에 황 씨 미국에 보내지 않아' 하는 기사를 발표함으로써 황장엽 리스트의 존재가 세상에 얼굴을 내밀게 되었다. (註 16)

김대중은 취임하자마자 자신의 비밀을 많이 알고 있는 언론인 안기부 간부들을 구속시킨 후 다음 순서는 황장엽을 연금 상태로 몰아넣고 활동을 못하도록 만드는 것이었다. 이미 그때쯤 평양은 김대중에게 황장엽을 처단하라는 지시가 있었는지도 모른다. 황장엽의 증언에 의하면 "남한 사회 곳곳에 북한에서 보낸 몇 백 명(1996년 당시)의 스파이들이 잠복 활약하고 있으며, 그들의 동조자들과 김정일을 위해 활동하는 자들의 숫자가 약 5만 여 명에 달할 것으로 판단된다"고 증언했다. (註 17)

김정일은 남한 사회에 뿌리내린 자생적인 공산주의자들과 그 동조자들이 해체되는 것이 두려웠을 것이다. 황장엽의 증언을 통해 북한 인권 상황을 알고 싶어 하는 미 상원 외교분과위원장 제시 헬름스(Jesse Helums) 의원은 황장엽을 워싱턴으로 초청, 상원에서 북한 인권 상황 청문회를 갖고 싶어 했다. 그래서 황장엽, 김덕홍 씨에게 몇 차례 초청장을 보내고 청문회를 준비하고 있었다.

자신의 공산당 활동 사실 무서워 황장엽 탄압한 김대중

그런데도 김대중은 황장엽, 김덕홍의 미국행을 허가하지 않고 외부 출입을 자유스럽게 하지 못하도록 연금 상태로 만들었다. 그런 사실을 알게 된 김영삼 전 대통령과 권영해 전 안기부장이 두 사람을 김영삼 전 대통령의 상도동 집으로 초청 위로를 해주고 싶다는 뜻을 김대중 정부에 서면으로 제출했다. 그런데도 김대중의 반대로 만남이 이루어지지 못하게 되자 분노한 YS가 기자들을 만난 자리에서 "황장엽 씨를 연금 상태에 빠지도록 만들고 나의 개인적인 초청에도 응하지 못하도록 하는 것은 황 씨가 나를 만날 경우 김대중의 공산당 활동 사실이 탄로 날 것이 두려워 만나지 못하게 하는 것이다. 내가 황 씨를 자유 대한민국으로 망명하도록 설득할 때 분명하게 약속한 것이 있다. 대한민국의 국민으로서 모든 자유와 권한을 부여하며 북한을 민주화시켜서 공산 정권에 시달리는 2천 500만 북한 동포들을 구출, 하루 빨리 행복을 안겨 주는 활동에 모든 지원을 하겠다고 약속했었다. 그런데도 김대중 정부가 황 씨 망명 사건에 대하여 직접 책임이 없다고 그들의 자유를 제한하고 나를 만나지 못하도록 하는 것은 김대중의 사상을 의심할 수밖에 없다"고 직격탄을 날렸다. (註 18)

김영삼 전 대통령의 비서를 지내다가 국회의원이 된 박종웅(朴鍾雄) 의원이 김대중의 언론사 탄압에 항의하여 무기한 단식 농성을 시작하자 그가 단식하는 장소를 방문 위로 하면서 "나는 자유 언론을 탄압하는 김대중의 사상 자체를 의심하고 있다. 김정일은 서울에 오면 맞아 죽을 것이니 겁이 나서 오지 못할 것이다. 언론 탄압은 김대중이 독재자라는 것을 세계에 알린 것이다"라고 비난했다. (註 19)

이날 발언 외에도 지난 30여 년 동안 YS는 필자를 만날 때마다 "김대중은 공산주의자다. 나는 증거를 갖고 있다. 김대중은 이름만 빼놓고 모든 것이 거짓말이다" 하고 말했다.

YS가 필자에게 여러 차례에 걸쳐 그런 말을 들려 준 것은 필자가 오랜 세월 김대중에 대한 자료를 모으고 연구한다는 사실을 알고 있었기 때문이다. 또 다른 이유는 사상 문제에 관한 부분은 김영삼이 누구에게든지 떳떳하게 반공주의자로 자신 있게 말할 수 있기 때문이다. YS는 정치를 하면서 북한 김일성 주체사상을 비난하며 공산주의 타도를 외쳤다.

북한은 그런 YS를 못마땅하게 생각하여 스파이를 보내 YS의 어머니 박부련(朴富蓮) 여사를 살해했다. 그렇기 때문에 공산주의 핵심 세력으로 활동하며 대한민국을 배신했던 김대중이 북한과 관계를 청산하지 못하고 계속하여 공산주의자들과 관련을 갖고 있다고 판단하고 있었으며 필자가 입수하여 전달한 '김일성-우스노미야 회담 기록'과 '김대중 X-파일'을 읽어 보았던 것이다.

김영삼의 공격에 대해 김대중은 한마디도 반격하지 못했다. 그래서 국민들은 YS의 말에 더 큰 믿음을 주었다.

〈 참고 자료 및 문헌, 증언, 인터뷰 〉

(註 1) 한겨레신문 기사(1998. 2. 20)

(註 2) 김영삼 前 대통령 증언 (2000. 12. -도쿄에서)

(註 3) 1번과 같음.

(註 4) 백선엽 장군, 장경순 장군, 손주항 前 의원 증언 (1998. 1.)

(註 5) 월스트리트저널 기사 (1997. 12. 22.)

(註 6) 워싱턴포스트 기사 (1998. 1. 18.)

(註 7) 조선일보, 인사이더월드 기사 (1998. 1. 20.)

(註 8) 동아일보, 중앙일보, 세계일보 기사 (1998. 1. 18.)

(註 9) 맹형규 한나라당 대변인 성명서 (1998. 1. 18.)

(註 10) 천봉재 월드코리아 대표 증언 (1998. 1. 20.)

(註 11) SAPIO 일본주간지 기사 (2000. 8. 9.)

(註 12) 워싱턴타임스 특집기사 (1998. 9. 22.)

(註 13) 김영삼 前 대통령 증언 (2000. 12.)

(註 14) R씨, K씨 CIA 前 서울 주재 요원들 증언 (2001. 10. 워싱턴에서)

(註 15) 한국 안기부 K 前 고위 관리 (1999. 3.)

(註 16) 워싱턴 선데이 타임스 (2001. 1-3.)

(註 17) 황장엽 씨 저술과 증언, 인터뷰 (1997. 7-10.)

(註 18) 김영삼 前 대통령 기자회견, 언론보도 (2000. 11. 28.)

(註 19) 김영삼 前 대통령 박종웅 의원 단식 장소 방문 (2001. 8. 30.)

제 2 장

'이대성 파일' 보고 놀란 자빠진 DJ와 그 측근들

김정일은 황장엽, 김덕홍을 망명시킨 김영삼과 권영해를 생각하며 치를 떨면서
김영삼 정권을 궁지로 몰아넣을 수 있는 반격작전을 지시했다.
김영삼, 권영해의 아들딸들은 물론
주변 친척들을 평양으로 유인하거나 납치해
'북조선의 위대한 지도자 김정일 장군의 품에 안기기 위해 망명했다'고
해외에 대대적인 선전하여 앙갚음을 하고 싶었던 것이다.
이른바 암호명 '모란봉 작전' 프로젝트다.

김대중은 황장엽 리스트의 맨 첫 번째 등장하는 이름

1998년 2월 25일 김대중은 제15대 대통령에 취임하면서 햇볕정책을 발표했다. 청와대에 들어간 김대중이 제일 먼저 시작한 것은 정치 보복이었다. 전두환 정권 시절 법원이 김대중에게 광주 사건의 배후 인물로 사형을 선고했었다. 그때 김대중은 "이 나라에서 정치 보복은 없어져야 한다. 정치 보복은 나 한 사람으로 끝나야 한다"고 말했다. 그 후 김대중은 "나는 정치 보복을 증오한다. 내가 대통령에 당선되면 정치 보복은 절대로 하지 않는다"는 말을 입에 달고 다녔다. 그런데도 청와대에 들어가자마자 '황장엽 파일'을 만든 국가안전기획부 권영해 부장과 그 간부들을 체포 구속하여 '이대성 파일'을 빼앗아 불살라 버리는 일이었다.

또 손충무가 16년을 추적하여 입수한 '김일성-우스노미야 도쿠마 회담 기록'과 김대중 호적과 제갈 성조 집안의 호적을 압수하여 없애버리는 일에 집착했다. 김대중이 안기부 간부들에게 이를 갈고 있었던 것은 당선자 시절에 읽어 본 '이대성 파일'과 선거 시기에 읽어본 손충무가 쓴 '김대중 X-파일' 때문이다.

'이대성 파일'은 다름 아닌 황장엽, 김덕홍을 조사한 기록이다. 그 기록 가운데 김일성-김대중 관계, 김정일- 김대중 관계를 압축하여 만든 기록을 '이대성 – 파일'이라고 했다. 그 파일을 작성한 사람이 이대성(李大成) 북한 실장이었기 때문에 그의 이름을 따서 언론들이 부쳐준 이름이다.

이대성은 안기부 본부 북한실장이 되기 전에 일본에 오랫동안 근무한 일본 전문가이며, 조총련과 일본을 무대로 한 북한 정보의 전문가였다. 이대성은 안기부 해외 파트에서 일본 지역에 참사관으로 10여 년 근무했으며 주일 한국 대사관 공사로 승진 근무하다가 권영해 부장이 북한 실장으로 영전시켜 본부로 불러온 인물이다.

그가 일본을 떠나 서울에 갈 때 일본에서 오랫동안 친밀하게 지내던 도쿄 경시청 공안 담당관들과 '내각조사공안청(일본 정보기관)' 파트너

들이 일본 정부가 파악 하고 있는 남한 내 북한 조직 계보와 친북 세력들의 명단을 넘겨주었다. 참고 자료로 사용하라는 뜻이었다.

이대성은 해외 파트에서 오랫동안 근무하다가 국내 파트 북한 실장으로 영전함으로써 자신이 일본에서 수집한 정보와 그 동안 국내 북한 팀에서 수집한 자료를 근거로 남한의 친북한 세력들과 연결된 간첩망 수사를 좁혀 가고 있었다.

그때 어떤 인물이 그 앞에 나타났다. 미국 워싱턴 D.C 인근 버지니아 주 맥크린에 살면서 중국과 북한을 다니며 사업을 하던 윤홍준(尹弘埈)이라는 사업가였다. 윤홍준이 풀어놓은 정보는 상당히 쇼킹한 것이었다.

윤홍준이 제공한 정보는 김대중의 측근 조만진(趙萬鎭)이 2년 전부터 정부 허가 없이 비밀리에 평양을 수차례 드나들며 북한 간첩을 서울로 안내하여 국민회의 간부들은 물론 김대중과 아들 김홍일이도 만나게 한다는 제보였다.

그때까지 국내 정보기관들은 그런 사실을 전혀 모르고 있었다. 이대성은 북한 대남사업총국이 대통령 선거를 앞두고 김대중과 국민회의에 접선하여 어떤 음모를 꾸미고 있다고 판단할 수밖에 없었다.

윤홍준은 1996년 1월 캐나다 토론토에서 북한 해운회사 주재원으로 활동하는 김철수라는 인물을 만났다. 그는 캐나다에 지사를 둔 북한 선박회사의 주재원 자격으로 장기 체류 비자를 받아 체류 중이었으나 사실은 유럽과 중동 지역에 북한제 무기 및 마약 밀수출을 담당하는 아시아 태평양위원회 소속 참사관급 거물 스파이였다.

윤홍준이 김철수의 안내로 평양에 가서 무역관계자들을 만나본 후 캐나다와 일본에서 의료기기를 사서 평양에 중개무역을 시작했다. 윤홍준은 1996년 6월경 김철수와 함께 연변 조선족 자치구에 머물고 있었다. 그때 김철수가 윤홍준에게 베이징에서 여행사와 무역사업을 한다는 허돈웅(許敦雄)을 소개했다. 허돈웅은 "나는 김정일 국방위원장의 매제인 장성택(張成澤) 라인으로 외화벌이(무역사업) 책임을 맡고 있다"고 자랑했다.

허돈웅은 윤홍준을 데리고 북한의 나진선봉경제특별개발지구도 여행
했다. 여행을 마친 허돈웅은 "8월에 서울에 가는데 함께 갑시다. 서울 여
행 경비는 모두 국민회의(총재 김대중) 측에서 부담한다"고 설명했다.

김대중은 1996년부터 자신의 측근 조만진이 중국을 드나들며 사업을
한다는 사실을 알고 있었으며, 그를 통해 자연스럽게 평양과 접촉하고 있
었다. 조만진은 '조선족 인력수출사업'을 한다는 핑계를 대고 윤홍준을
서울로 데리고 와서 김대중과 김홍일을 만나게 한 후 허돈웅의 보증으로
평양을 몇 차례 드나들었다.

김철수와 허돈웅의 소개로 조만진 그룹에 합류하게 된 윤홍준이 자세
히 살펴보니 김대중-조만진-허돈웅-장성택-김정일의 비밀 라인이 구
축되어 있는 사실을 알게 됐으며, 이에 커다란 충격을 받았다.

김대중이 북한 장성택 라인과 은밀하게 접촉하고 있다는 사실을 알게
된 윤홍준은 그때까지 1년 동안 그들과 함께 지내면서 목격한 현장의 녹
음테이프와 사진을 이대성에게 증거물로 제시했다. 중대한 정보를 제공
받은 이대성 실장은 윤홍준을 설득, 조만진을 중심으로 하여 김대중, 김
홍일로 연결되는 국가 반역행위를 계속 추진하도록 부탁했다. 안기부는
윤홍준이 필요로 하는 여행 경비와 자료 수집비를 제공했다.

1997년 12월 초 대통령 선거 투표일을 1주일 정도 남겨놓고 윤홍준은
도쿄-서울에서 국민회의 대통령 후보 김대중과 아들 김홍일이 북한 거물
스파이 허돈웅 일행과 만나고 있는 사진과 녹음테이프를 증거물로 제시
하며 양심선언 기자회견을 하면서 국민들에게 김대중 후보의 북한 비밀
접촉 사실을 폭로했다.(註 1)

한편 조만진은 정부의 허가도 없이 평양을 드나들다가 1997년 12월 평
양에서 자신을 아는 세 사람을 만나게 되어 부인할 수도 없는 꼬리가 잡
혔다. 김대중의 측근으로 국민회의 국회 재무위원회 위원장을 지내며 김
대중의 자금 금고 역할을 했던 임춘원(林春元), 미국 워싱턴의 김영훈(金
暎勳) 목사, 김정일이 '위대한 북조선의 어머니'로 찬양하고 있는 최정례

(崔貞禮) 씨가 마침 그 시기 평양을 방문했다.

임춘원도 김대중의 측근이었기 때문에 평소 조만진을 잘 알고 있었다. 평양에 머무는 동안 그들은 세 번이나 만났으며 임춘원이 조만진을 김영훈 목사와 최정례에게 소개까지 시켰다.(註 2)

그런데도 윤홍준 폭로 사건은 대통령 선거 막판에 잠시 파문을 일으키다 큰 문제를 일으키지 않고 흐지부지됐다. 서울에서 기자회견을 마친 윤홍준은 워싱턴으로 돌아갔다.

1997년 12월 20일, 김대중이 당선되면서 후보에서 당선자로 호칭이 바뀌었다. 당선자 시절 김대중은 지난 30여 년 자신을 도쿄에서 납치하고 좌파 빨갱이로 몰아 정치적 탄압을 했다고 생각하는 국가안전기획부를 완전히 없애 버려야 하겠다고 생각했다. 그는 야당 시절부터 국가 정보기관을 없애라고 주장해 왔으며, 이에 맞장구를 친 것이 김일성이었다.

김일성은 1974년 8월 평양을 방문한 '일본 자민당 북조선 친선방문단' 의원들과 가진 회담에서 "나는 김대중이 주장하는 정책을 적극 지지한다. 김대중이 외치고 있는 중앙정보부 해체, 베트남 파병 반대, 향토예비군 폐지는 우리와 똑 같은 정책이다"라고 말한 바 있다. (註 3)

김대중이 야당 시절부터 안기부를 없애 버리겠다고 가슴속에 담아 왔는데 이제 당선자 신분이 되고 보니 여러 가지 정보가 몇 가닥의 루트를 통해 들어오고 있었다. 이미 선거 때부터 안기부 안에 있던 전라도 세력들, 특히 전북 지부장을 하던 A라는 인물은 노골적으로 김대중에게 안기부의 비밀정보를 모두 전달하고 있었다.

A 라는 인물은 전주 출신인데다 안기부 내에서도 친 김대중 계열로 분류되어 있었다. 그래서 선거의 해인 1997년에 본부 국장 자리에서 전주 지부장으로 발령을 받고 전주에 내려가 있었다. 선거가 끝나자 그는 가슴에 묻어둔 불만을 터뜨리며 본부에 남아 있던 전라도 출신 안기부 요원들을 모아 내부 정보를 정리하여 천용택 의원을 통해 김대중에게 제공했다. 그런 행동이 계속 되면서 누구의 입을 통해서인지 "김대중 당선자가 안기

부를 없애려 한다. 단단히 손을 본다고 하더라" 하는 소문이 안기부 내부에 퍼지고 있었다.

이대성 실장 아래서 일하던 한 부하 직원은 김대중과 가까운 정대철 의원에게 문제의 '황장엽 파일'과 '이대성 파일'을 전달하면서 "우리는 (안기부) 이런 엄청난 정보도 갖고 있으나 선거 때가 되어서 공개하지 않았다. 그런데도 당선자(김대중)가 안기부 내부 불만 세력과 전라도 세력들의 허위 모략중상 정보만 받아 선입견을 가지고 숙청의 칼날을 휘두른다면 우리들도 저항할 수밖에 없다"고 말했다.

'이대성 파일'에는 윤홍준이 제공한 정보뿐만 아니라 선거 기간 중 북한이 보내온 여러 종류의 비밀문서와 편지들도 포함되어 있었다. 이대성 파일을 읽은 정대철이 문제의 비밀보고서를 김대중에게 전달했다. 며칠후 진보 성향의 한겨레신문과 친 김대중 계열의 언론들이 "국민회의 고문 격인 고위 인사가 '이대성 파일'을 읽어보고 경천동지(驚天動地)할 내용에 깜짝 놀랐다"고 보도했다.

그러면 김대중과 정대철이 읽어 보고 '하늘과 땅이 놀랄' 정도였다는 '황장엽 리스트', '이대성 파일' 속에는 과연 무슨 내용이 담겨 있었을까?

오익제, DJ에게 김정일 찬양 편지 보내

1997년 12월 19일 대통령 선거 투표일을 한 달 앞둔 11월 중순경 평양으로 도망친 국민회의 김대중 총재 고문이었던 측근 오익제(吳益濟)가 김정일을 찬양하며 김대중에게 "고려연방제 통일을 연구하시기 바랍니다" 하는 편지를 보냈다.

훗날 이 편지 때문에 고성진(高聖鎭) 안기부 대공 수사국장도 구속되었다. 황장엽, 김덕홍 씨가 대한민국으로 망명한 후 김정일은 거의 미친 사람같이 날뛰었다. 초조해진 김정일은 평양에서 남쪽 친북 세력들과 해외동포들 수천 명을 불러 기세를 올리려던 범민족 통일대회까지 중단시킬 정도로 충격을 받았다.

김정일은 황장엽, 김덕홍을 망명시킨 김영삼과 권영해를 생각하며 치를 떨었다. 그래서 김영삼과 그 정권을 궁지로 몰아넣을 수 있는 반격 작전을 지시했다. 김영삼, 권영해의 아들딸들은 물론 주변 친척들을 평양으로 유인하거나 납치하도록 지시했다. 그들을 평양으로 유인하거나 납치해 오면 '북조선의 위대한 지도자 김정일 장군의 품에 안기기 위해 망명했다'고 해외에 대대적인 선전을 하여 김영삼, 권영해에게 앙갚음을 하고 싶었던 것이다.

김용순, 송호경, 이종혁의 대남사업총국과 아시아 태평양위원회는 암호명 '모란봉 관광' 프로젝트 작전을 마련했다. 이 작전은 YS의 집안 사람 가운데 YS가 가장 아끼는 사람, 혹은 YS의 가까운 친구, YS 아들 현철과 YS 누이동생 남편 등 5명 가운데 1명을 평양으로 유인하거나 납치하여 김영삼을 궁지로 몰아넣어 마지막 단계에서 황장엽과 교환한다는 전략이었다. 모란봉 구역은 평양 중심부의 관광지이며 근처에 김일성 별장이 있다. 김일성은 생전에 이 별장에서 외국 손님들과 자주 만났다.

김정일과 그 비서실은 '모란봉 관광' 프로젝트 성공을 위해 미국-일본-프랑스-서울까지 공작원을 파견했다. 그러나 필자의 일본과 미국, 영국 친구들의 도움으로 사전에 그 정보를 알아냈고, YS와 권영해 부장이 만든 해외 특별 팀들이 잘 막아내어 '모란봉 관광' 프로젝트 작전은 4건 모두 실패했다. (註 4)

'모란봉 관광' 프로젝트가 실패하자 대남사업국과 아태위원회는 김대중의 측근인 천도교 교령 오익제에게 눈을 돌렸다. 평양에는 박정희 정권 시절 외무부장관과 서독 대사를 지낸 후 평양으로 망명 김일성 품에 안긴 최덕신(崔德新, 최 씨는 필자가 독일 대사 시절부터 알고 있었다)의 아내 류미영(柳美英)이 살고 있었다. 류미영은 북조선 천도교 교령이었다.

최덕신이 북한으로 탈출하기 전 오익제는 남한 천도교 교령을 지냈기 때문에 류미영과는 서로 잘 아는 사이였다. 이미 90년 중반 류미영은 베이징에서 오익제와 만나 남북 천도교 교류 문제를 몇 차례 논의한 적이 있었다. 이때 북한은 류미영에게 오익제가 남한으로 피난가기 전에 결혼했던 첫 부인이 아직도 생존하여 시어머니를 모시고 살고 있는 사진과 편지를 마련 오익제에게 전달하도록 계획을 세웠다.

그러다가 류미영이 베이징으로 떠나기 직전 전략을 바꾸어 오익제와 첫부인 사이에 낳은 딸과 결혼한 사위를 류미영이 데리고 가도록 작전을 변경하였다. 그래서 류미영은 오익제 사위를 데리고 베이징에 가서 오익제를 만났다.

평양은 오익제가 북한에 남겨 놓은 가족을 통해 7~8년 전에 이미 오익제를 친북 세력으로 만들어 놓고 있었다. 죽은 줄 알았던 어머니와 아내, 딸이 살아 있다는 사실에 오익제는 마음이 흔들렸다.

김정일에게 충성을 약속하고 평양을 위해 간첩 행위를 해오던 오익제에게 1996년 평양으로부터 김대중과 접선하라는 지시가 내려졌다. 평양의 지시에 따라 오익제는 상당한 액수의 돈을 김대중 측근들에게 전달하고 천도교 대표 자격으로 국민회의 영입 인사로 입당, 김대중 총재 고문에 취임했다.

종교 지도자가 야당에 입당 총재의 고문에 취임하자 필자는 그의 정체를 의심할 수밖에 없었다. 더욱이 천도교는 북한에 상당한 세력을 갖고 있으며 최덕신이 김일성 품안으로 망명하고 그의 부인 류미영이 북한 천도교 교령이라는 사실이 필자에게 기자라는 직업의식을 발동시켰다.

필자가 오익제를 처음 만난 것은 1993년 봄이었다. 김영삼 정권이 시작되자 오익제는 " YS 정권의 개혁은 성공되어야 합니다. 그것은 동학혁명의 완수를 의미하는 것입니다" 하면서 YS 정권을 적극 지지했었다. 자신의 본색을 감추기 위한 전략이었다. (註 5)

그런 사람이 또 다시 김대중의 곁으로 다가가 김대중 고문으로 취임하고 "김대중 총재의 개혁과 통일 정책이야말로 '위천위민' 동학혁명 정신을 완성하는 것입니다" 하는 그의 말과 행동을 의심할 수밖에 없었다. 그런 시절에 황장엽 망명 사건이 발생했다. '묘향산 관광' 프로젝트 4건 모두가 실패로 돌아가자 대남사업국은 오익제에게 월북지령을 내렸다.

1997년 8월, 오익제는 아내에게 설악산에 간다고 거짓말을 하고 미국으로 가서 베이징 행 비행기를 탔다. 오익제는 베이징에서 이틀간 휴식을 취했다가 북한에서 마중 나온 안내원을 따라 기차를 타고 평양역에 도착했다.

오익제는 환영 나온 군중들을 향해 "위대한 민족의 지도자 김정일 장군님의 품에 안기어 그리운 가족들과 함께 살고 싶어 평양에 왔다"고 연설했다. 그날부터 북한의 모든 선전 매체들은 오익제를 이용해 대한민국과 김영삼 정권 타도를 위한 거짓 방송, 강연, 인터뷰 선전을 벌였다.

오익제의 월북 사건으로 궁지에 몰린 김대중과 국민회의는 "안기부가 김대중을 매장하기 위해서 오익제를 월북하도록 만들어 조작했다"고 오히려 거꾸로 거짓 성명을 내고 모함했다.

김대중과 그 측근들은 거짓말을 잘하며 임기응변의 재주가 능수능란했다. 그런데도 일부 국민들은 김대중과 그 측근들이 하는 말이 진짜이고 정부가 발표하는 것은 거짓이라고 믿는 사람들이 많았다. 그것은 과거 정권이 국민들에게 숱한 거짓말을 하고 속여 왔기 때문에 생긴 현상이었다.

1997년 11월 20일 서울시 양천구 목동 소재 국제우체국 국제우편물 수집센터에 해외에서 보내온 수상한 편지 1통이 발견 되었다. 우체국 직원들은 관례대로 국제 우체국에 파견되어 있는 안기부 직원에게 신고하였다.

국제우체국 국제 우편물 수집센터에는 외국에서 오는 편지나 소포 우편물, 해외로 나가는 편지와 소포 우편물 가운데 간첩들이 연락하는 우편물이나 소포 속에 숨겨 보내는 마약과 환각제 약품들을 찾아내기 위해 안기부 전담 직원이 주재하고 있었다.

"DJ 선생님, 고려연방제를 받으십시오"

안기부 직원은 신고된 수상한 편지를 뜯도록 우체국에 양해를 구했다. 편지를 받을 사람은 '서울시 영등포구 여의도동 한양빌딩 3층 김대중 총재'로 되어 있었으며, 보낸 사람의 주소는 '평양시 중구역'으로만 적혀 있을 뿐 이름은 없었다. 봉투에는 북조선 우표 2매가 붙어 있었고, 평양 우체국 접수 도장이 찍혀 있었다. 편지를 개봉하여 안에 들어 있는 내용을 보니 오익제 이름이 적혀 있었다.

안기부 대공 수사국은 안기부가 보관 하고 있는 오익제의 글씨체와 대조한 결과 오익제의 글씨체로 확인했다. 그래도 혹시나 하고 국립과학수사연구소에 보내 필적을 분석한 결과 오익제의 글씨체가 분명하다는 통보를 받았다.

A4 용지 2매 가량의 편지 내용은 인사말과 함께 이렇게 채워져 있었다.

"미국에서 선생에게(김대중) 편지를 보냈는데 받아 보셨습니까? (중략) 서울에서 듣던 것과는 아주 다르게 북조선의 조국은 행복하게 살고 있습니다. 북조선은 위대한 장군님의 사랑과 믿음으로 충만하며 '위민위천(爲民爲天)' 인덕 정치가 실현되고 있으며 '고난의 행군' 시절이 지나가고 사람들이 일치단결하여 자부심과 긍지로 신념에 차 있습니다. (중략) 이번 대선에서는 선생님께서 승리하실 수 있는 유리한 여건이 조성되어 있으며 북조선 여러분들도 선생님의 대승을 기대하고 있습니다. 선생님께서도 이북의 영도자(김정일)와 합의하여 통일을 성취하겠다는 소신을 표명한 사실을 저는 알고 있습니다. (중략) 그러므로 이북에서 주창하고 있는 고려민주연방공화국(고려연방제) 창립을 많이 연구하면 받아들일 수 있는 점이 많으리라 사료됩니다. 그러면 주체 사회주의(김일성 주체사상)는 더욱 승승장구할 것입니다. 제가 아는 한 그것은 진리입니다."

이처럼 오익제는 북한을 마치 천국같이 묘사했다. (註 6)

안기부 대공실은 오익제가 보낸 편지의 복사본과 국립과학수사연구소에서 보내온 필적 감정서를 첨부하여 12월 1일 르네상스 호텔에서 국민회의 천용택(千容宅) 의원을 만났다. 안기부 대공실장은 천용택에게 오익제 편지 복사본을 건네주면서 "오익제가 김대중 후보에게 편지를 보낸 사실에 대해 아는 대로 진술서를 만들어 급히 우리에게 회신해 주기를 바란다"고 부탁했다.

안기부는 12월 5일 서울지검 공안부를 통해 편지 원본을 압수할 수 있도록 압수 영장을 신청하고 법원은 영장을 발부했다. 그러나 사건은 엉뚱하게 번졌다. 김대중과 국민회의는 또다시 거짓말 선전 전쟁을 벌이고 있었다.

김대중과 국민회의측은 천용택이 가져온 문제의 편지를 검토한 후 자칫하면 선거에 악영향을 불러올 수 있다고 판단하고 오히려 편지를 역이용 안기부와 정부 여당을 싸잡아 비판하는 전략을 폈다.

법원에서 영장이 발부된 사실을 알게 된 국민회의 총재 권한대행 조세형(趙世衡, 전 주일대사)은 출입 기자들에게 "안기부가 김대중 후보를 음해하기 위해서 조작극을 벌이고 있다"며 오익제 편지 사본을 공개했다. 이에 화가 난 안기부는 문제를 가만히 덮어두고 갈 수 없다고 판단했다. 자칫하면 안기부가 진짜로 조작했다는 누명을 쓸 수도 있기 때문이었다. 그래서 고성진 국장이 12월 6일 오후 서울지검 기자실을 찾아가 기자 간담회를 가졌다. 그 자리에서 고성진 국장은 "국민회의 조세형 총재 대행의 발표는 거짓이다. 안기부는 그분을 허위 사실로 고발할 수 있지만 선거 기간 중이라 참는다. 오익제 편지는 안기부가 발견한 것이 아니라 국제 우체국에서 발견 신고하였다"며 그 동안의 경위를 설명하고 기자들에게 자료를 제공 했다. (註 7)

김대중이 청와대에 들어간 후 연이어 북풍 사건을 조작하고 음모를 꾸미며 고성진을 구속했다. 그에게 덮어씌운 죄목은 '선거법 위반', '안기부법 위반', '통신비밀보호법 위반'이었다. 고성진은 집행유예 1년 6개월을 선고받아 6개월 만에 석방되었지만 아직도 복직되지 않음은 물론 연금과 퇴직금도 받지 못하고 있다.

한국에서 오익제의 편지가 진짜다 가짜다 하고 논란을 벌일 때인 12월 12일, 필자는 도쿄에 도착하여 취재를 하고 있었다. 그때 12월 14일자 요미우리 신문은 문제의 오익제 편지의 정체를 밝히는 기사를 1면에 보도했다. 요미우리 신문은 '북한으로 망명한 전 김대중 야당 총재 고문, 통일을 위해 남한 탈출 결심'이라는 제목 아래 평양 방송 보도를 전했다. 요미우리 신문 기사를 원문 그대로 옮긴다.

"조선민주주의 인민공화국(북조선)의 평양 방송은 12일 한국의 야당 제1당 국민회의(김대중 총재)의 고문으로 있다가 금년 8월 북조선으로 망명한 오익제가 지난 10일 '조국 남부의 국민들에게 보내는 편지' 내용을 방송했다. 오익제는 편지를 통해 '조국통일은 민족의 비원이며 지상 과제이다. 나의 월북은 통일을 위해 결행한 것이다. 특별히 국민회의 대통령 후보 김대중 씨와 나는 월북하기 직전까지 통일 문제에 대하여 종종 논의하였다.

그는 (김대중)자신의 3단계 연방제 안이 북조선의 연방제 통일안(고려 연방제)과 일부가 서로 통하는 것으로 생각하고 있다. 내가 남한을 탈출 북조선으로 가도록 결심하게 만든 것은 김대중의 그런 생각이 작용하였으며 힘이 되었다고 지금도 생각하고 있다'고 평양방송은 전했다"고 보도했다. (註 8)

북한 부주석 김병식 - 김대중에게 20만 달러 제공 편지

오익제 편지 사건의 말썽이 사라지지 않은 12월 9일 안기부가 베이징에 심어놓은 특수 조직으로부터 '대남사업국 베이징 책임자 강순덕이 김대중 측근이며 자금책인 최봉구(崔鳳九, 전 평민당 의원)에게 모종의 비밀문서를 DHL로 발송했다'는 긴급 전문이 안기부 본부에 도착했다.

서울 안기부 대공실은 최봉구 집 앞에서 DHL 배달원이 나타나기를 48시간 동안 기다렸다. 배달원이 도착하자 안기부 직원들은 최봉구를 만나 그를 설득시켜 베이징에서 배달된 문제의 DHL 봉투를 여러 사람들 앞에서 개봉했다. DHL 봉투 속에는 강순덕이 최봉구에게 보내는 편지와 함께 김대중 총재 앞으로 보내는 북한 부주석 김병식(金炳植)의 비밀 편지도 들어 있었다.

강순덕이 최봉구에게 보낸 편지 내용은 이랬다.

'최봉구 선생 귀하 -

11월 베이징에서 만난 때가 아직도 생생합니다. 12월 8일 인편을 통해 보낸 편지가 차단될 것이 걱정되어 다시 보내게 되었습니다. 동봉한 편지를 대선의 큰 사업에 분망하시는 김대중 선생에게 전달하여 주십시오. 선생과의 다음 상봉을 고대하면서.

- 북경에서 강순덕 드림'

안기부는 일단 최봉구가 대남사업국 중국 책임자를 왜 만났는지에 대해 조사했다. 최봉구는 정치를 그만두고 사업을 하면서 북한 해산물 수입 관계를 알아보기 위해 중국에 갔으며 베이징에 사는 교포를 통해 강순덕을 소개받아 사업 논의를 했다고 진술했다.

그러면 김대중에게 편지를 보낸 김병식은 누구인가? 그는 북한 부주석 겸 북조선 사회민주당 중앙위원회 위원장이라는 거물이다. 그는 1971년 2월 김대중이 야당 대통령 후보 자격으로 미국을 방문하고 도쿄 신주쿠 플라자호텔에 묵을 때 한밤중에 김대중을 찾아가 20만 달러가 들어 있는 트렁크를 전달했던 인물이다.

1971년 2월, 당시로서는 큰돈인 20만 달러라는 거금을 김대중에게 전달한 김병식은 그 후 장인 한덕수와 권력 다툼을 하다가 한덕수 패거리들에게 밀려 숙청될 위기에 빠졌다. 그래서 김병식은 일본과 홍콩 은행에 예금해놓은 1억 달러라는 거금을 들고 평양으로 가서 김일성에게 진상했다. 김일성은 그의 충성심을 믿고 부주석에 임명하였다.

그 김병식이 12월 대통령 선거 때 김대중의 당선 가능성이 높다는 서울 간첩망의 보고에 따라 김대중에게 격려의 편지를 보낸 것이다. 김병식은 편지를 대남사업국에 보냈으며 대남사업국은 베이징의 강순덕에게 보내 최봉구를 통해 김대중에게 전달되도록 만든 것이다. 김병식이 김대중에게 보낸 편지 내용은 이렇다.

김대중 선생 귀하

이번 대선의 큰 사업을 앞두고 분망하실 선생에게 따뜻한 인사를 보냅니다. 그 동안 어려운 길을 걸어온 선생의 오랜 소망과 뜻이 성공의 빛을 보게 된다고 생각하니 선생과 협력해 오던 지난날이 회억되면서 감개무량함을 금할 수 없습니다. 선생과 처음으로 상면하던 때가 엊그제 같은데 벌써 26년이란 세월이 흘렀습니다.

요즘 텔레비전 화면에서 선생의 모습을 볼 때마다 1971년 일본 도쿄 플라자 호텔에서 서로 뜨겁게 포옹하던 때가 생생히 떠오르곤 합니다.

그 때는 물론 약소하였습니다. 선생의 민주화 운동을 위해 20만 딸라(달러)밖에 보탬해 드리지 못한 것을 지금도 괴롭게 생각합니다. 그러나 그것이 선생을 오늘의 성공에로 이르도록 돕는데 밑거름이 되었다는 생각으로 보람을 찾습니다.

선생도 어느 회합에서 말씀하셨지만 조국통일의 앞길에는 의연히 많은 난관이 있습니다. 지금이야말로 이남에서 자주적인 민주정권이 서야 하며 북과 남이 민족 주체적 힘으로 통일의 길을 개척해 나가야 할 때이라고 간주합니다.

나는 선생이 대선에서 꼭 승리하기를 진심으로 바랍니다.

선생과의 뜻 깊은 상봉을 확약하면서 옥체만강을 기원합니다.

조선민주주의인민공화국 부주석, 조선사회민주당 중앙위원회
위원장 김병식

주체 86(1997)년 12월 5일-평양

– 나는 이 편지를 평양에서 보내려고 하였으나 중도에서 차단될 것이 걱정되어 인편을 통해 해외에서 보내게 됨을 량해해 주시기 바랍니다. (註 9)

이 편지를 보낸 김병식은 1997년 12월 김대중이 대통령에 당선된 사실은 알았지만 만나 보지 못하고 1999년 가을에 세상을 떠나 평양 애국열사 공원에 묻혔다. 그가 1년 정도만 더 살았더라면 2000년 6월 평양을 방문한 김대중을 만날 수 있었을 것이며, 29년 만에 또 한 번 뜨거운 포옹을 할 수 있었을 것인데……

안기부는 최봉구에게 문제의 편지를 자진 신고 형식을 빌려 제공받았다. 최봉구가 그런 사실을 김대중에게 제보하였는지 여부는 알려지지 않았다.

한편 평양의 대남사업국은 최봉구를 통해 김대중에게 보낸 편지가 아무런 현상을 보이지 않자 복사해 두었던 김병식의 편지를 평양을 방문한 김영훈 목사와 임춘원에게 "서울에 가면 김대중에게 전달해 달라"고 부탁했다.

김영훈 목사 일행에게 편지를 맡기며 부탁한 사람은 김일성의 외가 친척이 되는 북조선기독교연맹 중앙위원회 위원장인 강영섭이었다. 김정일의 친척이 되는 강영섭은 김대중에게 보내는 편지 외에 KNCC(한국기독교교회협의회) 김동완 목사에게 보내는 자신의 편지와 북한 천도

교 교령 류미영이 '남조선 천도교 교도님들에게 드립니다' 하는 편지도
전달했다. (註 10)

강영섭이 김동완 목사에게 보낸 편지의 내용은 아래와 같다(앞부분
생략).

"특별히 부탁드리는 말씀은 남조선의 대통령 선거가 앞으로 큰 변혁
을 안고 있으므로 북과 남이 큰 힘을 합하여 통일의 길을 개척함에 대
하여 김대중 선생을 힘껏 지원하여 대통령 선거에서 승리하도록 하여
야 할 것을 부탁드립니다. 김대중 선생의 통일로선이(고려연방제) 우리
측과 같다고 믿기 때문입니다." (註 11)

류미영이 '남한 천도교 교도들에게 드립니다' 하는 편지의 내용이다
(앞부분 생략).

"전 천도교 교령이시며 김대중 총재 고문이었던 오익제 교령께서는
김대중 총재를 대통령에 당선시킴으로써 우리 교도들의 소원을 이룩할
것은 물론이요, 북·남 통일 가능성을 열도록 진심으로 바라고 있습
니다. 오익제 교령과 김대중 총재 간에 여러 경로를 통해 북·남 통일
에 관한 의견과 로선이(고려연방제) 조정되었다는 것을 확인 하였으며,
전 교령께서는 김대중 총재의 대통령 당선을 진심으로 바라고 있다는
사실을 여러분들에게 전달합니다." (註 12)

강영섭으로부터 김대중, 김동완 목사, 천도교 교도들에게 가는 편지를
전달해달라는 부탁을 받은 김영훈 목사와 임춘원은 베이징을 거쳐 도쿄
에 도착하여 편지를 부치려고 하다가 혹시나 하여 편지를 뜯어보았다.
편지를 뜯어본 그들은 김병식이 김대중에게 보내는 편지 내용을 보고
깜짝 놀랐다. 그래서 세 통의 편지를 모두 개봉하여 복사를 하고 도쿄에
서 기자회견을 한 후 서울로 편지 세 통을 발송했다. 그리하여 김병식의

편지 내용이 언론에 크게 보도되면서 그 진상이 알려지게 되었다.

한편 이와는 별도로 또 다른 편지 세 통이 김대중 측근 김옥두 의원과 김원길 의원, 이인제 캠프에서 참모로 활동하는 유성환(俞成煥) 전 의원에게도 배달되었다.

베이징에 있는 대남사업총국 책임자 강순덕 아래 차석으로 있는 김장수 이름으로 보낸 편지는 이렇다 (앞부분 생략).

"김병식 부주석께서는 김대중 총재가 꼭 대통령에 당선되시기를 바라고 있습니다. 1971년 도쿄 플라자 호텔에서 선생님과 조용히 만나 우정을 깊이 나누며 선생님의 반독재 투쟁에 자금 지원을 하고자 트렁크를 넘겨 드린 그때의 감회를 깊이 회고하고 계십니다.(중략) 민주와 통일에 혼신의 힘을 쏟은 선생님께서 대승하여 금후 남·북 관계 개선은 물론 나라의 통일 방식도 '연방제 통일방식'으로 결착을 보리라 생각합니다."(註 13)

유성환은 이 편지를 안기부 대구 지부에 신고했으며 김원길, 김옥두도 안기부에 신고하였다.

평양, 고려연방제로 가자고 김대중에게 협박?

북한이 대통령 선거를 앞두고 김대중에게 10여 통의 편지를 보낸 것은 몇 가지 목적이 있었다. 김대중과 그 측근들에게 보낸 10여 통의 편지와 평양 방송 내용을 분석해 보면 평양이 남한의 지하 세력과 친북 세력들에게 보내는 메시지와 김대중에게 보내고자 하는 두 가지 메시지가 담겨 있다.

남한의 친북 좌익 세력과 지하에서 활동하고 있는 간첩들에게 보내는 메시지는 ① 위대한 영도자(김정일)가 지지하고 있는 김대중을 당선시켜

라. ② 김대중이 당선되면 우리(북한)가 주장하는 고려연방제로 통일을 달성할 수 있다는 두 가지 암시를 보내고 있다.

김정일이 김대중 당선을 바라고 있다는 암시는 ① 김병식이 반세기 전에 김대중에게 20만 달러가 들어 있는 트렁크를 전달할 정도로 김일성과 김정일은 김대중을 믿고 있다는 사실을 밝히고 있는 점. ② 오익제가 남한을 탈출하기 직전까지 김대중과 만나 이야기를 할 때 김대중이 '내가 당선되면 통일은 김정일과 상의하여 이루겠다'는 점을 설명한 점. ③ 류미영이 보낸 편지 속에도 '오익제 전 교령과 김대중 후보께서는 여러 경로를 통하여 북·남 통일로선이 합의된 것으로 전해 드립니다' 하는 것은 결국 김대중과 김정일이 고려연방제를 합의했다는 암시였다.

평양이 보내는 편지마다 '북한의 통일로선', '고려 연방공화국 창설' 또는 '연방제 통일안' 등을 언급하며 김일성, 김정일 부자가 그토록 바라고 있는 '고려연방제' 통일안을 빠뜨리지 않고 강조한 것은 남한의 친북좌파 세력들에게 김정일이 그토록 김대중 당선을 바라고 있다는 점을 확실하게 강조하고 있는 것이다.

한편 평양은 당선이 확실해 보이는 김대중에게 두 가지 메시지를 정확하게 보내고 싶었던 것이다. 첫째는 '당선되면 고려연방제를 추진하라'는 것과, 둘째는 '우리 말을 듣지 않을 경우 언제든지 우리는(북한) 김대중 당신을 침몰시킬 수 있는 카드를 갖고 있다'는 암시였다.

이종찬 안기부장 임명, 권영해와 손충무 처치하라.

청와대에 입성한 김대중은 우선 가장 시급한 것이 자신의 국가 반역 행위를 집대성한 '황장엽 리스트'와 '이대성 파일'을 만든 인물들을 제거하는 일과 또 '김대중 X-파일'을 만들어 그토록 골탕 먹인 손충무를 제거하는 일이었다. 그래서 안기부 내막을 잘 알고 있는 이종찬을 안기부장에 임명하고 심복인 이강래를 안기부에 내려 보내 이종찬을 감시하도록 만들었다.

이종찬을 안기부장에 임명한 것은 그가 안기부 출신이고 10·26 사건 후 전두환 보안사령관이 중앙정보부장 서리를 맡으면서 육사 출신인 이종찬에게 정보부 숙청 작업을 맡겨 정리한 일이 있었기 때문이다. 김대중이 이종찬을 불러 자신의 중요 측근 인물로 만든 배경에는 필자의 도움도 작용했을 것이다.

필자는 이종찬과 30여 년 전부터 형제 같은 사이로 잘 알고 지내오던 사이였다. 1980년, 김대중 구출운동을 벌이면서 워싱턴과 서울 사이를 왕래하며 당시 민정당 원내 총무이던 이종찬 의원에게 워싱턴의 소식과 함께 김대중 문제에 대해 아이디어를 제공해 주었으며, 미국 측에는 이종찬에 대한 좋은 정보를 계속 제공하고 있었다. 그리고 김대중이 미국으로 망명한 후 그에게 "당신을 구출하는데 이종찬 의원과 워싱턴 대사관 손장래 장군(당시 안기부 공사)이 많은 수고를 해주었다"고 몇 번 이야기를 해주었다.

김대중이 영국 유학을 마치고 귀국하여 '아시아태평양평화재단'을 만들면서 처음에는 손장래 장군을 일산의 자택으로 초청하여 사무총장을 맡아달라고 부탁했다. 그러나 손장래가 거절하여 이루어지지 않았다. 반면에 이종찬은 민주정의당과 통일민주당, 신민주공화당의 3당 합당 후 김영삼과 당내 대통령 후보 경선을 벌이다가 패배하자 탈당하여 정주영의 국민당으로 옮겨갔다. YS의 당선 이후 정주영의 통일국민당이 해체되자 이종찬은 무소속으로 남아 있다가 김대중이 부르자 새정치국민회의 부총재가 되었다.

이종찬은 안기부장 부임 후 안기부를 국가정보원으로 이름을 바꾸고 한직에 밀려있던 호남 출신자들과 불만분자들을 대거 기용하고 500여 명을 정리했다. 그 때문에 이종찬은 오랜 세월 강제 해직당한 사람들로부터 불법 해고에 대한 소송을 당해야 했다.

보수는 전쟁에서 패배했다

이종찬이 부임한 후 국정원 안에 있던 호남 세력들이 김영삼 정권 시절 반 김대중 대열에 섰던 안기부 직원들의 명단을 작성, 이른바 '권영해 계열 살생부'를 만들어 청와대에 보냈으며, 그것이 돌아서 이종찬과 검찰에 넘어갔다. 김대중 당선을 반대하여 북풍(北風) 사건을 일으켰다는 혐의였다.

검찰은 권영해 전 안기부장을 비롯 이대성 실장, 고성진 국장, 박일룡 차장 등 20여 명을 안기부법 위반 등 혐의로 무더기 체포 구속했다. 당시 전라도 출신 젊은 검사들에게 불려 다니던 권영해 안기부장은 견디다 못해 숨기고 있던 면도칼로 자신의 팔목 동맥을 절단, 자살까지 하려 했다. 그 사건은 이종찬과 검찰을 놀래게 만들었으며, 권영해 부장은 "보수는 전쟁에서 패배했다"는 그 유명한 말을 남겼다.

북한 김일성, 김정일 집단과 내통하며 자유 대한민국을 배신한 국가 반역자들이 권력을 가진 자들이 되고, 그런 반역자들을 처단하려던 애국자들이 범죄자가 되어 감옥으로 가야 하는 무법천지의 시대가 막이 오른 것이다.

1971년 김병식이 김대중에게 20만 달러를 제공한 사실을 김정일이 공개함으로써 그 동안 감춰왔던 의중을 드러냈다. 김대중이 당선되자 북한은 김대중에게 강력하게 요구하던 고려연방제 통일 방안을 받아들이라는 압력을 행사하기 시작한 것이다.

김정일은 2000년 6월 15일 평양에서 김대중과 공동 서명하여 발표한 '남북공동선언'을 통해 "북과 남은 나라의 통일을 위한 남측의 연합제 안과 북측의 낮은 단계의 연방제 안이 서로 공통성이 있다고 인정하고 앞으로 이 방향에서 통일을 지향시켜 나가기로 하였다"고 언급했다. (註 14)

그래서 김정일은 "한반도 통일은 내가 하고 싶을 때 언제든지 할 수 있다"고 협박하며 큰소리를 쳤던 것이다.

김대중이 6·15 평양 공동선언문에 서명했다는 사실은 국민이 선택한 자유·평화·통일 정책을 포기한다는 뜻이다. 국민들은 김대중의 반역 이적 행위를 엄중하게 추궁했어야 했다. 그런데도 국민들은 김대중이 얼마나 잘못했는가를 제대로 깨닫지 못하고 있었다. 또 국민의 뜻을 받들어 정부 여당의 잘못을 따지고 파헤쳐야 할 제1 야당인 한나라당은 그런 머리도 능력도 없는 '한심한 당'으로 전락했다.

박근혜와 한나라당은 그런 비난을 듣지 못했는지 김대중을 탄핵도 고발도 못하고 퇴임시키는 무능함을 보였다. 그런 무능함을 가졌기 때문에 도저히 대통령이 될 수 없는 노무현에게 참패를 당하고 말았다.

'고려연방제', '느슨한 연방제', '낮은 단계의 연방제'라고 하는 것은 한마디로 자유 민주주의를 버리고 북한식 1인 독재 사회국가로 가자는 뜻이다. 고려연방제에 대해 그 발상과 목적, 대응 방안을 만든 황장엽 씨가 발표한 글이 다.

'북한 통치자들(김일성, 김정일 부자)이 그토록 바라고 있는 고려연방제 통일 방안이라는 것은 본질적으로 남한과 체제 경쟁에서 북한이 승리하기 위한 통일전선 전략을 말하는 전술적(戰術的) 방법일 뿐이다. 김일성은 기회가 있을 때마다 핵심간부들에게 '연방제를 실시하여 북과 남이 자유스럽게 왕래하면서 자기 제도와 자기 체제를 선전하게 되면 공화국(북한)은 하나의 사상으로 무장되고 통일되어 있어 아무런 영향을 받지 않는다. 그러나 남조선은 사상적으로 분열된 자유주의 국가이기 때문에 우리 쪽 사람들이 남조선에 가서 사회주의의 우월성과 주체사상의 위대함을 선전하면 바로 무너져 남조선 주민 절반쯤만 우리 편으로 돌리면 승리한다. 우리가 남조선 주민을 절반쯤 흡수하면 공화국 인구 1과 남조선에서 흡수된 1을 합치면 공화국은 2가 되고 남조선은 1이 된다. 그래서 공화국은 승리할 수 있다고 장담하고 있다.'(註 15)

결국 고려연방제라는 것은 김일성, 김정일 부자가 남한 사람들의 자유분방한 사상의 틈새를 노려 '막스-레닌-스탈린'식 공산주의를 남한에 침투시키기 위해 고려연방제라는 화장을 하여 남한 국민들을 현혹시켜 '민족은 하나이다', '민족 끼리, 우리 끼리'하며 남한의 자유민주주의 체제를 붕괴시키겠다는 전술에 불과 한 것이다. 그런 사실을 알고 있는 김대중이 6 · 15 평양 공동선언문에 서명했다는 사실은 김대중의 사상이 자유 대한민국을 포기하고 김일성 주체사상의 1인 독재 사상에 더 매력을 갖고 있다는 점을 들어내 보여주고 있다는 의심을 받을 수밖에 없는 것이다. 그래서 보수층 사람들로부터 '김대중은 공산주의자', '김대중은 전향하지 않은 공산주의자' 라고 생각하는 믿음을 더욱 강하게 만들어 주었다.

〈 참고 자료 및 문헌, 증언, 인터뷰 〉

(註 1) 윤홍준 기자회견 (1997. 12. 16)
(註 2) 김영훈, 임춘원 증언 (1997. 12. 10.)
(註 3) 김일성 - 우스노미야 회담 기록 (1974년. 8. 8~10)
(註 4) 월간 신동아 '암호명 모란봉 작전' (2000. 11월호.)
(註 5) 오익제 인터뷰, INSIDE the WORLD (1993. 10월호)
(註 6) 오익제 편지 (1997. 12. 1.)
(註 7) 고성진 안기부 대공국장 기자회견 (1997. 12. 6.)
(註 8) 일본 요미우리신문 기사 (1997. 12. 14)
(註 9) 김병식 편지 소동 (1997. 12. 5.)
(註 10) 김영훈 목사, 임춘원 증언 (1997. 12. 1)
(註 11) 강영섭 편지(북한기독교 연맹 위원장) (1997. 12. 7)
(註 12) 류미영 편지(북한천도교 교령) (1997. 12. 7)
(註 13) 북경 김장수 편지(북한 스파이) (1997. 12)
(註 14) 6 · 15 평양 선언 (2000. 6. 15.)
(註 15) 황장엽 씨 기고문 (2001. 1.)

제 3 장

김대중은 평생 김일성에게 바다보다 더 넓은 은혜 입어

김대중은 해방 전 일본 놈 상선회사에 경리부 사원으로 입사,
그때부터 부정한 돈을 만지는 데 맛을 들이고,
낮에는 야당생활을 하면서 밤에는 여당과 재벌들로부터 부정한 돈을 챙겼으며,
정당을 만들어 공천 장사를 하였고,
1992년 제14대, 1997년 제15대 선거를 앞두고 권노갑, 한화갑, 송천영 등
심복을 통해 돈 되는 일이라면 무슨 짓이라도 하도록 지시하여 비자금을 조성했다.
당선 후 특혜 보장을 담보로 삼성, 대우, 진로소주, 벽산개발, 한창, 대호 등
수십 개 기업들로부터 천문학적인 돈을 뜯어 선거에 사용하고,
남은 10억 달러의 돈을 스위스와 싱가포르 등지에 빼돌렸다.   **– 구국의 소리 방송**

김대중은 김일성 수령의 동지

1999년 2월은 김대중 씨가 대통령에 취임한 지 1년째가 되는 때이며 북한 노동당 총서기 겸 국방위원장 김정일에게는 고난의 행군이 끝나는 기간이었다.

김대중은 그토록 하고 싶었던 대통령에 취임하여 청와대에 입성하자 가장 먼저 시작한 일이 정치 보복이다. 권영해 전 안기부장을 비롯하여 20여 명의 안기부 간부들을 감옥으로 보내고 손충무를 비롯한 언론인, 출판인 등 15명을 형사 처벌하여 감옥으로 보냈다. 또 불구속 수사를 받은 인물들에게는 민사 소송을 제기하여 손해배상을 별도 청구했다. 김대중은 그토록 돈이 필요했거나 돈에 눈이 멀었던 모양이다.

정치 보복은 하지 않겠다는 국민과의 약속을 거짓으로 만들며 출발한 김대중은 꿈속에서도 그리던 노벨 평화상을 받기 위한 공작을 시작했다.

김대중은 청와대 안에 대통령 비서실과 국가정보원장 비서실에 '노벨상 수상 추진팀'을 만들어 놓고 노벨 평화상을 받기 위한 비밀 청사진을 그리며 세계를 향해 음모를 꾸몄다.

2000년 3월 독일을 방문한 김대중은 베를린 선언을 통해 '한반도의 평화와 통일을 위해, 그리고 굶주림에 고통 받고 있는 북한 주민들을 돕기 위해 햇볕정책을 실시한다'고 선언했다.

김대중은 햇볕정책을 펼치기 위해 자신이 야당 총재 시절 만들었던 아시아태평양평화재단 사무총장직에 있던 측근 임동원을 통일부 부총리 겸 장관으로 임명하고 북한 측과 비밀접촉을 하도록 지시했다. 그런데 햇볕정책이 진정으로 한반도 통일을 빨리 앞당기고 금세기 지구상에 하나 남아 있는 북한 공산주의 독재체제 아래서 굶주리고 있는 같은 민족을 돕는다는 진실된 정책이었다면 그는 역사에 남는 큰 인물이 되었을 것이다.

그러나 햇볕정책을 표방한 목적은 노벨 평화상을 받기 위한 수단으로,

지난 반세기 동안 정치를 하면서 북한 수령 김일성으로부터 받은 은혜를 갚는 수단으로서 추진한 검은 욕심이었다. 그것이 김대중 정권의 생명을 단축시키는 결과를 가져오고 한반도 역사 속에 자유 대한민국의 배신자, 국가를 배신한 역적이 될 것이라고는 꿈에도 생각하지 못했을 것이다.

김대중이 대통령에 취임하여 1년을 보낸 시간에 김정일은 어려운 고난의 행군을 겨우 넘기고 자신의 목소리를 외부 세계에 알리기 시작했다.

1994년 아버지 김일성이 사망하자 김정일은 5년 동안 '위대한 어버이 수령 김일성 장군을 잃은 슬픔의 애도기간'을 선언하고 '위대한 아버지 유훈 지키기'라는 묘한 말을 만들어 북한을 통치하고 있었다.

김일성과 같은 카리스마스가 없는 김정일은 주석 자리에 오르지 않고 노동당 총서기 국방위원장이라는 직함으로 군부와 당을 장악하며 자신의 독재 체제를 굳히고 있었다. 그 시기 김정일은 외국인의 북한 방문을 극히 제한된 사람들에게만 허용할 뿐 공개를 꺼렸다.

그래서 외부 세계는 북한에서 어떠한 일들이 벌어지고 있는지 깊은 의혹을 가지고 감시하고 있었다. 미국은 24시간 군사위성과 상업 인공위성을 통해 북한을 감시했다. 휴전선 155마일 상공에도 24시간 무인 정찰 비행기가 높이 떠서 평양까지 감시하고 있었다.

김일성이 생존해 있던 1994년 6월 한반도는 전쟁이 터지기 일보 직전의 위험 수위까지 올라가고 있었다. 한국에 주둔 중인 미8군은 물론 일본의 오키나와에 주둔중인 주일 미군 사령부와 하와이의 태평양 사령부에도 비상 대기 명령이 내려져 있었다.

워싱턴은 서울의 미국 대사관과 미8군 사령부에 비밀 훈령을 보내 외교관 가족들과 군인 가족들을 철수시킬 계획을 세우도록 지시하고 있었다. 그 시기 북한은 영변 지역에 핵발전소를 건설, 핵무기를 생산할 수 있는 핵연료 재처리 과정 증설 공사를 하고 있었다.

그런 사실을 알고 있던 클린턴 정권은 여러 가지 대처 방안을 검토하고 있었다. 그대로 두면 북한은 6개의 핵폭탄을 만들 수 있는 플루토늄을 확보할 수 있기 때문이었다. 머지않아 완성된 핵무기를 갖게 된다는 자신감 때문인지 북한 대표는 판문점에서 열린 남북 협상 테이블에서 자기들 마음대로 협상이 추진되지 않자 '서울을 불바다로 만들겠다'고 협박했으며, 남측 대표도 지지 않고 '서울이 불바다가 되면 평양은 피바다가 된다'는 반격 발언을 하여 긴장이 고조되었다.

한반도의 위기 상황을 알게 된 클린턴 정권은 평양을 항복시킬 수 있는 전쟁 계획을 비밀리에 수립하고 있었다. 워싱턴 국방성은 육·해·공군 및 해병대 특별 기동대를 주력 부대로 내세워 1주일 만에 평양에 진주, 승리할 수 있는 두 가지 전쟁 계획 방안을 만들었다. 동해와 서해에서 평양 시내와 군사 시설을 폭격하면서 지상군을 투입, 북한을 항복하도록 만든다는 전략과 소형 핵무기를 사용하여 단숨에 김정일 체제를 붕괴시키고 연변의 핵 시설을 파괴한다는 전략이었다. 그러나 전쟁에서 승리는 할 수 있지만 주한 미군과 한국군, 그리고 민간인들의 피해도 상당히 발생할 수 있는 작전이었다.

클린턴 정권은 상당히 고심했다. 김영삼 대통령은 클린턴에게 특사를 보내 "한반도에서 전쟁은 막아야 한다"는 뜻을 전달했다. 김영삼 대통령은 여러 채널을 통해 클린턴을 설득했다.

김영삼은 한반도에 전쟁이 나면 서울과 평양 모두가 큰 피해를 입을 수 있음을 알고 있었다. 또 자신의 임기 중에 전쟁이 발발하는 불행한 대통령이 되고 싶지 않았던 것이다. 그래서 김영삼은 자신이 신임하는 권영해 안기부장을 통해 필자에게 그런 뜻을 전하고 도와주기를 부탁했다. 그래서 몇 번에 걸쳐 김영삼 대통령의 친서를 클린턴 측근들과 워싱턴 한반도 문제 전문가들에게 전달했다.

워싱턴은 러시아와 중국을 통해 "영변의 핵연료 재처리 시설 공사를 중지하지 않을 경우 미국은 평양을 폭격하고 전쟁을 할 수밖에 없다"는 최후통첩을 김일성에게 보냈다. 여기에 놀란 김일성이 미국과 협상하겠다는 뜻을 워싱턴에 보내고 클린턴의 정치 대부인 지미 카터 전 대통령을 평양으로 초청했다. 평양으로 간 지미 카터 부부는 김일성 주석 부부와 대동강에서 김일성 전용 유람선을 타고 협상을 벌여 김일성으로부터 워싱턴과 협상을 하겠다는 동의를 이끌어 냈다.

김일성은 지미 카터의 설득에 따라 김영삼 한국 대통령과 남북 정상회담을 갖는 데도 합의했다. 이리하여 1994년 6월 핵 위기는 넘어가고 한반도에 전쟁 위험도 사라졌다.

당시 북한의 핵 위기가 얼마나 큰 재앙을 불러올 수 있었으며 긴급한 과제였는가 하는 점은 윌리엄 페리(William J. Perry) 국방장관이 대통령과 국회에 제출한 '1995 연차보고서(Annual Report)'에 잘 나타나 있다.

윌리엄 페리 국방장관은 당시의 상황에 대하여 "1994년 6월 북한 핵 위기와 미국의 한반도 전쟁 개입이라는 위급한 상황을 국방장관의 입장에서 심각하게 고민하지 않을 수 없었다"고 훗날 회고했다. (註 1)

북한의 핵무기 개발을 둘러싼 한반도 전쟁 위기 사항은 클린턴 정권과 북한 사이에 지루한 협상을 4개월 동안 계속하다가 1994년 10월 21일 북한 핵 개발 계획을 현재 상태에서 동결시키며 그 대가로 미국은 북한에 상당한 보상을 해준다는 협정으로 막을 내렸다. (註 2)

그런데도 2001년 3월 워싱턴을 방문한 김대중은 조지 부시 대통령에게 "김정일은 신뢰할 수 있고 믿음성이 있는 훌륭한 대화 상대자가 될 수 있으며 북한 군부를 장악한 지도자"라고 선전했다. 그 말을 들은 부시 대통령은 "그것은 당신의 생각 일 뿐 나는 다른 견해를 갖고 있다. 자신들의 국민을 몇 십만 명씩 굶어 죽도록 만들면서 미사일을 개발하고 전쟁을 할 수도 있다고 협박하는 자는 어떤 이유에서든지 국가 지도자가 될 수 없는 깡패 두목에 불과하다" 고 김대중의 말을 무시해 버렸다. (註 3)

김정일이 통치하는 6년간 북한은 마이너스 6%의 경제 성장으로 국가 재정은 파탄이 났으며, 그 기간 동안 300만 명의 아사자(餓死者)가 발생했다는 소리가 자유세계에 널리 퍼지고 있었다.

김정일은 1998년 8월 31일 광명성(光明星) 1호 미사일(대포동 미사일)을 태평양 상공을 향해 발사했다. 북한이 일본 열도를 넘어 태평양 상공을 향해 미사일을 발사하자 일본과 미국은 극도로 예민한 반응을 보였다. 비공식 집계로 300만 명의 아사자를 만들어 낸 김정일의 북한 정권은 그동안 조용히 있었던 것이 아니라 서방세계가 도와주는 식량과 의약품 등 인도적인 지원을 이용하여 대륙간 탄도미사일을 개발하고 태평양으로 쏘아올린 것이다.

워싱턴과 도쿄는 처음에 북한이 인공위성을 쏜 것으로 추적했다. 북한이 '인공위성이다. 미사일이다' 하는 아무런 발표를 하지 않고 침묵했기 때문이었다. 그러나 과학적인 조사와 폭발 현장에서 수거된 여러 가지 재료를 정밀 검사한 결과 미사일로 추정되었다. 그 후 북한에서 발견된 여러 가지 선전물 속에 대포동 미사일의 기사가 나타남으로써 미국 본토를 노린 장거리 유도탄 대포동 미사일의 정체가 밝혀진 것이다.

대포동 미사일 발사로 인해 미 국무성과 국방성은 북한에 대한 경계심을 더욱 높였으며 감시 체계를 강화시켰다. 클린턴 대통령은 행정부에 북한에 경제 제재 조치를 더욱 엄격하게 적용하도록 지시했다.

한편 한·미·일 3자 대북정책 조정감독그룹(TCOG, Trilateral Coordination and Oversight Group) 회의를 통해 세 나라가 공동 협의로 북한 포위 정책을 검토하기 시작했다. 대포동 미사일 발사로 인해 김정일은 북한 군부와 굶주리는 주민들에게 자신의 위상을 높이고 "우리 경제가 어려운 것은 북조선에 경제 제재 조치를 취한 미국에 있다"고 책임을 미국으로 돌렸다.

그러나 국제 사회로부터 더욱 강한 비판과 제재 조치로 인해 북한은 고립되고 있었다. 김정일은 공장이 가동되지 않고 식량이 모자라 아사자가 수백 만 명이 생기는 이유에 대해 ① 미 제국주의들의 북한 침략을 위한 경제 봉쇄, ② 태풍과 한파 등 자연 재해로 인한 농산물 흉작, ③ 노동당 일꾼들의 현장지도 부족 및 의욕 저하 등으로 책임을 돌렸다. 상황이 그렇게 절박함에도 미국 본토를 향해 쏘아 올린 광명성 1호 미사일 개발은 '위대한 수령님의 은총과 나의 현장 지도에 힘입은 자력갱생 정신의 산물'임을 자랑했다.

김정일, 지하 핵시설 만들다 발각

1999년 2월 4일 김정일은 북한 노동당 중앙위원회 책임일꾼(책임간부) 회의를 소집했다. 노동당은 북한 공산주의 독재 체제를 유지시키는 정당이며 중앙위원회 책임간부들은 철저한 사상 검증을 통과한 공산당 핵심 당원들이다. 그들은 북한 정권의 고위 엘리트들이며 그들의 지위는 정부의 차관급 이상 대우를 받고 있다. 노동당 중앙위원회 책임간부들은 총 150여 명 정도로 알려져 있으며 성분이 좋아야만 임명된다.

김정일은 이날 연설을 통해 자신의 업적을 자랑하며 광명성 1호 발사 성공과 함께 미사일 개발에 대한 희망을 털어 놓았다. 그뿐 아니라 남한의 김대중 대통령에 대해서도 강도 높은 비난과 함께 북한을 배신한 행위에 대하여 비판했다.

"우리나라에서 인공위성을 쏘아 올렸다는 소식이 퍼지면 퍼질수록, 세계 인민 사이에 커다란 파문이 일어나고 있다. '광명성 1호'를 발사한 것은 우리식 사회주의의 대승리라고 할 수 있을 것이다. 이번에 발사한 광명성 1호는 자력갱생 정신의 산물이며, 힘이라는 것을 잘 얘기해 준다. 장래에는 이것보다 더욱 위력 있는 인공지구위성을 만들어내지 않으면 안 된다. 이와 함께 금창리(金倉里) 건설에 일층 나아가지 않으면 안 된다. 금창리 건설을 더욱 강화하지 않고, 사회주의 위업의 수행과 군사의 일층 강화는 있을 수 없다. 모든 것을 금창리 건설의 강화에 집중하지 않으면 안 된다."

미 국방정보국(DIA)이 금창리에 대한 의문을 갖기 시작한 것은 1996

년 하반기부터였다. 북한 상공을 감시하고 있던 군사 인공위성이 촬영한 금창리 일대의 사진에 이상한 징후가 발견되었다. 각종 운반 장비를 실은 대규모 트럭 행렬이 분주하게 움직였고 많은 인력이 동원되고 있었다. 산 허리를 깎아 내린 시뻘건 황토 흙 현장이 사진에 선명하게 나타났다.

몇 개월 동안 인공위성 사진을 분석한 DIA는 금창리 일대에 대규모 인민군 병력이 이동한 것으로 판단했다. 그러나 군 훈련소나 병력의 주둔지가 아닐 수도 있다고 할 만한 징조가 조금씩 나타나고 있었다. 대규모 공병대가 투입되고 있었으며, 약 40~50만 입방미터의 넓은 땅 위에 각종 시멘트 건물이 건축되고 있었다. 미국의 전문가들은 그 시설이 핵발전소이거나 그것과 비슷한 용도에 쓰일 수 있는 건물이라고 단정했다.

DIA는 중국을 통해 각종 자료를 수집하기 시작했으며, 1997년 말 금창리에 대한 비밀 보고서를 작성했다. 금창리는 평양으로부터 북쪽으로 약 150 마일 지점인데 연변 핵발전소로부터 불과 25 마일의 가까운 거리에 있었다.

워싱턴의 핵 전문가들은 국제원자력기구(IAEA) 전문가들과 합동으로 자료를 분석한 결과 지하 핵 시설로 결론지었다. DIA의 보고서는 '금창리 시설의 기능은 최종적으로 결정되지는 않았지만 이곳은 핵 생산과 저장용으로 의심되고 있으며 2003년경 완성될 수 있다' 고 분석했다.

DIA는 1998년에 처음으로 백악관과 국방성 군 참모진들과 의회의 관련 위원회에 브리핑을 했다. 1998년 8월 워싱턴 포스트와 뉴욕 타임스가 '미국 군 정보기관(DIA, NSA)들은 북한 금창리 일대 지역 10곳에 대한 정보를 더욱 구체적으로 수집하기 시작했다. 클린턴 행정부는 그러한 정보에 대해 심각성을 인지하고 있으며 북한에 압력을 넣어 그 장소를 국제 전문가들에게 공개하도록 요구하기로 했다' 고 보도했다.

클린턴 정권의 압력에 북한은 결국 굴복했다. 미국은 1999년 3월 16일 북한에 식량 50만 톤을 주기로 하고 국제 핵 사찰 전문가들에게 금창리 주변의 의심을 받고 있는 모든 지역을 조사하는 데 동의했다.

미국 정부 관리들과 국제 전문가들이 1999년 5월과 2000년 5월 두 차례에 걸쳐 현장을 방문 조사하였다. 그러나 전문가들이 현장에 도착하기 전 북한은 의심스러운 물질들을 다른 곳으로 옮겨 숨겼다. 조사 팀들은 '현장에 도착해서 조사 활동을 벌였으나 핵에 관한 아무런 문제점을 발견하지 못했다'는 보고서를 제출했다.

그러나 DIA와 CIA 보고서는 '조사팀이 도착하기 전 그들(북한)은 운반 시설을 동원 또 다른 비밀 장소로 상당한 시설물을 이동시켰다'는 보고서를 제출했다. (註 4)

김일성과 김대중은 형제 같은 사이

한편 그 시기 김정일은 계속하여 김대중과 세계가 깜짝 놀랄 만한 폭탄 발언을 서슴없이 했다. 지금까지 죽은 김일성 주석과 그의 가까운 측근 황장엽, 허담, 김용순, 김정일, 김병식 등 몇 명밖에 모르는 북한 내부의 초특급 비밀을 중앙위원들 앞에 처음으로 공개 발언했다. 북한에서 김일성-김대중 사이의 관계를 공개하기는 이것이 처음이었다.

"남조선의 비전향 장기수 송환 투쟁을 계속적으로 전개하지 않으면 안 된다. 조국의 통일이 달성되지 않아 남조선 인민들은 고통스러워하고 있다. 남조선에 있는 비전향 장기수는 공화국의 품에 안기기 위한 투쟁을 적극적으로 전개하고 있다. 남조선에 비전향 장기수가 많이 있는데 우리들은 어떻게 해서든지 그들을 데리고 오지 않으면 안 된다.

특히 현 정권을 쥐고 있는 김대중은 야당 시대를 먼 옛날처럼 잊어버리고 미제(美帝)의 등에 타고 반사회주의 책동에 혈안이 돼 있다. 위대한 수령님은 김대중을 민족주의자임과 동시에 애국주의자라고 말씀하셨다. 그 말씀에 대해서, 그리고 수령님의 사랑과 배려, 동지적 신뢰에 대해서 오늘의 김대중은 배신으로 대답하고 있다. 결국 그 놈이 그 놈인 것이다.

김대중은 야당시대에 민주화를 외치며 우리에게 접근, 수령님의 대해(大海) 같은 큰 은혜를 입었는데도 불구하고 신뢰와 의리를 모두 버리고 반사회주의와 반통일 책동에 미친 듯이 나아가고 있다. 김대중을 두목으로 하고 있는 남조선 당국자는 동포와 민족을 위해서라고 한다. 또 조국 통일을 위한다는 구실하에 여러 가지 형태의 정책을 실시하고 있지만 사실은 우리 공화국을 현혹하기 위한 기만정책에 지나지 않는다."(註 5)

김정일이 김대중과 죽은 김일성과의 사이에 형제 같은 애정과 배려, 동지적인 신뢰감이 있었다는 사실을 공개적으로 발설한 것을 우리는 어떻게 받아들여야 할까? 이 같은 사실은 1974년 8월 평양을 방문한 일본 국회 '중의원(衆議院) 북한 시찰단' 회의 때 김일성이 밝힌 후 두 번째이며, 공개 석상에서는 처음이었다.

김정일의 충격적인 폭로는 김대중과 김일성의 사이가 피를 나눈 형제와도 같은 뜨거운 관계임을 증언하는 것이다. 김일성과 김대중이 형제와 다름없는 애정으로 연결되어 있었다는 사실은 곧 김대중은 김정일이 가장 믿고 있는 공산주의자라는 설명이 된다.

황장엽 씨가 망명한 후 김영삼 정부와 미국에 제공한 정보에도 "김일성은 남조선의 김대중을 가장 크게 믿고 있으며 김대중이 남한의 대통령이 되는 날 고려연방제 통일을 달성할 수 있다고 믿고 있다. 남한에 숨어 있는 친북 세력 리스트 가운데 김대중이 첫머리에 올라 있다"고 증언한 바 있다. (註 6)

한국 대령연합회(회장 서정갑)는 지난 2003년 9월 친북 좌익 세력 명단 공개를 통해 제1번이 김대중임을 공개하고, 9월 23일 행자위 국정 감사장에서 서정갑 회장이 "친북 좌익 세력 제1호가 김대중이다"라고 증언했다. (註 7)

그런 인물이 대한민국 대통령에 당선되었다는 사실은 무엇을 말해 주고 있는가? 김대중이 김일성과 형제와 같은 애정과 신뢰를 쌓은 사이였기 때문에 6·15 평양회담을 위해 8억 달러의 현금을 김정일에게 제공하고, 국민들의 반대에도 불구하고 5년 동안 일방적으로 북한에 퍼주는 대북 정책을 펼쳤다. 이것은 형제와 같은 애정으로 김일성으로부터 받은 거대한 은혜를 그 아들 김정일에게 보답하기 위한 것은 아니었을까? 국민들은 김대중이 세상을 떠났어도 정의와 진실을 위해 모든 사실을 밝혀내고 처벌하여야 한다.

김정일은 평양 공격 가장 무서워해

김정일은 미국의 미사일과 최첨단 무기를 가장 무서워하고 있었다. 그 가운데서도 공군력과 전자 첨단무기를 가장 두려워했다. 그래서 김정일은 "남조선에 주둔 중인 미군이 철수해야 통일이 된다"고 강조한다.

"남조선에서 미군만 물러나면 서울은 3개월이면 붕괴되어 적화 통일의 목표를 달성할 수 있다"고 말한다. 김정일은 그런 생각을 평양을 방문한 남한 언론사 발행인 방문단의 파티장에서 그대로 표출했다.

김정일은 자유 대한민국의 배신자이자 친북주의자인 박지원을 따라 평양을 방문한 언론사 발행인들과 만난 자리에서 "통일은 내가 마음만 먹으면 언제든지 할 수 있다"고 큰소리쳤다.

김정일의 큰소리는 남한에 그만큼 공산주의자들이 많이 포진하고 있다는 뜻이다. 남한으로 망명한 황장엽 씨는 "남한에는 북한을 위해 스파이들과 함께 지하에서 활동하는 공산주의자가 5만 명이 넘는다"고 말한 바 있다. 그리고 "김일성은 김대중에게 공작금을 주고 있으며, 그런 사실을 대부분의 북한 고위층들이 잘 알고 있다"고 증언했다. (별도 챕터에 기록)

1999년 6월 20일, 김정일은 두 번째 노동당 핵심 간부 및 군부 지도자들을 부른 자리에서 이렇게 연설했다.

"요즘 미 국방부가 올 3월부터 6월에 걸쳐 행한 유고슬라비아 공습 작전의 평가 작업이 끝나고, 그 결과에 기초해서 더 한층 공군력을 강화해야 한다는 권고를 의회에 요구했다고 한다. (중략) 미국이 강력한 공군력에 의거해서 최초로 공격하려고 하는 대상은 북조선 밖에 없다. 미국이 벌인 유고 공습은 북조선을 침략하기 위한 시험적인 전쟁이라는 것은 이미 확인돼 있다. 하지만 미군이 북조선을 공군력으로 공격해서 침략 목적을 달성할 수 있다고 생각하는 것은 분별없는 놈들의 망상에 지나지 않는다. 우리는 미국이 하늘로부터 들어오든, 바다로부터 쳐들어오든 섬멸적인 타격을 가할 준비에 만전을 기하고 있다."

김대중 정권은 친일 매국노 정권

김정일은 남한과 미국을 비난한 데 이어 일본에 대한 비난도 서슴지 않았다. 일본인 11명을 납치한 북한 지도자 김정일은 뉘우침을 모르는 인간이다.

북한 납치범들이 일본 본토에서는 물론 유럽 등지에서 북한으로 납치해 간 일본인들은 최근까지 12명으로 밝혀지고 있다. 그러나 이 숫자도 일본 경찰이 파악하고 있는 것일 뿐 경찰에 신고되지 않은 실종자 상당수도 북한이 납치했을 가능성이 높다. 실종자 수는 현재까지 48명이다. 그런데도 일본은 고이즈미 준이치로 총리 내각이 탄생하기 전까지는 일본인 납치 사건에 대해 강경한 대응을 하지 못하는 태도를 보이며 식량과 비료 지원을 해왔다. 김정일은 그런 일본의 태도에 상당히 만족했는지도 모른다.

일본의 정계와 언론계, 학계에도 친북한 세력이 상당히 자리를 차지하고 있기 때문에 김정일은 일본과의 외교정책에 자신감을 갖고 있었다. 그런데도 미국·한국·일본 3국이 연합하여 북한의 목을 조여 오는데 불만이었다. 특히 아버지 김일성으로부터 애정과 신뢰를 받은 김대중 정권이 미국과 일본의 3각 동맹에서 벗어나 북한을 변호하거나 자신을 도와주어야 하는데도 자신이 바라고 있는 만큼의 행동을 보여 주지 않은 데 대해 큰 불만을 갖고 있었다.

1999년 10월 3일, 김정일은 세 번째 노동당 주요 간부 및 책임일꾼을 불러 모아 연설했다.

"국민의 정부를 표방하고 있는 김대중 정권은 남조선 국민의 정권이 아니라 일본 편을 드는 친일사대 매국정권이다. 그의 1년 8개월은 한국사에 전에 없던 범죄적인 친일 역적 행위로서 기록되고 있다. 김대중 역도는 작년 2월의 대통령 취임식에서 일본의 전 총리 나카소네와 만난 것으로부터 시작했는데, 그는 과거의 일본 군국주의 죄악의 상징인 일본 왕을 천황이라고 치켜세우면서 '천황이 한국을 방문할 수 있는 환경을 마련하려 한다'고 아첨하고, 청와대에서 일본 효고현 지사를 만난 자리에서도 다시 '아키히토 일본 천황의 방한은 한일 관계 진전에 중요한 전기가 될 것'이라고 숙적의 방한을 구걸했다.

(중략)국무총리가 된 김종필 친일 역도는 결국 제주도에서 일본 총리 오부치를 초청해서 일본 왕의 방문을 조기에 실현하기로 합의했다. 김대중은 일본 왕 앞에서 '양국의 역사에서 짧은 기간 비우호적 시기가 있었지만 그 때문에 한·일간의 긴 우호 관계에 손상을 입히는 것은 선조에 대해서도 자손에 대해서도 면목 없는 일이다'고 파렴치하게도 역사를 왜곡하고 우리 선조를 모독하면서 일제의 먼 옛날부터의 죄상을 추궁하지 않는다는 추호도 용서할 수 없는 역적 행위를 했다.

남조선의 통일 애국 역량을 탄압하는 국가보안법과 같은 반민족, 반통일 악법이 계속 존재한다면 언제가 돼도 민족적 화해와 단결을 이룰 수 없고 남북 간의 접촉과 교류도 이뤄질 수 없다. 민족의 분단과 함께 개시된 조국통일운동의 고난의 역사는 남조선에 국가보안법이 철폐되지 않는 한 북남 관계에 아무런 진전도 가져올 수 없다는 것을 얘기해 주고 있다.

남조선 인민에게 고통을 주고 전 민족에 해를 주는 국가보안법은 당장 철폐되지 않으면 안 된다. 그러므로 자주, 민주, 통일의 염원도 실현할 수 없다는 현실적 자각으로부터 출발해 미군과 그 군사기지 철수와 철폐 투쟁을 힘차게 펼쳐야 한다." (註 8)

김정일 교시록, 현해탄 넘어 워싱턴까지

김정일이 1999년 한 해 동안 세 번에 걸쳐 노동당 핵심 간부들과 인민군 간부 장교들을 불러 모아 강연을 했다는 것은 북한 내부 사정이 그만큼 긴박하며 위험하다는 뜻이었다. 그런데도 김정일은 상당한 여유를 갖고 있었다. 그것은 남한의 김대중 정권이 과거 다른 정권들처럼 북한에 압박 포위 정책을 사용하지 못할 것으로 판단했기 때문이다. 그 같은 증거는 김정일의 발언 곳곳에 김대중에게 보내는 협박성 내용이 숨어 있기 때문이다.

김대중과 김일성의 깊은 관계를 잘 알지 못하는 사람들은 김정일의 발언이 보통 때와 마찬가지로 상투적인 남한 정권에 대한 위협이나 협박 정도로 생각할 수 있으나 김일성과 김대중 간의 깊은 내막을 잘 알고 있는 저자의 눈으로 볼 때 그것은 협박이나 공갈이 아니라, 김정일이 김대중에게 보내는 요구였으며 경고로 생각되었다.

김대중의 생명은 자신의 손안에 쥐어져 있으며, 자신의 한마디 증언에 따라 정치 생명을 잃고 한국 국민들로부터 배신자로 낙인찍힐 수 있으며 모든 것을 잃을 수 있다는 협박이며 경고였다. 김정일의 발언이 담고 있는 내용은 김대중의 약점을 가장 많이 알고 있다는 강자의 발언이었다.

김정일은 첫 번째 연설에서 ① 남한에 억류중인 비전향 장기수들을 북한으로 데려와야 한다. ② 국가보안법을 폐기하여 남한에서 북한 지지자들이 자유롭게 활동하도록 만들어 남한을 붕괴, 해방 시켜야 한다. ③ 주한 미군 철수와 함께 주한 미군의 지위를 변경하고, ④ 북한과 미국 사이에 평화협정을 체결하도록 해야 한다고 주장했다. 결국 김정일의 요구가 1년 후 김대중 – 김정일 평양회담을 통해 고스란히 실현되었다는 사실이다.

북한은 김일성이 생존해 있을 때부터 김일성의 주요 발언이나 현장 방문 지시 사항을 '김일성 주석 교시록(敎示錄)'으로 만들어 당원들과 군 장교들에게 나누어 주고 학습 교재로 사용했다. 노동당 출판부는 김정일의 발언도 '김정일 위원장 교시록'으로 정리하여 인쇄를 하고 있었다. 이 교시록이 얼마 후 중국으로 건너갔으며 서울에서 발견되었다. 또 저자의 손을 거쳐 도쿄와 워싱턴으로 날아가 김일성·김정일·김대중 관계를 파헤치는 결정적인 자료가 됐다.

김대중, 스위스와 싱가포르에 10억 달러 빼돌려

김대중이 대통령에 취임한 지 반년이 지난 1999년 7월 중순부터 남한과 가까운 도시 개성에 안테나를 세운 북한 방송 '구국의 소리'는 "김대중 역도의 부정부패 행위를 고발한다"는 방송을 시작했다.

'구국의 소리' 방송은 북한이 남한을 침략하기 위해서 세운 대남 심리전 방송이다. 이 방송에서 일하는 직원들과 아나운서는 대부분이 남한과 일본에서 납치된 사람들이다.

남한과 일본에서 납치한 사람들을 아나운서로 기용하는 것은 마치 이 방송이 일본과 서울에서 방송되는 것처럼 위장하기 위한 수단이다.

'구국의 소리' 방송은 북한 대남 사업부의 한 부서인 '한국민족민주전선(한민전) 중앙위원회 선전국'에 소속되어 있다. 그러면서도 이 방송은 첫 서두에 "서울에서의 구국의 소리 방송에 의하면……" 운운 하면서 마치 서울의 지하 방송처럼 위장하고 있다.

1999년 7월 5일부터 "김대중 역도의 부정부패 행위를 폭로하는 고발장을 발표 하였다" 하는 식으로 시작된 방송은 며칠째 연속 방송을 했다. 마치 서울에서 방송하는 것처럼 서울 말씨를 발음하는 남녀 아나운서에 의해 폭로되는 내용은 엄청난 것이었다.

'구국의 소리' 방송은 "한민전 중앙위원회 선전국이 현 남한의 집권자인 김대중의 부정부패 진상을 고발했다"고 밝히면서 며칠째 연속 시리즈로 방송했다. 그 내용은 이런 것이다.

'▲ 김대중은 해방 전 일본 놈 상선회사에 경리부 사원으로 입사하여 그때부터 부정한 돈을 만지는 데 맛을 들이고, ▲ 낮에는 야당생활을 하면서 밤에는 여당과 재벌들로부터 부정한 돈을 챙겼으며, ▲ 정당을 만들어 공천 장사를 하였고, ▲ 1992년 제14대 선거와 1997년 제15대 선거를 앞두고 권노갑, 한화갑, 송천영 등 심복들을 통해 돈 되는 일이라면 무슨 짓이라도 하도록 지시하여 비자금을 조성했으며, ▲ 당선 후 특혜 보장을 담보로 삼성, 대우, 진로 소주, 벽산개발, 한창, 대호 등 수십 개 기업들로부터 천문학적인 돈을 뜯어 선거에 사용하고, ▲ 남은 돈은 스위스와 싱가포르 등지의 외국 은행에 빼돌렸는데, 그 액수가 10억 달러에 달하는 엄청난 것이다' 라고 폭로했다. (註 9)

'한국민족민주전선 중앙위원회 선전국'은 1999년 7월 19일 "김대중 역도의 부정부패 행위를 고발한다"는 내용의 2페이지 신문을 발행하여 남한으로 날려 보내고 해외의 친북 세력들과 일부 교포들에게 무차별 우편물로 보냈다. 그 신문은 휴전선 155마일 일대는 물론, 경기도 여주 이천 지구, 수원, 용인 지구 골프장까지 바람에 실려 날아왔다. 그런데 휴전선 철책 근무를 서고 있던 젊은 남한 군인들의 입을 통해 신문 기사의 소문이 번지기 시작했다.

매일 같이 북한 인민군 기지에서 스피커를 통해 들려오는 '구국의 소리' 방송은 으레 북한이 하는 거짓 선전 방송쯤으로 생각할 수 있었다. 그

러나 서울에 있는 단체들 이름으로 김대중 대통령과 그 가족들의 부정부
패 행위를 인쇄하여 젊은 군인들이 보도록 만들었다는 것은 군인들의 정
신교육은 물론 불만을 야기시키에 충분했다.

김대중 정권의 군 정보기관은 그런 사실을 알고 휴전선을 지키고 있는
전방 부대로 날아오는 한민전 신문을 수거하여 불에 태우고 장병들이 보
지 못하도록 하라는 지시를 보냈지만 소용이 없었다. 일일이 수거하기에
는 너무 많은 양의 신문지가 나돌고 있었기 때문이다.

신문은 2페이지에 걸쳐 김대중과 그 가족들, 그리고 측근들이 벌이고
있는 20여 종류의 부정부패 행위 내용을 담고 있었다. 그 가운데 마지막
부분은 상당히 중대한 내용이었다. 당시 한국 언론들은 김대중의 '용비어
천가'를 부르며 단맛을 즐기고 있었는데, 그때 북한에서 먼저 김대중의
부정부패 행위를 폭로한 것이었다. 이는 6개월 후 김대중을 굴복시켜 평
양으로 달려오도록 만드는 데 결정적인 역할을 했다.

"김대중은 온갖 부정한 방법으로 뜯어낸 돈을 스위스와 싱가포르를 비
롯한 외국은행에 있는 비밀 구좌에 입금시켰다. 그 규모는 10억 달러에
달하고 있다. 김대중이 정계에 발을 들여놓은 때로부터 오늘에 이르기까
지 저지른 부정 비리에 대하여 일일이 다 열거하려면 끝이 없다. 그러나
나타난 사실만으로도 역대 집권자들이 혀를 내두를 정도이다. 이런 추악
한 인물이 권좌에 앉아아 정치를 하고 있기에 남한이 '부정부패의 전시
장'으로 세계의 손가락질을 받았던 것이다.

'한국은 국제통화기금(IMF)의 신탁통치로 망하고, 김대중의 부정부패
로 망하고 있다'는 것이 국민들의 평이다. 부정부패의 왕초 김대중 역도
를 하루 빨리 청산해야 한다. 그래야 사회와 정치적 안정과 민생 안정도
이룩할 수 있고 깨끗한 정치도 실현할 수 있다."(註 10)

국정원과 기무사는 매우 당황했다. 그래서 고심 끝에 휴전선 일대와
시중에 떠도는 정보, 그리고 일본과 미국 대사관에서 보내오는 정보를 종
합하여 김대중에게 보고했다.

정보 당국자를 통해 청와대에서 한민전 신문을 받아본 김대중은 너무 놀라 벌어진 입을 다물지 못했을 것이다. 거기에는 김대중 아들 3명과 처가 식구들까지 합세하여 벌이고 있는 부정부패 행위가 너무도 자세하게 인쇄되어 있었다. 그런데 놀라운 것은 벌써 그 시기에 북한은 김대중의 아들 3명과 부인 이희호 여사의 동생과 조카들까지 합동으로 부정부패에 깊이 관련되어 있음을 알고 있었다는 사실이다.

남한에서 김대중 아들 3명이 부정부패 행위를 저질러 "철저하게 수사를 하라"는 국민의 소리가 나오기 시작하고 김대중이 국민들에게 세 차례에 걸쳐 공개 사과를 한 것은 2002년 3월 경이었다.

김대중 전 가족과 처가 가족까지 부정부패에 가담

두 번째 발행된 한민전 신문은 더욱 자세하게 김대중의 부정부패 행위와 부정축재 사실에 대해 보도하고 있다. ① 김대중은 일제 강점기 시대부터 일본 편에 서서 한국인들을 착취하였으며, ② 여덟 번에 걸친 국회의원 선거와 네 번에 걸쳐 출마한 대통령 선거에서 사용한 돈은 천문학적인 액수이다. 한 번도 직업을 가져 보지 못한 김대중이 그 돈을 확보하기 위해 달변과 거짓말로 사람들을 속인 다음 돈을 뺏는 마키아벨리즘의 화신이다. ③ 김대중이 대통령에 당선되기까지 긁어모은 돈은 5조 원이 넘으며, 그런 액수의 돈을 모으는데 심부름을 한 것은 가신 그룹의 졸개 들이었다. ④ 김대중은 미국 망명 때 자신을 죽이려고 했던 전두환으로부터 31만 달러를 받았으며, ⑤ 노태우로부터 300억 원을 받아 평화민주당을 창당 했고, ⑥ 남한 재벌들로부터 800억 원을 거두었다. ⑦ 김대중은 아들 3명과 처조카 이형택(李亨澤), 이세작(李世作), 처남 이성호(李聖浩)까지 부정 축재에 동원하였다. 이 외에도 15가지 조항이 더 있는데 지면 관계로 줄일 수밖에 없다.

한국 국민들은 김대중이 자기가 저지른 범죄 행위 때문에 감옥에 가지 않으려고 노무현을 자신의 꼭두각시로 만들어 놓은 것을 잘 알고 있다. 그런데 김대중이나 노무현은 자신들이 잘못을 저질러 놓고도 그것이 폭로되거나 기사화되면 모두가 자신들의 잘못이 아니고 야당과 언론에 책임이 있다고 발뺌했다. 그리고 언론을 상대로 고소 고발을 하여 여론을 오도하려는 이상한 습성을 가지고 있다.

그런 이유에서 한민전 신문과 구국의 소리 방송 보도는 매우 중요한 의미를 갖는다. 그것은 김대중이 '김정일은 신뢰할 수 있으며 북한을 통치하는 힘을 가진 대화를 할 수 있는 인물'로 언급하고 있기 때문이다. 그러므로 김정일의 허가를 받아 발행되는 신문 기사나 방송 보도 내용은 신빙성이 있는 것이다.

그러면 북한 언론과 방송이 김대중과 그 패밀리, 그리고 처가 식구들까지 한몫 챙기기에 혈안이 되고 있다는 사실을 폭로 고발할 때 한국의 언론과 야당은 무엇을 하고 있었을까? 그 시기 저자는 김대중에 의해 2년 동안 서울 구치소와 춘천 감옥에서 징역을 살고 있었는데, 출소 후 저자의 정보망들이 모든 정보와 자료를 수집해 놓고 있었다.

연합통신 기자가 보도한 김정일 교시록 파동

김대중은 북한이 구국의 소리 방송을 통해 자신을 비난하고 부정 축재 사실을 폭로하는 한편 신문까지 인쇄하여 해외로 발송하고 있는 사실에 상당히 큰 충격을 받았을 것이다.

김일성과 거래 관계는 누구도 알지 못할 것으로 믿고 있던 김대중은 김일성 아들 김정일이 숨은 비밀을 발설하고 나오자 당황할 수밖에 없었을 것이다.

김대중은 1999년 12월 측근인 임동원 통일부 장관을 국가정보원(이하 국정원으로 표기) 원장으로 임명하고 평양과 비밀 대화를 하도록 지시했다. 임동원은 그때부터 북한 김용순 노동당 서기와 비밀 접촉을 갖기 시작한다.

한편 북한 노동당은 김정일이 세 번에 걸쳐 연설한 내용을 묶어 '김정일 총서기 교시록'이란 제목으로 3권의 책자를 만들었다. 이 책자에 '인민군대를 강화하며 군사를 중요시하는 사회적 기풍을 세울 데 대하여'라는 긴 제목을 부쳤는데, 김정일이 주장하는 선군정치(先軍政治 - First Army Policy)와 김대중을 협박하기 위한 내용을 담고 있다.

이 책자는 노동당 간부들과 군 고위 장교들에게만 배포되었으며 표지에는 '절대 비밀'이라는 도장이 찍혀 있다. 교시록의 길이는 20㎝, 넓이는 12㎝인데 종이 질은 한국이나 일본에서 사용하지 않는 형편없는 것이었다. 이 책자가 중국 베이징과 연변 조선족 자치구에 몇 권이 흘러 다녔는데, 이것을 베이징에 주재하고 있던 연합통신 정일용(鄭一龍) 특파원이 비밀 경로를 통하여 입수하였다. 정 특파원은 서울로 돌아와 2000년 7월 22일 그 일부를 기사화했다.

'북한 노동당 김정일 총비서가 남한 당국의 대북 포용 정책에 대해 극히 부정적으로 평가한 내용 등을 담고 있는 노동당 비공개 문서가 22일 입수됐다. 북한 노동당 출판사에서 1999년 2월 출판한 '인민군대를 강화하며 군사를 중시하는 사회적 기풍을 세울 데 대하여'라는 제목의 이 문서는 김 총비서가 1999년 2월 4일 당 책임일꾼(간부)들과 한 '담화'를 수록한 것으로 표지에는 '절대비밀' 직인이 찍혀 있다. 이 문서를 제3국을 경유해 1년 여 만에 입수됐다.

김 총비서는 이날 담화에서 제국주의자들의 반사회주의, 반북 책동 때문에 오늘 우리나라 사회주의 건설에 커다란 난관이 조성되고 있다고 전제, 평소 지론대로 사상 교양사업을 강화할 것을 지시하는 한편 자력갱생식 경제발전, 사대주의와 수정주의 척결, 군사력 강화 등도 강조했다. 대부분의 내용이 기존 북한 주장과 다를 바 없지만 이 문서에는 김대중 대통령과 금창리 지하시설에 대한 김 총비서의 언급이 들어 있어 주목된다.

당시 북한 당국은 담화 하루 전인 2월 3일 정부, 정당, 단체 연합회의를 열어 남측에 고위급 정치회담을 제의했고 미국과는 금창리 지하시설 현지 조사 문제를 놓고 밀고 당기는 줄다리기를 하던 상황이었다.

김 총비서는 "제국주의자들은 반사회주의 책동을 더욱 악랄하게 벌이면서 퇴폐적인 부르주아 사상을 퍼뜨리려 하고 있으며 남조선 당국자들은 미리 전부터 꿈꾸어 오던 흡수통일을 꿈꾸면서 교류의 간판 밑에 공화국 북반부에 부르주아(bourgeois) 자유화 바람을 불어 넣으려 하고 있다"고 말했다.

남한 정부의 대북정책에 대해서는 노골적으로 실망감을 표시했다. 김 총비서는 "자애롭고 위대한 수령님께서 생전에 '김대중은 민족주의자인 동시에 애국주의자'라고 치하의 말씀을 하셨는데, 대해(大海) 같으신 그이의 사랑과 배려, 동지적 믿음을 받은 김대중이 오늘날 배신으로서 대답하고 있다"고 폭로했다.

그는 "결국은 그 놈이 그 놈인 격"이라고 원색적인 표현까지 써가면서 "남조선 당국자들은 겨레와 민족을 위한다는, 또는 조국통일을 위한다는 구실 밑에 여러 가지 형태의 햇볕정책을 실시하고 있지만 사실은 우리 공화국을 얼려 넘기기 위한 기만정책이 아닐 수 없다"고 극도의 거부감을 표시했다.

금창리 지하시설과 관련된 부분은 국방력 강화를 촉구하는 가운데 언급했다. 김 총비서는 "인민군대를 강화하여 군사를 중요시하는 사회적 기풍을 철저히 세워야겠다"고 주문하고 "이와 함께 금창리 건설을 더욱 강화하여야 하겠다. 금창리 건설을 더욱 강화하지 않고서는 사회주의 위업 수행과 더욱이 군사를 강화할 수 없다. 모든 것을 금창리 건설을 강화하는데 집중해야 하겠다"고 촉구했다.'

김대중 · 김일성 관련 내막 기사 삭제 소동

연합뉴스 기사는 인터넷에 먼저 보도되었다가 1시간도 되지 않아 사라져 버렸다. 그리고 서울에는 큰 소동이 발생했다. 연합뉴스 기사를 먼저 발견한 곳은 국정원이었다.

국정원 관계자는 '김일성의 김대중 치하 말씀, 대해 같은 사랑과 배려, 동지적 믿음과 배신' 등의 내용을 발견하고 경악을 감추지 못했다.

국정원은 긴급히 청와대와 박지원 문화관광부 장관에게 이 사실을 알렸다. 너무도 놀라 큰 충격에 빠진 그들은 재빨리 연합통신사에 연락하여 우선 문제의 기사를 인터넷에서 삭제하도록 요구했다. 그때까지 무슨 영문인지 사실 여부를 알지 못하던 연합뉴스는 국정원, 청와대, 박지원까지 나서서 기사 삭제를 강요하는 바람에 1시간도 안된 사이 문제의 기사는 사라져 버렸다. 그리고 연합뉴스와 계약을 맺은 언론사에 황급히 연락하여 문제의 기사가 오보임을 알렸다.

그런데 24시간 연합뉴스의 기사를 모니터링 하던 우방 국가 대사관 정보과에서 문제의 기사를 입수했다. 그리고 훗날 그 기사의 카피가 병원에 있던 저자에게 전달되었다. 김대중 정부는 그런 사실을 몰랐을 것이다.

청와대와 국정원이 그토록 재빠르게 움직여 기사를 삭제하도록 만들었던 이유는 간단했다. "김일성이 김대중에게 대해와 같은 큰 은혜를 베풀고 사랑과 배려로 동지적 믿음을 주었다"는 발언은 바로 김대중이 김일성으로부터 엄청난 도움을 받았으며 불법 거래가 있었다는 증거이다. 그렇다면 김일성의 도움을 받은 김대중은 적이 심어놓은 거물 스파이이거나 적과 내통한 공산주의자라는 것을 증명하는 셈이 되는 것이다.

사실 김대중과 김일성 사이의 깊은 관련설은 주간 「인사이드 월드」(발행인 손충무)가 계속 제기해 왔다. 1996년 봄, 「인사이드 월드」는 김대중과 김일성이 맺은 비밀문서를 21년 만에 일본에서 발굴 '김대중 X-파일'이라는 타이틀로 8회에 걸쳐 보도했으며 이를 엮어 단행본 책자로 발행했다. 그리고 저자는 이 때문에 감옥에서 2년을 보냈다.

김대중의 과거 공산당 활동이 백일하에 밝혀지고 있던 시기에 문제의 기사가 외부에 알려질 경우 엄청난 파장을 불러올 것이 뻔했다. 그렇지 않아도 갑작스런 평양회담 추진 배경을 싸고 시중에 여러 가지 의혹의 루머가 퍼지고 있는 때에 연합뉴스의 기사는 불난 집에 휘발유를 뿌리는 결과를 가져올 수 있는 내용이었다. 또 김정일 총서기의 발언은 '김대중 X-파일' 기사를 다시 한 번 확인시켜 주는 것이 될지도 몰랐다. 그뿐 아니라 그런 기사가 야당과 김대중 사상을 의심하고 있는 보수 진영 사람들에게 들어가게 되면 김대중은 상당히 어려운 입장에 빠지게 될 것이 자명했다.

국정원은 문제의 기사를 삭제하는 것은 물론 자료의 외부 유출에 대하여 조사하고 정일용 기자가 갖고 있던 '김정일 교시록' 책자 세 권을 압수했다.

연합통신의 반발, '박지원 같은 놈이 무엇을 안다고!'

그런데 또 다른 사건이 발생했다. 연합뉴스 편집권 독립을 주장하는 양식 있는 정의파 언론인들이 항의하고 나선 것이다. 또 정확하고 진실된 기사를 정보기관과 장관이 삭제하도록 강요한 것에 대해 언론노조와 기자협회까지 나서는 등 문제가 확대될 움직임을 보였다.

국정원과 박지원은 당황했다. 정부의 영향력이 상당한 연합뉴스의 기사 삭제 문제가 확대되어 외부로 새어 나가거나 야당에 알려질 경우 정부는 물론 김대중의 입장이 상당히 난처하게 될 것이 틀림없었다. 그래서 박지원은 김대중과 가까운 사이인 김종철(金鍾撤)사장에게 문제를 수습하도록 요청했다. 그러나 김종철 사장도 항의하는 기자들로부터 비난을 받으며 몰리고 있었다.

김종철의 입장에서 볼 때 박지원 정도는 무시할 수밖에 없었다. 김종철은 김대중과 같은 전라도 출신이며 김대중 측근에서 김대중 언론 장학생 생활을 하다 김대중이 당선된 후 연합뉴스 사장이 된 인물이다.

김종철은 서울대학교를 졸업하고 동아일보 견습기자 시험에 합격, 엘리트 코스를 밟아온 언론인 출신 발행인이라는 자존심이 있었다. 뉴욕 브로드웨이에서 가발 장사를 하다가 김대중에게 돈을 바치고 어느 날 정치인으로 둔갑한 박지원 같은 인물은 김종철의 안목으로 볼 때 쓰레기 같은 존재에 불과했을 뿐이다. 그런 인간이 장관이라고 거들먹거리며 정보기관과 청와대를 앞세워 자신에게 중요 기사를 삭제하도록 만들고 젊은 기자들의 반발을 수습하라고 지시하자 상당히 불편한 마음이 들었을 것이다.

김종철은 반발하는 기자들을 설득하면서 "박지원 같은 무식한 놈들이 장관이 되고 청와대 대변인이 되는 세상이다. 대통령이 무엇을 몰라도 한참 모르고 있는 것 같다"는 불평을 했다.

이 발언을 입수한 박지원과 국정원은 비장의 카드를 꺼내들었다. 김종철에게는 몇 가지 약점이 있었다. 국정원은 김종철이 미국 뉴욕에서 찾아온 애인 이모 여인과 밀회를 즐기고 있는 사진을 찍어 보관하고 있었다.

연합뉴스 내 반 김종철 세력들은 김종철이 연합뉴스와 사업 관계를 가진 외부 기업으로부터 31만 달러에 해당하는 뇌물 형식의 회사 주식을 받아 애인 이모 여인의 이름으로 만들었다가 매매한 증거를 찾아냈다.

김종철이 그런 사실이 없다고 완강히 버티자 연합뉴스 내 박지원 패거리들이 언론계 뉴스를 전문으로 보도하는 주간지 「미디어 오늘」에 정보를 넘겼다.

2000년 8월 10일 미디어 오늘이 1면 톱기사로 보도하면서 문제의 김정일 교시록을 보도한 연합뉴스 사건 파동이 외부로 노출되었다. (註 11)

이 사건은 3주간을 끌다가 김대중이 박지원의 손을 들어줌으로써 김종철은 사장 자리에서 물러났다. 그리고 연합뉴스에는 두 번 다시 김정일 교시록 기사는 보도되지 않았다.

연합뉴스 기사 파동, 현해탄 넘어 워싱턴까지

연합뉴스 기사 파동은 일반 시중 국민들은 잘 모르고 지나갔지만 언론 계에는 널리 알려졌다. 연합뉴스가 오보라며 보도를 하지 못하도록 신문 방송사에 연락했으며, 국정원과 문화관광부 관계자들, 청와대까지 나섰 으니 커다란 소동이었다. 그런 때에 미디어 오늘이 1면 톱기사로 보도하 자 언론계는 물론 여의도 정계에도 퍼져 나갔다. 그런 시기에 마침 일본 의 톱클래스 종합잡지 「문예춘추(文藝春秋)」 특별 취재팀이 서울을 방문 했다. 연합뉴스 기사 파동 사건 내용을 알았던 그들은 미디어 오늘을 구 해 급히 도쿄로 돌아갔다. 그리고 김정일 교시록 전 3권을 입수하여 2001년 1월호에 특집으로 보도했다. (註 12)

문예춘추는 '김정일 간부회 육성을 세계최초로 공개(金正日 幹部會 肉聲, 世界最初 公開)' 라는 타이틀을 붙여 17페이지에 걸쳐 대대적으 로 전문을 보도했다. (註 13) 또 월간조선이 문예춘추 기사를 입수하여 12월호에 발행 시간까지 늦추면서 보도했다. 이로써 1997년 저자가 발 행했던 '김대중 X-파일' 기사가 사실임을 김정일이 증명해준 셈이 되 었다. (註 14)

연합뉴스 기사 파동으로 김대중과 김일성과의 관계가 '김대중 X-파 일' 에 이어 두 번째로 세상에 알려지게 되었으며, 김대중은 '전향하지 않 은 공산주의자' 임이 분명하게 드러났다.

〈 참고 자료 및 문헌, 증언, 인터뷰 〉

(註 1) 윌리엄 J. 페리, 전 미국방장관, 1995 연차보고서 (1995 Annual Report)

(註 2) North Korea Signed an Agreement (1994. 10.)

(註 3) 조지 W.부시 – 김대중 워싱턴 한미 정상회담 (2001. 3.)

(註 4) DIA Report (미 국방정보국 보고서, 1988. 8.)

(註 5) 김정일 첫 번째 교시록 (1999. 2. 4.)

(註 6) 황장엽 씨 증언 (1999. 3)

(註 7) 서정갑 '대령연합회' 회장 국정감사장 증언 (2003. 9.)

(註 8) 김정일 세 번째 교시록 (1999. 10. 3.)

(註 9) 구국의 소리 방송 (1999. 7. 5.)

(註 10) 북한 한민전 중앙위원회 선전국 신문 (1999. 7. 19.)

(註 11) 연합뉴스 김정일 교시록 기사 (2000. 7. 22.)

(註 12) 미디어 오늘 신문 기사 (2000. 8. 10.)

(註 13) 일본 문예춘추 기사 (2001. 1월호)

(註 14) 월간 조선 (2000. 12월호)

제 4 장

6·15 평양선언 무효, 김정일 서울 방문하면 암살한다!

"태어나지 말아야 할 정권이 탄생하여 나라를 힘들게 만들고
좌파들이 설치는 나라로 만들었다.
김대중이 당선되면 분명히 나라가 망하고 공산주의자들이 활개를 칠 것이며,
부정부패가 만연할 것이라고 예언하며 투쟁했다.
그 예언은 그대로 적중했으며, 그 예언의 대가는 2년 징역이었다.
그러나 두고 보기 바란다.
내가 지금 분명하게 장담하고 말할 수 있는 것은
김대중은 역사에 가장 실패한 인물로 남게 될 것이다."

― 손충무. 춘천 교도소를 나서며

미국 CIA, DIA 김대중 정권 24시간 감시 촉각

1997년 12월 20일 김대중이 제15대 한국 대통령으로 당선되자 도쿄와 워싱턴은 상당히 놀라워했다. 미국 언론들은 '한국에 좌익 정권이 출범했다' 고 보도하기 시작했다.

공화당은 김대중 당선을 그다지 탐탁지 않게 생각하고 있었다. 그러나 민주당의 클린턴 정권은 축하 메시지를 발표하고 축하 사절단을 파견했다. 도쿄에서도 두 가지 반응이 나왔다.

민주당과 사회당, 공산당 등 야당들은 김대중의 당선에 대하여 환영 일색이었으나 집권 자민당은 달갑지 않은 반응을 보였다. 재계와 보수 세력들은 불만이었다. 언론들도 두 종류로 나뉘어졌다. 진보 색채를 가진 아사히신문 계열의 신문 잡지 방송들은 환영하는 기사를 며칠씩 크게 보도했으나 보수적인 반공 색채가 강한 산케이 신문, 요미우리신문 계열은 중립적이거나 불만적인 논조와 우려의 논조를 보였다.

1998년 2월 25일, 김대중이 취임식을 마친 후 청와대로 입성하자 CIA, DIA, NIS의 서울, 도쿄, 홍콩, 베이징, 마카오, 싱가포르 지부는 김대중과 그 측근들의 움직임을 주의 깊게 관찰하고 있었다.

1998년 12월 초부터 현대 정몽헌 회장과 이익치 현대증권 사장, 김윤규 현대아산 사장이 베이징, 싱가포르, 일본 오사카를 드나들며 분주하게 움직이고 있는 것이 포착되었다. 미국은 현대의 금강산 관광 사업을 비판적으로 보고 있었다. 그런 때 현대 간부들의 부산한 움직임과 행동은 주의를 끌 수밖에 없었다.

정몽헌과 이익치가 오사카와 도쿄에서 일본인으로 귀화한 친북 세력 요시다(吉田猛)를 자주 만나고 있으며, 요시다가 평양을 드나들고 있다는 정보가 현해탄을 건너 서울과 워싱턴에 들어 왔다.

요시다는 김일성이 살아 있을 때부터 북한이 필요로 하는 모든 물건을 수출하여 큰 재미를 본 인물이다. 아버지 시대부터 김일성, 김정일 부자의 일본 내 자금줄이었으며, 조총련의 비호를 적극 받고 있는 무역 브로커였다.

요시다는 신일본산업주식회사(新日本産業株式會社)의 오너였다. 본사의 주소지는 도쿄 지오타쿠 마루노우치 2정목 6번지 2호(東京都 千代田區 丸內)에 두고 있으며 분점은 간다와 오사카에 두고 있었다. 요시다는 김일성과 정주영 사이를 연결시켜 주었으며, 문선명, 박보희를 김일성과 만나게 해준 것도 요시다였다. (註 1)

미국 정보기관은 1999년 하반기 부터 김대중의 측근 몇 사람이 현대 측 사람들의 안내를 받아 몇 차례씩 중국 베이징과 평양을 오가고 또 베이징에서 평양 측 고위 인사들과 접촉하는 사실을 탐지하고 있었다. 이들은 김대중 정권이 워싱턴도 모르게 모종의 음모를 꾸미고 있다고 생각했다.

CIA 서울 지부와 베이징 지부 팀들은 1999년 12월 중순부터 현대 정몽헌 회장, 김윤규 사장, 이익치 사장 일행이 마카오에 파견된 김정일의 측근인 송호경, 이종혁 등을 자주 만난다는 사실을 간파하고 이들을 감시했다. 그 결과 이들이 김대중과 김정일의 회담을 준비하고 있다는 사실을 탐지했다. 처음에는 현대의 금강산 관광 사업일 것이라고 생각했으나 도청을 하니 남북 정상회담과 금강산 관광 사업을 한꺼번에 논의하고 있었다. 이른바 햇볕정책의 서막을 열기 시작한 것이다.

싱가포르와 상하이로 옮겨가며 현대그룹 관계자들과 때로는 요시다 회장이 얼굴을 드러냈다. 그래서 CIA와 DIA는 일본 주재 팀들은 물론 베이징과 상하이, 홍콩 팀까지 총동원하여 정보 수집에 나섰다.

1999년 12월 25일, 김윤규와 이익치가 플라자 호텔의 방에서 박지원 문화관광부 장관을 만났다. 그들은 북한 측이 김대중의 평양 방문 가능성을 제시했다고 전했다. 박지원은 그 정보를 김대중에게 보고했으며, 김대중은 박지원에게 전권을 위임했다. 그러자 박지원이 2000년 1월 10일 경 현대 측에 김대중이 평양을 방문 김정일을 만날 의향이 있음을 설명하고 북한 측 의사를 타진해 달라고 부탁했다.

2000년 1월 말, 현대는 북한으로부터 남북 정상회담을 할 수 있다는 언질을 받고 그 사실을 박지원에게 전달했다. 박지원은 김대중에게 보고하였으며, 김대중은 임동원 국정원장과 박지원에게 적극 추진하라고 지시를 내렸다. 임동원은 별도 라인을 통해 현대와 북한 측 접촉하고 있는 사실을 확인하고 북한 측으로부터 남북 정상회담에 대한 언질을 받은 후 2월 10일 김대중에게 국정원이 직접 확인할 필요가 있다는 보고를 했다.

2000년 2월 20일경, 김대중의 지시를 받은 임동원은 국정원 제5국장 김보현을 불러 박지원 장관의 전략 특별보좌관으로 발령했다.

3월 3일과 4일, 양일에 걸쳐 김보현은 서울 시청 앞에 있는 플라자 호텔 박지원의 비밀 방에서 박지원과 단둘이 만났다. 이 자리에서 김보현은 자신이 마련한 전략 보고서를 박지원에게 넘겼다.

CIA 워싱턴 본부는 국정원 내부에 있는 안테나를 통해 임동원, 김보현, 박지원의 움직임을 하나도 빠뜨리지 않고 감시하고 있었다. (註 2)

그런 때인 2000년 2월경, 베이징과 싱가포르에서 현대 정몽헌과 북한의 송호경, 이종혁이 몇 차례 만나는 것이 포착되었다.

2000년 3월 7일, 박지원의 보좌관이 된 국정원 제5국장 김보현이 인천공항을 빠져나갔다. 다음날인 8일 박지원도 인천공항을 빠져나갔다. 다른 사람들이 눈치를 채지 못하도록 하기 위해 각각 다른 날짜에 출국을 했다.

싱가포르에 하루 먼저 도착한 김보현은 리츠 칼튼 호텔에 여장을 풀고 박지원의 도착을 기다렸다. 그 시간 북한 측은 송호경 아시아태평양평화위원회 부위원장과 황철 참사, 실무자 권민 참사와 또 한 명의 감시자가 마리나 만다린(Marina Mandarin) 호텔에 머물고 있었다. 북한 측 사람들 주변에는 현대의 정몽헌, 이익치가 함께 있는 모습이 보였다. 북한 측 참석자들의 싱가포르 도착 경비는 현대가 지불하고 있었다.

2000년 3월 9일 오전, 북한 측이 묵고 있는 마리나 만다린 호텔 회의실에서 정몽헌이 남측의 박지원과 김보현, 북측의 송호경, 황철 참사 등 4명을 소개하며 인사를 시켰다. 정몽헌과 이익치는 20여 분 동안 양측 인사를 소개시켜 주고 남북 당국자 4명만 남기고 회의장을 나갔다.

정몽헌과 이익치가 나가자 송호경이 먼저 입을 열었다.

"먼 길에서 오시느라고 고생하셨습니다. 위대한 장군님께서 좋은 협상을 하고 오시라고 당부하셨습니다."

송호경은 김정일의 지시에 따라 그 자리에 나왔음을 밝혔다.

김보현은 답사로 "오늘 이곳에 오신 박지원 장관님은 김대중 대통령 각하께서 가장 신임하는 각료입니다. 독일로 떠나신 대통령 각하께서 모든 권한을 박 장관님에게 위임하셨으니 서로가 마음의 문을 활짝 열고 허심탄회한 대화를 나눌 수 있기를 바랍니다"하고 말했다.

점심시간도 넘기며 몇 시간 계속된 회담에서 '김대중 대통령이 신임하는 박지원 장관과 김정일 위원장이 신임하는 송호경 부위원장 등 쌍방 당국자들이 만나 남북 정상회담 개최 의지 및 이를 위한 협상 의사 여부를 직접 확인하였으며, 향후 쌍방이 남북 정상회담을 본격 협의하는 한편 접촉 일시 및 장소는 추후 통보하기로 한다"는 메모 비망록을 만들어 박지원과 송호경이 서명한 후 헤어졌다. (註 3)

그날 밤 박지원과 김보현은 각각 다른 비행기로 서울로 돌아왔다. 서울 도착 즉시 김보현은 임동원 원장에게 메모 비망록을 보고했으며, 박지원은 숙소로 돌아가 베를린에 머물고 있는 김대중에게 보고했다.

2000년 3월 7일에 독일로 떠난 김대중은 3월 9일 베를린에 도착해서 박지원의 전화를 기다리고 있었다. 박지원으로부터 보고를 받은 김대중은 10일 오전 베를린에서의 연설을 통해 "남한은 북한에 경제 지원을 할 준비가 되어 있다. 우리는 햇볕정책을 통해 평양의 어려움을 돕겠다"는 의미심장한 메시지를 보냈다. (註 4)

김대중의 심복인 박지원과 임동원의 심복인 김보현이 싱가포르에서 북한의 송호경과 황철을 만나 비밀협상을 한 후 김대중이 베를린에서 북한을 돕겠다는 선언을 하자 워싱턴은 김정일과 모종의 비밀 흥정을 한 김대중이 드디어 좌파 본색을 드러냈다고 판단했다.

그러나 한국의 언론과 야당 정치인들은 싱가포르에서 이루어진 비밀 협상은 까마득히 모르고 김대중의 베를린 선언에만 관심을 보이고 있었다. 그러나 워싱턴과 도쿄에서는 김대중과 김정일 사이에 어떤 움직임이 있다는 낌새를 알아차리고 청와대, 국가정보원, 그리고 평양에 더 세밀한 정보를 입수하기 위해 촉각을 곤두세웠다.

평양, 현대를 통해 상하이에서 만나자 통보

워싱턴과 도쿄, 베이징에 고성능 안테나가 설치되어 있는지도 모르면서 평양은 13일 판문점을 통해 현대 측에 연락을 보냈다. 3월 17일 중국 상하이에서 만나자는 내용이었다.

현대를 통해 연락을 받은 임동원은 이 사실을 박지원과 김대중에게 알렸다. 3월 15일 김보현이 먼저 출국하고 다음날 16일 박지원이 상하이로 갔다.

남북 정상회담을 위한 공식 1차 회의가 17일과 18일 이틀 동안 그랜드 하얏트 호텔에서 열렸다. 참석자는 싱가포르에서 만났던 박지원, 김보현, 송호경, 황철이었다.

이날 상하이에서 열린 네 차례의 협상에서 박지원과 송호경은 김정일이 김대중을 초청하는 형식으로 하며, 그 시기는 5~6월 중으로 하여 김대중이 먼저 평양을 방문하고, 그 답방 형식으로 김정일이 8~9월 경에 서울을 방문하는 것으로 시나리오를 작성했다. 또 김정일이 김대중을 초청해 주는 조건으로 김대중 정권은 북한이 필요로 하는 쌀과 비료를 지원하고, 북한의 SOC(사회간접자본) 사업에 적극 지원한다는 메모를 하고 약속했다. 그리고 2차 회의는 23일 베이징에서 갖기로 하고 헤어졌다.

이 기간 동안 박지원은 틈이 나는 대로 자신의 방에서 청와대의 김대중에게 직접 전화로 보고했으며, 김보현은 임동원에게 전화로 보고했다. 워싱턴과 베이징의 정보기관들은 그들의 전화 내용을 모두 듣고 있었다. (註 5)

2000년 3월 23일, 베이징 차이나 월드 호텔 회의실에서 상하이 1차 회담 참석자들이 참석한 가운데 남북 정상회담을 위한 2차 회담이 열렸다.

회의 개최 하루 전날인 22일에 베이징에 도착한 박지원과 김보현은 쉐라톤 호텔에 투숙한 후 23일 북한 팀이 묵고 있는 차이나 월드 호텔을 찾았다. 2박 3일 동안 진행된 회의에서 몇 차례 옥신각신하던 남북 회담자들은 ▲ 6월 12~14일까지 김대중이 평양을 방문하며, ▲ 김대중 평양 방문시 김정일이 회담 상대역이 되어야 하며, ▲ 김대중 방문 후 그 답례로 김정일이 8~9월 중 적당한 시기에 서울이나 제주도를 방문하며, ▲ 남측에서는 북한에 필요한 경제 지원을 한다는 합의서를 만들고 2차 회의를 마쳤다. 그러나 다음 3차 회의 일정은 정하지 못하고 추후 연락하기로 했다.

3차 회의 날짜를 정하지 못한 것은 회의 이틀째인 13일 송호경이 박지원에게 "경제 지원 문제는 쌀과 비료도 필요하지만 현찰(Cash)로 5억 달러를 달라"고 요청했기 때문이었다. 이를 박지원이 거절하자 송호경이 회의장을 빠져나감으로써 결렬된 것이었다. 만약 이때 비밀 접촉 회의를 끝냈으면 김대중, 박지원, 김보현, 정몽헌은 자유 대한민국의 배신자가 되거나 이적죄(利敵罪)를 저지르는 범죄자가 되지는 않았을 것이다. 그리고 정몽헌이 자살하는 비극도 발생하지 않았을 것이다. 그런데도 그들 4명은 김정일을 만나기 위해 정신이 혼탁해지고 신경이 마비되어 새끼줄에 목이 매인 송아지처럼 북한 측에 끌려가고 있었다.

3차 회담 날짜를 정하지 못하고 회의가 끝나자 박지원과 김보현은 정몽헌과 이익치를 방으로 불러 불쾌하게 끝난 회담 결과를 설명하고 서울

로 돌아갔다. 그러나 정몽헌과 이익치는 베이징에 남아 송호경과 황철을
만나 설득을 했다.

김정일을 만나는 대가로 10억 달러 내놔라

정몽헌과 이익치를 만난 송호경은 그 자리에서 정몽헌에게 "남측에서
정상회담이 잘 성사되면 10억~20억 달러의 쌀과 비료를 주고 SOC 사업
도 도와주겠다고 했으나 우리는 실제로 먼저 현금을 5억 달러 달라고 했
다. 그런데 남측에서 거절하고 돌아갔다"고 설명했다.

송호경은 "김대중 대통령이 평양에 와서 김정일 위원장을 만나면 세계
가 놀랄 것이다. 노벨 평화상은 떼어 놓은 당상이다. 그런데도 5억 달러
가 많다는 말인가?"하고 되물었다. 정몽헌이 "그것은 무리다. 정부가 어
떻게 돈을 주느냐?"하자 이에 송호경은 "그러면 현대가 지불하라. 그 대
신 그 동안 논의해 오던 각종 사업권을 줄 테니 10억 달러를 내 놔라. 그
래야 우리 입장이 서고 위원장 앞에서 큰일을 해낼 수 있다"고 했다.

정몽헌은 송호경에게 "우리가 돌아가서 정부 측에 이야기를 해보겠다.
다시 만날 수 있는 기회는 있는가?" 하고 물었다. 그러자 송호경은 "현대
가 보증하면 다시 만나서 협상을 할 수 있다"고 했다.

서울로 돌아온 정몽헌은 박지원을 만나 "송호경이 다시 회담을 원하고
있다. 나는 도쿄에 가서 요시다를 만나 설득하여 김정일에게 바로 이야기
가 들어가도록 하겠다. 요시다를 만나는 자리에 박 장관께서도 같이 참석
했으면 한다"고 의사를 타진했다.

박지원은 자신도 요시다를 만나겠다고 했다. 그래서 정몽헌이 3월 24
일 도쿄로 떠나고 박지원은 25일 문화행사 참석이라는 명분 아래 도쿄로
갔다. 박지원은 정몽헌과 합류하여 오사카에 가서 요시다를 만났다.

박지원과 정몽헌은 요시다에게 "송호경이 남북 정상회담 조건으로 10

억 달러를 캐쉬로 달라고 하는데 이것은 무리다. 요시다 회장이 나서서 평양 측에 조언을 해 주기 바란다"하고 부탁을 했다.

요시다를 만난 다음날 박지원과 헤어진 정몽헌과 이익치는 3월 29일 도쿄에서 베이징으로 날아가 다시 송호경을 만났다. 이 자리에서 송호경은 처음에 10억 달러를 주장하다가 8억 달러를 제시했다. 그러나 정몽헌은 5억 달러 선으로 끌어내리는 주장을 했다.

3월 30일 밤에 서울로 돌아온 정몽헌은 다음날 소공동 롯데호텔 객실에서 단독으로 박지원을 만나 송호경과 담판을 한 사실을 알리고 박지원에게 다시 송호경을 만나보라고 권유했다. 박지원은 긍정적인 답변을 하면서 평양에 연락하라고 했다. 그리하여 제4차 회담이 4월 8일 베이징에서 다시 열리게 되었다. 이 시기 김대중은 박지원에게 정부 입장에서 북한 주민들에게 선물을 주는 명분으로 1억 달러를 지원하라고 지시했다.

김대중의 지시를 받은 박지원은 4월 4일 오후 5시경 플라자 호텔에서 임동원, 김보현을 만나 김대중의 지시를 설명하고 정부가 1억 달러를 내는 것으로 3인이 입을 맞췄다. 그리고 김보현은 6일, 박지원은 7일 베이징으로 갔다.

4월 8일 베이징 차이나 월드 호텔에서 박지원과 김보현이 송호경과 황철을 만났다. 회담 장소 주변에서 정몽헌, 이익치, 김영완이 맴돌고 있었다.

김영완은 현대 직원이 아니었으나 고인이 된 정주영 회장이 아들같이 생각하고 심부름을 시켰으며, 정몽헌의 심복으로 따라 다녔다. 김영완은 훗날 현대와 권노갑, 현대와 박지원의 돈 심부름을 하며 정몽헌으로부터 박지원에게 전달해 달라는 200억 원을 받아 자신의 집 안방에 쌓아놨다가 두 차례 전직 운전사를 지낸 인물들에게 강도를 당한다. 사건이 불거진 후 김영완은 박지원을 찾아가 경찰청 비선 조직을 동원, 수사를 하다가 사건이 외부로 새어나가 언론이 몇 주 동안 문제의 기사를 도배질하도록 만들었다.

2차 회의에서 박지원과 송호경은 4·8 합의 문서를 만들었다. 4·8 합의문서는 ▲ 2000년 6월 12일~14일까지 2박 3일 동안 김대중이 평양을 방문하며, ▲ 초청자는 북측에서는 김정일 국방위원장이 ▲ 남측에서는 김대중 대통령이 각각 초청하는 것으로 하고, ▲ 공식 발표는 서울과 평양이 동시에 4월 10일 오전 10시에 하기로 한다.

한편 남측은 북한 주민들에게 나누어줄 선물 값으로 1억 달러를 북한 측 제공하는 것으로 합의했다. 그래서 훗날 김대중은 자신은 아무것도 모르는 것처럼 "1억 달러는 형이 아우의 집을 방문하면서 맨손으로 갈 수 없는 것처럼 잘사는 남측이 가난한 북한 주민들의 선물 값으로 보내는 것이었다. 현행법에 어긋나는 일이지만 내가 허가를 했다"고 발뺌을 하는 구실로 삼았다. 그러나 합의문의 부속 문서에만 1억 달러를 보내는 것으로 했을 뿐 사실은 박지원과 김보현이 "김대중 대통령 임기 동안 10~20억 달러를 지원하겠다"는 약속을 했다. (註 6)

그날 밤 송호경과 정몽헌은 단둘이서 다시 만났다. 이 자리에서 송호경은 정몽헌에게 "남측의 입장이 3차 회담과 같으며 변한 것이 없다. 이런 식으로 하면 정상회담은 이루어 질 수가 없다. 그러니 정상회담을 성사시키려면 10억 달러를 내놔라. 그렇지 않으면 불가능하다"고 억지를 썼다. 이 문제를 가지고 두 사람은 몇 시간 동안 씨름을 하다가 결국 한국 정부 1억 달러에 현대가 7억 달러를 지불한다는 데 합의했다.

송호경은 돈은 정상회담 전까지 평양에 도착해야 한다고 주장했다. 정몽헌은 한국의 어려운 자금 사정을 설명하고 한꺼번에 7억 달러 송금은 무리라고 버텼다. 결국 회담 전까지 5억 달러를 송금하고 나머지 3억 달러는 회담 후 순차적으로 송금한다는 데 합의했다. (註 7)

2000년 4·13 총선거를 3일 앞둔 4월 10일 오전 10시, 청와대는 "남북 정상회담이 평양에서 열리며, 김대중 대통령이 6월 12~14일까지 2박 3일 동안 평양에 체류한다"고 발표했다. 김대중이 3월10일 베를린 대학에서 베를린 선언을 발표한 지 꼭 한 달 만이었다.

한반도가 분단된 지 반세기 만에 남북한 정상이 평양에서 회담을 갖는다는 발표에 한국 국민들은 물론 미국, 일본 등 세계가 놀랐다. 특히 미국과 일본 정부는 "한반도의 영구적인 평화와 통일을 위한 거대한 노력을 높이 평가한다"는 코멘트를 발표했다. 하지만 미국의 속마음은 편치 않았을 것이다.

미국은 이미 비밀 협상 사실을 상당 부분 알고 있었으며, 부정한 자금이 북한으로 이동되는 것을 알고 있었다. 그런데도 청와대 발표 몇 시간 전에 서울의 미국 대사관에 알려 주었기 때문이다.

미국과 일본은 김대중 정권이 평양과 비밀 회담을 추진하면서 쉬쉬하며 알려 주지 않은 것에 상당히 불쾌했다는 후문이다. 김대중 정권이 총선거 투표 3일을 앞두고 평양 정상회담을 발표하자 야당인 한나라당은 "투표일 3일을 앞둔 시점에 그런 발표를 하는 것은 투표에 영향력을 끼치려는 불순한 음모가 있다. 이는 남북문제를 선거에 이용하려는 나쁜 음모일 뿐만 아니라 노벨상을 받기 위한 국제 사기극이다"라고 강력 비난했다.

김대중과 공동정권을 만들어 국무총리 자리에 있던 김종필도 철저하게 모르고 있었다. 그는 청와대 발표를 듣고 나서 "김대중 대통령이 노벨상을 받고 싶은 욕심이 생긴 모양이다"라며 뒤통수를 맞은 듯 불편한 심기를 표출했다.

김정일의 아버지 김일성과 남북 정상회담을 처음으로 하려다가 정상회담 5일을 앞두고 김일성이 죽는 바람에 회담을 하지 못했던 김영삼 전 대통령은 "신북풍을 일으켜 국민을 속이려는 선거 전략이다. 선거가 끝난 후에 발표해도 될 사항을 투표 3일 전에 발표하는 것 자체가 음모다. 김대중이가 노벨상을 받고 싶어서 꾸민 연극이다"라고 매도했다.

남한 국민들은 물론 세계 언론들이 깜짝 놀라며 호들갑을 떨었다. 남북 분단 역사상 처음 있는 일이었다.

김대중 정권은 정부 각 부처의 북한 정책 전문가들과 학계, 재계 책임자들과 함께 '남북 정상회담 사업추진단'을 만들어 준비에 들어갔다.

전 세계는 반세기 만에 이루어지는 남북 정상회담에 대해 비상한 관심을 가지고 지켜보면서 세계 언론의 시선은 서울로 집중되고 있었다. 미국과 일본 언론들도 매일 같이 톱기사로 장식했다. 미국 정부는 겉으로는 격려를 보내면서도 정보기관의 보고서를 받아본 클린턴 대통령과 매들린 올브라이트 국무장관은 상당히 불쾌하게 생각하고 있었다. 그와 함께 김대중, 임동원, 박지원, 정몽헌의 행동 하나하나가 체크당하고 있었다.

박지원이 큰 마무리를 한 후 그 바통을 임동원이 넘겨받았다. 임동원은 몇 차례 베이징을 다녀온 후 비밀리에 평양을 가서 김용순을 만나고 돌아왔다.

2000년 5월 초 베이징에서 5차 남북 당국 간 회담이 열렸다. 그러나 회의는 순조롭게 진행되지 못했다. 5억 달러 송금을 둘러싸고 박지원과 송호경 사이에 날카로운 신경전이 벌어졌다. 송호경은 6월 초까지 5억 달러가 송금되어야 하다고 요구 했다. 그러나 박지원은 한꺼번에 그토록 많은 돈을 북한쪽으로 송금할 수가 없는 상당히 어려운 문제라고 했다. 우선 1억 달러만 송금하고 차후 4억 달러를 순차적으로 송금하자고 주장했다. 그러나 박지원의 주장은 받아들여지지 않았다.

미국 애들(CIA)이 모르게 하라!

북한 측은 5억 달러가 도착하지 않으면 정상회담을 개최할 수가 없다고 버텼다. 회담은 2~3차례 중단됐다가 다시 시작하는 형태를 보였다.

송금을 둘러싸고 이견을 좁히지 못하자 송호경이 정몽헌을 별도로 만났다. 송호경은 정몽헌에게 "남측이 회담 전에 1억 달러만 송금한다고 하는데 그것 가지고는 정상회담을 개최할 수가 없다. 나머지 4억 달러는 현대가 보증하고 송금하라"고 요구했다. 이에 정몽헌은 "그렇게 할 수는 없다. 그것은(1억 달러) 정부 것이니까 정부가 책임을 져야 하고 우리 것은 우리가 책임을 지겠다"고 대답했다. 그러자 송호경이 "정부의 보증이 안 되면 정상회담을 할 수가 없다. 그래서 현대가 보증을 하라는 것이다"하며 재차 요구했다.

정몽헌은 못 이기는 체하면서 "그렇다면 현대가 5억 달러를 책임지겠다. 그 대신 당신들도 우리에게 약속한 사업권 외에 통신 사업권을 추가로 포함해 달라"고 했다. 이후 두 사람의 협상도 몇 차례 중단되었지만 송호경이 평양의 지시를 받고 현대에 통신 사업권을 독점시켜 준다고 계약서에 서명했다. 그래서 남북 정상회담을 위한 대가 제공 비밀회담은 5억 달러를 김대중이 평양 도착 전에 송금하고 나머지 3억 달러는 정상회담 후 송금한다는 양해가 이루어졌다.

그 시기를 전후해 한국 외환은행 창구를 통해 무더기 달러가 싱가포르의 북한 측 구좌로 송금되었다. 미국은 이 사실을 알고 있었다. 더욱 재미있는 것은 외환은행이 현대가 불법으로 5억 달러라는 거액의 돈을 싱가포르 북한 측 거래 구좌로 송금 하는 데 의심을 품고 송금을 거절했다. 현대는 김보현 국장에게 급히 연락을 하여 외환은행에 손을 써주도록 요청했다.

김보현의 보고를 받은 임동원은 외환은행 담당 국정원 간부를 불러 "대통령의 지시 특명 사항이다. 현대의 싱가포르 해외 송금이 이루어지도록 도와주라"고 명령했다. 간첩을 잡아야 할 정보기관이 앞장서 적의 두목 앞으로 4억 5천 만 달러를 보내고 나머지 5천 만 달러는 북한이 요구한 사치품을 사서 보내 달라고 요청했다.

북한이 요구한 생활필수품과 사치품 가운데는 김정일이 먹는 비아그라도 포함되어 있었다. 임동원은 국정원 구좌를 이용 싱가포르의 북한 거래 은행구좌로 달러를 보내도록 명령하면서 "미국 애들(CIA)이 모르도록 조심스럽게 하라"고 말했다. 그런데 이 말이 워싱턴의 안테나에 그대로 녹음되었다. 훗날 필자를 통해 여과 없이 폭로되었다. (註 8)

김대중이 김정일을 만나기 위해 평양에 가면서 8억 달러라는 엄청난 불법 자금을 제공하고 6·15 남북 정상회담을 한다는 사실을 아는 사람들은 10여 명 정도밖에 모르는 감쪽같은 일이었다.

그러나 24시간 잠을 자지 않는 CIA의 안테나는 그런 사실을 모두 알고서도 침묵하고 있었다. 그러다가 반년 후 필자의 폭로를 통해 그 엄청난 음모의 정체가 모습을 드러내기 시작하지만, 그 때까지 배신자 10여 명만 아는 서울과 평양의 음침한 거래가 계속 되고 있었다.

"김대중은 역사에 실패한 인물로 남을 것이다"

2000년 6월 3일 새벽 1시, 필자는 강원도 춘천 교도소에서 2년 형기를 마치고 감옥 문을 나섰다. 2년 만에 감옥에서 나오는 필자를 환영하기 위해 사랑하는 아우 충권 부부와 후배 언론인 몇 명이 반갑게 마중했다. 그들은 교도소 철문을 뒤로 하고 나서는 필자에게 두부를 얼굴에 던지며 억지로 입안에 넣어 주었다.

언론계 후배들이 마이크를 들이대며 고생한 소감을 물었다. 그래서 감옥을 나서며 자유의 공기를 마신 그 첫 일성으로 "태어나지 말아야 할 정권이 탄생하여 나라를 힘들게 만들고 좌파들이 설치는 나라로 만들었다. 나는 김대중이 당선되면 분명히 나라가 망하고 공산주의자들이 활개를 칠 것이며 부정부패가 만연할 것이라고 예언하며 투쟁했다. 이는 그대로 적중했다. 그 예언의 대가는 2년 징역이었다. 그러나 두고 보기 바란다. 내가 지금 분명하게 장담하고 말할 수 있는 것은 김대중은 역사에 가장 실패한 인물로 남게 될 것이다"라고 말해 주었다.

춘천 교도소에서 나온 후 새벽 3시에 성남시에 있는 분당 제일병원에 도착, 그 시간부터 입원을 했다. 그리고 1주일 동안 치료를 받으며 밤낮 없이 잠을 잤다. 1998년 6월 1일 새벽에 긴급 체포된 후 2000년 6월 2일까지 꼬박 2년을 감옥에서 보냈다. 그 긴 시간의 2년 동안 김대중은 살인범, 사기범, 심지어 북한 스파이까지 2만 여 명을 석방하거나 형을 감해주었다. 그런데도 손충무에게는 단 1분도 감형을 해주지 않고 2년 만기를 채워 석방했다. 그 동안 건강이 상당히 악화되어 출소 후 곧바로 병원으로 향했던 것이다.

필자는 병원 침대에 누워서 TV를 통해 김대중이 서울을 출발하여 평양에 도착, 김정일의 환대를 받고 '6·15 평양 공동선언'을 마치고 의기양양하게 서울로 돌아와 한반도에 마치 평화가 찾아오고 곧 통일이 되는 양 국민을 속이고 있는 한편의 쇼를 바라보면서 크게 걱정했다.

"이제 한반도에 또 다른 비극이 시작되는 구나…… 김대중이 김일성으로부터 받은 공작금을 갚기 위해 대한민국이 끝나거나 지구상에서 그 이름이 사라질지도 모른다"는 생각이 들었다. 그리고 무엇보다 우려했던 것은 국제관례를 무시하고 김대중이 김정일의 승용차를 타고 평양 시내로 들어갔다는 사실이다. 대한민국의 경호원이 한 명도 타지 않은 채 김정일은 김대중을 납치하다시피 자신의 자동차에 태워 평양 시내로 들어 갈 때 45분, 서울로 돌아올 때 공항까지 45분, 이 90분을 단 둘이서 행동했다는 사실에 상당히 신경이 쓰였다.

김정일이 무엇 때문에 김대중과 90분 동안을 단둘이서 행동했을까? 누가 알아서는 안 될 커다란 비밀 이야기가 있었기 때문에 그랬을 것이라고 생각했다. 그 90분 사이에 김정일과 김대중 두 사람이 나눈 비밀 이야기를 알지 못하고는 6·15 남북정상회담 음모의 정체는 파악될 수가 없기 때문이다.

하지만 언젠가는 그 전모가 만천하에 드러날 것이라 기대한다. 워싱턴 DC에서 1시간 거리에 있는 메릴랜드 주 모처에는 마음만 먹으면 김정일이 침대에서 여자와 속삭이는 소리까지 모두 도청할 수 있기 때문이다. 게다가 김정일과 김대중이 탄 승용차가 미국에서 제작된 특수 차량이기 때문이다.

김대중과 김정일은 90분간 자동차 안에서
어떤 대화를 나눴을까?

2000년 6 · 15 평양회담은 지금까지 감추어져 왔던 김대중의 정체를 한 꺼풀 벗기는 작업이었다. 그런데도 한국 국민들과 세계인들은 김대중 · 김정일 사이의 깊은 음모를 모르고 마치 한반도에 평화를 안겨주는 신호탄으로 받아들이며 흥분하고 있었다. 클린턴 미국 대통령이나 메들린 울 브라이트 국무장관도 그랬겠지만, 필자는 흥분하지 않았다. 김대중의 위선과 거짓과 좌파 사상을 알고 있었기 때문이다.

필자는 30년 이상 김대중과 가까운 위치에서 그의 여러 모습을 보아왔고 세 번이나 김대중의 정치적 생명, 사형수의 생명을 구출해 주었기 때문에 어느 다른 언론인보다도 그를 많이 알고 있었다. 또 수백 종류의 국내외 자료와 평양 김일성 주석궁 속의 비밀자료까지 입수하여 김대중이라는 인간의 여러 측면을 분석하고 연구했기 때문이다.

김대중의 본바탕과 인간성을 누구보다 깊이 있게 알고 있는 필자는 평양회담과 '6 · 15 남북 공동선언'은 노벨상을 받기 위한 깜짝쇼에 불과하며 오랜 세월에 걸쳐 김일성에게 받은 공작금과 김일성을 지지하는 충성심을 그 아들 김정일에게 보여주고 은혜를 입은 것을 되돌려주기 위한 수단이라고 생각했다. 그래서 국민을 속이고 세계를 속이기 위한 속임수라고 생각했다.

당시 그런 생각은 필자 혼자만의 생각이 아니라 김대중의 정체를 알고 있는 많은 사람들도 같은 생각을 하고 있었다. 그런데도 한국의 매스컴뿐만 아니라 세계의 매스컴들이 김대중의 전략에 속아 마치 한반도에 통일이 찾아온 것처럼 흥분하고 있었기 때문에 어느 한사람 바른 충고나 비판을 할 수 없는 분위기였다.

'6 · 15남북 공동 선언문'이라는 것이 끝내는 휴지 조각에 지나지 않으며 햇볕정책이라고 하는 것도 김대중이 노벨 평화상을 받기 위한 사기극에 불과할 뿐 한반도의 진정한 평화와 통일을 위한 정책은 되지 못한다는 것을 알면서도 바른말을 하지 못했고 그런 말을 하는 사람들을 규탄하는 분위기였다.

김대중의 평양 방문과 정상회담에서 가장 큰 실수는 '6·15 공동 선언문 제2항'으로 "남과 북은 나라의 통일을 위한 남측의 연합제 안과 북측의 낮은 단계의 연방제 안이 서로 공통성이 있다는 것을 인정하고 앞으로 이 방향으로 연구하여 통일을 지향시켜 나가기로 했다"고 명시하고 있는 내용이다. (註 9)

이것은 바로 오랫동안 김일성이 그토록 바라고 주창해 오던 '고려연방제' 안과 김대중이 1971년부터 주장해 왔던 '3단계 연방제 통일방안'을 함께 뭉쳐 남북의 통일로 가자는 약속이었다. 그런데 문제는 제2항 가운데 포함된 '남측의 연합제 안'이다.

'남측의 연합제 안'이라는 것은 대한민국 헌법에 명시되어 있는 '자주 평화 민주적 통일'이 아니라는 점이다. 김대중이 김정일과 함께 서명한 '남측의 연합제 안'이라는 것은 대한민국 국민들이 찬성하여 국민의 동의를 얻었거나 국민의 대표기관인 국회의 동의도 구하지 않은 김대중 개인의 생각, 야당 정치인의 정책 수준 주장에 불과한 것이다.

김대중은 1971년 야당 대통령 후보 시절 '3단계 연방제 통일론' 정책을 발표하고 "내가 이루고자 하는 조국 통일에 대한 통일 정책은 3단계이다. 즉 평화공존, 평화교류, 평화통일이다. 그 중에서 가장 먼저 이뤄야 할 것은 평화공존부터 시작해야 한다. 그리고 남북은 전쟁 억제를 하여야 하며 남북이 동시에 UN에 가입하는 것"이라고 주장했다.

냉전 시대인 70년대 초에 반공법이라는 무시무시한 인권 유린의 악법이 도사리고 있는 시대에 야당 대통령 후보의 정책은 상당히 충격적이었으며 신선한 정책으로 받아들여졌다. 그러나 국민들이 박정희를 선택함으로써 김대중은 고배를 마셨으며 그의 '3단계 연방제 통일방안'은 국민들의 지지를 받지 못했다. 그 후 김대중은 박정희를 중심한 군부 반공 세력들로부터 "북한의 고려연방제와 김대중이 주장하는 3단계 통일 연방제는 이름만 바뀌었을 뿐 그 내용이 북한 측 제안과 같은 불순한 의도가 숨겨져 있다"고 매도당했다.

김일성이 주장하는 고려연방제라는 표현과 김대중이 주장하는 연방제 통일안의 '연방제' 라는 뜻이 김일성의 주장과 같은 불순한 의미를 담고 있다는 비난이었다. 김대중의 '3단계 통일 연방제 안' 이 북한의 '고려연방제' 와 같다는 의미 때문에 남한 국민들로부터 외면당하자 김일성은 그 후 '고려연방제' 라는 표현을 '느슨한 연방제' 라는 표현으로 바꾸었으며 김대중은 '연방제통일방안' 을 '국가연합제' 라는 표현으로 바꾸었다.

한편 김일성이 죽은 후 김정일은 '느슨한 연방제' 를 '낮은 단계의 연방제' 라는 표현으로 바꾸었는데, 이는 남한 국민들을 속이기 위한 전략에 불과할 뿐 '느슨한 연방제' 와 '낮은 단계의 연방제' 는 결국 '고려연방제' 를 숨기기 위한 표현의 변화에 불과한 것이다.

김대중이 그런 숨은 의미를 알고 있으면서도 김정일과 함께 '6·15 공동선언문' 에 서명을 했다는 사실은 대한민국 헌법에 보장된 '평화통일' 과는 반대되는 방향으로 국민들을 이끌어 북한의 고려연방제에 가까운 통일 방안으로 가자는 뜻이며, 이는 대한민국의 정통성(正統性)을 부인한 국가 반역 행위를 한 것이었다. 그 같은 행위는 자유민주주의 체제를 바라는 국민들의 바람을 외면하고 적화(赤化) 통일을 바라는 김정일 독재체제를 향해 한 걸음 가까이 다가간다는 행동을 보여준 이적 행위였다.

자유민주주의를 국가 이념으로 정하고 반세기를 피로써 지켜온 대한민국 대통령이 자유민주주의 체제를 버리고 마르크스-레닌과 스탈린의 공산주의가 지구상에서 멸망하고 사라져 가고 있는 때에 공산주의자도 아닌 김일성 주체사상의 뿌리를 자처하는 김정일 사회주의 독재체제의 방향으로 함께 나아가자고 약속하고 서명했다는 사실은 엄청난 충격이며 민족 반역행위였다.

그런데도 지식인들과 통일정책을 연구하는 학자들, 언론인들, 국민들은 그런 점에 대하여 전혀 잘못된 것을 알지 못하고 있었다. 모두들 평양 회담과 김대중 · 김정일의 만남 자체에만 흥분해 있었기 때문에 그런 사실을 깨닫지 못하고 있었다.

또 설령 그런 문제점을 알고 언론인들에게 6 · 15 공동 선언문 제2항이 잘못 되었음을 알려주어도 보도가 되지 않고 있었다. 그만큼 한국 사회와 세계는 김대중 · 김정일 놀음에 감쪽같이 속고 있었다.

김대중은 김정일을 만나기 위해 평양 방문을 추진하면서 국민의 승낙은 물론 국회의 동의도 받지 않았다. 평양에 가서 대한민국 헌법을 위반하는 엄청난 잘못을 저지르는 행동을 하고 서울로 돌아 온 후에도 국회에 나가서 보고하거나 야당 대표들을 만나서 양해를 구한 일도 없었다.

김대중은 자신이 대통령이기 때문에 자신의 마음대로 편리하도록 국가 정책을 바꾸고 무슨 일이든지 대통령이 마음대로 결정할 수 있다는 제왕적(帝王的) 독선에 빠져 있었다. 한국의 과거 대통령들이 그렇게 행동했다가 미국으로 망명을 가거나 암살을 당하고 감옥을 가는 등 불행한 역사를 남기고 있었는데도 김대중은 '대통령은 헌법을 무시해도 죄가 없고 대통령은 헌법을 능가하는 헌법 위에 있는 거대한 권력자' 로 착각하고 있었던 것이다.

김대중은 그가 야당시절 "나는 민주주의 수호자이며 의회주의자"라고 주장했다. 그러나 김대중이 청와대에 입성한 후 그는 철저하게 독선자, 독재자, 의회를 무시하는 비(非)의회주의자로 변질되어 있었다.

김대중의 평양행 사기극과 국제 쇼를 보며 김영삼 전 대통령, 권영해 전 안기부장, 정승화 전 육군참모총장. 이철승 자유민주민족회의 대표 등 공산주의의 정체와 김대중을 누구보다 잘 알고 있는 국가원로들과 지식인들, 보수층 인사들은 나라의 미래를 걱정하고 있었다. 그들은 모두 김대중의 사상에 대하여 의구심을 갖고 있는 국가 원로들이었다. 그분들은 필자가 2년 동안 감옥에 있다가 출소해 병원에 있다는 소식을 듣고 꽃을 보내거나 측근들을 보내 위로해 주었다. 김영삼 전 대통령과 권영해 전 안기부장, 이철승 대표는 자신들 집에서 위로 파티를 하겠다며 초청을 했다.

2000년 6월 당시 김영삼 전 대통령, 권영해 전 안기부장, 정승화 전 육군참모총장, 그리고 필자는 모두 감시를 당하고 있었다. 전화는 도청되고, 움직일 때는 국정원 또는 정보 경찰이 미행을 했다. 그런데도 김영삼 전 대통령이 김기수 비서실장을 보내 '옥에서 살아 나온 위로 점심 모임'을 준비하겠다는 메시지를 전해왔다.

그래서 김 비서실장에게 "감사합니다. 그리고 영광으로 생각한다고 전해 주십시오. 그러나 지금 나라가 매우 위태로운데 한가하게 점심이나 먹으며 시간을 보낼 때가 아니라 생산적인 계획을 세울 때임을 전해 주십시오. 그러니 김 전 대통령님께 내가 부탁드린다고 말씀드려 대통령께서 믿으실 수 있는 헌법학자와 변호사, 그리고 월간조선의 조갑제 발행인, 한국논단의 이도형 발행인을 꼭 함께 초청해 달라 고 말씀드려 주십시오" 하고 부탁했다.

김영삼 전 대통령은 필자가 부탁한 말에 아무런 토를 달지 않았다. 그렇게 하라고 비서실에 지시했다. YS와 필자 사이에는 1980년 '서울의 짧은 봄' 사건 이후부터 다른 사람들이 모르는 비밀이 있었다. 그렇기 때문에 서로가 하는 말 한 마디가 그만큼 중요한 의미를 갖고 있기 때문에 그 이유에 대해 묻지 않아도 무슨 중대한 일이 있구나 하고 서로가 알아채는 것이다.

워싱턴 – 도쿄에서 날아온 우정과 정보

어느덧 병원에 입원한 지 1개월이 흘러 7월 초순이 되었다. 회사에 남아 있던 직원들이 틈만 나면 찾아왔다. 그리고 태평양을 건너온 큰아들 내외와 사랑하는 손자 손녀들의 재롱을 보며 하루하루를 즐겁게 보냈다.

함께 외출하여 시내 음식점에서 맛있는 음식을 먹기도 했다.

그러던 어느 날 깜짝 놀랄 만한 손님들이 워싱턴과 도쿄에서 찾아왔다. 그들 가운데 두 사람은 모두 우방 국가의 외교관 신분으로 서울에 상당 기간 체류했던 친구들이었다. 그들은 필자가 감옥에 있는 동안 위로편지와 약품을 보내주었다. 워싱턴 친구는 "손충무를 석방하여 건강 치료를 할 수 있도록 미국으로 보내달라"는 조지 부시 전 대통령(41대)의 메시지를 김종필 총리와 김대중 대통령에게 전달했었다. 워싱턴 친구는 미국 병원에 입원하여 치료할 수 있는 초청장을 가지고 왔다.

그는 서울 주재 외교관 1명을 대동하여 병실을 방문했다. 그는 두 가지 비밀 서류를 필자에게 건네주면서 "미스터 손, 이 자료들은 우리 친구들이 당신에게 전달해 달라고 했다. 언젠가 당신이 김대중을 상대로 복수를 하거나 고소를 할 때 당신에게 좋은 증거자료가 될 것이다" 하고 말했다. 그러면서 "우리들은(미국 정부기관) DJ와 리틀 일성 김(김정일)과 만나는 것을 모두 알고 있었다. 워싱턴에서는 DJ에 대하여 매우 나쁜 인상을 갖고 있다. 지금 한국인들은 DJ가 김정일을 만나기 위한 접촉을 벌일 때 한국 재벌 현대 그룹을 통해 최저 5억~8억 달러의 돈이 김정일에게 전달하였다는 사실을 모르고 있다. 서울에 와서 몇 사람의 친구를 만났는데 그들도 커다란 금액의 돈이 김정일에게 제공됐는지를 모르고 있었다. 우리는 김대중과 김정일 사이에 엄청난 비밀 거래가 있었다는 사실을 한국 국민들에게 알려주어야 하겠는데, 그러한 일을 할 수 있는 미스터 손에게 가장 좋은 소스가 될 것으로 판단하여 이 자료를 당신에게 주는 것이다. 이것과 관련된 기사를 보도할 때는 '정통한 미국 정부 소식통' 또는 '미국 정부 고위관리를 지낸 소식통'으로 해 달라"고 하는 주의도 잊지 않았다.

친구를 따라 함께 온 서울 주재 외교관은 "미국 입국 수속을 하실 때 언제든지 연락하십시오. 워싱턴에서는 미스터 손의 방문을 환영합니다. 저는 미스터 손이 감옥에 있는 2년 동안 당신의 건강 문제와 인권 탄압 문제에 대하여 크게 관심을 갖고 있는 워싱턴 의회와 인권단체, 언론 단체들의 관심에 대한 보고서를 작성하였으며, 한국 정부와 검찰 측에도 미국의 관심사를 수시로 전달하였습니다. 그런데 문제는 한국 정부의 태도입니다. 여행을 허가할지? 패스포트를 내어 줄지 모르겠습니다."

"감사합니다. 어쨌든 부딪쳐 봐야 하겠지요. 나는 특사나 가석방이 아니고 2년 만기 징역의 형을 모두 마친 사람이니까 다른 트집으로 여행을 막지는 못할 것입니다. 한 가지 궁금한 것은 비록 조작된 사건이지만 형사 사건으로 입건되어 2년 징역을 살았는데 미국 비자는 문제가 없나요?"

"그런 걱정은 할 필요가 없습니다. 이미 우리는 워싱턴으로부터 손 발행인이 미국 여행에 지장이 없도록 하라는 지시를 받고 있습니다. 그리고 이 기사는 연합뉴스 에이전시(연합통신)의 기사입니다. 이 기사의 내용은 미스터 손이 2년 전에 보도한 '김대중 X-파일' 책 내용을 증명해 줄 수 있는 내용이라고 생각합니다. 그런데 이 기사가 인터넷에 보도된 지 30분 만에 사라져 버렸습니다. 이 기사를 쓴 기자와 발행인이 정보기관에 끌려가 조사를 받고 있다는 정보도 있었습니다."

그가 필자에게 전달해준 기사는 연합통신 2000년 7월 22일자 기사 카피였다. 기사의 내용은 연합통신 베이징 특파원이 김정일의 '교시록'을 입수하여 보도한 기사인데 그 내용 가운데 김정일이 김대중을 향하여 퍼부은 비난과 욕설, 그리고 은근히 협박하는 기사가 실려 있었다. 김대중에게는 상당히 불리한 내용이었다. (註 10)

연합통신은 베이징 특파원이 보내온 기사를 처음에는 특종 톱기사로 보도했는데 청와대의 박지원과 국가정보원 관계자들이 연합통신을 협박하여 기사를 삭제하도록 보도 금지를 내렸던 것이다. 미국 대사관은 삭제당하기 전의 기사를 입수했던 것이다.

이틀 후 이번에는 도쿄에서 온 친구가 언론인 4명을 데리고 병실을 찾아 왔다. 4명 가운데 2명은 20여 년 전부터 알고 지내는 한반도 문제 전문 저널리스트이며 2명은 주간지 기자들이었다. 그들이 병상 인터뷰를 마치고 떠나자 도쿄의 친구는 두 가지 비밀 자료를 나에게 건네주었다. 그가 가져온 자료는 북한 대남사업부 한민전(한국민족민주전선) 중앙위원회 선전국이 발행한 한민전 신문(챕터 5번-김정일, 김대중 해외자금 10억 달러 폭로 참조)과 또 다른 중요 정보 내용을 담은 메모지였다.

김대중이 평양에 가기 전 박지원이 가명으로 도쿄에 도착하여 미리 와서 대기중이던 정몽헌과 이익치와 합류하여 요시다를 만났으며, 요시다가 평양과 통화하는 내용을 경시청과 내각 공안청에서 모두 입수했다는 메모였다.

그들은 또 박지원이 조총련 고위 인사들과 접촉했으며, 박지원이 도쿄를 다녀간 후 도쿄 언론계와 정보 계통에서는 "1973년 김대중이 자신의 이름으로 은행에 예금되어 있는 61억 엔(한국 돈 620억 원)과 지난 30년 동안의 이자를 합친 100억 엔(1,000억 원)을 인출하여 김정일에게 전달했다"는 정보가 나돌고 있다는 내용을 전했다.

김대중이 1973년 8월 한국으로 납치당하기 전 일본 은행에 숨겨놓은 엄청난 자금이 있으며, 이 자금은 김일성이 조총련을 통해서 한민통을 만드는 김대중에게 제공된 것인데 김대중이 납치당하는 바람에 사용하지 못한 채 그대로 남아 있었다는 것이다. 이 소문은 70년대 중반부터 전해져 오고 있었다. 그러나 실체를 찾아내거나 확인을 할 수 없어 정보로만 떠돌아다니고 있었다.

1980년 5월, 김대중이 광주내란사건(지금은 광주민주화운동이라고 함)의 배후 인물로 계엄사령부에 구속되었을 때 계엄군 수사 검찰이 그 일부를 찾아내어 공개 발표했으나 61억 엔에 대한 증거 자료는 공개하지 못했다.

그런 내력을 갖고 있는 61억 엔 비밀 자금을 박지원이가 찾아 김정일에게 전달했다는 내용은 매우 충격적이었다. 그래서 친구들에게 "내가 비행기를 탈 수 있을 정도의 건강을 찾으면 도쿄로 가겠다. 친구 여러분들에게 나의 안부를 전해 주시오. 또 박지원이 61억 엔을 찾아 평양에 전달했다는 이야기는 매우 중요한 내용입니다. 계속 추적하라고 부탁해 주십시오"하고 간곡하게 부탁했다. 그러나 그 정보는 소문으로 사라지는 것처럼 보이다가 2007년 일본 경시청이 도쿄의 조총련 본부를 급습, 60년 동안 조총련의 모든 비밀 장부를 12트럭이나 압수해 감으로써 조총련이 김대중과 일본 한민통에 제공한 엄청난 규모의 자금이 밝혀졌다.

그런데도 일본 경시청이 입을 다문 것은 김대중이 대통령 시절 독도 근해 황금 어장을 일본에 넘겨주었기 때문에 정보의 외부 유출을 막고 있었지만 소문은 널리 퍼져 있었다.

한국 46개 언론, 방송사 사장들 김정일에게 투항

김대중이 김정일과 만나 6·15 평양 선언을 하고 돌아 온 지 50일이 지난 8월 3일, 대한민국을 침몰시키고자 하는 또 다른 음모가 김대중의 하수인 박지원 문화관광부 장관에 의해 저질러졌다. 이른바 한국 언론계가 김대중, 박지원의 꼬임에 넘어가 김정일에게 '남북언론합의문' 이라는 것을 바치는 항복 문서를 평양에서 작성하여 발표한 사건이다. 뉴욕에서 가발 장사를 한 것이 전부인 인물을 청와대 대변인(?), 문화관광부 장관을 시키고 남북 정상회담 특사로 만들어 통일 문제를 논의 하도록 만들었으니 김대중 정권이 정상적으로 운영될 수가 없었던 것이다.

김대중과 김정일은 비밀 대화를 통해 한국의 언론들, 방송들, 그 중에서도 조선일보, 동아일보, 중앙일보의 논조를 친북으로 돌리지 않으면 6·15 평양선언과 햇볕정책이 성공적으로 이루어질 수 없다는 사실에 합의를 했었다. 그래서 묘안을 짜 낸 것이 언론사, 방송사 발행인들, 편집인들을 데리고 평양을 방문하여 김정일과 대화를 나누게 만들고 북한 관영매체들과 '남북언론선언문' 을 만들어 북한 비난 논조를 순화시켜야 한다는 데 합의했다.

김대중과 박지원은 서울에 돌아온 후 김대중 장학생으로 불리던 박권상 KBS 사장, 최학래 한겨레신문 사장을 앞세워 '한국 신문방송통신사 사장단 북한 방문단'을 서둘러 만들었다. 평양 왕복 체제비와 기타 모든 경비는 문화관광부의 예산으로 부담한다는 조건이었다.

그래서 박권상은 자신이 겸직하고 있는 한국방송협회 회장 자격으로 방송사 사장들을 참여시켰으며, 좌파 성향의 한겨레신문 최석래 사장이 겸직하고 있는 한국신문협회회장 자격으로 신문, 통신사 사장과 편집인들 46명을 방문단에 포함시켰다. 여기에 조선일보, 동아일보 사장들은 참여하지 않았다.

2000년 8월 5일 평양에 도착한 46명의 언론사, 방송사 사장들은 8일 동안 평양에 머물며 '남북언론합의문'을 발표했다.

이 합의문의 주요 내용은 ▶ 남과 북의 언론사들과 언론기관들은 민족의 단합을 이룩하고 통일을 실현하는 데 도움이 되는 언론 활동을 적극 벌여 나가도록 한다. ▶ 남과 북의 언론사들과 언론기관들은 새롭게 조성된 정세의 흐름에 맞게 민족 내부에서 대결을 피하며 민족의 화해와 단합을 저해하는 비방 중상을 중지하기로 한다. ▶ 남과 북의 언론사들과 언론기관들은 언론 보도 활동에서 서로 협력하며 접촉과 왕래 교류를 통하여 상호 이해와 신뢰를 두터이 해 나가기로 한다. ▶ 남과 북 언론 기관들의 접촉은 남측에서는 한국신문협회와 한국방송협회를 비롯한 주요 언론단체 대표들이 참여하는 '남북언론교류협력위원회'가 북측에서는 '조선기자동맹중앙위원회'가 맡아 하기로 한다. ▶ 남측 언론사 대표들은 북측에서 초청한 데 대한 답례로 북측 언론기관 대표단이 서울을 방문하도록 초청하였으며, 북측은 앞으로 적당한 기회에 서울을 방문하기로 한다. 2000년 8월 11일. 한국 신문협회회장 최학래, 북한 노동신문 책임주필 최칠남이 서명한 것으로 되어 있다. (註 11)

다섯 가지 조항으로 작성된 이 합의문은 한국 언론이 김정일에게 백기를 들고 투항한 것이며, 사실상 김정일의 보도지침만 보도하겠다는 맹세

문서였다. 김정일, 김대중, 박지원 세 명의 민족 배신자들이 한국의 언론 자유와 경쟁을 막겠다는 목표 아래 음흉한 계획이 숨어 있었던 것이다.

이 합의문 발표 이후 평양을 다녀온 46개 신문과 방송들은 ① 김일성의 가짜 항일투쟁, ② 김정일의 백두산 정상 탄생의 사실, ③ 김일성의 6·25 한국 침략 전쟁 사실, ④ 북한에서 굶어 죽는 허기진 민족들의 참상, ⑤ 북한의 정치범 수용소와 인권 탄압 문제를 진실하게 보도하지 않고 있다.

만약 한국에 조선일보, 월간조선, 동아일보, 월간 신동아, 미국의 INSIDE the WORLD가 없었다면 대한민국 국민들은 북한에 대해 제대로 알지 못했을 것이다. 자유 언론의 진실이 무엇이며, 민주국가에서 언론자유의 소중함이 무엇을 증명해 주고 있는지 그 이유를 모르는 박지원 같은 무식한 사람의 농간에 놀아난 한국 언론사들의 불행은 두고두고 한국 언론 역사에 부끄럽게 남을 것이다.

2000년 8월 11일 평양 '남북언론합의문'은 남한 언론이 북한 노동신문 주필 최칠남을 검열 본부장으로 인정하고 김정일을 남한 언론계의 총독으로 인정한 치욕의 문서이며 오래 오래 남을 기록이 되었다. 더욱 가관인 것은 8월 11일 합의문 발표 후 김정일이 파티 장소에 나타나 "한반도 통일은 내가 마음을 먹기에 달렸다. 적절한 시기에 될 것"이라는 말을 했다. (註 12)

김정일은 또 "이런 표현은 나 같이 높은 지위에 있는 사람들이나 쓸 수 있는 말이지요" 하며 오만함을 드러냈다. 평양에 간 46개 언론사 대표들의 쓰레기 같은 행동을 지켜보는 필자의 가슴은 몹시 흥분되고 피가 끓었다. '저런 인간들이 언론사 대표들이라고 하니 한국 언론이 권력자와 재벌에게 꼼짝을 하지 못하는 얼간이가 되고 말았다'는 생각이 들어 분노가 치밀어 올랐다. 뿐만 아니라 "언론의 기본 가치를 양보하고 뒷구멍으로 8억 달러를 건네주고 얻어내는 남북 언론 교류는 하지 않는 것이 백배 유익하다"는 말을 그들에게 해주고 싶었다.

YS 집에서 탄생한 애국운동 결사

2000년 8월 23일, 상도동 김영삼 전 대통령 자택에는 오랜만에 많은 사람들이 모였다. 그곳에는 헌법학자, 변호사, 경제학자, 그리고 반 김대중 언론인 3명 등 모두 12명이 모였다. 김영삼 전 대통령은 오랜만에 즐거운 표정이었다.

이날 필자는 일본 K대학 교수 다나카 요시오라는 가짜 신분으로 C대학 M총장의 자동차를 타고 상도동에 도착했다. 안경에다 모자를 푹 눌러 쓴 나를 아무도 알아보지 못했다.

YS 집 주변에는 전직 대통령 경호를 위해 청와대 경호실 소속 경찰관 10여 명이 파견되어 있었다. 그들은 청와대 경호실 정보처와 국정원에 방문자들의 이름과 대화 내용 등을 매일같이 보고하고 있었다.

점심이 끝난 후 YS가 모임의 취지를 설명했다.

"오늘은 특별히 손충무 사장이 지난 2년 동안 고통을 당한 데 대한 위로를 하기 위해 이 자리를 마련했습니다. 세상에서는 손 발행인과 나와의 사이가 나쁜 줄 알고 있으나 사실은 그렇지 않습니다. 손 발행인과 나와 사이가 나쁜 것 같이 보이도록 한 것은 손 발행인이 언론인 길을 지키겠다고 고집하여 내가 승낙을 했으나 다른 사람들은 그 깊은 뜻을 모르고 있었습니다. 손 발행인은 그 동안 국가를 위해 숨어서 많은 일을 했습니다. 그런데도 김대중이 손 발행인을 감옥에 보냈는데 김대중이 누구보다도 손 발행인의 도움을 가장 많이 받은 사람입니다. 아마 우리 3김 가운데 김대중이가 가장 많은 도움을 받았을 것입니다. 오늘은 손 발행인이 고통당한 이야기를 들어보고 위로하자는 뜻에서 이 자리를 마련했습니다."

YS의 말이 끝나자 필자가 인사를 하고 입을 열었다.

"김 대통령에게 감사를 드립니다. 그러나 감옥 이야기보다는 더 큰일이 있어서 제가 각하께 말씀 올려 오늘 여러분들을 함께 초청해 달라고 부탁드렸습니다. 그래서 이토록 귀한 시간을 내주시고 맛있는 칼국수까지 주셨으니 점심값을 하기 위해서 제가 몇 가지 질문을 이 자리에 계신 전문가 여러분들에게 하겠습니다. 이곳에는 헌법학자, 변호사도 계시는데 대한민국 헌법에 명시되어 있는 통일 정책과 그 조항이 헌법 몇 조에 있으며 그 내용은 무엇입니까?"

그 질문에 S대학의 K교수가 답변했다.

"대한민국 헌법이 명시하고 있는 통일은 평화, 자유, 민주 통일이며 대통령은 조국의 평화적 통일을 위한 성실한 의무를 진다고 되어 있습니다. 헌법 제4장 1~6절에는 '조국의 평화적 통일이란 민주주의 체제 수호, 자유 시장 경제, 언론의 자유와 국민 인권의 보호라는 중대한 뜻을 담고 있다'고 하겠습니다."

필자가 다시 물었다.

"그렇다면 여러분들께서는 왜 가만히 계십니까? 저는 감옥에 있었고 지금은 병원에 있기 때문에 김대중의 평양 방문에 대한 정보를 많이 갖고 있지 않습니다. 그러나 대한민국은 지난 반세기 동안 반공을 하면서 김일성이 주장해 온 고려연방제를 반대했습니다. '낮은 단계의 연방제'라는 문구는 남한 국민을 속이기 위한 것이지 결국은 고려연방제에 불과합니다. 그런데도 김대중은 자신이 주장해 오던 '국가 연합제'와 '낮은 단계의 연방제'를 받아 그런 방향으로 연구하여 통일하자고 김정일과 약속하고 사인한 것은 헌법을 위반한 국가 반역죄에 해당된다고 생각합니다. 미국 같으면 대통령이 국민의 뜻과 국회의 동의도 받지 않고 적국에 가서 헌법을 바꾸는 협정을 맺고 돌아와서 국회에 보고조차 하지 않는다면 탄핵감입니다. 언론과 국회가 가만히 있지 않습니다. 그런데도 이 나라의 언론은 지금 김대중, 김정일 쇼크에 취해 정신을 차리지 못하고 있으며 야당은 무엇이 어떻게 돌아가는지 아무것도 알지 못하고 있습니다. 그래서 오늘 여러분들을 이 자리에 초청해 달라고 각하께 부탁드렸습니다. 김정일이 서울에 온다고 합니다. 그러면 이 나라는 빨갱이 나라가 되고 맙니다. 김정일이 오지 못하도록 해야 합니다. 그리고 6·15 평양선언을 무효화시키고 김대중을 탄핵해야 합니다. 그런데도 아무도 그 소리를 하는 사람이 없습니다. 또 뜻있는 분들이 잘못을 지적하여도 호남 사람들에게 점령을 당한 언론들은 정부 눈치를 보고 있어 침묵하고 있습니다. 그러니 이일은 김 전 대통령께서 십자가를 지시고 앞장 설 수밖에 없습니다. 이곳에 있는 손충무와 이도형 발행인, 조갑제 발행인과 우리 세 명이 힘을 모아 각하를 도와 아이디어를 내고 기획을 하겠습니다. 그러니 각하께서 IMF 파동으로 국민들에게 진 마음의 빚을 갚기 위해서라도 이번 기회를 이용하셔서 조국을 공산주의자들에게 빼앗기지 않도록 앞장을 서 주시기 바랍니다"하고 간곡하게 부탁드렸다.

김영삼 전 대통령은 조금 격앙된 목소리로 말했다.

"손 발행인의 이야기를 듣고 보니 우리가 그 동안 너무 평양 쇼크에 취해서 편안하게 생각했습니다. 여러 동지들이 도와준다고 하니 내가 앞장을 서겠습니다. 우리가 어떻게 세운 나라인데 김대중이 같은 공산주의자에게 나라를 맡겨 인민공화국 빨갱이 깃발이 날리도록 하겠습니까? 내일 당장 기자회견을 해서 김대중에게 그 진상을 밝히라고 요구합시다."

그때 조갑제 발행인이 나섰다.

"각하 지금 손 발행인이 지적한 것은 매우 중요한 사항입니다. 그리고 이번 기회를 이용하여 김대중과 김정일에게 경고해야 할 것이 있습니다. 아웅산 테러사건, KAL기 폭파사건 등 그 동안 김일성의 지시에 의해 저지른 갖가지 테러 행위에 대해서 우리 국민에게 깊이 사과하고, 또 그 유가족들에게 피해보상을 하기 전에는 절대 서울을 방문할 수 없다고 경고하시기 바랍니다."

이도형 발행인이 말을 이었다.

"각하 오늘 이 자리가 매우 중요한 자리입니다. 조국을 구하는 제2의 구국운동의 출발이나 다름없습니다. 손 발행인께서 참으로 좋은 점을 일깨워 주었습니다. 우리는 손 발행인이 2년 동안 감옥에서 고통을 받아 그 영리한 머리가 녹이 쓴 줄 알았는데 안심이 됩니다. 이번 각하의 기자회견을 통해 6 · 25 한국전쟁에 대해서도 반드시 김정일이 사과해야 한다고 경고하십시오. 전쟁을 일으킨 자는 노동당 총서기이자 인민군 최고 사령관이었던 김일성이지만, 그 아들 김정일이 현재 노동당 총서기 겸 국방위원장을 맡고 있으니 책임이 있기 때문입니다."

이도형 발행인의 말이 끝나자 필자가 다시 말을 이었다.

"한 가지 더 말씀을 드려야 하겠습니다. 김정일은 자기 자동차에 김대중을 납치하다시피 반강제로 태우고 단둘이 90분간 대화를 했습니다. 한국 언론은 이 사안의 중요성을 모르고 지나갔으나 미국과 일본 정보기관은 매우 중요한 정보를 갖고 있습니다. 그것은 누구도 알아서는 안 되는 비밀 이야기 때문에 남북 경호원들도 태우지 않았습니다. 그나마 다행스러운 것은 김대중을 태운 김정일의 자동차가 미국에서 만든 것이라는 점입니다. 미국의 정보기관은 마음만 먹으면 오늘 우리들이 모인 이 자리의 대화도 모두 도청할 수 있습니다. 아마 내가 워싱턴에 가면 어떤 정보를 얻을 수 있을 것입니다."

그러면서 '김대중이 김정일에게 엄청난 비밀 자금을 보냈다'는 미국과 일본에서 보내온 정보를 살짝 흘렸다. 그러자 M 총장이 "지난 5일(8월) 박지원이 46개 언론, 방송, 통신사 사장들을 평양에 데리고 가서 김정일에게 고개를 숙이고 절하고 남북언론합의문을 만들어 바쳤는데, 도대체 박지원이라는 인간은 어떤 인물입니까? 평양 회담도 그 사람이 막후 인물이라고 하는데……?" 하면서 언론인 3명에게 물었다.

이도형 발행인이 답변했다.

"우리(한국논단)가 박지원이 아버지와 그 가족에 대해 자세하게 보도했습니다. 그 자의 아버지는 광주학생운동을 하다가 왜경에 체포되어 1년 반 고생했습니다. 해방 후에는 남로당에 가담했고 빨치산이 되어 지리산에 숨어 활동했습니다. 고향 진도로 숨어들어 가다가 경찰과 총격전이 벌어져 형제가 사망한 좌파입니다."

그 날 오후 조갑제, 이도형, 그리고 필자를 비롯한 3명의 언론인과 M

총장, 헌법학자, 변호사 등이 참여하여 김영삼 전 대통령의 기자회견 내용과 김대중, 김정일에게 보내는 경고 성명서가 다듬어졌다. 그리고 YS의 대변인 박종웅 의원이 외신 기자들과 한국 언론사 기자들에게 연락책임을 맡았다.

YS는 작업을 마치고 돌아가는 언론인들의 손을 잡고

"오늘 3명의 동지들이 건의해준 정책은 참으로 중요한 것이오. 모든 것은 내가 책임지고 목숨을 걸고 싸우겠소. 그러니 세 동지들도 나와 함께 손잡고 김대중을 하루 빨리 퇴장시키고 조국을 위험에서 구하는 일에 힘을 합쳐 주시오"하고 부탁했다.

'서울에 오면 암살당한다', 김정일에게 경고.

2000년 8월 25일, 국내외 언론인 100여 명이 참석한 가운데 김영삼 전 대통령의 상도동 집에서 기자회견이 열렸다. YS는 기자 회견을 통해 ▲ 김대중이 김정일과 맺은 6·15 평양선언은 무효이다. ▲ 국민의 동의도 받지 않은 '낮은 단계의 연방제' 합의는 헌법 위반이며, 대통령의 이적죄에 해당한다. ▲ 대한민국의 헌법에는 평화통일, 시장경제에 의한 민주화 통일이다.▲ 김대중이 서명한 6·15 선언 무효화 1천만 명 국민 반대 서명운동에 돌입한다. ▲ 그리고 김정일이 서울에 오려면 과거에 저지른 KAL 폭파 사건, 아웅산 테러 사건의 피해자들에게 사과하고 보상하여야 한다. ▲ 국군포로와 납북 어부들을 돌려보내야 한다. ▲ 이런 것이 선행되지 않고서는 김정일의 서울 방문을 반대한다. 그럴 경우 김정일의 생명을 보장하지 못한다. 암살당할 우려도 있다고 밝혔다. (註 13)

다음날 26일, 국내외 언론들이 처음으로 김대중 - 김정일 평양회담과 '6·15 공동선언문' 내용을 반대하는 YS의 기자회견 내용을 크게 보도했다. '6·15 평양공동선언'이 있은 지 꼭 두 달 만이었다.

그 동안 김대중 - 김정일 쇼크에 취해 있던 사람들은 YS의 기자회견 기사를 읽어보고 그때서야 조금씩 냉정을 찾으며 6·15 평양 쇼의 진상이 무엇인지 깨닫기 시작했다.

그날 이후 YS와 3명의 반 김대중 언론인들은 깊은 연락을 갖고 '김정일 서울 방문 반대 1천만 국민 서명운동'을 벌였다. 바야흐로 '6·15 남북공동선언 제2항 무효, 김대중 탄핵' 운동이 전국적으로 번지기 시작했다.

2000년 8월 23일 상도동 YS 집에서 열린 '손충무 감옥 출소 환영 점심 모임'이 김대중과 김정일의 의도를 밝히는 일뿐만 아니라 김대중의 정체를 알리고 나아가 탄핵 퇴진 운동을 일으키는 큰 계기를 만들었던 것이다. 또 김대중의 음흉한 흉계에 의해 공산주의자들에게 넘어갈 뻔했던 나라의 위험을 국민들에게 일깨워주고 깊은 잠에서 깨어나도록 만들어 주었다.

YS의 공동 기자회견이 있은 후 김대중과 그 패거리들, 민주당 그리고 친북세력들과 북한의 김정일 집단은 YS를 향해 입에 담을 수 없는 비난을 쏟아냈다. 그러나 1천만 명 서명 운동은 전국으로 빠르게 확산되고 있었다. 그러자 국가정보원과 청와대 정보처, 경찰, 기무사령부가 23일 YS 집에 참석한 사람들을 체크하기 시작했다. 참석자들은 모두 자신들은 모르는 이야기라고 시침을 뗐다. 필자의 이름도 찾아내지 못했다. 그날 참석한 사람들 명단에는 손충무라는 이름은 없었기 때문이다.

미국은 김대중을 용서하지 않는다

2000년 9월 중순 어느 날 YS로부터 전갈이 왔다. 시내 한 호텔 음식점에서 손님들과 식사 약속이 있는데, 그곳에서 나를 만나고 싶으니 옆방에 미리 도착하여 식사를 하고 있으라는 것이었다.

M회장의 안내로 그곳에 도착하여 같이 식사를 했다. 얼마 후 YS가 남

의 눈을 피해 필자의 방으로 건너왔다.

"지난번 기자회견이 커다란 태풍을 일으켰소. 손 동지가 참으로 많은 수고를 했습니다. 그 회견이 있은 후 워싱턴의 친지들이 편지를 보내 왔는데 '미국은 김대중을 절대로 용서하지 않는다'는 내용이 담겨 있었어요.(YS는 2003년 4월 월간조선 김연광 기자와 인터뷰를 할 때 '미국은 절대로 김대중을 용서하지 않는다는 소식을 나는 미리 알고 있었다'고 말했다) (註.14) 그러니 손 동지가 오래 만에 바람도 쏘일 겸 워싱턴을 한 번 다녀오는 것이 좋을 것 같습니다. 미국 선거도 있고 하니…… 손 동지는 부시 쪽 사람들과 잘 아는 사이니까 그쪽 공기를 알아보는 것도 매우 중요한 것입니다."

"그렇게 생각하고 있었습니다. 워싱턴과 도쿄에서 중대한 정보를 보내왔습니다. 지난번에 조금 밝혔습니다만 DJ가 김정일을 만나기 위해 현대를 통해서 8억 달러를 보냈다는 소식을 보내왔습니다."

8억 달러라는 말에 YS와 M회장은 깜짝 놀랐다. 두 사람 모두 어처구니없다는 표정이었다.

YS가 입을 열었다.

"돈을 건넸다는 소리는 나도 들어 알고 있소. 그러니 손 동지가 워싱턴에 가서 그쪽 정보를 알아내야 합니다. 그것만 있으면 김대중이를 무너뜨리는 것은 시간문제인 것이오."

"평양회담 전에 박지원이가 가명으로 도쿄를 방문하여 그곳 은행에 있던 김대중의 비밀자금 100억 엔을 찾아서 김정일에게 전달했다는 정보도 있습니다."

"나도 그 소리는 들었소. 며칠 전에 다녀간 도쿄의 박갑동 회장이 그런 정보를 가져왔으니 도쿄에 가면 한 번 만나보도록 하세요. 그 두 가지만 확실하면 내가 국민들에게 모두 밝힐 것입니다."

김대중, 김정일에게 충성 자금 30억 제공?

6 · 15 평양선언 무효화 1천만 국민 서명운동이 전개되면서 시중에는 "김대중이 김정일을 만나기 위해 큰돈을 갖다 주었다"하는 소문이 번지고 있었다.

그 소문은 꼬리를 물고 이어지면서 "김대중이 김정일에게 20억~30억 달러의 큰돈을 제공했다"는 말로 번지고 있었다. 그런데도 정보 출처는 나오지 않았다.

처음에는 20억 달러라는 소리가 나오다가 다음에는 30억 달러라는 소리로 변했다. 20억 달러에서 30억 달러로 10억 달러가 껑충 뛰어 오른 것은 이유가 있었다.

애당초 김대중이 평양에 도착하기로 약속된 날짜는 6월 12일이었다고 한다. 그런데 김대중이 김정일에게 보내는 돈을 스위스 은행에 입금시킨 날이 주말이었기 때문에 평양에서 확인하는데 시간 차이가 있어 하루를 늦추었다는 이야기였다. 그래서 10억 달러가 더 많아졌다는 것이다.

그런 정보의 실체를 취재하기 위해 외국 기자들은 열심히 움직이고 있었으나 한국 기자들은 평양회담과 6 · 15 공동선언문 선전과 김대중의 일생을 치켜세우는 '김대중 만세' 이야기에만 열중하고 있었다.

도쿄를 거쳐 미국으로 가기 위해 2년 전 김포공항에서 압수당한 여권을 찾으려고 김포공항 출입국관리소를 방문했다. 그러나 여권은 그곳에 없었다. 행방을 좇아 며칠을 보내고 겨우 찾아냈으나 이미 김대중 정권이 여권을 사용하지 못하도록 무효화시켜버려 사용할 수 없는 여권을 돌려받았다. 할 수 없이 새로운 여권을 신청했다. 그러나 2주일이 넘도록 여권이 나오지 않았다. 그 이유를 물었더니 "청와대의 지시가 있어야 한다"고 직원이 말했다.

대한민국 국민은 누구든지 해외여행의 자유를 가지며 구청 여권과에 여권을 신청하면 3~4일이면 발급이 되고 있다. 그런데도 "손충무의 여권은 청와대에서 승인을 받아야 한다"는 지시 사항이 내려와 있다는 것이었다. 죄 없는 여권과 말단창구 직원을 붙들고 말싸움을 할 일은 아니었다.

국가정보원 고위 인사들을 알고 있는 모씨를 통해 내 의사를 전달했다.

"만약 청와대가 손충무 여권을 발급하지 못하도록 지시했다면 가만히 있지 않을 것이다. 김대중이 평양회담을 하면서 어떤 짓을 했는지 손충무는 알고 있다. 다음 주까지 여권을 발급받지 못할 경우 외신 기자회견을 통하여 김대중 정권이 평양회담을 하기 위해 어떤 짓을 했는지 그 흑막을 폭로할 것이다."

그와 헤어지고 나서 신문회관을 방문하여 장소 사용에 대해 알아보고 기자회견 날짜를 잡았다. 또 외신 기자클럽 관계자들을 만나 필요한 시기에 공개 기자회견을 할 수 있도록 부탁했다.

한편 박지원의 고종사촌 형이자 필자의 주치의사인 조우승 박사를 만나 "박지원이 나의 여권을 발급하지 못하도록 지시를 한 모양입니다. 조 박사께서 박지원을 만나 전해주십시오. 박지원이 끝까지 방해하면 평양회담을 위해 그가 일본에 가서 어떤 짓을 하고 김정일에게 얼마나 많은 돈을 갖다 주었는지 손충무는 다 알고 있다고 전해주십시오. 공개 기자회견을 준비하고 있다고……."

그리고 며칠 후 여권과에서 여권을 찾아가라는 연락이 왔다.

2000년 10월 초에 도쿄로 갔다. 친구들이 마중을 나왔다. 3년 만에 만나는 친구들이었다. 김대중 정권이 출범하기 전만 해도 1년에 몇 차례씩 건강하지 못한 필자를 위해 여러 가지 영양제를 보내주던 그들이었다. 친구들은 그 동안 필자가 모르고 있던 정보를 제공하고 필자가 김대중 정권과 맞서 싸운 내용을 실은 신문기사 스크랩북을 가져다주었다.

그들은 김대중의 평양회담을 두 가지 측면에서 분석하고 있었다. 하나는 김대중이 노벨 평화상을 받기 위한 목적이고, 다른 하나는 클린턴 정권이 임기 말을 이용해 민주당 후보자 앨 고어를 당선시키기 위한 한반도 화해 정책의 하나로 보고 있었다. 그들은 또 평양회담이 열리기 전 박지원이 가명으로 도쿄를 방문해 김대중이 1973년 센다이 은행 도쿄 지점에 비밀리에 입금시킨 자금 61억 엔과 그 이자를 합친 100억 엔을 찾아가 싱가포르에서 북한 아태평화위원회 송호경에게 전달했다는 그럴듯한 시나리오도 들려주었다.

그들의 설명에 의하면, 1973년 김대중이 일본에 망명하여 한민통을 조직할 때 김일성이 조총련에 지시하여 김대중에게 큰 자금을 제공했으며 그 돈은 도쿄와 센다이 지방 은행에 김대중과 조총련 간부 두 사람의 이름으로 되어 있었다는 것이다. 그런데 1973년 8월 8일 김대중이 박정희 정권의 KCIA에 의해 납치되는 바람에 그 돈을 사용하지 못했고, 그대로 예치되어 있는 사실을 알고 있던 김정일이 김대중에게 요구하여 김정일 구좌로 송금하였다는 소리였다. 그러나 증거는 없고 소문으로만 나돌고 있다는 것이다.

그래서 필자는 그들에게 "김대중 · 김정일 평양회담은 DJ가 노벨 평화상을 받기 위한 쇼를 한 것이다. 스웨덴 노벨상 위원회를 중심으로 여러분들의 눈을 돌려 달라. 김대중이 청와대에 들어가자마자 제일 먼저 만든 것이 노벨상 프로젝트팀과 평양 방문을 위한 프로젝트팀이다. 김대중이 평양을 방문하지 않으면 안 될 커다란 이유가 있었다.

지금 한국에는 김대중이 김정일을 만나기 위해 20억~30억 달러를 전달했다는 소리가 나돌고 있으며, 미국 정보기관에서도 그런 사실을 확인한 것으로 알려지고 있다. 그래서 지금 워싱턴으로 가는 길에 도쿄에 들렀다. 그러니 여러분들이 서울에 가서 취재를 하면 확인할 수 있을 것이다. 내가 워싱턴을 돌아보고 서울로 가는 길에 다시 도쿄에 들러 여러분들을 만날 터이니 그때 서로 입수한 정보를 교환하며 정리하자"고 말해주었다.

특종기사, '김정일에게 30억 달러 제공'

워싱턴에 도착한 후 몇 분의 친지들에게 인사를 드리고 나서 김영훈 (金暎勳)목사님의 부인이 근무하는 병원으로 갔다. 김 목사님은 내가 감 옥에 있을 때부터 매주 장문의 편지를 보내 주시고 정신적으로 위안을 해 주시던 분이다. 거기서 장거리 여행으로 생긴 부작용에 대해 며칠간 응급 치료를 받은 후 다시 전문 병원으로 옮겨 갔다.

병원에서 통원 치료를 받으며 김영훈 목사와 함께 한국계 공화당 조직 을 강화시켜 동부에서 서부까지 여러 사람이 부지런히 뛰었다. "한국의 앞날을 위해서 공화당의 조지 W. 부시 후보가 당선되어야 한국이 공산화 되는 것을 막을 수 있으며, 김대중이 김정일과 짜고 고려연방제 통일(공 산화 통일)을 하려는 음모를 막을 수 있다"고 설득하며 다녔다.

워싱턴 인근 도시는 물론 동부지역의 한국계 시민권자 조직을 강화하 고 많은 한국계 유권자들이 공화당의 조지 W.부시 후보에게 표를 찍도록 권유하면서 몇 군데서 기도회와 강연회를 갖기도 했다.

김대중 정권은 개표 초기에 민주당의 앨 고어 후보가 앞서 나가자 재 빠르게 축하 메시지를 보냈다. 그러다가 부시의 당선이 눈앞에 보이자 민 주당에 보낸 당선 축하 메시지를 취소하고 부시 진영에 당선 축하 메시지 를 보냈다. 그러다가 플로리다 주에서 말썽이 생겨 부시의 당선이 어렵게 될 수 있다는 보도가 나오자 재빠르게 다시 앨 고어 진영에 축하 메시지 를 보내는 우왕좌왕 해프닝도 벌였다.

부시의 당선이 확실해지자 밤을 새우며 김영삼 전 대통령, 권영해 전 안기부장, 이회창의 한나라당 대표, 하순봉 비서실장, 윤여준 여의도 연 구소 소장에게 국제 전화로 알려 주었다.

며칠 후 다시 도쿄로 갔다. 김영삼 전 대통령이 그곳 병원에 전립선 수 술을 위해 입원해 있었기 때문이다. 박갑동(朴甲東, 북한 망명정부 공동 의장)씨의 안내를 받아 병원을 방문하자 YS는 아픈 몸을 일으켜 반갑게 맞아 주었다.

그곳에서 박갑동 씨를 통해 박지원이 송호경에게 준 돈의 내막을 듣게 되었다. 일본 정부 공안 관계자들 사이에 흘러 다니는 정보라고 했는데, 내용은 일본 친구들로부터 들은 것과 같았다.

김일성이 보낸 엄청난 자금을 은행에 예금시켜 놓았다가 그 자금을 사용하지 못하고 김대중이 납치당하는 바람에 61억 엔(한국 돈 610억 원 가량)이 은행에 그대로 남아 있었고, 그것이 지난 30여 년 동안 이자가 붙어 100억 엔이 넘는 엄청난 돈으로 불어났으며, 그런 사실을 알고 있던 김정일이 김대중에게 돌려달라고 요청하여 박지원이 그것을 찾아 싱가포르에서 김정일이 보낸 송호경 아시아태평양평화위원회 부위원장에게 전달했다는 것이었다.

박갑동 씨를 먼저 돌려보낸 후 YS와 1시간 동안 별도 회동을 갖고 워싱턴에서 입수한 김대중이 김정일에게 8억 달러를 보냈다는 정보를 설명했다.

미국 정보기관은 ① 김대중과 김정일이 평양에서 90분간 자동차 안에서 나눈 비밀대화 내용을 상당히 많이 알고 있었으며, ② 김대중이 평양에 가기 전 김정일에게 스위스, 싱가포르, 홍콩, 마카오, 베이징 중국은행 등을 통해 최저 4억 달러 최대 8억 달러의 자금을 현대를 통해 제공한 사실을 확인하고 있으며, ③ CIA 국장이 김대중 정권에게 두 차례나 경고 메모를 보냈다는 사실을 설명했다.

설명을 듣고 난 YS는 "매우 중요한 정보이다. 그러나 지금 한국에서 그런 정보를 보도할 용기를 가진 신문사는 없을 것이다. 김대중이가 당장 증거를 대라고 요구하고 언론사를 고소한다고 협박할 것이다. 그러니 우선 일본과 미국 언론인들에게 그런 정보를 알려주고 자료가 입수되는 대로 나에게 전해 달라. 그러면 내가 종합해서 국민에게 알리는 기자회견을 하겠다"고 말했다.

도쿄에 머무는 동안 여러 기관을 통해 김대중과 박지원에 관련된 정보를 수집하는 경찰과 공안청 관계자들을 만나 워싱턴에서 확인한 8억 달러 제공에 대한 정보를 제공해 주었다. 그리고 도쿄 경시청과 방위청(국방부에 해당)의 한반도 정보국 관계자들을 만나 여러 가지 설명을 들었다. 그런 가운데 김대중 비밀자금 은행 예치 사실에 대해 오래 전부터 추적하며 그 진상을 잘 알고 있는 정보국 직원이 싱가포르와 베이징에 출장을 간 사실도 확인하였다.

그 시기 월간 「현대 코리아」 편집장 니시오카 스토무(西岡力)가 '김정일과 김대중' 이라는 포켓용 책자를 발간했다. 니시오카 스토무는 연세대학교에 유학하여 한국어를 배운 언론인으로서 오래 전부터 한반도 문제 전문 언론인으로 활동해 온 인물이다.

그는 이 책을 통해 "김대중이 30억 달러를 갖고 평양에 가서 김정일에게 전달했다는 이야기가 서울에서 그럴 듯하게 흘러 다닌다"고 폭로했다.

니시오카는 "처음에는 20억 달러였으나 김대중의 평양 출발이 1일 연기되면서 선물 값이 추가로 10억 달러가 인상되어 30억 달러가 됐다고 한다. 일본이나 한국에서 북한하고 사업을 하려고 하면 충성자금(忠誠資金)이라는 돈을 김일성과 김정일에게 제공해야 성공하기 때문에 김정일과의 회담 성공을 위해 김대중이 충성자금 30억 달러 정도를 지불했다고 해서 이상한 것은 없는 일이다"라고 폭로했다. (註 15)

2000년 6·15 평양 회담 후 김대중이 김정일에게 20억~30억 달러의 돈을 제공하여 "달러로 정상회담을 샀다"는 사실이 처음으로 활자화 된 것이다. 2개월 전 워싱턴으로 가면서 일본 언론인들에게 "김대중이 김정일에게 5억~8억 달러를 제공 했다는 사실을 미국 CIA가 갖고 있으며, 서울에서는 20억~30억 달러 제공설이 있다" 는 정보를 알려준 내용이 처음으로 활자화 된 것이다.

그 책을 20여 권 구입하여 서울로 가져가 몇 분들에게 나누어 주었다. 한편 그 책을 월간 한국논단 이도형 발행인이 2000년 12월에 번역 출판했다.

"김대중이 김정일에게 20~30억 달러를 제공하고 평양회담을 성공시켰다"는 내용이 한글로 활자화된 것은 이 번역판 책이 최초가 된 셈이다. (註 16)

한국어 번역판이 출간되자 몇 권을 구입하여 김대천 일요시사 정치부장, 최영재 월간 신동아 차장, 김종석 민주신문 취재부장에게 전달하고 "기회를 보아 필요할 때 기사화하라. 그 후의 정보는 계속 알려 주겠다"고 했다. 그들은 필자가 INSIDE the WORLD를 발행할 때 근무했던 젊은 기자들이었다.

한국어 번역판이 시중에 판매되고 있는데도 김대중 정권은 저자나 번역 출판한 한국논단에 대해 그토록 즐겨하던 '출판물에 의한 명예 훼손' 고소나 '판매 금지' 조치를 취하지 않았다.

"김대중이 김정일에게 20~30억 달러의 충성자금을 제공하였다"는 책 내용은 당시로서는 상당히 충격적이었는데도 김대중과 박지원은 모른 체했다. 만약 그 책을 판매 금지시키거나 '출판물에 의한 명예훼손'으로 고소할 경우 사건을 더욱 크게 확대시킬 수 있다는 판단을 한 것인지도 모른다.

그런데 그들은 다른 곳에서 음흉한 범죄를 꾸미고 있었다. 김대중과 박지원의 사설 정보기관으로 변신한 국정원은 40% 이상의 인력을 자르거나 교체하면서 그 자리를 호남 출신으로 메웠다. 국정원의 호남 출신 인맥들은 니시오카가 발간한 '김대중과 김정일'의 책 내용 가운데 "김대중이 김정일에게 20억~30억 달러의 충성자금을 제공했다"는 소스를 제공한 사람이 필자라고 판단했던 것이다. 그들은 서울에 취재를 위해 입국한 일본 기자들과 또 후배 언론인들에게 소스를 제공하고 기사를 쓰도록 부탁했다는 사실을 어떤 인사를 통해 알고 있었다.

호남 세력들에게 밀려 찬밥을 먹고 있던 국정원의 양심 세력 가운데 어느 인사가 평소 가깝게 지내는 필자의 친구를 만나 "청와대와 박지원의 지시로 국정원에서 손충무 사장의 행적을 추적하고 있으며, 집 전화는 물론 핸드폰까지 도청하고 있으니 조심하라"고 말하더라는 것이다.

또 필자의 언론계 후배 한명도 평소 알고 지내던 경찰청 정보 담당자가 연락을 해 와서 만났는데 필자로부터 들은 정보가 있는지, 특히 미국과 관련한 정보가 없었는지 물었다는 것이다. 국회를 출입하는 또 다른 후배에게도 국회 담당 국정원 직원이 비슷한 질문을 했다고 한다.

김대중과 박지원은 필자가 감옥에서 나온 후 자신들을 향해 공격의 포문을 열 것이라 생각했을 것이다. 그런 시기에 "김대중과 박지원이 평양회담을 성사시키기 위해 어떤 짓을 했는지 알고 있다"며 필자가 공공연히 말을 하고, 또 일본과 한국에서 발간된 책에 "김대중이 김정일에게 20억~30억 달러를 제공했다"는 내용이 실렸으니 매우 당황했던 모양이다. 그래서 또 어떤 수단을 동원해서라도 필자에게 범죄 혐의를 씌워 다시 감옥에 보내 임기가 끝날 때까지 가두어 놓고 싶었을 것이다.

그런 여러 가지 정황으로 미루어 YS와 권영해, 장경순, 이철승 씨 등 원로들은 필자에게 서울을 떠나라고 권유했다. 서울을 떠나 도쿄와 워싱턴으로 무대를 옮겨 그 쪽의 정보를 국내에 보내주면 그것이 더 큰 도움이 된다는 것이었다. 그 정보를 바탕으로 국내에서는 자신들이 싸울 것이라고 했다.

그분들의 권유에 따라 2000년 12월 28일 서울을 떠나 도쿄에 도착했다. 일본을 비롯 몇 사람의 외국 기자들에게 8억 달러 정보를 넘겨주고 그들과 함께 싱가포르, 베이징, 상하이 등지로 날아갔다. 김대중 패거리들이 남북 정상회담을 미끼로 김정일에게 전달한 8억 달러의 행방을 본격적으로 추적하는 작업에 나선 것이다. 그러나 그 작업이 얼마나 험난한 길이었으며, 그 길이 두 번의 죽을 고비에서 하나님의 은혜로 살아나 10년을 미국에서 망명 생활을 하도록 만들 줄은 아무도 몰랐다.

김대중의 잔여 임기 3년 만 끝나면 귀국하리라 믿었다. 그러나 무능한 한나라당과 정치 초년생 이회창의 교만과 무능으로 인해 도저히 대통령이 되어서는 안 될 인물 노무현이 탄생하여 또 5년 동안 발목이 잡히고 말았다.

〈 참고 자료 및 문헌, 증언, 인터뷰 〉

(註 1) 요시다 회장 회사 등기부 등본 (2000. 11. 30.)

(註 2) 미국 정보기관의 비밀 보고서 (2000. 3.)

(註 3) 대북비밀송금 특별검사 김보현 차장 수사기록 (2003. 6. 11.)

(註 4) 김대중 베를린 선언 (2000. 3. 10.)

(註 5) 중국 외교부 비밀문서 (2000. 3. 20.)

(註 6) 대북비밀송금 특별검사 김보현 차장 수사기록 (2003. 6. 11.)

(註 7) 대북비밀송금 특별검사 정몽헌 수사기록 (2003. 6.)

(註 8) 미 CIA 비밀 보고서 (2000. 5. 5.)

(註 9) 2000.6.15 평양선언문 (2000. 6. 15.)

(註 10) 연합통신 기사 (2000. 7. 22.)

(註 11) 남북언론합의문 (2000. 8. 11.)

(註 12) 김정일 발언 (2000. 8. 11. 평양 파티장에서)

(註 13) 김영삼 전 대통령 기자회견 발표문 (2000. 8. 25)

(註 14) 김영삼 전 대통령 월간조선 인터뷰 기사 (2003. 4월호)

(註 15) '김정일과 김대중' (니시오카 스토무 저, 2000. 11.)

(註 16) '김정일과 김대중' 한국어판 (2000.12.)

제 5 장

김정일에 갖다 바친 8억 달러의 진실 쫓아 10만 리

2001년 2월 16일, 워싱턴에서 발행하는 선데이타임스에
'김대중, 김정일 만나기 위해 거액의 현찰 전달 의혹?
– 박지원 시켜 2003년 3월 싱가포르 김정일 계좌에 입금시켜'
하는 타이틀로 2페이지에 걸쳐 실렸다.
손충무 이름으로 보도된 이 기사로 워싱턴과 서울은 벌집을 쑤셔놓은 듯 시끄러웠다.
'손충무 독점기사'로 보도한 이 기사는
'6 · 15 평양회담을 위해 김대중이 김정일에게 5~8억 달러를 제공했다'는
최초의 한글 기사가 된 것이다.

'김정일 계좌에 거액 입금' 기사 소동

싱가포르-베이징-상하이를 돌아 다시 도쿄로 돌아온 나는 워싱턴행 비행기에 몸을 실었다. 워싱턴에 도착한 것은 2001년 1월 15일이었다. 20일 조지 W. 부시 대통령 취임식에 참석한 나는 그날 밤 힐튼 호텔 파티장에서 아버지 부시 전 대통령과 다니엘 머피 제독을 만났다.

두 사람에게 부시 대통령 정권 출범을 축하하고 구출에 힘써준 것에 대해 감사 인사를 드렸다. 그리고 조지타운 클럽에 들러 박동선 회장이 베푼 공화당 정권 출범 축하파티에 참석하여 그곳에서 주요 인사들을 만나 워싱턴에 도착했음을 알렸다.

이후 병원 치료를 받으며 U.S. INSIDE NEWS SERVICE Inc. 회사를 설립하고 주간지 「워싱턴 선데이 타임스」(발행인 최청)의 회장 겸 주필로 취임했다. 본격적인 김대중 정권 타도, 김정일 집단 붕괴를 목표로 글을 쓸 채비를 마쳤다.

U.S. INSIDE NEWS SERVICE는 손충무 칼럼을 비롯 각종 특종 기사를 필라델피아, 로스앤젤레스, 뉴욕, 캐나다 등지의 6개 주간신문과 3개의 TV, 한국의 대령연합회, 지만원 시스템, nac.or.kr 등 6개의 인터넷 매체에 뉴스를 공급했다.

2001년 1월 31일, 인터내셔널 헤럴드 트리뷴(International Herald Tribune)은 서울 - 도쿄 겸임 특파원 돈 커크(Don Kirk) 기자가 송고한 기사를 1페이지에 걸쳐 크게 보도했다.

헤럴드 트리뷴은 'The South Korean Spy Chief Who Paved the Way for Thaw With North' (북한과 해빙의 길을 놓은 남한 스파이 책임자, 강경파들은 반격할 것인가?) 라는 긴 제목 아래 "김대중 대통령은 북한 김정일 국방위원장을 만나기 위해 박지원 전 문화관광부 장관에게 거액의 돈을 주어 2000년 3월 싱가포르에서 북한 아태위원회 위원장 겸 당비서 김용순의 특별보좌역 2명을 비밀리에 만났다는 의혹이 강하게 제기되고 있다"고 보도했다.

이 신문은 또 "박지원 씨가 싱가포르에 간 것은 김정일이 싱가포르에 개설해 놓은 해외 은행 북한구좌에 막대한 돈을 예치시키기 위한 여행일 가능성이 높다"고 주장하고 임동원은 남한 정부의 스파이 책임자인데도 북한 스파이 책임자 김용순과 영원한 친구가 됐으며, 앞으로도 김용순과 긴밀한 관계를 계속할 것으로 보수파들은 판단하고 있다. 보수파들은 청와대와 임동원에게 북한과의 관계를 정리하도록 요구하고 있는데 임동원, 김대중, 박지원은 앞으로 큰 값을 치러야 할 것"이라고 대대적으로 보도했다.

헤럴드 트리뷴은 또 "임동원에 대하여 불만을 가진 반대 세력들은 지난 추석 때(2000년) 북한 스파이 대장 김용순이 서울을 방문했는데 남한 스파이 책임자가 마치 북한 스파이 대장의 안내자 모양 제주도와 경주를 함께 여행하고 다니며 안내한 사실에 커다란 불만을 갖고 있으며, 야당은 임동원의 즉각적인 사임을 요구하고 있다"고 보도했다.

이 신문은 또 "임동원 씨는 한국전쟁 중 처형된 기독교 목사의 아들이라고 주변 사람들이 말하고 있으나 일부 사람들은 거짓말이라고 하면서 믿지 않고 있다" 고 보도했다. (註 1)

이 기사는 일본과 호주 신문들이 간단하게 전재했으며 한국에서는 조선일보가 박스기사로 일부를 번역 보도했을 뿐 다른 언론들은 꿀 먹은 벙어리들이었다.

야당인 한나라당 대변인은 헤럴드 트리뷴 기사를 인용 "정부 여당은 헤럴드 트리뷴 신문 기사의 그 진실에 대하여 국민들에게 공개 사과하고 임동원을 즉각 사임시켜야 한다"고 요구했다. 그러나 조선일보를 제외한 신문들은 한 줄도 보도 하지 않았다.

또 야당 의원들이 국회 본회의 발언을 통해 "박지원이 무엇 때문에 싱가포르에 갔는가? 김정일에게 돈을 전달하기 위해 갔다고 하는데 장관들을 감독 지휘하는 총리는 알고 있는가?" 하고 질문했다.

그 질문에 이한동(李漢東) 총리는 "절대로 그런 사실이 없다"고 거짓말을 했다. 그때부터 김대중 정권은 6·15 남북 정상회담에 얽힌 질문에는 거의가 "모른다. 그런 일이 없다"며 모르쇠로 일관했다. 이한동 총리는 검사 출신으로 전두환의 신군부가 정계로 끌어들여 국회의원을 하다가 한나라당 대통령 후보 경선까지 출마했다. 하지만 이회창에게 고배를 마시자 김대중의 품안으로 투항하여 총리가 되었다. (註 2)

가장 큰 거짓말은 국정 감사장에서 박지원이 "남북 정상회담을 위해 북한 측에 단돈 1달러도 준 적이 없다"는 거짓말이었다.

한편 헤럴드 트리뷴 기사가 보도되자 흥분한 김대중 정권은 돈 커크 기자의 비자를 취소, 추방하겠다고 협박하는 한편 정정 기사를 보도하라고 본사에 요청하는 소동을 벌였다.

그러나 돈 커크 기자는 "믿을 수 있는 소스에서 나온 것을 확인한 기사이며, 한국 사회에 널리 퍼져 있는 소문"이라고 주장하며 정정을 거절했다. 그러면서도 기사 소스인 손충무의 이름은 끝까지 밝히지 않았다.

그러자 김대중과 청와대는 돈커크 기자를 추방하겠다는 뜻을 외신 기자들에게 전달하고, 비자 취소를 준비하고 있다는 말을 흘렸다. 돈 커크 기자가 어려움에 처하자 그와 가까운 월간 신동아의 최영재 차장(평화통일자문회의 국제부 연구위원)이 위험을 무릅쓰고 워싱턴으로 전화를 했다. 그리고 "돈 커크 기자를 위로해 주시고 확신을 전해 주시면 좋겠습니다"하면서 박지원 장관이 임동원 국정원장과 한통속이 되어 추방시킬 준비를 하고 있다고 전했다. (註 3)

2001년 2월10일, 필자는 돈 커크 기자와 국제전화를 통해 "절대로 당신 스스로 한국을 떠나지 말라. 정부 기관원들이 당신을 강제로 비행기에 태울 때까지 당분간 집에서 움직이지 말라. 나의 정보는 정확한 것이다"라고 위로하며 당부했다.

그는 단호하게 "당신의 격려를 감사하게 생각한다. 나도 그럴 생각이다. 우리는 김대중 정권이 당신을 감옥에 보낸 사실을 잘 알고 있다. 김대중과 청와대는 잘못된 보도라고 정정을 요구하고 있으나 우리 회사와 나는 거절했다. 나는 믿을 수 있는 소스에서 얻은 것이며, 이미 한국 사회에 널리 알려져 있는 이야기를 기사화했을 뿐이라고 주장하고 있다"고 말했다.

그에게 다시 용기와 위로의 말을 전했다.

"당신의 주장은 사실이다. 그러나 김대중 정권의 정보기관원들은 사건을 조작 하는 데 선수들이다. 지금 당신과 내가 하는 전화 통화를 정보원들은 모두 도청하고 있다. 이제 그네들은 전화 도청을 통해 당신과 나의 관계를 알게 됐다. 당신의 기사는 모두 정확한 것이다. 나는 김대중 정권이 당신에게 가하고 있는 협박과 괴로움을 주고 있는 사실을 내일 미국 국회의원들과 워싱턴 외신기자클럽에 모두 알리겠다. 그리고 CPJ(Committee to Protect Journalists, 국제저널리스트보호위원회)와 미국 기자협회에 알리겠다. 끝까지 투쟁해 달라. 한국 언론인들이 못하는 일을 당신이 해냈다. 한국 국민의 한 사람으로 감사드린다." (註 4)

그리고 다음날 미국 의회를 방문, 국제관계 소위원회 의원들을 만나 서울에서 발생한 사건들을 설명하고 그들에게 도움을 부탁했다. 그리고 다음날 뉴욕 CPJ 본부를 방문, 한국 정부에 항의문을 발송하도록 당부했다.

돈 커크 기자와 국제 통화를 한 후 필자가 미국 의회와 워싱턴 외신기자클럽에 알리는 등 사건을 국제적으로 확대시키자 김대중 정권은 슬그머니 꼬리를 내리기 시작했다. 그들은 필자의 활동을 잘 알고 있었다. 사건을 확대시킬수록 자신들에게 불리하다는 것을 알았기 때문이었다.

그렇게 소란을 피우던 돈 커크 기자의 특종 기사 사건은 정정 보도 없이 추방도 하지 못한 채 조용히 가라앉았다. 그러나 김대중의 정보기관도 수확을 하나 얻었다. '김대중이 평양회담을 위해 김정일에게 엄청난 달러를 제공했다'는 기사의 정보 출처가 모두 손충무를 통해서 나간 것임을 확인한 것이다. 그런 확인에 더욱 신빙성을 더해주는 사건이 터졌다.

필자의 큰아들 이름은 윌리엄 Y. 손(William Y. Son, 손우영)이다.

그는 대한민국을 휴대폰과 인터넷 왕국으로 만들어준 주인공이다. 큰아들이 아니었으면 한국의 CDMA 휴대폰 기술과 인터넷 기술은 몇 년 늦어졌을 것이다. 휴대폰 사업과 인터넷 IT 사업 분야에서는 큰아들의 이름이 세계적으로 알려져 있다. 그 아들이 필자가 감옥에 있을 때 800만 달러를 투자하여 한국에 지사를 설립하고 120여 명의 직원을 채용하여 기술을 개발하고 있었다.

김대중 정권의 과학기술처와 정보통신부는 그가 조국을 위해 헌신한 노력에 감사하고 국민훈장을 추천했으며, 그 공로 사실이 청와대에까지 올라갔다. 그런데 가족 관계 백그라운드를 살피다가 그가 손충무의 장남이라는 사실을 알고 취소시켰다. 김대중은 큰아들 손우영을 알고 있었다.

김대중이 1980년대 전두환의 신군부로부터 사형 판결을 받아 죽음을 기다리고 있을 때 지미 카터 대통령과 레이건 대통령 당선자측이 필자에게 특수 임무를 부탁했다. 한국에 나가 전두환 장군(당시 보안사령관 겸 중앙정보부 부장 서리)과 김대중 문제를 협상해 달라는 것이었다. 전두환 장군을 만나 협상을 하고 김대중을 병 치료 명분으로 미국에 망명시킨 것이 1982년 12월이었다.

김대중이 워싱턴에서 3년간 체류하는 동안 필자의 집을 몇 차례 방문했다. 그때 김대중은 고등학교에 다니던 큰아들과 대화를 나누기도 했다. 그런 인연이 있음에도 김대중은 손우영이 손충무의 아들이라는 사실에 훈장 수여를 취소했다고 한다.

김대중의 정보기관은 필자가 일본과 싱가포르, 베이징 등지를 방문하며 평양회담과 비밀 돈 거래 사실을 추적 취재하여 그 정보를 한국 언론계와 야당, 자유 민주주의를 위해 투쟁하는 사람들에게 제공하고 있다는 사실을 알게 되었던 모양이다.

2001년 2월 초순 어느 날, 이른바 청와대 특명 사건을 전담 수사하는 '사직동팀' 수사관 2명이 아들의 서울지사를 방문했다. 그들은 신분을 밝히고 "네오포인트 회사와 손충무는 어떤 관계냐? 회사에서 그 사람에게 생활비를 지불하느냐?"하고 꼬치꼬치 캐물었다.

그래서 한국 지사장이 "이 회사의 본사는 샌디에이고에 있는 세계적인 회사이다. 손충무 씨는 본사 CEO의 아버지다. 그러나 한국 지사와는 아무런 관계가 없다"고 답변했다. 그러자 직원들 명단, 월급 지급 서류와 국세청 세금 납부서류 등을 가져갔다. 그리고는 2주 후 서류를 돌려주면서 "손충무가 감옥에서 나온 후 생활비와 병원 치료비는 누가 주는가?"하고 질문했다.

한국 지사장은 그 자리에서 샌디에이고 본사의 회장(윌리엄 손)에게 직접 전화를 걸어 그들과 통화하도록 주선했다. 한국 지사장의 설명을 듣고 난 아들은 "그들(사직동 팀)과 대화를 하고 싶지 않다. 나는 김대중이라는 인간을 잘 알기 때문에 그 자의 정권에서 주겠다는 훈장도 거절했다. 아버지를 감옥에 보낸 정권에서 훈장을 받으면 아버지의 투쟁에 흠집이 생긴다. 그들에게 전해 주시오. 아들이 아버지 생활비와 병원 치료비를 드리는 것이 무슨 죄에 해당 되는지……. 그리고 미국 상공회의소에 연락하여 김대중 정권 경찰이 외국투자회사를 아무 이유 없이 방문하여 관계 서류를 불법으로 압수해 갔다는 사실을 보고하시오"하고 지시했다.

한국 지사장으로부터 자세한 설명을 전해들은 '사직동 팀' 요원들은 "우리들이 다녀갔다는 사실을 외부에 알리지 말아 달라. 그리고 이 회사에서 손충무에게 절대로 자금을 지원해서는 안 된다"는 협박을 하고 갔다. 이 사실을 아들로부터 전해 들었다.

아들은 "우리 회사 때문에 아버지가 하시는 일에 지장이 있을 것 같으니 한국 지사를 철수시키겠다"고 말했다. 결국 아들은 아버지 때문에 800만 달러를 투자한 회사를 철수시켜 아버지가 자유스럽게 활동하도록 만들어 주었다. 하지만 나 때문에 아들 회사가 큰 손실을 입었다는 생각에 지금도 마음속에 커다란 빚으로 남아 있다.

손우영의 스토리는 미국의 모든 언론에 도배질을 하다시피 보도됐으며, 한국 MBC의 방송 프로그램인 '성공시대'에도 보도되어 수백 만 젊은 청년들에게 희망과 용기를 심어 주었다. 아들이 출연한 방송은 성공 시대 프로 가운데 유일하게 앙코르 방송을 할 정도로 커다란 화제를 뿌렸다. (註 5)

김정일에게 거액 제공을 보도한 최초의 한글 기사

돈 커크 기자의 기사 소동이 가라 않고, 아들 회사가 한국에서 철수를 시작해 필자의 활동에 장해를 가져올 것은 아무것도 없었다. 이제는 마음 대로 활동을 할 수 있게 되었다.

미 국무성과 법무성에 변호사를 통해 '정치적 망명' 신청서를 제출했다. 미국은 동맹국가의 정치인, 언론인, 종교인에 대한 망명은 우방국가 와의 관계를 중요시하여 '정치적 망명'을 '체류 자격 변경'이라는 표현을 사용하지만 그들의 법적 지위는 '정치적 망명자' 자격을 부여한다.

한 사람의 언론인이 자신의 조국에 살지 못하고 외국에 '정치적 망명'을 하는 경우는 극히 드물며, 그 숫자는 얼마 되지 않는다. 그런데도 필자 는 무슨 운명인지 김대중 때문에 미국에 세 번씩 정치적 망명을 하는 인 물이 됐다.

한국은 양심이 바르고 정의로운 언론인 생활을 할 수 없는 언론 탄압 국가이며 언론 자유의 후진 국가이다. 그런 나라에서 언론인 생활을 하려 면 썩은 정치권력, 부패한 권력과 재벌과 적당히 어울리며 부정부패 행위 에도 눈을 감고 보아도 보지 않은 체, 들어도 듣지 못한 체, 알아도 모르 는 체해야 한다.

그들과 어울리고 던져 주는 촌지를 받으며 '말 잘하는 앵무새', '말 잘 하는 반벙어리' 행동을 하면서 떡고물을 받으면서 '박정희 만만세…', '김 대중 만세 만세…' 하며 엉터리 찬양 기사만 잘 써주면 장관, 차관, 정부 대변인, 유정회 국회의원, 전국구 비례대표 의원을 할 수 있으며 국영기업체 사장, 회장 자리도 굴러들어 온다. 그래서 박지원 같은 인물은 대담하게 "한국에서 신문쟁이 치고 이 박지원이 돈 안 먹은 놈 있으면 손들어 보라고 하십시오"하는 말을 거리낌 없이 하고 다닌다. 그러나 필자와 같은 반골 언론인들은 언제든지 감옥에 갈 준비를 해야하며 그에 따르는 고통을 감수하여야 한다.

2001년 2월16일, 워싱턴에서 발행하는 선데이 타임스에 '김대중, 김정일 만나기 위해 거액 현찰 전달 의혹? - 박지원을 시켜 2000년 3월 싱가포르 김정일 계좌에 입금시켜' 하는 타이틀로 2페이지에 걸쳐 실렸다. 손충무 이름으로 보도된 이 기사로 워싱턴과 서울은 벌집을 쑤셔 놓은 듯 시끄러워졌다.

'손충무 독점기사'로 보도한 이 기사는 "6·15 평양회담을 위해 김대중이 김정일에게 5~8억 달러를 제공했다"는 최초의 한글 기사가 된 것이다.

감옥에서 나온 후 병원에 입원하여 치료 중이던 필자가 외국인 친구로부터 넘겨받은 극비의 비밀 자료를 추적하기 시작한 지 8개월 만에 '손충무 기자'라는 기명으로 당당하게 보도한 것이다. (註 6)

이로써 우선 첫 목적은 달성했다. 역사의 기록으로 남을 수 있는 기사를 필자가 맨 먼저 보도할 수 있었다는 사실에 감사했다. 이 기사가 인터넷에 퍼지기 시작하자 하루 사이에 웹사이트가 다운되는 일이 발생할 정도로 접속자가 많았다.

서울의 국정원과 정보통신부는 한국 네티즌들이 인터넷 기사에 접속하지 못하도록 갖은 방해를 다해 차단시키려고 했으나 무리였다. 더욱이 선데이타임스 닷컴 서버는 한국에 있는 것이 아니고 워싱턴에 있기 때문이었다.

국정원과 청와대 대변인실은 한국 언론들이 전재 보도를 하지 못하도록 막고 다녔다. 그리고 평소 필자와 자주 통화하는 언론인들의 행동을 주시했다.

선데이 타임스 기사는 "6·15 평양회담 후 한국에서는 김대중이 김정일에게 20억~30억 달러의 돈을 전달했다는 루머가 많이 나돌고 있었다. 일본과 한국에서 판매되고 있는 책 '김정일과 김대중'에도 그런 내용이 실려 있으며, 얼마 전 인터내셔널 헤럴드 트리뷴 신문이 그런 기사를 보도해 한국정부가 부인하는 말썽도 있었다. 그러나 그런 기사들은 모두 진실을 보도한 것이다. 미국 정부의 믿을 만한 소식통에 의하면 조지 테닛 미 CIA 국장은 김대중 정권이 북한 김정일 정권에게 현금으로 지원하는 것은 지극히 위험하다는 뜻을 담은 경고 메시지를 두 차례나 김대중 정권에 전달한 것으로 알려지고 있다"고 보도했다.

선데이 타임스는 또 "미국 정부는 KCIA(국정원) 임동원 원장에 대하여 상당한 불만을 갖고 있으며 미국 측은 가능한 미국 정보를 제공하지 않고 있는 것으로 알려지고 있다. 부시 행정부는 김정일 집단이 김대중 정권이 제공한 현찰로 러시아, 파키스탄 등지로부터 미사일과 핵무기 생산에 필요한 자재와 전투기, 탱크의 부품을 도입하여 군사력을 증강시키고 있는 사실에 우려를 하고 있다"고 보도했다. (註 7)

미 CIA 국장, 김대중 정권에 두 차례 경고

선데이 타임스 기사와 인터넷 기사를 입수한 일본 언론사들이 필자를 일본으로 초청했다. 도쿄로 간 필자는 한반도 전문 저널리스트들과 많은 대화를 나누고 워싱턴과 싱가포르에서 입수한 자료들을 넘겨주었다. 그리고 일본 언론인들 몇 명과 함께 베이징과 상하이로 가서 2000년 4월과 5월 박지원이 북한 측 사람들과 만나고 놀아난 흔적을 추적했다.

그러는 사이 2001년 9월 11일, 오사마 빈라덴의 지시에 의한 알카에다의 테러 사건이 발생했다. 뉴욕, 워싱턴, 필라델피아에서 동시 다발적으로 발생한 테러에 미국과 세계는 경악했다. 부시 정권은 '테러와의 전쟁'을 선언하고 빈 라덴을 숨겨 주고 있는 탈레반에 전쟁을 선포했다.

미국이 탈레반에 전쟁을 선포한 지 3주일 만인 2001년 11월, 전쟁은 미군의 승리로 마무리 되고 있었다. 부시 대통령은 "아프가니스탄에 파견된 미군들이 크리스마스는 가족들과 함께 보내게 될 것"이라고 말했다. 토니 블레어 영국 총리도 "영국은 크리스마스에 새로운 군대를 파견할 것이며, 아프간에서 싸운 승리의 용사들은 가족들과 함께 즐거운 시간을 보내게 될 것"이라고 말했다.

워싱턴의 분위기도 이제는 한숨을 돌린 듯 조용했다. 그러나 부시 행정부는 새로운 전략 수립에 몰두하고 있었다. 빈 라덴의 숙소로 추정되는 곳에서 알카에다와 북한 사이에 거래한 미사일, 생화학 세균 무기, 탈레반 군대와 북한 사이에 거래된 각종 소형 미사일, 재래식 무기, 마약 거래 등 수백 종의 자료를 찾아냈다.

워싱턴의 분위기는 북한 김정일 집단도 빈 라덴, 이라크의 사담 후세인과 다름없는 간악하고 위험스러운 인물로 부각되었다. 부시의 전시내각(戰時內閣) 회의는 이심전심의 같은 물결이 흐르고 있었다. 북한의 김정일을 그대로 방치해 둘 수 없다는 생각들이었다. 그와 함께 피 흘려 싸운 동맹국인 남한의 김대중 정권에게도 어떤 방법으로든지 워싱턴의 분위기를 전달해야 한다는 결정이 비밀리에 논의되었다.

2001년 11월 20일, 부시 대통령은 사우스캐롤라이나(South Carolina) 군사 기지를 방문한 자리에서 "우리와 자유세계가 앞으로 전쟁을 치러야 할 상대는 불량국가(Rogue States)들이다. 이들 불량국가들은 미사일과 대량살상무기를 개발하여 테러 조직에 넘기고 있다. 불량국가는 이라크, 이란, 북한 등 7개 나라가 해당된다. 우리는 지난 6월 북한에 대해 언제 어디서든지 조건 없는 대화를 할 수 있다는 메시지를 전달한 바 있으며, 이제 공은 북한으로 넘어 갔다"고 암시적인 연설을 했다. (註 8)

워싱턴으로 돌아온 부시 대통령은 조지 테닛 CIA 국장과 장시간 비밀 회의를 가졌다. 그리고 어떤 방법으로든지 김대중 정권에게 공개적으로 위험 경고를 해주어야 한다는 결정을 하게 되었다.

부시 대통령과 조지 테닛 CIA 국장이 그런 결정을 내린 배경에는 필자가 김대중 정권을 향해 포문을 열기 시작했다는 보고가 머피 제독을 통해 전달된 이유도 있었다. 그리고 며칠 후 상원 군사정보위원회 비공개 청문회가 열렸으며 조지 테닛 CIA 국장이 증인으로 출석했다.

조지 테닛 CIA 국장은 "북한의 군사력은 우리가 상상하고 있는 것보다 훨씬 발전되어 있다. 북한은 머지않아 미국 본토의 서부 지역에 도달할 수 있는 미사일을 보유할 것이며, 그들은 미국 본토를 겨냥하고 있다"고 증언했다.

조지 테닛 국장은 "우리는 서울에 주재하고 있는 CIA 에이전트와 8군 사령관을 통해 '한국 정부의 적극 지원 아래 현대그룹이 진행시키고 있는 금강산 관광사업의 현금 지불은 위험하다'는 경고 메시지를 두 차례나 보냈다"고 증언했다. 그는 또 "우리는 김대중 정권이 현대 그룹을 통해 북한 김정일에게 4억 달러 이상의 현금을 북한에 전달한 사실을 확인하였으며, 그 자금이 미사일 개발 군사무기 도입에 사용되고 있다는 정보를 확인하고 있다. 그리고 해외에 있는 현대그룹 회사들이 싱가포르, 홍콩, 마카오, 스위스 등지에 있는 북한 거래 은행 계좌에 4억 달러 이상의 현금을 이동시키고 있다는 정보를 입수하여 추적 중이다"라고 증언했다. (註 9)

이날 비밀 청문회에 참석했던 고위 정보 소식통으로부터 조지 테닛 국장의 증언을 모두 입수했다. 하지만 그는 "현 시점에서 기사화하는 것은 보류해 달라. 상원에서 비밀 조사에 착수할 움직임을 보이고 있으니 그때까지 기다려 달라"며 엠바고를 요청했다.

이제 모든 것은 확실해지고 있었다. CIA 국장의 비밀 청문회 증언까지 입수했으므로 언제든지 특종 기사를 보도할 수 있다는 자신감을 갖고 기사화 준비를 하고 있었다. 그리고 얼마 후 그 기회가 찾아왔다.

2002년 2월 15일, 부시 대통령은 아시아 3개국(일본-한국-중국) 순방 길에 올랐다. 9 · 11 테러 사건이 없었으면 2001년 11월 상하이 APEC

정상회담에 참석한 후 한국, 일본을 순방할 예정이었다. 그러나 아프가니스탄에서 탈레반과 전쟁을 하는 중요한 시기에 백악관을 오래 비워둘 수가 없어 APEC 회의만 참석하고 워싱턴으로 급히 돌아갔다.

부시 대통령이 아시아 3개국 순방을 위해 워싱턴을 출발하는 그날, 선데이 타임스는 〈손충무 칼럼〉 칼럼을 통해 '김정일은 악의 축, 김대중 정권은 제거 대상'이라는 제목 아래 "테러와의 전쟁을 선언한 부시 정권은 아프가니스탄에서 승리한 여세를 몰아 '악의 축' 집단인 김정일 정권을 향해 대량살상무기 개발과 수출 금지를 요구하고 나섰다. 부시는 김정일 정권을 제거할 대상 리스트에 올려놓고 있었다. 그런데 미국은 김대중 정권이 평양회담을 전후해 무려 8억 달러의 큰돈을 북한에 제공한 사실을 우려하고 있으며, 김대중 측에 두 차례에 걸쳐 경고 메시지를 전달한 바 있다"고 보도했다.

선데이 타임스는 또 "김정일은 김대중으로부터 8억 달러 돈을 챙긴 후 남한에 친 김정일 친북 세력을 대담하게 포진시키고 있는데도 김대중 정권은 방관하고 있으며, 좌익세력들과 반미주의자들이 합세 '양키 고 홈' '미군 철수' 운동을 벌이고 있는 사실에 대해 워싱턴은 불쾌하게 생각하고 있다"고 보도 했다. (註 10)

무려 4면에 걸쳐 장문의 기사가 보도되자 한국 대사관은 물론 워싱턴에 파견되어 있는 한국 언론사 특파원들이 관심을 보이기 시작했다.

한국 특파원들은 자신들이 입수하지 못한 엄청난 사실을 보도한 데 대해 처음에는 예민한 반응을 보이다가 그 이상의 정보 소스를 입수하지 못하자 얼마 후에는 "손충무가 김대중 정권에 반감을 갖고 허위 사실을 보도했다"는 어처구니없는 모략 소문을 퍼뜨리고 다녔다. 나중에 후배를 통해 알게 된 사실이지만, 거기에는 대사관에 파견되어 있던 국정원(KCIA) 관계자들과 대사가 기자들에게 저녁과 술을 대접하고 촌지를 주었기 때문이다.

그런 소문이 떠돌았지만 인터넷 신문에 기사가 떠오르자 청와대와 국정원, 현대그룹 관계자들이 상당히 당황해 한다고 서울의 정보 소식통들과 후배들이 알려 주었다.

임동원, 박지원, 이기호, 정몽헌 등 6·15 평양회담의 주역으로 참가했던 인사들은 8억 달러의 돈이 김정일에게 제공되었다는 필자의 특종 보도에 그런 비밀이 어떤 경로를 통해서 필자에게 전달되었는지 상당히 궁금했던 모양이다.

그런데 임동원과 박지원 사이에 모종의 협의가 있었던지 뉴욕에 살고 있는 박지원의 친형과 박지원의 측근 2명이 워싱턴으로 필자를 만나러 왔다. 그들은 얼마 전 서울을 다녀왔다고 했으며, 박지원 장관이 필자의 건강을 걱정하면서 과거는 모두 잊어버리고 귀국하여 함께 일하고 싶다는 뜻을 전해 달라고 하여 찾아왔다고 말했다.

필자는 한마디로 거절하면서 "남북 정상회담과 노벨 평화상을 받은 것은 지금의 김대중에게는 영광으로 보이겠지만, 김대중 정권이 끝나는 날 그것은 커다란 불행으로 다가올 것이다. 아울러 박지원이도 감옥에 가야할 것이며 그가 일생을 두고 후회하게 될 것"이라고 말해 주었다.

필자가 박지원의 친형에게 해 준 이야기는 그대로 적중했다. 박지원과 임동원은 자유 대한민국을 배신한 범죄에 대해 그 대가를 치렀다. 그러나 김대중, 김정일의 꼭두각시 정권으로 탄생한 노무현은 박지원을 가볍게 처벌하고 사면 조치해 주었다. 나라가 제대로 안정이 되는 때에 박지원에 대한 범죄행위의 책임을 국민의 이름으로 다시 물어야 할 것이다.

선데이 타임스 기사 보도 후 필자는 한 시름을 놓았다. 8억 달러 정보를 입수한 후 1년 반 동안 태평양을 몇 차례 건너며 혼신을 다해 취재를 했다. 할 일을 다 했다는 생각 때문인지 안도감이 찾아왔다. 이제 남은 일은 다른 언론인들과 정치인들의 몫으로 생각하고 그 동안 제대로 하지 못한 병원 치료에 열중하기로 마음을 먹었다.

김영삼 전 대통령, 권영해 부장, 이철승 선생, 장경순, 정기승 전 대법관 등 국내 보수진영으로부터 격려의 말이 쇄도했다. 그와 함께 자료를 보내 달라고 요청하여 신문 기사와 조지 테닛 CIA 국장의 증언 메모를 기록한 자료들을 비밀 루트를 통해 보냈다.

한편 그에 앞서 미 의회 조사국 요원 2명이 비밀리에 서울을 방문하여 정보를 추적 조사하였는데도 김대중 정권은 그런 사실을 전혀 눈치 채지 못했다. 그들은 서울 방문 때 필자가 미리 연락한 김영삼 전 대통령을 비롯하여 보수 진영 인사들을 상당수 만나고 워싱턴으로 돌아왔다.

미 의회조사국 '래리 닉시 보고서'

2002년 3월초 미국 의회조사국(CRS, Congressional Research Service) 연구소가 작성한 '외부 공개 불가' 의 간단한 미완성 페이퍼를 테러와의 전쟁 정책과 관련 있는 몇 명의 중요 의원들에게 돌렸다.

이 자료에는 "행정부가 의회에 제출한 자료에 따르면 한국 서울에 주둔 중인 미군 사령관과 중앙정보국(CIA) 서울 주재 책임자는 1998년 이후 한국의 현대그룹이 북한의 금강산 관광 사업의 운영권을 획득하기 위하여 4억 달러의 현찰을 북한에 제공했으며 이 금액은 확인된 일부분에 불과할 뿐이다. 미확인된 정보에 의하면 현대는 북한에 8억 달러의 돈을 제공한 것으로 알려지고 있는데, 이 돈들이 대부분 군사비로 전용됐다는 정보를 입수하고 있다"고 되어 있다.

임시 비망록 형태의 보고서는 3주일 후인 2002년 3월 25일 'CRS 한미 관계 보고서' 라는 공식 보고서로 인쇄되어 의원들에게 배포되었다. 이로써 2000년 6·15 남북 정상회담을 둘러싼 5억~8억 달러 불법 제공 사건이 미국 의회의 공개된 공식 문서로 나타난 것이다. (註 11)

'래리 닉시 보고서' 로 불리는 이 보고서가 있기 전에는 외부에 공개적으로 나타난 자료가 없이 CIA 비밀 정보만 나돌고 있었다. 그러나 이제는 모든 언론들이 이 보고서를 인용 자신 있게 기사를 쓸 수 있도록 자료를 제공하고 있다.

의회에 제출된 공식 보고서는 처음 비망록 형태의 내용보다는 다른 표현이 몇 군데 있었으나 오히려 더 구체적인 내용을 담고 있었다. 닉시 연구원은 보고서를 통해 "주한 미군 사령부와 미 중앙정보국(CIA)은 현대 재벌이 금강산 관광 사업을 위해 1998년 이후 북한에게 제공한 4억 달러가 넘는 큰돈의 현금을 북한은 군사적 목적을 위해 사용하고 있는 것으로 믿고 있다"고 지적했다. 보고서는 또 "정보 소식통에 따르면 현대는 북한에 비밀리에 현금을 지불하였으며, 제공한 총 금액은 8억 달러의 규모에 도달할 수 있다. 한편 CIA는 2001년 초에 한국 정부에 미국이 입수한 정보의 내용을 개략적으로 기술한 비망록을 전달했다"고 밝혔다. 이토록 엄청난 내용을 담은 CRS 보고서가 2002년 4월 미국 연방의회에서 공식 문서로 채택 공개되자 한국의 몇몇 언론들이 조금씩 보도하였으나 국민들의 시선은 끌지 못했다.

워싱턴에 있는 한국 특파원들이 그 보고서 내용에 대해 얼마만큼 깊은 관심을 가지고 있었는지 그것은 알 수가 없다. 정권이 막을 내릴 수 있는 엄청나게 중요한 자료라고 생각한 사람이 과연 있었을까? 하는 의심도 있다.

또 워싱턴 특파원들이 중요성을 알고 긴급히 기사를 작성, 서울 본사에 보냈다고 해도 박지원의 안내로 평양에 가서 김정일의 술잔을 얻어 마신 얼빠진 발행인들과 편집자들이 점령하고 있는 언론사들이 그 중요성을 알아도 제대로 기사를 보도할 수는 없었을 것이다.

박지원은 평소에 "한국 신문쟁이들 가운데 박지원이 돈 안 먹은 놈 있으면 나오라고 해요" 하고 자랑스럽게 떠벌리고 다녔다. 아마 평양에 따라간 얼빠진 46개 언론사 발행인, 편집자, 방송국 간부들은 평양 방문 경비를 박지원의 촌지로 지원 받았거나, 아니면 김정일로부터 촌지를 받지는 않았을까? 하는 의혹을 받기도 한다.

그러나 월간조선 조갑제 편집자는 이 자료에 상당한 무게를 두었다.

그리고 비밀리에 금강산 관광 사업을 주도하는 현대아산, 현대상선, 현대건설, 현대증권 등 정몽헌의 지시에 의해 움직이는 현대그룹에 촉각을 곤두세우고 취재하도록 지시했다.

그 시기 필자는 도쿄에서 '김대중 · 김정일 최후의 음모'라는 제목의 510쪽에 달하는 방대한 책을 인쇄하고 있었다. 필자는 이 책을 통해 "김대중은 6 · 15 남북 정상회담이라는 목적을 달성하기 위해 온갖 불법을 저지르고 그것도 모자라 8억 달러의 현금을 김정일에게 제공하고 미국으로부터 두 차례나 경고 메시지를 받았다"고 폭로하였다.

또 조지 테닛 미 CIA 국장이 상원 정보군사위원회 비밀 청문회에 증인으로 출석하여 "우리는 2000년 4, 5월경부터 김대중 정부의 협조 또는 묵인 아래 현대 재벌이 금강산 관광 독점 사업을 위해 4억 달러를 현금으로 제공하였으며, 북한은 이 돈으로 군사력을 증강하는데 사용하고, 핵무기를 완성키 위해 파키스탄, 러시아 등지에서 핵 물질을 수입한 사실을 입수하였다. 미국은 두 차례에 걸쳐 김대중 정권에게 현금 지원은 위험하다는 뜻을 전달했으며 주의를 환기시킨 바 있다. 그와 함께 우리는 또 다른 루트를 통해 현대 그룹이 4억 달러를 북한에 제공한 정보를 입수 추적 중에 있다"고 폭로했다.

이로써 김대중이 "남북 정상회담을 성사시키기 위해 현대그룹을 앞세워 북한에 제공한 돈의 액수는 8억 달러이며, 이 돈을 전달하기 위해 박지원과 임동원의 지시를 받은 김보현 국정원 차장이 싱가포르, 베이징, 상하이에서 북한 측의 송호경, 전금철 등을 몇 차례 비밀로 만났다"고 폭로했다. (註 12)

2000년 10월 8일, 도쿄 프라자 호텔 18층 라운지 회의실에서 「코리아 리포트」(발행인 변진일) 주최로 '김대중 · 김정일 최후의 음모' 저자 공개 기자회견이 마련되었다. 일본 언론사, 방송사 한반도 문제 전문 기자들과 학계의 한반도 전문가들 30여 명이 참석했으며, 2시간 동안 열띤 질문 속에 기자 회견이 이어졌다.

이날 이후 일본 언론에서는 김대중이 김정일을 만나는 대가로 8억 달러를 비밀로 제공했으며 그 대가로 김대중이 노벨 평화상을 받았다는 비판 기사들이 쏟아지기 시작했다.

이 책이 도쿄에서 발행되어 화제를 불러일으키자 서울의 대형 서점들이 수입 허가 추천서를 문화관광부에 신청했다. 하지만 문광부는 수입 추천 도서 허가를 해주지 않았다. 그래서 명동에 있는 일본 서적 전문 판매업소들이 일본에 사람을 보내 수십 부씩 무더기로 구입하여 서울로 가져와 수요자들에게 비싼 값으로 팔았다고 한다.

국정원은 초기에 그런 사실을 모르고 있었다. 그러다가 책이 서울에 상당량 나돌아 다니고 정치권에도 바람을 일으키자 인천 공항에 지시하여 여행객들이 한 권 이상 가지고 들어오지 못하도록 했다고 한다.

이회창 한나라당 대표도 '김대중·김정일 최후의 음모'를 구입하여 읽었다고 하면서 자신의 생명을 구해준 사실에 대해 감사함을 측근들을 통해 전해 왔다.

이회창을 암살하라!

'김대중·김정일 최후의 음모' 책 속에는 누구도 알지 못했던 수십 가지의 비밀 내용들이 밝혀져 있다. 그 가운데는 북한이 이회창 한나라당 대통령 후보를 암살하라는 비밀 지령을 내려 보낸 사실도 폭로되어 있다.

김정일은 김대중이 만들어 놓은 햇볕정책을 통해 연간 수십 억 달러를 공짜로 받아 사용하는 재미가 쏠쏠했다. 그래서 김대중의 후계자로 '남조선 빨치산의 영웅 권오석의 사위 노무현'을 다음 대통령으로 반드시 당선되도록 하라고 지시를 내렸다. 김대중에게 고배를 마신 한나라당과 이회창은 노무현과의 대결에서는 반드시 승리한다는 자신감을 갖고 있었다. 그런 정보를 입수한 김정일이 김용순 대남 사업부장에게 "선거 막바지에 이회창을 암살하라"고 명령했던 것이다.

비슷한 정보를 입수한 미국 정보기관과 일본 정보기관이 이회창 측근들에게 그 내용을 전달한 바 있으나 이회창 후보의 경호는 상당히 허술했다. 그래서 책 속에 김정일의 지시 사항을 세밀하게 폭로하였다. 이후 이회창 후보의 경호원들을 베테랑들로 바꾸고 경호 방식도 밀착 경호로 바꾸었던 것이다.

한편 이회창 후보 암살설은 10월 16일 제16대 대통령 선거 한나라당 김해지구 선거대책위원회 현판식 및 발대식 행사에서 김영일 의원(지구당 위원장)이 처음 공개적으로 발표했다.

김영일 의원은 인사말을 하면서 "며칠 전 도쿄에서 '김대중 김정일 최후의 음모' 라는 책이 발행되었습니다. 이 책의 내용 가운데는 김정일이 열린 우리당 후보를 당선시키기 위해 우리 당 이회창 후보를 암살하도록 계획하고 비밀 지령을 내렸다는 사실을 고발하고 있습니다. 우리는 정신 바짝 차리고 후보자를 지켜야 합니다"하고 말했다.

그는 이어서 "뿐만 아니라 김대중 대통령이 김정일에게 8억 달러를 주는 대가로 정상회담을 하고, 노벨 평화상을 돈으로 샀다고 폭로하고 있는 이 책의 저자 손충무 씨도 지금 생명의 위협을 받고 있다고 합니다. 그는 한국 언론계에서도 유명하게 알려진 국제적인 정보 소식통입니다. 이번에 반드시 우리가 정권을 잡아 김대중과 김일성, 김정일 부자와의 거래 사실을 밝혀야 합니다"하고 호소했다. (註 13)

그런데도 한국 메이저 언론들은 김대중 정권과 열린우리당이 무서운지 한 줄도 보도하지 않았다. 그러나 주간지 일요시사가 2페이지에 걸쳐 '대북지원 4억 달러 아닌 8억 달러다 – 김정일 북한과 우호적인 인물 차기 집권 바래' 하는 제목으로 '김대중 · 김정일 최후의 음모' 저서가 도쿄에서 발간됐음을 알렸다.

이 주간지의 김재영 기자는 국제전화를 통해 필자와 1시간 이상 인터뷰를 했다. 김 기자는 그 내용을 모두 보도하면서 "이 책을 발간한 저자는 한국에서 못 다한 얘기를 모두 털어놨다. 이 책 속에는 김대중, 박지원, 임동원 씨에 대한 비밀이 모두 기록되어 있다"고 보도했다. (註 14)

한국 언론들은 모른 체 외면했으나 미국과 캐나다에서 발행되는 한국어 신문들은 몇 페이지씩 책 내용을 번역 소개하여 김대중의 감춰진 비밀들이 알려지기 시작했다. 덩달아 노무현의 비밀도 가면을 벗기 시작했다.

김대중과 김정일의 90분간 밀담

'김대중-김정일 최후의 음모' 속에는 깜짝 놀랄 또 다른 특급 비밀이 숨어 있다. 그런데도 사람들은 잘 모르고 있었다. 일요시사 주간지와 미국, 캐나다 신문들도 8억 달러 제공과 그 흑막에 대해서만 모두 깊은 관심을 갖고 있었을 뿐 또 다른 엄청난 특종이 숨겨져 있는데도 모르고 있었다.

그러나 일본 언론들과 일본의 한반도 전문가들은 달랐다. 2004년 12월 4일 도쿄에서 발간된 '김정일 파멸의 날' (미도 히로미치 – 水戸弘天 저, 일신보도출판사) 책 속에는 '충격 리포트 – 김대중 북한 방문 때 90분간 김정일과 밀담, 미 정보기관 대담 내용 폭로' 라는 내용이 있다.

저자 히로미치는 "2000년 6월 15일 남북 정상회담 때 평양에 도착하여 공항에서 김정일 별장까지 가는 45분 동안, 그리고 김대중이 서울로 돌아가기 위해 숙소에서 공항까지 45분 동안 총 90분 동안 김대중과 김정일이 단 둘이서 밀담을 나누었는데 그 사실이 전혀 외부에 공개되지 않았다. 그러나 미 CIA는 두 김 씨의 자동차 안에서 나눈 90분 동안의 밀담 내용을 모든 수단을 동원해서 포착하였다. 그 주된 내용은 아래와 같다"고 하면서 밝혔다.

1) 김일성 수령님이 살아 계실 때 만나 뵙지 못해서 유감입니다.

2) 박통 시절(박정희 정권) 납치 사건 때 여러 모로 힘을 써 주셔서 오늘날의 내가 살아 있으며 위원장 동지를 만나게 됐습니다. 감개무량합니다.

3) 광주 사건 때 전두환 패거리들에 의해 사형판결을 받아 죽음에 이르렀을 때에도 수령님께서 해외운동을 통해 생명을 구해주셨습니다.

4) 수령님이 저에게 베풀어 주신 은혜에 보답하기 위해서라도 김 위원장님과 지혜를 모아 협력하면서 통일을 이루도록 하겠습니다.

5) 남북 평화협정을 조기에 체결하고 싶습니다.

6) 국가보안법을 철폐시키고, 주한미군을 철수시키고, 민족들이 자주적으로 통일로 가는 남북 연방제를 이루도록 노력할 것입니다.

7) 북조선 경제 재건을 위해 총력을 기울여 돕겠습니다.

8) 클린턴 미 대통령과 일본의 총리를 평양에 방문하도록 설득시키겠습니다' 하고 김대중이 김정일에게 이야기하였다.

한편 "한국에서는 김정일이 김대중에게 김대중의 남로당 입당 서류와 1967년부터 김일성이 죽을 때까지 30여 년간 김대중에게 제공한 자금 지원에 대한 자료를 보여주었으며 '수령님께서는 김대중 선생을 친형제 같이 사랑하시고 도와주셨습니다' 하는 말을 했다는 소문이 퍼져 있다"고 기술했다. 이 사실이 한국의 몇 몇 언론에 소개되자 몇 개의 포털 사이트를 통해 급속히 퍼져나갔다. 그런데 김대중과 김정일의 90분간 밀담 내용을 처음 밝힌 사람은 미도 히로미치가 아니라 필자였다. '김대중 · 김정일 최후의 음모' 책 속에 필자가 폭로한 특종 기사였다.

그 내용을 미도 히로미치 작가가 자신의 저서 '김정일 파멸의 날' 에 옮기고 이 기사의 출처는 〈손충무 저―김대중 · 김정일 최후의 음모〉에서 사용한 것이라고 책 뒤쪽에 밝혀 놨는데 글을 번역한 기자가 그 자료는 보지 못하고 미도 히로미치가 처음 밝힌 것으로 잘못 썼던 것이다. (註.15)

그런 상황을 지켜보면서 필자는 빙긋이 웃기만 했다. 많은 사람들이 알도록 하는 것이 필자의 목적이었기 때문이다.

김정일에게 사기 친 김대중

필자는 김정일이 평양 순안공항에 도착한 김대중을 납치하다시피 하여 태우고 나누었던, 그리고 김대중이 서울로 돌아가기 위해 숙소에서 공항까지 가는 길에 45분 동안 같이 타고 나누었던 밀담에 대해 이미 필자가 저술한 책에 밝힌 바 있다.

김정일과 김대중이 함께 탔던 그 자동차는 미국에서 제작된 특수 자동차이다. 그리고 미국 메릴랜드 주에는 지구상 어느 곳에서 하는 대화나 움직임도 도청하여 분석하는 곳이 있다.

베이쿰 하우스(Vacuum House)라 불리는 그곳에서는 김정일의 일거수일투족을 24시간 감시할 수 있다. 베이쿰 하우스는 진공청소기 집이라는 뜻이다. 지구를 돌고 있는 수십 개의 정보 위성을 통해 지구상에서 행해지고 있는 대화 내용을 진공청소기처럼 흡수하여 그것을 정밀 분석한다고 해서 붙여진 이름이다.

2002년, 필자가 처음 알아낸 김대중과 김정일의 대화 내용은 여덟 가지였다. 그러나 그 후에 두 가지를 더 찾아냈다. 그래서 모두 열 가지이다. 아홉 번째 대화는 김대중이 김정일에게 "이번에 돌아가면 나와 위원장이 공동으로 노벨 평화상을 받을 수 있도록 노력할 것입니다"하는 것이며, 열 번째 대화는 "위원장께서는 남한에서 영어 이름을 KOREA로 사용하고 있는 데 대해 너무 초조해 하지 마십시오. 언젠가 고려연방제가 완성되면 그때 이름이 KOREA가 되는데 걱정할 필요가 있습니까"하는 것이다.

이 말은 고려연방제가 되면 남북한 이름이 자동적으로 KOREA(고려)가 된다는 것이며, 노벨 평화상을 공동으로 받자고 김정일에게 사기를 친 것이다.

국회에서 터져 나온 '5억 달러 대북 송금설'

도쿄에서 '김대중 · 김정일 최후의 음모'가 출판되자 미국과 캐나다 등지에서 커다란 화제를 불러일으키며 신문지상에 보도되었다. 한국에서는 주간지 「일요시사」가 처음부터 관심을 가지고 비중 있게 다루었다. 이후 월간조선이 본격적인 취재에 나섰다.

월간조선은 2002년 5월호에 '현대는 정말 북한에 4억 달러를 주었을까?' 하는 제목으로 김성동(金成東) 기자가 '래리 닉시 보고서'를 중심으로 4억 달러 제공설을 추적하여 취재 보도했다. 그러다 이 책이 국제적인 센세이션을 불러일으키자 본격적인 취재를 통해 12월호에는 '대북 송금액은 5억 달러'라는 증언 기사를 보도하였다. (註 16)

이 기사를 읽은 한나라당의 엄호성(嚴虎聲) 의원이 추적을 하여 9월 25일 국정감사 때 엄낙용 전 산업은행 총재를 증인으로 불러 결정적인 증언을 들었다.

2000년 8월에 산업은행 총재로 부임한 엄낙용 씨는 은행 업무를 파악하던 중 현대아산과 현대상선에 담보 없이 당좌대월이라는 명목으로 무려 4,900억 원이라는 엄청난 돈이 불법 대출된 사실을 확인하고 현대 측에 채무를 상환하도록 요청했다.

현대상선의 김충식 사장으로부터 "4,900억 원은 우리가 손도 못 대 봤다. 그 돈은 정부가 갚아야 할 돈이다. 청와대와 국정원에 문의하라"는 소리를 듣고 그는 불길한 예감이 들어 김보현 국정원 3차장을 만났다. 그러나 김보현 국정원 3차장은 청와대의 지시 사항이라며 걱정하지 말라고 했다.

엄 씨는 청와대 별관에서 열린 회의에 참석하여 이기호 경제수석에게 김충식 사장으로부터 들은 "그 돈은 정부가 갚아야 할 돈이다" 하는 말을 그대로 전달했다. (註 17)

1년 전 워싱턴과 도쿄에서 필자가 보도했던 사실이 한국에 알려지지까지 꼬박 1년이 걸린 셈이었다. 그러나 이날부터 남북 정상회담 관련 대북 비밀 송금 의혹 사건 등의 진상 규명을 특별검사 팀이 설치되기까지는 1년이란 세월이 더 흘러야 했다.

엄호성 의원의 국회 발언으로 인해 김대중이 김정일에게 5억 달러(미국에서는 8억 달러)를 갖다 주고 남북 정상회담을 했다는 사실이 들통나면서 정치권은 요동을 치기 시작했다. 제16대 대통령 선거를 2개월가량 앞두고 터져 나온 5억 달러 사건은 김대중 정권을 궁지로 몰아넣고 있었다.

여당은 김대중이 낙점하여 당선시키려고 하는 노무현에게 타격을 주지 않을까 걱정을 했다. 그와는 반대로 한나라당과 이회창은 회심의 미소를 짓고 있었다. 온 나라가 떠들썩할 정도의 쇼킹한 폭로가 이회창의 당선에 결정적인 도움이 될 것이라 생각하고 있었다. 그러나 한나라당과 이회창 후보는 참으로 순진했다.

현재의 상황에서는 선거에서 절대 이길 수 없다는 판단을 한 김대중과 박지원은 노무현 당선을 위해 새로운 방법을 연구하고 있었다. 전자 개표기를 통한 개표 방법이었다. 이 전자 개표기 개표로 인해 노무현은 자신의 임기 5년 동안 끊임없이 '개표 조작에 의한 당선'이라는 의심을 받아야 했으며, 시민 단체들로부터 고소를 당하기도 했다.

전자 개표기 조작에 의한 노무현의 부정 당선 사실을 믿는 시민들은 2009년 6월 노무현이 부엉이 바위에서 투신자살을 한 후인 2010년 현재까지도 소송을 이어 가고 있다. 상당수 시민들 사이에는 지금도 노무현이 전자 개표기 조작으로 당선되어 5년 동안 재미를 봤다고 믿고 있다.

전자 개표기 사용 문제에 대해 필자는 이회창과 한나라당에 사람을 보내 전자 개표기 사용을 해서는 안 된다는 편지를 보냈다. IT 전문가인 큰아들 윌리엄이 전자 개표기는 조작 가능성이 있으므로 사용해서는 안 된다고 조언했다.

전자 개표기는 2~3명만 서로 눈감으면 간단하게 조작할 수 있는 기계라고 했다. 미국에서도 몇 차례 실험을 한 결과 간단하게 조작되는 것으로 확인되어 사용하지 않는 주가 늘어나고 있다. 필리핀 대법원에서는 한국에서 수입한 전자 개표기를 사용하지 못하도록 판결했다. 그런데도 어설픈 한나라당과 이회창 측근들은 전자 개표기를 사용하여 노무현에게 패배했다.

야당과 시민단체, 언론들은 정부 여당을 향해 김대중이 김정일에게 5억 달러를 비밀리에 제공했다는 사실의 진실을 가리기 위한 특별검사를 임명하라고 요구했다. 대통령 선거를 불과 2개월 정도 남겨 놓고 터져 나온 5억 달러 대북 송금 사건은 김대중과 노무현에게 커다란 악재였다.

한나라당 박희태 대표 권한대행은 "대북 송금은 전형적인 범죄 수법을 동원한 범죄적 사건이다. 국회는 이런 범죄적 사건을 해결할 권한도 없으며 능력도 없다. 정치적 타협에 의해 해결할 사건도 아니다. 그러므로 이 사건은 특검제를 통하여 진실을 밝혀야 한다. 그에 따라 '국기문란범죄자'는 지위 고하를 막론하고 엄벌에 처해야 한다"고 말했다. (註 18)

이 시기에 김영삼 전 대통령을 비롯하여 국가 원로 인사 50여 명은 시국 선언문을 통해 "역사상 국가를 경영하는 대통령이 반국가 단체의 괴수에게 5,000억 원(4억 5천만 달러)의 뇌물을 준 것은 용서할 수 없는 일이다. 반드시 진실은 밝혀져야 하며 김대중을 사법처리 해야 한다"고 밝혔다. (註 19)

DJ와 그 패거리들의 거짓말 행진곡

그러나 김대중 패거리들과 민주당은 진실 규명을 요구하는 야당과 보수 언론들을 향해 "막가파식 조작극을 즉각 중단하라. 면책 특권을 악용해 무책임한 거짓 의혹을 폭로하고 있다. 반민족적이고 반역사적인 몰염치한 행태를 중단하라"는 성명을 발표했다. 민주당과 열린 우리당 소속 의원들은 당사에서 의원 당직자 합동으로 규탄 대회까지 열고 규탄 성명서를 발표했다. 그런 자들이 아직도 정치를 한다고 민주당에 남아 있다. 당시 규탄 대회에 참석했던 사람들은 지금 어떤 심정일까?

　　김대중과 노무현 하수인 역할을 하며 대한민국 정치를 흙탕물로 만든 민주당과 열린우리당 소속 의원들의 '거짓말 모음' 시리즈를 보는 것도 훗날 역사적으로 큰 가치가 있을 것이다.

　▶ **추미애 민주당 의원** : 아무 근거도 없이 섣부르게 의혹을 제기하는 것은 남북 화해와 협력은 물론 안보까지 흔들 수 있다. (2002. 9. 20 국정 감사장에서)

　▶ **청와대 관계자** : 최소한의 금융 논리도 모르고 말하는 초등학교 학생의 습작 수준의 공세이다. (2002. 9. 20)

　▶ **국가정보원 보도 자료** : 막연히 국정원측에서 돈이 넘어갔다고 하지 말고 구체적 증거를 제시하라. 한나라당이 고도의 정략적 저의를 갖고 국정원을 음해하는 것이다. 결코 용서할 수 없는 행위이다. (2002. 9. 29)

　▶ **이낙연 민주당 대변인** : 한나라당이 주장하는 대북 송금 경로가 날마다 달라지고 있다. 한나라당이 추리소설을 쓰거나 추리소설 백일장을 열고 있다. (2002. 9. 29)

　▶ **한화갑 민주당 대표** : 한나라당 주장은 얄팍한 정치 공세로 햇볕정책을 흔들어 한반도 평화 분위기에 찬물을 끼얹으려는 대선 선거용 다목적 정치 협잡극이다. (2002. 9. 30)

　▶ **박지원 청와대 비서실장** : 산업은행과 현대상선의 금융 거래에 대해 청와대가 설명하는 것은 있을 수 없는 일이다. 법적 근거도 없는 계좌 추적과 장부 공개는 안 된다. (2002. 10. 1 비서실 월례 조회에서)

　▶ **박지원 청와대 비서실장** : 정부가 남북 정상회담 대가로 현금을 준 적이 없으며 정부를 대신해 민간이나 민간 기업이 지원한 일도 없다. 단 돈 1달러도 북한 사람들에게 준 일이 없다. (2002. 10. 1 국정감사장에서 증언)

▶ 이낙연 민주당 대변인 : 한나라당은 카더라 방송만으로 무관한 사람들의 명예를 짓밟고 남북 정상회담의 의미를 훼손하여 국민의 불신을 증폭 시키고 있다. (2002. 10. 6)

▶ 이낙연 민주당 대변인 : 한나라당은 거짓말까지 만들어 한반도 평화와 민족 화해 협력을 짓밟고 당리당략의 제물로 삼는 반민족적 반역사적 작태를 중지하고 자숙하라. (2002. 10. 8)

이와 같이 김대중과 박지원 충견(忠犬)들은 자신들의 범죄 행위를 감추기 위해 처절하게 몸부림쳤다. 더욱 큰 꼴불견은 김정일에게 8억 달러를 주는 조건으로 남북 정상회담을 하기로 합의한 후 현대에 돈을 보내도록 지시하고, 또 그 대가로 현대에서 150억 원(1,500만 달러)을 받아 챙긴 박지원이 지껄인 새빨간 거짓말이다. 그런 인물이 2010년 9월 현재 민주당 원내 대표라고 하니 그저 한심할 뿐이다. 이제라도 국민들은 박지원 같은 인물은 물론 거짓말을 식은 죽 먹듯이 해온 민주당의 추미애, 이낙연 같은 인물들을 정치판에서 솎아내어 엄중한 심판을 받도록 해야 한다.

선진 국가의 국민들과 언론들은 공직자와 정치인들의 거짓말에 대해서는 엄격하게 추궁하며 거짓말을 하는 정치인이나 공직자는 추방시킨다.

워터게이트 사건으로 하야한 미국의 제37대 대통령 리처드 닉슨은 도청 사건 때문이 아니라 "녹음테이프가 없다"고 한 거짓말 때문에 물러나게 된 것이다. 클린턴 전 대통령도 백악관 집무실에서 있었던 르윈스키와의 부적절한 스캔들을 초반에 시인했으면 특별검사 수사까지 가는 망신은 당하지 않았을 것이다. 그런데도 르윈스키와의 관계를 부정함으로써 두 번씩이나 특검을 받아야 하는 피고의 입장이 되었다.

김대중의 추종자들이 그토록 거짓말을 잘하는 것은 모두 김대중의 영향을 받았기 때문이다.

지난 1980년 서울의 봄, 민주화 운동이 한창이던 어느 날 감대중은 한국 중견 언론인 단체인 관훈클럽에 초청되었다. 강연이 끝나고 질문 시간에 한 기자가 "정치인 김대중 씨는 사람들을 잘 속이고 거짓말을 너무 자연스럽게 잘해 도저히 믿을 수가 없다는 말이 많다. 본인 생각은 어떤가?"하고 물었다.

그러자 김대중은 "나는 세상에 태어나서 약속을 안 지킨 적은 있지만 거짓말을 해본 적은 한 번도 없다"며 말도 안 되는 거짓말을 했다. 그 후부터 김대중에게는 '국제적인 챔피언급 거짓말의 명수'라는 비아냥거림이 붙어 다녔다.

워싱턴에서 만난 노무현의 특별사절단

남북 정상회담을 성사시키기 위해 김정일에게 불법으로 8억 달러를 전달했다는 폭로는 제16대 대통령 선거를 앞둔 한나라당과 이회창에게는 더 이상 좋은 호재가 없었다.

그런데도 무능한 한나라당과 이회창은 잘못된 선거 전략과 전자개표기로 인해 노무현에게 패배했다. 도저히 당선될 수 없는 인물인 노무현에게 참패를 당한 한나라당과 이회창은 훗날 '차떼기 정당'이라는 비난을 받아야 했다. '차떼기 정당'은 재벌들이 화물을 운반하는 차에 돈을 싣고 남의 눈에 뜨일 것이 겁이나 자동차 그대로 넘겨주었다고 해서 생긴 이름이다.

주체할 수 없을 만큼 '차떼기'로 돈이 몰려들자 이회창의 측근들은 수십억씩 뒷구멍으로 돈을 챙겼다. 그리고 무조건 당선될 것이라는 과대망상증에 걸려 선거 운동을 제대로 하지 않았다. 그것도 패배 원인 중의 하나였다.

2002년 12월, 노무현은 36%의 낮은 지지율로 제16대 대통령에 당선되었다. 하지만 낮은 지지율과 바닥으로 가라앉은 경제 문제, 반미 촛불

시위로 발생한 내부적인 갈등과 함께 국제적으로는 북한 핵 문제, 이라크 전쟁, 주한 미군 철수와 재배치라는 어려운 환경을 맞이하고 있었다.

거기에 자신의 당선이 그리 달갑지 않은 부시 정권과 자신을 반미주의 자로 보고 있는 미국 언론과 의회 분위기도 문제였다. 노무현 정권으로서 는 워싱턴과 코드를 맞추는 일이 무엇보다 시급히 풀어야 할 과제였다.

2003년 2월 초, 노무현은 취임을 3주 앞두고 정대철 의원을 단장으로 하는 특별사절단을 워싱턴에 파견했다. 정대철 일행은 5일 동안 워싱턴 D.C. 워터게이트 호텔에 진을 치고 콜린 파월 국무장관, 도널드 럼스펠드 국방장관 등 부시 행정부의 고위 인사들과 의회 아시아 태평양 관계 위원 회 의원들을 만났다.

그런데 정대철 의원이 워터게이트 호텔에 머물고 있던 그 시기에 정대 철 의원의 가까운 선배인 A씨가 필자에게 연락을 해왔다. 자기도 워터게 이트 호텔에 묵고 있는데 한 번 만나자고 했다. A씨는 미국에서 공부하고 사업을 한 경험이 있는 사람이다. 필자는 그가 만나자고 하는 이유를 알 것 같았다.

A씨와 약속한 시간에 워터게이트 호텔 로비에서 일행과 함께 있는 정 대철 의원을 만났다. 평소에 잘 아는 사이였지만 시간이 없어 간단하게 인사만 하고 헤어졌다. 자세한 이야기는 A씨를 통해 들으라고 했다.

필자는 A씨에게 노무현 대통령이 취임 후 가장 빨리 처리해야 할 일 을 몇 가지 설명했다. ① 김대중 정권이 김정일 집단에게 불법적으로 제 공한 8억 달러 사건을 수사할 특별검사 임명 제안을 받아들여야 하며, ② 주한 미군 철수를 외치는 반미 촛불시위를 중지시켜야 하고, ③ 반미 촛불시위 배후에 노무현과 그를 지지하는 세력들이 부추기고 있다는 워 싱턴의 의혹을 풀어야 한다. 또 ④ 노무현이 북핵 문제 처리의 미국 정책 을 반대한다는 목소리를 낮추어야 하고, ⑤ 노무현을 반미주의자라고 생 각하는 미국인들의 의심을 풀어주는 조치를 빨리 강구하여야 한다. 그렇 지 않을 경우 노무현 정권은 출발선상에서부터 국내외에서 불어오는 거센 저항에 부닥쳐 안전운행을 못할 것이라고 말해 주었다.

　결국 노무현 정권은 김대중 추종 세력들과 친북좌파 세력들, 친 김정일 세력들의 거센 항의에도 불구하고 정권의 안전운행을 위해 마지못해 특별검사제를 받아들이겠다고 발표했다.

사기로 끝난 김대중의 대국민 사과

　노무현 대통령의 취임을 앞두고 특별검사제를 요구하는 야당과 국민의 목소리가 높아지자 김대중과 박지원, 임동원, 정몽헌 등 민족 배신자들은 안절부절이었다. 특히 김대중과 박지원에게는 더없이 큰 고통이었다. 도저히 대통령이 될 수 없는 인물 노무현을 전자개표기 부정 조작이라는 여론의 비난까지 받아가면서 당선시켜 자신들의 방패막이로 여기고 있었는데 노무현 당선자가 "특별검사제를 받아들이겠다"고 발표하자 그들은 허망했던 것이다.

　참다못한 김대중이 국민들을 우습게 여기고 대국민 협박에 나섰다. 2003년 2월 14일, 김대중은 국민들에게 사과 메시지를 발표하면서 2억 달러를 북한에 송금했다고 밝혔다. 그 자리에 참석한 임동원은 "국정원에서 현대 측의 부탁을 받아 2억 달러를 교환해서 보내 주도록 편의를 제공하였으며, 별도로 3억 달러가 더 송금 된 것으로 알고 있으나 대통령께 보고하지 않았다"고 증언해 김대중의 사과 발언이 거짓임이 드러났다. (註 20)

　김대중과 임동원의 대국민 사과 이틀 후인 2월 16일, 현대아산 정몽헌 회장은 기자회견을 통해 "8억 달러를 안 주면 남북 정상회담을 하지 않겠다는 북한의 협박과 청와대, 국가정보원의 도움으로 4억 5천만 달러는 현금으로 5천만 달러는 기타 북한 측이 요구하는 생활필수품으로 보냈다"고 처음으로 돈의 행방을 밝혔다. 정몽헌의 발언으로 김대중과 임동원의 대

국민 사과 발언은 거짓이었음이 여지없이 드러났다.

정몽헌은 이날 기자들과 만난 자리에서 "2000년 6월에 남북 사업을 하기 위해 5억 달러를 북한에 송금해 주었으며, 이것이 김대중 – 김정일의 남북 정상회담 개최에 기여했을 것이다"라고 밝혔다. 그리하여 김대중은 또 한 번 거짓말쟁이가 되었으며, 김정일에게 5억 달러를 주고 6 · 15 평양회담을 성사시켰다는 진실이 밝혀졌다. 또 정몽헌의 발언은 미국 CIA의 추적이 얼마나 정확했으며, 필자가 2년 6개월 전부터 특종 보도를 해온 기사가 진실임을 입증시켜 주었다. (註 21)

그뿐 아니라 도쿄에서 발간된 '김대중-김정일 최후의 음모' 책 속에 폭로된 내용이 모두 진실임을 증명해 주었다. 그리고 "어머니 뱃속에서 세상에 나온 후 약속을 하고 지키지 못한 적은 있어도 거짓말은 단 한 번도 하지 않았다"는 말이 새빨간 거짓말이었음을 국민들에게 증명시켜준 셈이었다.

그러나 임동원과 정몽헌이 김정일에게 제공했다는 돈(5억 달러)은 CIA와 래리 닉시 보고서, '김대중 · 김정일 최후의 음모' 책 속에 폭로된 돈(8억 달러)과는 너무도 큰 차이가 났다.

김정일은 김대중이 함께 노벨상을 받도록 하겠다고 해놓고 혼자 상을 받자 상당히 불편해 하고 있었다. 그런 차에 송금한 돈이 5억 달러가 아니라 8억 달러였다는 정보를 입수한 김정일은 또 한 번 속은 기분이 들었을 것이다. 화가 난 김정일은 3억 달러에 대해 은밀히 조사할 것을 지시했다.

〈 참고 자료 및 문헌, 증언, 인터뷰 〉

(註 1) International Herald Tribune 신문 (2001. 1. 31)

(註 2) 이한동 국무총리 국회 답변 (2001. 2.)

(註 3) 최영재, 월간 신동아 차장 국제전화 (2001. 2. 8)

(註 4) 돈 커크 특파원과 필자의 국제전화 (2001. 2. 10)

(註 5) MBC '성공시대', 손우영 편 (2001. 5. 28)

(註 6) 워싱턴 선데이 타임스 (2001. 2. 16)

(註 7) 워싱턴 선데이 타임스 (2001. 2. 16)

(註 8) 조지 W. 부시 대통령 연설 (2001. 11. 20)

(註 9) 조지 테닛 미CIA 국장 상원 비밀청문회 증언 (2001. 12.)

(註 10) 워싱턴 선데이 타임스 '손충무 칼럼' (2002. 2. 15)

(註 11) 미 연방 의회조사국(CRS) '래리닉시보고서' (2002. 3. 25)

(註 12) '김대중─김정일 최후의 음모' 일본어판 (2002. 10. 2)

(註 13) 한국 인터넷신문 'SISA 21' (2002. 10. 16)

(註 14) 한국 주간지 '일요시사' (2002. 11. 3)

(註 15) '김정일 파멸의 날', 미도 히로미치 저 (2004. 12. 4)

(註 16) 월간조선 (2002. 12월호)

(註 17) 엄낙용 전 산업은행 총재 국정감사장 증언 (2002. 9. 25)

(註 18) 박희태 한나라당 대표 권한대행 기자회견 (2002. 10.)

(註 19) 국가원로 50인 시국선언문 (2002. 11.)

(註 20) 김대중, 임동원 대국민사과 기자회견 (2003. 2. 14)

(註 21) 정몽헌 회장 기자 간담회 (2003. 2. 16)

제 6 장

김대중 - 박지원을 낭떠러지로 몰고 간 특별검사

김대중은 햇볕정책이라는 미명아래 국민을 속이고
6 · 15남북정상회담(북측은 '북남 고위급회담' 이라 비하 하고 있음) 이라는
한바탕 굿판을 벌였다.
하지만 세월이 흐르면서 그에게 돌아온 것은
국제 사기꾼, 민족반역자, 자유대한민국 배신자, 테러지원국의 후원자,
진실을 감추려한 추악한 거짓말쟁이라는 비아냥거림뿐이었다.

김대중, 천 길 지옥 낭떠러지로 가는 급행열차 타

김대중을 천 길 낭떠러지 절벽으로 몰아간 김대중의 오른팔 박지원 구속, 40년 금고 지킴이 권노갑 구속, 햇볕정책 전도사 임동원 실형 선고, 현대아산 회장 정몽헌의 알 수 없는 죽음, 박지원과 권노갑의 하수인 김영완을 미국으로 도망시킨 사건의 그 모든 원인은 하나의 잘못된 범죄, 자유 대한민국을 배신한 국가반역죄 사건에서부터 출발한다.

그것은 김대중이 대한민국 건국을 방해하고 동족상잔의 6·25전쟁을 일으킨 스탈린과 모택동의 앞잡이 김일성으로부터 오랜 기간 동안 '분에 넘치도록 받은 사랑과 신뢰와 지원'에 대한 은혜를 갚는 과정에서 생긴 일이다. 아울러 노욕과 탐욕에 가득 차 무리하게 노벨 평화상을 받기 위해 국제 사기 정치 쇼를 벌인 것에서부터 발생한 것이다.

아버지 김일성으로부터 '바다와 같은 큰 은혜와 신뢰와 지원'을 받은 김대중에게 김정일은 은혜를 갚으라고 협박했다. 견디다 못한 김대중은 햇볕정책이라는 미명 아래 국민을 속이고 6·15 남북 정상회담(북측은 '북남 고위급 회담'이라 비하하고 있음)이라는 한바탕 굿판을 질펀하게 벌였다. 하지만 세월이 흐르면서 그에게 돌아온 것은 국제 사기꾼, 민족 반역자, 자유 대한민국 배신자, 테러 지원국의 후원자, 진실을 감추려한 추악한 거짓말쟁이라는 비아냥거림뿐이었다.

햇볕정책의 주역들과 조역들이 감옥으로 가고, 정몽헌이 현대 사옥 빌딩에서 투신자살이라는 비극적인 최후를 마침으로써 햇볕정책의 출발은 처음부터 잘못 되었음을 증명해 주었다.

그런데 이런 범죄 행위가 들통 난 것은 자신의 생명을 세 번씩이나 살려준 생명의 은인 손충무를 2년 동안 감옥에 보냄으로써 얻은 자업자득이다. 만약 김대중이 손충무를 감옥에 보내지 않고 지난 30여 년처럼 가까이 지내며 도움을 받았다면 민족의 반역자, 국가를 배신한 반역자 신세는 피할 수 있었을 것이다.

그런데도 정치가 무엇인지 세상이 어떻게 돌아가는지를 전혀 알지 못하는, 뉴욕 브로드웨이에서 흑인들을 상대로 가발 장사를 하던 하급 장사치에게 청와대 비서실장, 당 대변인, 문화관광부장관이라는 감투를 안겨주고 옆에 끼고 놀았으니 김대중 자신의 파멸은 물론 대한민국에게 엄청난 고통을 안겨주었다.

김대중은 또 세 아들 모두가 뇌물수수의 부정부패 사건에 관련되어 형사 처분을 받았다. 두 아들과 오른팔 왼팔 금고지기 집사장(執事長) 등이 줄줄이 오랏줄에 묶여 감옥으로 가는 치욕을 당했다. 그리고 파렴치한 부패 반역 사건의 중간 정리 작업을 맡을 '대북비밀송금 의혹사건 특별검사'(아래부터 '송두환 특검'으로 표기)가 탄생되어 또 다시 불행을 맛보아야 했다.

그러나 '송두환 특검' 수사팀은 국민들의 답답한 가슴이 확 트이도록 모든 진실을 밝혀내지는 못했다. 특검은 첫출발부터 기형적이었다. 특검을 하지 못하도록 압력을 가하는 김대중 패거리들과 김대중의 가신들이나 다름없는 민주당 의원들, 친북 좌익 세력들의 압력에 노무현 대통령은 무척 시달려야 했다.

김대중과 그 추종자들의 지원에 의해 당선된 노무현은 참으로 하기 싫은 특검을 받아들여야 했다. 그렇지 않고서는 정권의 앞날이 순탄치 않을 것이기 때문이었다. 그만큼 김대중 정권에 대한 국민들의 불만이 크게 누적되어 있었다.

국민들은 김대중 정권 5년 동안 나라의 자존심마저 구겨 가면서 김정일 독재집단에 끌려 다녔는지, 또 현대그룹과 김대중 – 김정일 사이의 끈끈한 유착 관계의 진실은 무엇인지 알고 싶어했다. 그런 불만과 의구심이 온 나라 안에 팽배해 가고 있었다.

2003년 2월 26일, 국회는 민주당의 강력한 반대 투쟁에도 불구하고 특검법을 통과시켰으며 3월 15일에 특검법을 공포했다. 이리하여 4월 17일 어렵게 탄생한 것이 송두환(宋斗煥) 특별검사였다.

그러나 특검팀은 처음부터 국민들이 알고 싶어 하는 모든 진실을 캐낼 수 없는 절름발이 특검이라는 한계를 안고 탄생할 수밖에 없었다. 그것은 김정일과 김대중을 조사하지 못하고, 북한에 보낸 돈의 사용처와 여러 가지 복잡한 남북한 정책에 관련된 것은 대외적인 외교 문제로 받아들여 수사를 할 수 없다는 조건이 달려 있었다.

2003년 2월 14일, 김대중은 '국민에게 드리는 담화'를 통해 "최근 현대상선의 대북 송금 문제를 둘러싼 논란으로 인해 국민 여러분들에게 심려를 끼쳐 드리게 되어 참으로 죄송합니다. 모든 책임은 대통령인 제가 지겠습니다. 그러나 남북의 평화적인 통일 사업에 사용된 돈을 사법적인 잣대로 처리하는 데는 반대합니다"하고 말했다.

김대중은 현대상선을 통해 김정일 집단에게 불법적으로 돈을 보내도록 지시한 것은 자신이며, 대통령인 자신이 책임을 지겠다고 했다. 그러면서 평화적인 통일 사업을 위해 사용된 돈은 대통령의 통치행위이기 때문에 사법적인 처리는 안 된다며 국민과 정치인들과 검찰에 협박의 메시지를 보냈다.

그런 분위기 속에서 출발한 특검이 모든 진실을 제대로 밝힐 수 있을 것이라고 믿는 국민들은 별로 없었다. 김대중과 박지원의 도움을 입어 당선된 노무현이 국민들의 의구심을 완전하게 풀어주지는 못할 것으로 생각하는 사람들이 더 많았다.

그런 생각을 할 수밖에 없었던 이유는 송두환 특검을 추천한 대한변호사협회 회장단이 노무현과 코드가 맞는 '민주사회를 위한 변호사 모임' (아래부터 '민변'으로 표현) 출신들이었으며, 그들이 추천한 송두환 검사도 제4대 민변 회장을 지낸 법조인이었다. 또 김종훈 특검보(민변 사법위원회 위원장), 이인호 수사관(민변 사무차장), 김진옥, 김승교 수사관도 민변 출신 법조인들이었다. 그렇기 때문에 많은 사람들은 "노무현 정권이 김대중에게 무죄를 선물하기 위해 코드가 맞는 특검을 만들었다"고 의혹의 눈초리를 보내고 있었다.

의심을 받을 수밖에 없었던 또 하나는, 주요 사건 관련자들 변호인 6명이 '노무현을 사랑하는 변호사 모임'(아래부터 '노사변'으로 표현) 출신들과 광주일고 출신이라는 점이었다. 특정 단체와 특정 고등학교 출신들이 선임되자 의심을 가진 사람들은 "끼리끼리 짜고 치는 고스톱 판"이라고 비아냥대며 불편한 심기를 드러냈다.

우연이라고 생각할 수도 있었지만 우연 치고는 너무도 뜻밖이었다. 특검팀이 발족 초반에 보였던 행동에도 오해를 받을 수 있는 소지가 있었다. 특검은 초반에 선 진상 규명, 후 사법처리를 하겠다는 뜻을 기자들에게 말한 적이 있었는데, 그런 말이 기사화되자 특검을 매도하는 비난이 상당히 있었다.

그러나 특검이 5월 20일 이근영 금융감독위원장을 업무상 배임 혐의로 긴급 체포하고 뒤이어 5월 28일 이기호 대통령 경제수석 비서관을 직권남용 혐의로 긴급 체포하면서 활기를 띠기 시작했다.

특검은 "2000년 6월 이기호 경제수석 비서관이 이근영 산업은행 총재에게 현대상선에 4,000억 원을 대출하도록 지시했으며(직권남용), 이 총재는 이 지시에 따라 법률적인 조치도 없이 백지 어음 1매를 받고 현대상선에 4,000억 원이라는 천문학적인 돈을 무담보로 대출하였다(업무상 배임)"고 영장 청구서에서 밝혔다.

김대중의 신임을 받고 있던 이기호와 이근영을 긴급 체포 구속한 특검은 햇볕정책의 전도사인 임동원, 불법 송금 작업을 실행한 최규백(국가정보원 기조실장), 현대의 정몽헌, 이익치, 김윤규, 그리고 산업은행 부행장 이상배 씨를 줄줄이 불구속 기소했다.

특검은 "대북 송금은 대통령의 국가 통치행위이기 때문에 사법적인 처리를 할 수 없다"라는 김대중과 민주당의 궤변을 일축하면서 수사의 칼날을 김대중과 박지원 쪽으로 옮겨가고 있었다.

김대중 측근들과 햇볕정책 전도사 임동원까지 불구속 기소를 하자 특검을 의심했던 국민들도 의심을 풀고 특검에 찬사를 보내며 박수를 보내고 있었다. 이에 심기가 불편했던 김대중 추종 세력들과 민주당은 "특검이 진상 규명은 뒷전이고 사법처리에만 혈안이 되어 있다"는 비난 성명을 발표했다. 그러자 한나라당은 "특검 수사를 방해하는 공작과 음모를 즉각 중단하라"고 민주당과 청와대를 향해 직격탄을 날렸다.

서울 강남구 대치동에 있는 특검 수사본부 건물 앞에는 특검을 반대하는 좌익 세력과 김대중을 추종하는 세력들이 특검을 중단하라며 연일 시위를 벌였으며, 이에 맞서 자유 민주주의를 지지하는 시민들은 "민족 배신자 김대중을 처단하라"고 목소리를 높였다.

특검의 칼날이 비밀 송금 의혹 사건의 핵심인 김대중을 향해 가고 있다는 분위기가 느껴질 때인 6월 15일, 김대중은 2000년 6·15 평양회담 3주년 특집 방송(KBS TV)에 출연 "대북 송금이 사법 심사의 대상이 되어서는 안 된다. 나라를 위해서 일한 사람들이 죄 없이 감옥에 가는 일은 참으로 불행한 일이다"라는 뻔뻔스러운 말을 해 비난을 받았다. 김대중이 한 말은 민주당과 자신의 추종 세력들에게 특검을 중지시키라고 하는 일종의 메시지였다.

한편 그 시기 특검은 정보와 증거자료 부족이라는 벽에 부닥치고 있었다. 대북 송금의 반역 행위는 김대중과 김정일 두 명이 주인공인데도 그들을 조사할 수 없는 상황이었고, 관련자들이 새로 탄생한 노무현 정권의 고위층 인사들과 한때 한솥밥을 먹던 식구들이었기 때문에 벽에 부닥칠 수밖에 없었다.

특검이 1차 수사 마감 시간에 임박하여 밝혀낸 것은 4억 5천 500만 달러의 현금 불법 송금과 4천 500만 달러의 물자 제공(평양 정주영 체육관 공사와 시설 등) 등 총 5억 달러 불법 송금 사실이었다. 하지만 더 이상 진전을 하지 못하고 수사 만료 시기가 다가오고 있었다.

특검 팀에 배달된 불법 송금 8억 달러 정보

특검의 1차 수사 마감 시간이 임박한 2003년 6월 초 어느 날, 송두환 특별검사 앞으로 두툼한 봉투 하나가 배달되었다. 봉투 속에는 Y대학에 유학 중인 학생 신분임을 밝히는 편지와 함께 일본에서 출간된 '김대중-김정일 최후의 음모' 속에서 카피한 기사, 한국에서 발행된 모 주간신문 카피 기사, 그리고 미국 워싱턴 D.C에서 운영되고 있는 선데이 타임스 인터넷 신문 기사 카피가 함께 들어 있었다.

(그 시기 특검에 출입하는 몇몇 기자들에게도 같은 내용의 편지와 자료가 배달되었다는 소문도 있었으나 확인하지는 못했다.)

일본 유학생들이 보낸 자료와 기사는 모두 언론인 손충무(필자, INSIDE THE WORLD 발행인)가 쓴 기사와 책 속의 내용이었다. (註 1)

"2000년 4월~6월 사이 김대중 정권은 8억 달러라는 큰돈을 김정일 집단에게 불법으로 보냈으며 이를 추적한 미국 CIA는 김대중 정부에 두 차례에 걸쳐 '북한 정권에 현금 지원은 위험하다'는 경고 메시지를 전달했다"는 내용이었다. (註 2)

그리고 서울에서 발행되는 주간신문 '일요시사'가 기자를 일본에 보내 책을 구입하고 워싱턴으로 국제 전화를 해서 필자와 인터뷰를 했다. 인터뷰에서 필자는 "김대중이 김정일에게 보낸 돈은 8억 달러이다. 그 정보는 미 CIA 고위층과 미국 의회조사국(CRS)의 보고서에서 확인한 것이다"라고 알려 주었다. (註 3)

'일요시사'는 필자와 인터뷰한 내용을 '대북지원 4억 달러 아닌 8억 달러'하는 제목으로 2페이지에 걸쳐 대대적으로 보도했다. 하지만 그 기사가 보도될 때만 해도 한국의 언론들과 김대중 추종 세력들은 처음 보는 정보에 상당히 당황하면서 그 진위를 알기 위해 여러 통로를 통해 필자에게 접근을 시도했다. (註 4)

그리고 또 하나의 카피는 필자가 2003년 4월 12일 "대북 비밀송금 3

억 달러 배달사고 났다"는 제목으로 선데이타임스에 보도한 기사였다. "DJ 정권이 5억 달러를 보낸 것으로 특검 수사에서 밝혀졌지만 김정일 측근들과 군부는 3억 달러 밖에 송금되지 않았다고 주장하고 있어 나머지는 배달 사고가 난 것이 아닌가 의심하고 있다. 그러나 미국 정보기관은 8억 달러를 보낸 증거를 확보하고 있는 것으로 알려지고 있어 최소한 3억~5억 달러의 배달 사고가 발생했을 가능성이 높다"고 보도했던 기사였다. (註 5)

미국과 일본의 정보기관과 평양을 다녀온 조총련 사람들을 통해 입수한 배달 사고 정보를 처음 기사화했을 때 선데이타임스 홈 페이지와 필자의 이메일과 전화는 많은 방문객과 확인 전화로 인해 일시 불통이 되기도 했다. 그러나 기사를 인용 보도하는 언론 매체는 없었다. 그만큼 민감한 시기였고 중요한 내용이기 때문이었을 것이다.

그 시기 특검은 이익치 전 현대증권 회장을 소환했다. 이익치 씨는 현대증권을 통해 수백 억 원을 모아서 북한에 송금한, 사건에 깊숙이 관련되어 있는 중요한 인물이다.

특검은 이익치에게 초점을 맞추어 불법 송금한 5억 달러 외에 또 다른 거액의 행방에 대해 강한 추궁을 했다. 처음 2일 동안은 입을 열지 않던 이익치도 결국 진실의 증거 앞에 두 손을 들고 일부를 자백하였다.

2000년 4월 경 박지원은 현대와 권력자들 사이에 심부름을 하는 김영환을 프라자 호텔 일본식당으로 불렀다. 점심을 먹은 후 박지원이 무료로 이용하는 프라자 호텔 12층 방으로 함께 갔다.

그 자리에서 박지원은 김영환에게 "남북 정상회담을 준비하기 위해 비밀 자금이 많이 필요하다. 또 신문 방송쟁이들의 입을 틀어막기 위해서 비밀 자금이 필요하다. 신문쟁이들이 정상회담 추진 사실을 알게 되면 귀찮아지고 야당이 반대하게 되면 모든 것이 알려져 실패할 수도 있다. 매월 신문쟁이들에게 뿌리는 돈도 수억 원이다. 그러니 정 회장(정몽헌)에게 이야기하여 준비를 해 줬으면 좋겠다"고 말했다. 김영환이 박지원에게

"얼마나 달라고 하면 되겠는가?"하고 묻자 박지원은"150억 내지 200억 정도는 필요할 것 같다"고 대답했다.

김영완은 정몽헌 회장에게 박지원의 뜻을 전달했다. 정몽헌은 현대증권과 평소 거래해 오던 명동 사채업자를 통해 양도가 가능한 1억 원짜리 CD 150매(150억 원)를 마련, 이익치를 불러 박지원에게 전달하라고 지시했다.

그때 정몽헌은 이익치에게 "금강산 관광 유람선 안에 카지노 설치 허가와 속초항과 장진항에 면세점 허가를 내어 달라고 말하고 약속을 받은 다음 전달하라"고 지시했다.

이익치는 프라자 호텔 바에서 박지원을 만나 150억 원 CD를 전달하면서 "금강산 관광 사업이 하루에도 수억 원씩 적자를 보고 있는데 이런 상태가 오래 가면 망하게 된다. 그러면 금강산 사업은 물론 대북 경협 지원 사업도 못하게 될 수 있으니 카지노와 면세점 허가를 내주면 적자를 줄일 수 있다"고 설명했다.

그러자 박지원은 "잘 알았다. 각하께 보고 하여 꼭 성사되도록 하겠다. 남북 정상회담이 성공하면 관광객이 많이 갈 수 있으니까 그 시기를 맞추면 될 것이다"하고 대답했다. 그리고 며칠 후 정몽헌은 박지원에게 150억 원을 받았다는 확인을 했다.

이익치의 자백에 특검은 쾌재를 불렀다. 벽에 부닥쳤던 수사는 다시 활기를 찾기 시작했다. 특검은 3억 달러라는 큰돈이 배달 사고가 났다고 판단했다.

특검은 3억 달러가 김대중, 박지원, 한광옥, 임동원 등 불법 송금에 연루된 범죄자들이 가로챘거나 아니면 김대중이 총재로 있던 집권 여당 민주당의 정치자금으로 흘러들어갔을 것이라는 감을 잡고 새로운 수사 채비를 했다.

6월 16일 특검은 김대중의 비서실장이자 정권 최고 실세였던 박지원을 자진 출두 형식으로 특검 수사본부에 연행하여 밤을 새며 조사했다. 그리고 다음날인 6월 17일 밤 긴급 체포함으로써 세상을 놀래게 만들었다.

박지원을 긴급 체포한 특검은 6월 18일 구속영장을 신청하면서 "2000년 6월 현대 계열사에 대한 산업은행의 대출 과정에서 외압을 행사한 혐의와 함께 현대건설이 2000년 4~5월경 1백 50억 원의 비자금을 만들어 자료 추적을 피하기 위해서 1억 원 권 양도성 예금증서(CD) 150장으로 바꾸어 박지원에게 전달하면서 카지노와 면세점 허가를 해달라고 부탁했으며, 박지원 피고는 '꼭 성사되도록 도와주겠다' 고 약속함으로써 특정범죄가중처벌법상 뇌물 수수 및 직권 남용을 한 혐의가 있다"고 영장 청구 이유를 밝혔다.

서울지법 최완주 영장 전담 부장판사는 영장 실질심사를 실시, 박지원의 진술을 들었다. 박지원은 최후 진술을 통해 "정상회담이 없었으면 지금도 한반도는 전쟁 위협에 시달리고 있을 것이다. 외국 기업 투자 유치로 IMF를 극복하고 성공적인 월드컵 대회와 부산 아시안게임에 북한 선수단 참석도 모두 정상회담의 성과에서 온 것이다. 북한은 적성 국가이지만 동시에 형제 국가로 통일을 해야 한다"는 허무맹랑한 궤변을 늘어놓았다.

그러자 듣기가 민망했던지 최 판사가 "현대가 북한에 5억 달러를 보내기로 한 사실을 언제 알았느냐?"고 질문하자 박지원은 "남북 정상회담을 한 달 앞둔 5월경 당시 임동원 국정원장이 김 대통령에게 '현대가 경제협력 대가로 북한에 5억 달러를 주기로 약정했다' 는 보고를 할 때 알았다"고 진술함으로써 지금까지 국회와 특검에서 진술한 말이 모두 거짓이었음을 드러냈다.

최완주 판사는 "피고인의 진술은 여러 가지로 납득할 수 없는 거짓말이 많아 증거를 인멸하고 도주할 우려가 있어 구속 수사를 명한다"고 말하고, 구속영장을 발부했다. (註 6)

서울 구치소로 가는 박지원에게 기자들이 "지금 심경이 어떠냐?"하고 질문하자 "꽃이 진다고 해서 바람을 탓하랴, 다만 한 잎 차에 띄어 마시면서 살겠다"는 조지훈의 시로 대답했다.

김대중 정권의 최고 실세를 구속한 특검은 국민들로부터 박수를 받았다. 이제 특검 수사의 칼날은 김대중을 향하고 있었다. 6월 19일, 특검은 노무현 대통령에게 수사 기간을 1차 30일간을 연장해 달라고 신청했다.

특검법은 수사 기간을 총 170일간 할 수 있도록 되어 있으며, 처음 70일간 수사를 한 후 부족할 경우 1차 30일, 2차 20일을 연장할 수 있도록 되어 있었다. 이에 따라 특검은 1차 30일간 연장을 해달라고 노무현 대통령에게 요청했던 것이다.

청와대는 처음에 해줄 수 있다는 반응을 보였다. 그러나 김대중 추종 세력들과 민주당, 그리고 좌파세력들이 조직적으로 들고 일어나 불만을 토로하며 특검 연장을 반대하고 나섰다.

일부 호남인들은 청와대 홈페이지에 "노무현은 배신자. 이제는 호남이 노무현을 버릴 것이다"하고 아우성을 쳤다. 이에 노무현은 지지 기반이 무너질 수도 있다는 생각에 정치적 판단을 내렸다.

노무현은 특검이 요청한 수사 기간 1차 연장 요청을 거부했다. 결국 특검은 특검법에 따른 수사본부 해체 시간에 쫓겨 수사를 끝마무리를 짓지 못했다.

특검이 신청한 수사 기간 연장을 노무현이 비토하자 야당과 비판적인 국민들은 "노 대통령이 김대중과 그 추종 세력들, 그리고 김정일의 협박이 무서워 진실을 감추기 위해 특검 수사를 방해하고 있다"는 비난을 퍼부었다.

야당과 국민들이 "김정일의 협박이 무서워……" 하는 비난에는 그만한 이유가 있었다. 국회에서 야당의 주도로 특검법이 통과되어 김정일이 신임하는 박지원이 구속되고, 임동원이 불구속 기소되자 북한은 "한나라당이 민족 통일을 방해하는 죄악을 저지르고 있다. 우리가 현대와 정상적으로 거래해 온 남북 교류 사업을 특검으로 수사하는 것은 민족 배신행위이며 결코 용서할 수 없는 죄악이다. 특검법을 빨리 폐기하라"고 북한 선

전 매체들을 동원해 비난했기 때문이다. (註 7)

김정일은 대한민국을 그토록 얕보고 있었다. 김대중을 협박하고 현대를 위협해서 금강산을 미끼로 15억 달러를 가로챈 범죄 집단이 오히려 돈을 사기당한 피해자들을 향해 큰소리치는 꼴불견을 연출하고 있었다. 그럴수록 김대중과 그 추종 세력들의 입장만 더 난처해질 것인데도 김정일은 다 써먹어 효력이 없다고 생각했는지 작태를 멈추지 않았다.

북한이 모든 선전 매체를 동원하여 특검을 중지하라고 요구하자 자유민주주의를 지키려는 국민들은 '김대중과 박지원, 임동원, 정몽헌이 김정일과 어떤 검은 거래를 하였으면 저토록 방자한 행동을 할 수 있는가?' 하는 의혹을 더욱 강하게 품게 되었다.

노무현의 특검 수사기간 연장 거부로 송두환 특별 팀은 6월 25일 박지원, 이기호, 이근영 등 3명을 구속 기소하고 임동원, 정몽헌, 이익치, 김윤규, 최백규, 박상배를 불구속 기소하며 그 동안 수사결과를 발표했다.

특검, 대북 송금 5억 달러는 평양회담 대가

송두환 특별검사는 이날 70일간의 수사 발표를 통해 "2000년 6월 평양에서 열린 남북 정상회담을 앞두고 현대 측이 북한에 불법 송금한 4억 5천 만 달러는 대북 경협이자 정상회담의 대가로 연관성이 있는 것으로 확인됐다"고 밝혔다.

특검은 또 "4억 5천만 달러 가운데 1억 달러는 정상회담 조건으로 김대중 정권이 지불하기로 약속하였으나 돈 마련에 어려움을 느끼게 되어 이를 현대 측에서 지불하도록 요청했으며, 현대는 정부 요청에 의해 1억 달러를 대신 북한에 지불하고 정부로부터 특혜를 받았다"고 밝혔다.

특검에 의하면 박지원은 북한에 정상회담 대가로 1억 달러를 주기로 약속하고 이를 김대중에게 보고하였으며, 김대중은 북한 동포들에게 선물을 사가지고 가려면 1억 달러 정도는 주어도 무방하다고 승인한 사실도 드러났다. 그런데도 김대중은 2월 14일 대국민 사과를 하면서 현대 측이 2억 달러를 제공했다는 사실에 대해 가볍게 보고받은 바 있으나 그 이상의 액수에 대해서는 아는 바 없다고 거짓말을 한 사실도 밝혀졌다. 김대중은 또 스스로 "반국가 단체인 북한에 돈을 보내는 것은 실정법 위반이 된다는 사실을 알고 있었다"고 말함으로써 현행법을 위반한 사실도 고백했다.

특검의 수사로 김대중의 말은 모두 국민을 속인 거짓으로 판명되었으며, 5억 달러 가운데 1억 달러는 김대중 자신이 북한에 제공하도록 승인한 사실이 추가로 밝혀진 것이다.

특검은 종합 결론을 통해 "4억 5천 만 달러(현물 제공 5천 만 달러)가 정상회담 전에 모두 송금되었고, 그 과정에 정부가 적극 개입하였으며 국민의 이해를 구하지 않고 비밀리에 송금함으로써 절차적 정당성을 확보하지 않아 정상회담과의 연관성을 부인할 수 없다"고 발표했다.

이로써 김대중과 김정일의 만남은 그들이 주장해 온 "민족 화해와 통일을 위한 평화의 첫 걸음"이라는 거창한 구호는 거짓으로 드러났다. 또 "대북 송금은 대통령의 통치행위이므로 사법적인 판단을 할 수 없다"는 김대중 자신과 그 추종 세력들의 주장은 궤변임이 드러났다.

특검의 수사로 분명하게 밝혀진 사실은, 김대중은 남북 협상 과정에서 행해진 은행 불법 대출, 불법 환전, 불법 송금 등 범죄 사실을 처음부터 모두 알고 있었으며 공모자 역할을 했다는 사실이다.

김대중과 청와대 보좌관들, 정부 관계자들과 민주당 패거리들은 국민들의 눈을 속이고 언론의 추적을 피하기 위해 "정상회담과 대북 송금은 별개 사건"이라고 변명하기에 급급했다.

그러나 특검의 수사는 그들의 주장이 거짓 변명과 궤변임을 입증시켰다. 대북 송금 불법 범죄 행위는 처음부터 김대중의 묵인 아래 때로는 지혜를 빌려주는 격려 아래 주도면밀하게 계획된 사기극이었음이 드러난 것이다.

이는 김대중이 김일성에게 받은 '대해(큰 바다)와 같은 은혜와 형제와 같은 신뢰와 지원'을 받은 데 대한 보상과 노벨 평화상을 받기 위한 국제 사기극이었음이 만천하에 드러난 것이다.

박지원, 150억 꿀꺽 하다 목에 걸려

이날 송두환 특별검사는 수사 결과를 발표하면서 박지원이 현대로부터 챙긴 150억 원 부분에 대해서는 언급을 피했다. 애당초 이 사건을 수사하기 위해 노무현에게 특검 1차 수사 기간 연장을 신청했으나 노무현의 거부로 특검은 문을 닫아야 했다.

노무현 대통령이 특검 수사 기간 연장을 거부하자 야당과 비판 세력들, 그리고 언론에서는 "박지원이 현대로부터 챙긴 150억 원이 민주당의 선거 자금으로 흘러 들어갔을 가능성이 있다. 노무현 후보 선거자금으로 사용되었을지도 모른다"며 의혹의 눈초리를 보냈다.

그런가 하면 특검의 칼날이 "김대중을 향하고 있기 때문에 김대중의 수사를 피하기 위한 방법으로 정치적 판단을 했다"는 소리도 나돌았다. 정치적 판단이라는 것은 김대중을 수사할 경우 호남 민심이 노무현을 떠날 것이라는 압박 때문으로 받아들여졌다.

특검은 "박지원이 현대로부터 받은 150억 원의 뇌물에 대해서는 철저히 수사해야 할 필요가 있다. 특검은 수사기간 만료로 인해 박지원의 뇌물 수수 사건은 수사를 할 시간적 여유가 없었다. 이는 중대한 사건이므로 대검에서 보다 철저한 수사가 필요하다"는 의견서를 달아 대검찰청에 이첩하였다. (註 8)

이로써 특검은 70일간의 막을 내리고 기소한 범죄자들의 재판에 매달려야 했다. 그러나 '현대그룹이 남북 정상회담을 위해 조성한 자금은 애당초 8억 달러였으며, 이 가운데 3억 달러가 배달 사고를 냈다'는 필자의 기사가 커다란 불을 질러 감추어졌던 3억 달러의 정체가 조금씩 모습을 나타내기 시작했다.

또 민족 통일이라는 성스러운 국민의 소망을 팔아 거액의 국민 세금을 착복한 박지원, 권노갑, 김영완, 정몽헌의 국가와 민족에 대한 배신행위는 물론 국가 반역 이적죄(利敵罪)에 해당하는 범죄 행위가 그 가면을 벗기 시작했다.

3억 달러 배달 사고, 김정일 조사 지시

한편 특검이 출범하자 평양의 김정일 비서실 충성파들과 북한 군부의 강경 세력들은 남한 측과 협상을 주도했던 북한 아태평화위원회 김용순 위원장, 송호경 부위원장, 이종혁, 전금철 부위원장들을 의심의 눈초리로 지켜보기 시작했다. 이들은 군부와 무역 거래를 해온 일본 무역업자들과 조총련 간부들이 평양을 방문하자 5억~8억 달러의 진상을 알아봐 달라고 부탁했다.

평양을 방문하여 김정일 비서실 충성파들과 군부 장성들을 만나고 도쿄로 돌아온 일본 무역업자들은 그런 내용을 일본 경찰과 공안청의 정보팀에게 제공했다. 또 조총련 간부들은 조선신보 기자들에게 그런 내용을 설명하고 한국 언론들과 특검의 조사 내용을 정밀 검토하여 본부에 보고하도록 지시했다.

2003년 3월 말경 도쿄의 가장 믿을 수 있는 정보 제공자로부터 평양에서 중요한 정보가 도착했으니 급히 도쿄로 오라는 연락이 왔다. 도쿄로 간 필자는 8억 달러 가운데 3억 달러가 배달 사고가 났다는 사실을 알게되었다.

특검이 4월 15일 현판식을 갖기 사흘 전인 4월 13일, 선데이타임스는

'대북 비밀 송금 3억 달러 배달 사고 났는가? 김대중은 2억 달러, 임동원은 5억 달러, 미국은 8억 달러 보냈는데 김정일은 5억 달러만 받아' 하는 제목으로 3억 달러 배달사고 기사를 특종으로 보도했다. (註 9)

'도쿄에서 손충무 독점 특종기사'로 보도된 이 기사의 주요 내용은 이런 것이다.

'평양을 방문한 일본 무역인들과 조총련 고위 간부들 증언에 의하면 북한 군부의 강경 세력들과 김정일 비서실 충성파들은 2000년 6·15 남북 정상회담을 앞두고 김대중 정권이 김정일에게 제공한 금액이 2억, 5억, 8억 달러인지에 대해 궁금해 하고 있으며 몹시 불쾌한 의혹을 갖고 있는 것으로 알려졌다.

평양에서 김정일 국방위원장 비서실 충성파들과 군부 실력자 장성들을 만났을 때 그들은 한결같이 "위대한 장군께서는 김대중이 장군님께 바치는 충성 자금으로 2~3억 달러만 받은 것으로 알고 있는데, 남조선에서 5억 달러 8억 달러하는 소리는 장군님을 모독하는 행위이다. 여러분들이 도쿄에 가시면 여러 방면으로 조사하여 알려 달라" 부탁하였다는 것이다.

또 김정일 비서실이 남북 협상을 주도해 온 아태위원회 쪽 김용순, 송호경, 이종혁에 대한 자체 조사를 했다는 것으로 보아 북한 측에서 배달사고가 났을 경우 평양은 피바람의 숙청이 단행될 것이며, 반대로 남한측의 박지원, 임동원 등이 가로챘을 경우 남한에서도 그 책임을 물을 수밖에 없을 것이다'라고 보도했다.

이 기사가 즉시 세계를 돌면서 누군가가 서울 특검에도 제공했던 모양이었다. 그래서 결국 3억 달러의 배달 사고를 밝혀냈다. 필자가 입수하여 보도한 미 CIA의 8억 달러 정보가 정확했던 것이다.

배달 사고가 난 3억 달러 가운데 박지원이 150억 원을 챙겼고, 권노갑이 200억 원과 3천 만 달러를 별도로 챙겼다. 그리고 민주당과 한나라당 의원들이 100억 원을 챙겼으며, 김영완과 정몽헌이 각각 나머지를 챙겼던 것이다.

7천 만 민족의 소망이며 민족의 꿈인 신성한 조국 통일을 팔아 그들 몇 명은 3억 달러를 챙겨 자신들의 배를 채웠던 것이다. 그들은 사기꾼 가운데서도 가장 악질적인 사기꾼들이고 모리배였다.

통일을 팔아 배를 채운 사기꾼 집단 가운데 가장 큰 두목은 김정일과 김대중이며, 그 다음 두목은 박지원, 임동원, 권노갑, 김영완이다. 그들 사기꾼들과 짜고 놀아난 정몽헌은 사기를 당하고 결국 죽음을 선택했다. 그는 김정일에게 뜯기고 김대중과 박지원, 권노갑에게 뜯기고 자살이라는 극단적인 선택을 했던 것이다.

그러나 누구보다 가장 큰 피해자는 국민들이었다. 국민들이 낸 세금이 국민들의 의사와는 아무런 상관없이 민족의 원수 흉악범 김정일에게 5억 달러를 빼앗겼으니 그 정신적 피해는 또 얼마인가?

그 같은 실패는 지난 반세기 동안 민주주의 투사, 정의로운 정치인으로 가장한 '전향하지 않은 공산주의자' 김대중으로 인해 발생한 민족 반역 행위에서 출발된 것이다.

그런데도 '대북 불법 송금 사건'의 주역인 김대중은 아무런 처벌을 받지 않고 죽었다. 정몽헌은 무능하고 바보스러웠던 자신의 잘못을 죽음으로써 국민에게 사죄했다. 김대중의 오른팔 졸개인 박지원은 12년, 왼팔 졸개인 권노갑은 6년, 그 패거리들 10여 명은 최저 1년 6개월의 집행유예 12년 징역 실형을 선고 받아 복역했다. 그러나 '헌법을 생각하는 변호사 모임' 등 여러 시민단체들과 국민들이 그 수괴인 김대중을 몇 차례 고발했지만 노무현 정권의 검찰은 고발장만 접수시키고 김대중에 대한 조사는 하지 않았다.

그래서 비판자들은 노무현 정권과 검찰을 향해 "알맹이는 빼 버리고 쭉정이만 잡아 넣었다"고 비난했다. 결국 김대중의 햇볕정책이라는 것은 허울 좋은 말장난에 불과할 뿐 따뜻한 햇볕은 평양의 김정일 혼자서 즐겼으며, 그 피해는 온전히 남한이 감당하도록 만든 꼴이 되었다.

김대중은 2003년 2월 14일 대국민 사과를 하면서 "북한에 송금하는 일은 현행법상으로는 위법인 줄 알면서 송금하도록 지시하였다"고 말했다. 그렇다면 무엇 때문에 현행법을 위반하면서까지 김정일에게 5억 달러를 보내야만 했을까?

김대중의 불법적인 행동에 대해 많은 사람들은 노벨 평화상을 받기 위한 욕심 때문이라고 말하는가 하면, 김정일에게 큰 약점을 잡혔기 때문이라고 하는 소리도 있다. 또 김일성에게 평생토록 받은 은혜에 보답하기 위해서라고 말하는 사람도 있다. 이제 그 진실이 무엇인지 추적해 보자.

이름, 나이, 생일을 각각 세 번씩 바꿨다면, 아버지는?

미국과 일본에서 한국 민주화의 영웅 대접을 받던 김대중 씨의 정체는 국내외 여러 신문과 잡지를 통해 낱낱이 밝혀졌다.

일본에서는 카미야 후지(神谷不二) 박사가 쓴 칼럼 '김대중 네 개의 얼굴', 마이니치신문 나카지마 특파원이 쓴 '김대중 두 개의 얼굴', 산케이 신문의 시바타 미노루 특파원이 쓴 '일본에 잘못 알려진 김대중' 등의 기사를 통해 김대중의 진짜 모습이 새롭게 알려졌다.

또 필자가 쓴 '김대중·김정일 최후의 음모'와 이도형 씨가 쓴 '김대중 한국을 파멸로 몰고 간 사내' 등 지금까지 감추어져 왔던 김대중의 진짜 모습을 폭로하는 출판물들도 쏟아져 나왔다.

일본에서의 평가도 아래로 곤두박질치고 있다. 70년대에서 90년대 초반까지만 해도 김대중을 한반도의 영웅 취급을 하던 종합 월간지 「문예춘추」까지도 '김대중이 노벨상을 받은 것은 개도 웃었다'는 제목을 사용, 김대중의 가짜 모습을 들추어내었다.

오랫동안 김대중의 임기응변과 거짓말에 속아 온 많은 일본인들은 김대중이 "노벨 평화상을 받기 위해 평양회담이라는 국제 사기극을 연출했다"는 비판과 함께 김대중의 세 아들과 일가족, 측근들이 부정부패 혐의로 줄줄이 감옥에 가는 모습을 바라보며 "긴다이추노 패미리 다치와 민나 도로보 데스네……"(김대중의 가족들은 모두 도둑놈들이군요)하고 말했다.

외국 언론인들이 김대중의 참모습을 보도할 때 한국 언론들은 그 몹쓸 촌지 때문에 진실된 기사를 제대로 쓰지 않고 있었다. 한국 언론계에는 지금도 '이명박 장학생', '이회창 장학생', '박근혜 장학생', '노무현 장학생'이 있는 것처럼 오랜 기간 '박정희 장학생', '김대중 장학생', '김영삼 장학생', '김종필 장학생'이라고 불리는 언론인 무리들이 있었다.

그들 가운데 '박정희 장학생'들이 가장 많은 혜택을 입었다. 박정희 장학생들은 박정희 독재정권을 선전하고 유신정권을 적극 지지하는 기사만 보도했기 때문에 박정희는 그들에게 장관, 차관, 유정회 국회의원, 국영기업체 임원, 2급지 외국 대사 자리를 주었다. 가장 나쁜 자리가 중앙 정부 대변인 자리였다.

'박정희 장학생' 출신 어용 언론인들 가운데 정계로 빠진 사람들이 상당히 많은데, 한국 정치를 망친 원흉이라는 소리를 듣는 것도 그들이 뿌린 씨앗 때문이다.

두 번째로 큰 혜택을 본 장학생 그룹은 '김영삼 장학생'과 '김대중 장학생' 그룹이며, 가장 혜택을 보지 못한 사람들이 '김종필 장학생' 그룹일 것이다. 한때는 '노무현 장학생', '박지원 장학생'들이 상당히 두각을 나타냈으며, 이명박 씨가 대통령 후보로 출발할 때부터 모이기 시작한 '이명박 장학생'들이 지금 한참 큰 재미를 보고 있다. '정동영 장학생', '손학규 장학생'들은 아직 큰 재미는 보지 못하고 있다.

이른바 정치인 장학생 언론인들……. 말 잘하는 반벙어리 언론인들 때문에 김대중의 참모습이 독자들에게 제대로 알려지지 못했다. 언론인들이 자신들에게 주어진 사회적 책임 역할을 다 하였다면 굳이 필자가 고통스럽게 이 책을 쓰지 않아도 됐을 것이다. 언론인들이 자신들에게 주어진 역할과 언론인으로서 지켜야할 의무를 다하지 못했기 때문에 장기간 병원 치료를 받는 불편한 환경 아래서 이 책을 써야 했다.

김대중 씨에 관련된 출생의 비밀, 복잡한 가족 관계, 나이도 세 번, 이름도 세 번, 생일도 세 번 바꾸고 호적 정정 신고를 수차례 하였다면 김대중에게는 진짜가 별로 없는 셈이다.

그래서 지난 반세기 동안 김대중과 동지로 때로는 정적(政敵) 관계에 있던 김영삼 전 대통령은 "김대중은 한글로 된 이름만 진짜일 뿐 모든 것이 가짜이다"라고 말했다. 또 김종필은 "김대중이가 말하는 것은 하나부터 열까지 모두가 거짓이다. 그는 입만 열면 거짓말을 한다"고 말했다.

1997년 12월 3일, 대통령 선거 투표일을 2주일 앞두고 주간지 「INSIDE THE WORLD」는 '세계 정치 역사상 대통령 후보자로 지명된 사람이 이름을 세 번, 생일을 세 번, 나이를 세 번씩 바꾼 사람은 김대중뿐이다'라고 보도했다. (註 10)

또 주간지 한길소식은 '김대중 출생 및 가계(家系)의 비밀을 밝힌다'는 특집 기사를 통해 '김대중 씨의 진짜 아버지가 누구인지도 모른다'는 출생과 성장 과정의 비밀을 보도했다. (註 11)

그러자 김대중 씨와 국민회의측은 주간지를 판매하지 못하도록 법원에 판매금지 가처분 신청을 냈으며, 이를 김대중과 같은 호남 출신의 판사가 받아들여 판매 금지를 시켰다.

김대중은 대통령에 당선되자 그런 기사를 보도한 언론사 발행인, 편집인을 형사 고소하여 감옥으로 보내고 그것도 모자라 민사소송을 하여 손해 배상금을 물도록 만들었다. 그로 인해 2개 주간지, 1개 월간지, 2개 출판사가 문을 닫아야 했다.

한국은 '사법권 독립'의 민주국가이다. 그러나 사법권 독립이라는 말은 헌법 조문과 법률 서적에만 있을 뿐 진실은 사법권 독립이 없는 나라이다.

정치 사건은 법관들이 청와대 눈치를 보거나 청와대 민정수석 비서관이 보내는 메모에 따라 판결하는 것으로 국민들은 알고 있다. 판사들이 소신껏 법에 따라 재판을 못하고 있다는 불신이다.

검찰을 바라보는 국민들의 시선에는 더 큰 불신감이 담겨 있다. 검찰은 정권의 시녀가 되어 대통령 눈치에 따라 칼날을 휘두른다는 불만이 많았다. 그러나 송광수 (宋光秀) 검찰총장이 취임하면서 검찰이 달라진 모습을 보인 적도 있었다. 그러나 국민들은 아직도 검찰을 100% 신뢰하지 않는다.

자유 민주주의 국가 국민들은 투표에 의해 선출되는 공직자들에 대해 철저한 검증을 요구하고 있다. 특히 대통령 후보자가 되면 국민들은 후보자의 머리 색깔에서부터 발끝까지 모든 것을 벗겨 놓고 알고 싶어한다.

개인의 프라이버시가 존중되고 있는 미국에서도 대통령 후보자가 되면 본인의 아버지와 어머니, 그 아버지의 아버지 그 어머니의 어머니가 누구인가를 찾으며 몇 대의 선조 혈통까지 추적한다.

그런 전통 때문에 빌 클린턴 전 대통령은 자신의 가계(家系)가 국민들에게 모두 노출되었다. 클린턴 전 대통령은 아버지가 다섯 번 바뀐 인물이다. 또 아칸소 주지사 시절부터 몇 명의 여자들과 섹스 스캔들을 일으켜 언론으로부터 치명적인 공격을 받으면서도 대통령에 당선됐으며 지금도 인기를 누리고 있다.

빌 클린턴 전 대통령의 어릴 적 이름은 윌리엄 제퍼슨 블라이드 (William Jefferson Blythe IV)였다. 윌리엄의 친아버지는 트럭 운전사였으며 어머니는 간호사였다. 그들 부부가 결혼 3년 만에 윌리엄을 임신했는데 임신 8개월 때 아버지가 교통사고로 세상을 떠났다. 이후 어머니는 재혼했으며 윌리엄은 두 번째 아버지 성인 클린턴을 따르게 되었다. 그 후에도 어머니는 세 번이나 개가를 했지만 클린턴을 열심히 키워 세계의 대통령이나 다름없는 미합중국 대통령으로 만들어 냈다.

그런데 한국의 대통령을 지낸 김대중 씨는 성씨가 김 씨인지? 아니면 윤 씨인지, 제갈 씨인지? 아버지가 누구인지? 하는 의문의 소리가 항상 따라 다니고 있었다.

21세기 첫 한국 대통령에 출마한 후보자의 이름과 생일이 세 번 바뀌고, 아버지가 누구인지도 모른다는 말들이 돌아다녀 유권자들을 몹시 혼란스럽게 만들었다. 김대중의 호적에는 분명히 김 씨로 되어 있다. 그런데도 수많은 국민들은 김대중 씨의 진짜 성은 김 씨인지 진짜 나이는 몇 살인지? 진짜 생년월일은 언제인지? 또 진짜 이름자는 무엇인지? 국민들의 궁금증에 대해 김대중 씨는 한 번도 답변다운 답변을 제대로 한 적이 없다.

그러면서 진짜를 밝히려고 애쓴 기자들, 칼럼니스트들, 발행인들을 감옥에 쓸어 넣고 발간된 신문과 잡지, 단행본 책자는 판매하지 못하도록 판매금지 가처분 신청을 해서 언론사와 출판사가 망하여 문을 닫도록 만들었다.

그러면 김대중 씨에게 드리워져 있는 의문을 풀어줄 호적(戶籍)을 통해 진실을 추적해 보자.

필자가 1988년 7월 28일 입수한 호적은 김대중 씨가 출생한 전라남도 무안군 하의면 면장이 발행한 호적등본이다. 이 호적에 의하면 김대중은 1924년 1월 16일 아버지 김운식(金雲式)과 어머니 장노도(張魯島, 후에 張守錦으로 개명) 사이에 서자로 출생하였으며, 아버지가 6개월 늦은 1924년 7월 7일 출생 신고한 것으로 기록하고 있다. 출생한 날짜가 틀려 잘못된 호적의 생년월일을 고치지 않고 있다가 1943년 7월 8일 광주지방법원 목포지원에서 '호적 출생 신고 정정' 허가 판결을 받아 출생 날짜를 1925년 12월 3일로 정정 기재 되어 있다.

이에 따라 김대중 씨는 2002년 현재 나이가 77세인 셈이다. 그러나 실제는 78세 라는 것이 정설이다. 김대중 씨가 자신의 생년월일을 바꾼 사실을 처음으로 인정한 것은 1988년 11월 18일 열린 '국회 5 · 18 광주 민주화 운동 진상규명을 위한 청문회' 였다.

이날 청문회에서 김대중은 "호적을 개정, 나이를 고친 것은 부모님이 일본 학도병에 끌려 나가지 않도록 하기 위해 호적 나이를 두 번 고쳤다"고 증언했다.

또 호적 기록에 의하면 아버지가 처음 호적 신고를 할 때 지은 이름은 '金大中'이었는데 1954년 4월 20일 광주지방법원 목포지원에 호적 정정 신고 허가를 받아 '金大仲'으로 고쳤다. 그 후 또 한 번의 호적 정정을 통해 다시 본래의 金大中으로 돌아갔다. 이름을 두 번 고친 것이다. (註 12)

주간지 한길소식과 「INSIDE THE WORLD」를 통해 그 같은 사실이 보도되자 당시 서울에서는 '이름도 몰라요, 성도 몰라요. 생일도 몰라요' 하는 노래가 번지기도 했다.

김대중의 사촌동생을 특별 조사관으로 채용하다

정승화 계엄사령관과 계엄사령부 합동수사본부(보안사령부)는 "김대중은 출생, 성장 과정이 복잡하다"고 발표한 바 있다. 김대중의 출생에 대하여 처음 조사를 한 곳은 1971년 박정희 씨를 대통령 후보로 선출한 민주공화당 선거대책본부였다.

국회의원에 두 번 당선된 경력 밖에 없는 김대중이 야당인 신민당 대통령 후보로 당선되자 박정희 정권과 공화당은 초기에는 자신들의 전략이 성공했다고 생각했을 뿐 대수롭지 않게 여겼다.

그러나 3선 개헌을 하면서까지 무리하게 장기 집권을 하려는 박정희와 공화당에 불만을 가진 국민들 사이에 김대중을 지지하는 여론이 급속하게 번져 나가자 박정희 정권과 공화당은 바짝 긴장했다. 더욱이 김대중이 탁월한 연설 솜씨로 여론을 리드해 나가자 박정희와 공화당은 자신들이 벌여 온 전략이 잘못됐음을 알게 되었다. 하지만 이미 버스는 떠난 후였다.

박정희와 민주공화당은 경남과 부산 지역에 정치 기반을 갖고 있는 40대 젊은 기수 김영삼이 야당 대통령 후보가 되면 박정희의 당선이 어렵다고 분석했다. 그래서 전북 출신 이철승과 당시 그다지 알려지지 않은 전남 출신 김대중 두 사람 가운데 누구 한사람이 야당 후보가 되어도 박정희 당선은 무난하다고 판단했다.

김영삼이 야당 후보가 되지 못하도록 정치 음모를 꾸며 선거를 방해한 끝에 어부지리로 김대중이 당선되자 박정희는 승리를 장담했다. 그런데 의외로 김대중의 바람이 거세게 불자 자신들의 전략이 실패했음을 깨달았다.

공화당 선거 대책 본부는 김대중의 배경을 철저히 조사해야 할 필요가 있다고 박정희에게 보고했다. 김대중이라는 인물의 정체를 알아야 공격을 할 수 있다는 판단에서였다.

김종필 공화당 대표는 자신이 창설한 KCIA의 베테랑 수사 요원 하영조(河永祚)가 공화당 중앙위원 자리에 있음을 알고 그를 자신의 방으로 불렀다.

아래의 글은 해군사관학교 제1기 졸업생으로 5 · 16 혁명에 주체 세력으로 참가했으며, 김종필의 측근으로서 민주공화당 중앙위원직으로 활동하던 이한두(李澣斗) 씨가 1986년 1월 20일 펴낸 '유신 공화국의 몰락' 가운데 폭로한 내용이다.

'공화당 정권은 별로 대수롭지 않게 생각하고 야당 후보로 지명되도록 만든 김대중이 의외로 강세를 보이자 당황했다. 경상도 출신의 김영삼을 꺼려서 이름이 별로 알려지지 않은 전라도 출신 김대중을 밀어 신민당 후보자에 지명되도록 공작한 것이 실패작이 된 것이다. 공화당은 비상수단을 강구하지 않을 수 없었다.

1971년 초, 김종필은 공화당 창당 요원이며 중앙위원 자리에 있는 하영조(河永祚)를 불렀다. 그는 육군 헌병장교 출신이며 김종필이 중앙정보부를 만들 때 수사요원으로 있다가 김종필과 함께 공화당으로 옮긴 사람이다.

김종필은 하영조에게 "김대중에 관해서 그 출생부터 대통령 후보자가 되기까지 모든 것을 비밀로 조사하시오. 이것은 청와대 각하의 특명이오" 하는 지시를 했다.

청와대 각하(박정희)의 지시라는데 더 이상 질문을 할 수 없었던 하영조는 물러났다. 그리고 김대중에 관한 자료를 수집하면서 정보부와 치안국에서 5명의 베테랑 수사 요원을 차출, 6명으로 조사 팀을 만들었다. 이들 가운데 김대중과 고향 친구이며 치안국 특정과(정보과)에 근무하던 이백래(李白來) 수사관과 해병대 헌병 출신으로 김대중의 사촌동생이 되는 윤일만(尹一萬)을 특별 조사관으로 채용하여 출발했다.

1971년 초에 출발한 김대중 조사팀은 김대중이 출생한 하의도, 삐리섬, 목포와 광주, 강원도 인제까지 40일 동안 여러 지역을 누비며 많은 사람들을 만나 이야기를 듣고 녹음했다. 증거 서류를 수집하고 증언자들의 진술서를 만들었다. 김대중의 출생에서부터 야당 대통령 후보자가 되기까지 풀스토리를 정리한 하영조 팀은 김종필과 박정희에게 조사보고서를 제출했다.

하영조팀이 제출한 보고서의 중요 내용은 이런 것이다.

전라남도 삐리섬에서 태어난 김대중의 어머니 장노도 씨는 17살에 같은 섬에 사는 제갈 성조(諸葛成祚)라는 사람에게 시집을 갔다. 그러나 꽃다운 19세 나이에 남편이 죽어 청상과부가 됐다. 남편을 잃은 제수를 그의 시숙인 제갈 성복(諸葛成福, 제갈 성조 씨의 형)이 돌봐 주고 있었는데 점점 육체관계까지 갖는 사이로 발전했다. 젊은 과부의 배가 불러짐에 따라 마을에 소문이 나기 시작하자 제갈 성복은 장노도를 삐리섬에서 같은 신안군의 너리섬으로 이사를 보내 거기서 주막을 차려 주었다. 그때 짝을 지어준 사람이 친구인 윤창언이었다.

윤창언(尹昌彦)은 농악을 하는 한량이었으며 장노도와 몇 개월 동거생활을 하다가 아이를 낳았다. 그가 김대중이다. 김대중을 낳을 때 이모가 되는 장도산(張都産) 여인이 조산 수발을 했다.

김대중은 김대중이 아니라 윤창언의 아들로 윤○만(尹○萬)이라는 이름으로 자랐다. 하영조 팀에 합류하여 조사관으로 임명된 윤일만이 바로 그의 사촌이다.

김대중의 일생도 기구한 운명이지만 그의 어머니 장노도 여사의 팔자도 기구했다. 두 번째 남편 윤창언도 세상을 먼저 떠났다. 남편 윤창언을 잃은 장 여사는 김운식이라는 사람에게 또 시집을 갔다.

김운식에게는 전처인 김순례와의 사이에 매월, 대봉, 안례, 용례라는 자식들이 있었다. 장 여사가 윤○만을 데리고 김운식의 집으로 들어가니 윤○만의 나이가 큰 아들 대봉보다는 어렸다. 그래서 윤○만 이라는 이름을 버리고 김대중(金大中)이라는 이름의 서자 신분으로 호적에 올렸다.

그 후 정치인이 되어 김대중(金大仲)으로 고쳤다가 관상가 김학(金鶴)의 권유를 받아들여 다시 처음 이름자 金大中으로 고쳤다. (중략) 김대중은 오랫동안 의부(義父) 김운식의 서자로 있다가 강원도 인제 지구가 6·25 휴전으로 이남 땅에 편입되자 거기에 안착하여 월남 동포 행세를 하면서 가 호적(假 戸籍)을 만들었다. 그러다 1962년 신 민법(新 民法) 시행으로 김운식의 호적에 정식 적자(嫡子) 아들로 신분을 바꾸어 김해 김 씨 성을 갖게 되었다.' (하략) (註 13)

하영조 팀의 보고서를 받아본 박정희와 공화당은 그 자료를 정보부에 넘겼으며, KCIA가 재차 조사를 하여 다시 파일을 만들었다. 그러니까 정승화 계엄사령관이 79년 11월에 읽은 자료와 80년 5월 전두환 보안사령부의 합동수사본부가 발표한 자료는 KCIA가 만든 파일이며, 86년 이한두 씨가 폭로한 자료도 그 파일에 기초한 내용이다.

그런데 KCIA가 보관하고 있던 파일을 1980년에 입수한 일본 저널리스트 시바타 미노루 씨와 야마사키 하지메 씨가 한국 안내원을 앞세워 김대중의 고향을 방문했다. 이들이 몇 개월에 걸쳐 수집한 또 다른 자료가 있었다.

시바타 미노루 씨는 그 자료를 바탕으로 1981년 초부터 산케이 신문에 '김대중 출생의 비밀'이라는 기사를 몇 회 연재하고, 3월 10일 '김대중의 좌절'이라는 책을 출간했다. 그 책 속에 김대중 출생의 비밀이 모두 실려 있다. (註 14)

또 프리랜서 작가 야마사키 하지메(山崎 一) 씨는 1981년부터 일본의 여러 잡지에 김대중에 관한 기사를 보도하다가 1995년에 '김대중, 이제는 당신이 대답할 차례'라는 원고를 집필했다. 이 1,500매의 원고를 한국의 새세상출판사가 입수하여 1996년에 상하 2권으로 번역 출간했다. (註 15)

야마사키 하지메 씨도 시바타 미노루 씨와 같이 KCIA가 조사한 파일과 자신이 독자적으로 조사한 내용을 토대로 하여 책을 발간했으나 하영조 팀이 조사한 내용과 비슷하다. 그래서 세 개의 김대중 파일이 생긴 셈이다.

그런데 김대중 출생의 비밀을 담은 또 다른 파일이 있다. 100여 명의 증인들을 직접 만나 인터뷰하고 녹음까지 한 살아 있는 자료로 앞에서 밝힌 세 개의 파일보다 훨씬 더 생생한 것이다.

8년에 걸쳐 김대중에 대한 비밀 자료를 수집한 사람들은 김대중과 가까운 동지였으며 광주사건으로 김대중과 함께 감옥살이를 했던 심복이며 측근들이다.

측근 동지들을 감옥으로 보내다

주간지 한길소식 발행인 함윤식(咸允植)은 김대중의 경호실장을 10년간 했으며, 편집인 손창식(孫昌植)은 1971년 김대중이 첫 야당 대통령 후보자가 됐을 때부터 측근으로 활동했다.

이들 2명은 1980년 5월 17일 김대중과 함께 광주사건의 배후 인물로 지목 체포되어 1년 4개월간의 감옥살이를 하고 나온 사람들이다. 김대중의 가까운 측근들이었던 이들 두 사람이 김대중과 결별한 것은 김대중이 김영삼을 배신하여 새로운 당을 만들고 대통령 후보로 출마하여 전두환 군사정권의 후계자인 노태우를 당선시켜 순수한 민간정부 탄생을 방해한 데 대한 불만 때문이었다.

그 후 손창식은 8년에 걸쳐 발로 걸어서 김대중의 출생지를 비롯하여 어머니의 출생지를 13회나 찾아 100여 명의 사람들을 만났다. 그리고 그들 가운데 중요한 증인 30여 명의 증언을 녹음하여 비밀 장소에 보관하고 있었다.

손창식은 자신이 수집한 자료 일부를 1997년 10월 29일 '김대중 출생 및 가계의 비밀을 밝힌다' 는 내용으로 한길소식에 특집으로 보도했다. 그러자 김대중이 발행인 함윤식과 편집인 손창식을 형사 고소했다. 함윤식은 98년 2월 22일에 체포되어 1년 징역형을 선고받아 감옥살이를 했으며, 편집인 손창식은 2년 6개월 집행유예 실형을 선고받았다.

손창식은 보관하고 있는 녹음 테이프와 녹취록 등 각종 증언 자료를 제출하면 형사 처분을 면제해 주고 직장까지 알선해 주겠다며 검찰이 회유하고 설득했으나 거절하자 형사 처분을 내렸다고 증언했다. 또 김대중의 장남 김홍일은 측근을 내세워 거액의 돈과 직장을 알선해 주는 조건을 제시하고 보관중인 비밀 자료와 교환하자고 유혹하였으나 거절했다고 말했다. (註 16)

손창식은 문제의 자료를 국내에 둘 경우 위험하다고 판단했다. 그래서 두개의 카피본을 만들어 "만약 김대중 정권이 끝나기 전에 내가 죽으면 미국에서 공개하거나 아니면 훗날 귀국하여 서울에서 출판해 달라"는 편지와 함께 미국에 있는 필자와 김영훈 목사에게 보내왔다. 그러므로 김대중 씨의 출생과 성장에 따른 파일은 현재 모두 네 개가 있는 셈이다. 그리고 내용은 조금씩 다르지만, 그 네 개는 80%가 같은 내용이다. (註 17)

그런데 김대중은 정승화 장군과 전두환 장군, 그리고 이한두 씨는 고소하지 않고 자신의 측근이었던 함윤식과 손창식을 고소하여 징역을 살도록 만들었다. 이것은 김대중이 인간적으로 얼마나 잔인하며 은혜를 모르는 사람인가를 알게 해 준다.

김대중의 주장대로 함윤식과 손창식이 보도한 내용이 거짓이라면 이미 18년 전에 발표된 정승화 장군의 발언, 17년 전에 공개 발표된 계엄사령부 합동수사본부 발표 내용은 무엇이며, 81년에 발간된 산케이 신문의 '김대중의 좌절' 기사, 86년에 이한두 씨가 발간한 '유신공화국의 몰락' 속에 폭로된 공화당의 조사보고서는 무엇인가? 이미 계엄 사령부와 몇 개의 공개된 자료 속에 등장한 내용들이다.

그런 내용이 처음 공개된 80년대는 입을 가만히 다물고 있다가 17년 후인 1997년에 발표된 기사에만 '출판물에 의한 명예훼손, 선거법 위반'이라는 주장은 도저히 납득할 수 없는 것이다. 그런 사실을 알면서도 김대중의 압력에 굴복하여 그들을 구속 기소한 검찰은 누구이며, 징역형을 선고한 재판관들은 어느 시대의 사람들인가? 그런데도 한국에 사법권 독립이 있다고 떳떳하게 말할 수 있는 법관들이 과연 몇 명이나 될까?

가슴 아픈 출생의 비밀은 보도하지 않는다는 방침이었으나 ……

필자는 김대중 씨를 둘러싼 네 개의 출생 비밀 스토리 파일을 모두 갖고 있었다. 그런데도 불투명한 출생 부분의 스토리는 보도하지 않았다. 그것은 김대중 본인의 잘못이 아니기 때문이다. 인간이 태어나서 그가 성인이 될 때까지의 삶은 자신의 의지가 아니기 때문이다. 그것은 자신보다 부모 대에서 생긴 일이기 때문이다. 또 필자는 클린턴 대통령의 어린 시절 배경을 알기 때문에 김대중의 출생과 유년기 성장에 대해서는 보도하지 않는다는 방침을 가지고 있었다.

또 다른 이유는 김대중 씨의 불행한 출생 사실이 밝혀질 경우 그를 지지하던 사람들이나 지지하지 않는 사람들까지도 너무 슬프게 만들 수 있었기 때문이다. 21세기 한국을 이끌어 나갈 첫 대통령 후보자가 자신의 아버지가 누구인지도 모르는 불행한 환경에서 태어난 사람이라고 하면 그 충격이 너무도 클 것으로 생각되었다.

필자는 그런 마음가짐을 법정에서 공개적으로 당당하게 진술하였다. 그런데도 김대중과 박지원 패거리들은 그런 뜻을 모르고 우선 필자를 감옥에 보내 유치시켜서 자신들의 임기 5년 동안 활동을 하지 못하도록 만드는 일에만 혈안이 되었다. 만약 필자를 감옥에 보내지 않았으면 필자의 손으로 이 책을 쓰는 수고는 하지 않아도 됐을 것이다.

2002년 10월, 도쿄에서 '김대중 · 김정일 최후의 음모'가 출간되자 김대중과 필자 사이의 관계를 잘 알고 있던 한반도 전문 언론인 변진일(邊鎭一, 코리아 리포트 발행인) 씨가 "이제부터 손 선생님의 반격이 시작되는군요?" 하는 의미심장한 말을 했다.

그는 필자가 불법으로 감옥에 갇혀 있을 때 서울 구치소는 물론 먼 춘천 교도소 까지 찾아와 면회를 하고 일본 매스컴에 필자가 탄압받는 사실을 보도했던 일본의 한반도 문제 전문 저널리스트이다.

김대중 씨의 호적과 각종 저작물, 그리고 대통령에 당선된 후 청와대의 홈페이지에도 김대중 씨는 '아버지 김운식과 어머니 장수금 사이 4남 1녀 중 2남으로 태어났다'고 기록되어 있다. 그것부터가 허위이며, 거짓이다. 국민들 앞에 차마 자신의 출생 비밀을 정직하게 알리기 쉽지 않아서 허위로 기재하는 심정은 알지만, 대부분의 국민들이 알고 있는 사실을 거짓으로 기록함으로써 더욱 의혹을 불러일으키며 호기심을 만들어 주었을 뿐이다.

김대중을 자신의 호적에 서자로 올려준 김운식 씨는 목포 지방에서는 먹고 살만한 재력을 가진 사람으로 알려졌다. 그의 본관은 김해 김 씨였다. (註 18)

김대중은 그때부터 자신의 출생을 모르는 사람들 사이에서 김해 김 씨 혈통으로 알려져 왔다. 김대중을 비판하는 사람들은 김대중의 그런 복잡한 출생 사실과 첩의 자식이라는 위치에서 암울한 유년기와 소년기를 보냈기 때문에 성격이 비틀어지고 거짓말을 천연덕스럽게 잘하는 이상 성격의 소유자가 됐을 것으로 판단하는 사람들도 있다.

정신 분석 심리학자들은 "김대중의 불행한 출생과 성장 과정에서 성격이 비틀어지고 음울하고 거짓말을 잘 할 수 있는 이상 성격 형성을 가져왔을지도 모른다"고 분석했다.

김대중은 하의도에서 보통학교(지금의 초등학교)를 다니다가 4학년 때 목포로 이사를 갔다. 하의도에 있는 보통학교는 당시만 해도 3학년 밖에 없었기 때문에 4학년 때 김운식의 본가가 있는 목포로 옮겼다고 고향 선배 김진하와 친척 김경인 씨가 증언했다.

김대중의 어머니 장노도 여사는 상당히 강했으며 억척스러운 면이 있었다고 한다. 주막을 하면서 상당한 돈을 모았으며, 그 돈으로 섬 지방의 논밭을 많이 사들였다. (註 19) 그래서 목포에 올 때 그것을 처분한 돈으로 여관을 구입해서 경영할 수 있었다. 목포로 옮긴 김대중은 북교(北矯) 보통학교에 전학했으며, 1939년 3월 25일 72명의 학생 가운데 우등으로 졸업했다.

1939년 3월, 소학교(1938년 보통학교가 소학교로 개편됨)를 우수한 성적으로 졸업한 김대중은 머리가 우수한 학생들만 입학하는 목포상업학교에 진학했다. 이 학교는 5년제로서 목포 지방은 물론 인근 호남 지역의 우수한 일본인 학생과 한국인 학생들이 진학하는 명문 학교였다.

목포상업학교 1~2학년 시절 김대중의 학업 성적은 160명 학생 가운데 전교 수석을 차지할 정도로 우수했다. 이 학교에는 일본인 학생이 68명이나 있었는데도 김대중은 그들을 앞질렀다. 하지만 1944년 3월 2일 졸업을 할 때 그의 성적은 150여 명 가운데 39등으로 떨어졌다.

전교 수석 자리에서 39등으로 성적이 떨어진 데 대해 김대중은 "나는 상업학교 4~5학년 경에는 반일(反日) 사상에 눈을 떠 일본인들에게 저항 의식이 싹트고 있었다. 1~3학년까지는 급장까지 할 정도의 성적이 반일 사상에 눈을 뜨고나서부터 성적이 떨어지기 시작했다. 그때부터 일본인 교사들 사이에는 사상이 불온한 학생으로 낙인이 찍혔으며, 그로 인해 성적이 나쁘게 나왔다"고 자신의 저서에 기록 하고 있다.

목포상업학교를 졸업한 김대중은 일본인이 경영하는 해운회사에 경리 담당으로 취직을 한다. 그곳에서 열심히 노력해 일본인들로부터 인정을 받았다. 그 시절 김대중은 일본의 조선식민지 정책에 순응하여 자신의 이름을 도요타 다이쥬(豊田大仲)로 창씨개명을 했다.

조국 해방과 함께 공산주의자로 변신

1945년 8월 15일 연합군의 승리로 조선은 해방이 되었다. 목포에 있던 김대중은 단파 방송을 통해 일본 천황이 항복하는 소리를 들을 수 있었다. 김대중은 1973년 6월 일본에 망명해 있을 때 '독재와 나의 투쟁' 이라는 책을 출간했으며, 그 책을 한국에서 '행동하는 양심으로' 라는 제목으로 번역 출판했다. 또 1987년 10월 '김대중 수난사 인동초의 새벽' 이라는 책을 출판했으며, 1998년 일본 NHK 방송국 출판부가 '김대중의 메시지- 나의 자서전' 을 발간했다.

김대중은 자신의 여러 책 속에 이렇게 남기고 있다.

'1945년 8월 15일 해방의 날, 나는 아침부터 집에서 라디오에 귀를 기울이고 있었다. 정오의 시간 일본 천황의 무조건 항복 소리와 함께 일본이 패망하였음을 들었다. 나는 당시 일본 군대에 징집당해 집에서 대기하고 있었다. 그런 때에 일본의 패전과 천황의 항복 방송을 듣고 처음에는 꿈이라고 생각했다. 나는 지금에도 그날의 감격을 잊을 수가 없다.

나는 일본인들이 울고 있을 때 즐거워 거리로 뛰쳐나갔다. 나는 우리나라가 해방이 되고 독립이 됐다는 사실에 너무 흥분해 있었다. 나는 '대한민국 만세, 조선독립 만세, 조선 해방' 이라는 포스터를 수없이 만들어 거리에 붙이고 다녔다. 그 시기는 아직도 일본 경찰과 헌병들이 무장을 하고 있었으며, 그들이 치안을 담당하고 경찰권을 갖고 있었다. 그런데도 나는 그들을 무서워하지 않고 만세를 부르며 거리에 포스터를 붙이고 다녔다.'

조선의 해방과 함께 김대중은 바로 공산주의자로 변신한다. 김대중은 박정희 정권, 전두환 정권이 자신의 과거 행적을 조사, 공산당에 가담한 사실을 발표하자 "정부 여당의 음해이다. 조작된 것이다"하고 계속 변명했다. 그러면서도 자신이 해방 후 남한 공산당인 남로당과 좌익단체에 가담하여 좌익 활동을 했다는 사실을 자신의 책 속에 조금은 밝히고 있다.

'나는 솔직히 말해서 공산주의가 무엇인지? 민주주의가 무엇인지를 확실히 알지 못하고 있었다. 그렇기 때문에 독립된 조국을 건설해야 한다는 생각과 희망, 열정 때문에 여운형(呂運亨)이 지휘하는 건국준비위원회에 가담했다. 건국준비위원회는 초기에는 이데올로기가 없는 조국을 건설한다는 이념 아래 우익도 좌익도 참가했는데 얼마 후 좌우익(左右翼, 공산당과 민주 진영)으로 분열되었다. 나는 1946년까지 흔히들 말하는 좌익이 지휘하는 인민위원회와 공산주의 계열인 신민당에 참가했다. 나는 짧은 기간에 여러 조직에 들어갔으나 기대에 미치지 못해 실망이 커지고 있었다. 공산주의자들 회의에도 참가했으며, 한때 공산주의에 깊은 관심을 갖고 있었다. 나는 공산주의가 진실로 국가의 독립과 국민의 행복을 위해 유익한 이데올로기인가 하고 깊은 관심을 가지고 연구했었다.'

김대중은 자신의 저서 속에 "공산주의에 대하여 깊은 관심을 가지고 연구하며 1946년 말까지 참여했을 뿐 그 후에는 환멸을 느껴 공산주의자들과 결별했다"고 주장했다.

그러나 김대중의 공산주의 가담과 활동은 1950년 6·25 한국 전쟁 직전까지 계속 되었다. 그는 정치인이 된 다음에도 여러 경로를 통해 북한 김일성과 깊은 관련을 갖고 있었으며, 김일성으로부터 '형제보다 더 큰 사랑과 은혜'를 받으며 고위 거물급 간첩 이상으로 북한을 위해 도와주는 정책을 펴면서 정치를 했다.

그런 행동은 대한민국에 반역 행위를 한 것이며, 조선민주주의 인민공화국 북한의 김일성 집단을 도와준 이적 행위에 해당하는 범죄를 저지른 것이다. 그렇기 때문에 김대중은 그토록 처절하게 박정희 정권, 전두환 정권의 정책을 비난하며 반기를 들었던 것으로 의심을 받을 수밖에 없는 것이다.

파출소에 불을 지른 민주주의민족전선의 행동대장

김일성이 죽은 후에는 김일성으로 받은 사랑과 은혜에 보답하고 꿈속에서도 그리던 노벨 평화상을 받기 위해 햇볕정책이라는 가면의 정책을 만들어 김정일을 도와주기 위해 밑 빠진 독에 물을 붓듯 마구 퍼부어 주었다.

야당 의원들이 현대아산 정몽헌의 초청을 받아 금강산 관광지 현장을 돌아보고 온 후 국회 발언을 통해 "햇볕정책 이라는 명분 아래 출발한 금강산 관광 사업이라는 것은 금강산 나무 가지 가지마다 백 불짜리 달러가 주렁주렁 매달려 북한의 군사력 증강을 도와주고 그 총알이 대한민국으로 날아오도록 만든 졸작 중의 졸작 품 정책"이라고 비난했다.

김대중에 관한 여러 가지 자료와 정보기관의 조사 보고서, 80년 5월 계엄사령부의 수사 발표문 등 각종 자료를 종합해 보면 김대중은 1946년 후반 남한 공산당인 남로당과 합병한 신민당과 민주애국청년동맹, 그리고 전국노동평의회 등 좌익 정당과 좌익 단체에 가담하여 활동을 한 사실이 드러난다.

신민당 시절에는 목포시 당 청년부장으로서 목포지구의 조직과 선전부장으로 중간 책임자 자리에 있었으며, 민주애국청년동맹에서는 목포지구 연맹 부위원장 자리에 있었다.

한편 1946년 6월에는 공산당 조직인 목포 인민위원회 제22동 위원장 김판섭(金判燮) 등에게 민주애국청년동맹의 사업을 설명하고 동맹 가입을 권유하는 등 공산당 조직 확대 운동에 열중했다.

1946년 10월 31일 목포 경찰서 관내 대성, 남교, 서교, 서산동 파출소가 공산주의자들에게 습격을 받아 불탔는데, 네 곳을 습격하고 방화를 한 조직원들은 민주주의 민족전선으로 밝혀졌으며 김대중은 그 단체의 행동대장이었다.

김대중은 방화 사건의 범인으로 검거되었으며, 20일간 경찰서 유치장에서 구류를 살았다. 또 1948년 9월에는 남로당 목포시 당원으로 등록했으며, 청년부장 상임위원으로 활동했다.

한편 김대중은 1949년 2월 20일 고향인 전라남도 신안군 장자면 출신으로 남로당 섭외부장을 지내고 민주주의민족전선 부위원장으로 활동하다가 경찰에 체포된 유재식(俞在植)에게 자금을 제공한 혐의로 전남 경찰국에 체포됐다. 그때 장인 차보륜(車寶倫) 씨가 나서서 친밀히 알고 지내던 목포 해군 헌병대장인 박성철(朴成哲) 중위에게 부탁했으며, 박성철의 신원보증으로 석방되었다. 박성철은 그 후에도 김대중이 어려울 때 몇 차례 더 도와주었다. 그때 도움을 주고받은 인연으로 박성철이 해병대 소장으로 예편한 후 김대중의 경호실장으로 근무하게 되었다. 그러다가 1980년 5월 광주사건 때 김대중과 함께 박성철도 구속되어 재판을 받는다.

김대중은 1946년 말 공산주의 활동을 중지하고 좌익 단체에서 발을 뺐다고 주장하고 있으나 1950년 한국전쟁 발발 때까지 좌익 활동을 한 기록이 남아 있다.

또 다른 증거 자료에 의하면 김대중은 한국전쟁이 발발한 1950년 6월 경까지 공산주의 활동을 하다가 체포된 후 처벌을 받고 나온 사람들을 등록시켜 순화교육을 시키던 보도연맹(保導聯盟)에 등록되어 있었으며, 총살 대상자로 체포되기도 했다.

대한민국 정부수립 후 이승만 정권은 공산주의자들을 철저히 수색하여 처벌을 한 후 그들이 사회에 나가서 또다시 공산주의 활동을 하지 못하도록 하기 위해 보도연맹이라는 사상 순화교육을 시키는 단체를 만들었다.

그런데 이 단체의 출발 목적이 빗나가 지방에서는 경찰이나 검찰이 자신들에게 협조를 하지 않거나 야당 활동을 하던 순수한 사람들까지 보도연맹에 명단을 올렸다. 그리하여 6·25 전쟁 발생 후 공산주의와 관련이 없는 무고한 민간인들 수십 만 명을 총살시키는 불법을 저질렀다.

그에 대한 증거 자료가 속속 드러나고 있지만, 아직까지 국가가 나서서 유가족들에게 사과를 하거나 명예 회복과 보상을 해주지 않고 있다. 하지만 김대중의 경우는 다르다. 그는 무고한 민간인 강제 등록자가 아니라 공산주의 활동을 하다가 몇 차례 체포된 후 보도연맹에 등록된 핵심 남로당원이었다. (註 20)

남로당 주요 간부직에서 활동

김대중은 자신의 공산당 활동을 숨기려고 한다. 그래서 자신의 여러 가지 저작물 속에 "8·15 해방 후 조국을 위해 무슨 일을 해야 하겠다고 다짐하고 공산당을 관념적으로 생각하고 가입했다. 그러나 공산주의자들이 소련을 섬기고 소련을 자신들의 조국이라고 하는데 고민하다가 1946년에 탈퇴한 후 우익 청년단에 가입해서 대한민국을 건설하는 데 동참했다"고 기술하고 있다.

그러나 이 주장도 거짓이다. 김대중은 대한민국 탄생을 위해 우익에 가담한 적이 없다. 그는 조국 해방과 함께 공산주의에 가입한 후 지금까지 공산당을 탈퇴하여 우익으로 사상 전향을 했다는 아무런 증거 자료도 없고 기록도 남아 있지 않다.

그런 기록이나 자료가 남아 있을 수가 없었다. 왜냐 하면 사상 전향서를 쓴 적이 없기 때문이다. 김대중 자신도 현재까지 사상 전향서를 썼다는 말을 한 적이 없다. 그런데도 우익에 가담하여 대한민국 건설에 힘을 보탰다고 주장한다.

김대중의 그런 주장에 대해 건국청년운동협의회(建國靑年運動協議會)는 1997년 8월 25일 성명을 통해 "김대중 씨가 해방 직후 우익 청년단체에서 활동했다는 것은 거짓말이다" 하고 발표했다.

건국청년운동협의회는 1945년 8월 15일 조국 해방 이후 1948년 대한민국 정부를 수립할 때까지 공산주의자들과 생명을 내걸고 전국적으로 투쟁한 당시의 청년단체가 한곳에 모인 협의체이다. 사단법인 대한민국건국회(회장 손진) 산하에 있는 이 단체의 회원들은 대부분이 70세 이상의 원로들이다. 이들은 조국이 해방됐을 때 피끓는 애국심으로 대한민국 건설을 반대하며 방해하는 공산주의자들과 투쟁을 벌였다.

현재 이 단체에는 2만 여 명의 생존 애국지사들이 가입해 있는데, 당시 자신들이 목숨을 내놓고 공산당과 투쟁할 때 김대중은 공산당 핵심 멤버로 활동했다고 증언하고 있다. 그런데도 김대중이 우익 진영에서 애국 활동을 했다고 거짓말을 하자 "김대중 씨가 우익 진영 청년단체에서 일을 했다는 것은 거짓말이다"하고 폭로하고 나선 것이다. 이 단체는 성명서 발표문을 신문에 크게 게재했다. (註 21)

김대중이 우익 단체에서 대한민국 건설을 위해 활동했다는 기록은 자신의 주장일 뿐 어느 한곳에도 남아 있지 않다. 우익 청년단체에서 활동한 적이 없기 때문이다. 그러나 김대중이 남한 공산당인 남로당 당원으로 활동했다는 기록은 여러 곳에 남아 있다. 그뿐 아니라 현재 남한에는 남아 있지 않은 1945년부터 1949년까지의 남로당 기록과 김대중이 남로당 중앙위원 감찰위원까지 올라간 기록을 필자는 입수했다.

(1) 1947년 남로당은 '해방조선' 이라는 기관지를 발행했다. 해방조선 제1권은 '자주적 통일 민족 국가 수립 투쟁사' 특집으로 꾸몄는데, 이 책자는 남로당의 모체인 '민주주의민족전선(民主主義民族戰線)' 편집부가 편집하고 발행했다.

편집위원에는 남로당 최고 책임자인 핵심 공산당원 이강국(李康國), 박헌영(朴憲永), 정백(鄭栢), 박문규(朴文圭) 등 공산당 거물급 20여 명의 이름이 기재되어 있는데, 민주주의민족전선은 전국적으로 중앙위원 391명을 임명했다. 이 가운데 호남을 대표해 김대중 등 5명이 임명됐다고 기록되어 있다. (註 22)

해방조선 제1권은 1947년에 발행된 것인데, 남한에는 한 권도 남아 있지 않아 필자는 그 자료를 찾기 위해 상당한 고생을 했다. 그런 가운데 평양 김일성대학 도서관에 한 권이 보존되어 있다는 사실을 확인하고 중요 내용 부문만 입수했다.

그런데 지난 1988년 한국의 '과학과 사상' 출판사가 해방조선 책자를 어디서 입수했는지 새로 인쇄하여 연구 기관에 배포했다. 그러나 어떤 영문인지 그 책자도 외부에는 보이지 않는다. 국립도서관 자료실에 있으나 일반인은 접근할 수가 없어 정부 관계 기관의 허가를 받아야만 열람할 수 있다.

(2) 두 번째 자료는 김대중이 설립하여 그를 대통령으로 만들어낸 아시아태평양평화재단의 수석 연구원 김남식(金南植) 씨의 저작물이다. 김남식 씨는 남한 공산당 연구가로 알려져 있다. 그가 1984년에 발행한 남로당 연구 1권에 남로당 청년 단체 주요 임원 명단이 발표되어 있는데, 김대중이 감찰위원으로 올라 있다. (註 23)

(3) 세 번째 기록은 김대중과 가까운 관계를 유지하며 김대중–김일성 관계를 눈감아주고 정치 자금까지 제공했던 전 KCIA 부장 김형욱(金炯旭)의 저작물이다. 김형욱은 1972년 12월에 '공산주의 활동과 실제' 라는 책을 발행했는데, 이 책 제 2장 '한반도의 공산주의 활동 및 조직 과정' 내용 가운데 김대중이 '민주주의 민족전선 중앙위원' 으로 올라 있는 것을 확인할 수 있다. (註 24)

(4) 네 번째 기록은 김대중의 측근이었으며 한때 김대중 비서실 수석전문위원으로 근무했던 이태호(李泰昊) 씨의 저작물이다. 이태호 씨는 김대중의 거짓말 정치행각에 반발하여 김대중 곁을 떠나 정치평론가로 활약했다. 그가 집필한 '최후의 영웅 김대중' 이라는 책이 있다. 저자는 이 책에서 "김대중은 좌익 전위 조직인 민주청년동맹이라는 단체에서 적극적으로 공산당 활동을 했다. 전라남도 좌익 단체 가운데 가장 활발하게 움직이고 그 뿌리가 든든하게 조직된 곳이 목포 지역이었다. 목포 지역의 책임자는 송재경(宋載景)이 위원장직에 있었으며, 김대중은 부위원장 직책에 있었다. 송재경은 김대중의 선배였다"고 기술하고 있다. (註 25)

(5) 다섯 번째 기록은 대한민국 건국청년운동사 제3장 남한의 정당 사회단체 발생 기록이다. 여기에 좌익 청년 단체인 민주주의민족전선 중앙위원 명단에 김대중의 이름이 올라 있다. (註 26)

필자는 이상의 다섯 종류 자료와 함께 김대중의 불행한 출생과 성장 과정 자료를 오래 전에 입수하여 가지고 있었다. 그러면서도 공개하지 않았다. 김대중에 대한 다른 자료는 공개하였지만 이들 자료를 공개하지 않은 것은 국민들이 큰 충격을 받을 것으로 판단했기 때문이다. 그런데 김대중과 국민회의측에서 필자를 처벌해 달라고 검찰에 고소하는 바람에 검찰과 법원에 허위 사실을 보도하지 않았다는 사실을 증명하기 위해 그 자료를 증거물로 제출했다.

김대중에게 절대적으로 불리한 그런 엄청난 자료가 검찰과 법원에 제출되었다는 사실을 보고받은 김대중이 검찰에 손충무를 구속하라고 명령을 내린 모양이었다.

8개월 동안 수사를 하던 서울지검 형사부가 불구속 기소를 하여 첫 번째 재판부터 무죄를 주장하며 치열한 법정 싸움이 시작되었다. 그런데 두 번째 재판이 열리는 날인 98년 6월 1일 이른 새벽에 서울 지방검찰청 공안부 수사관 4명이 불시에 들이닥쳤다.

그들은 법원이 발부한 체포 영장과 가택 수색 영장도 없이 아파트 안으로 무법자들처럼 밀고 들어와 공안 검사가 사인한 '긴급 체포'라는 종이를 내밀며 강제로 연행하려 들었다. 그리고 2시간 이상 집안을 구석구석 뒤지며 김대중에 관한 수십 종의 자료와 사진을 압수했다. 심지어 손자 아이 장난감 저금통까지도 챙겼다.

검찰 공안부에 필자를 연행시켜 놓은 후 수사관들은 인사이드 월드 사무실에 들이닥쳐 3시간 가까이 신문사를 들쑤시고 헤집어 김대중 사진 자료 등 관련 자료 몇 백 점을 압수해 갔다.

그러나 정작 그들이 노리던 김대중 관련 비밀 자료는 어디에도 없었다. 아마 이런 시기가 올 것을 예견이라도 했듯이 필자는 이미 오래 전에 2부씩을 카피하여 도쿄와 워싱턴에 있는 개인 연구소로 보내 보관하고 있었기 때문이다.

훗날 알게 된 사실이 하나 있다. 서울지검 형사부가 불구속 기소한 사건을 갑자기 긴급 체포하여 공안부에 넘긴 배후에는 북한의 지령을 받은 것으로 보이는 친북 여기자 문명자(줄리 문, 미국거주)가 김대중과 박지원에게 허위정보를 제공하고 그 거짓 정보를 국정원이 그대로 믿고 검찰에 통고하여 사건을 조작했다는 것이다.

또 영남 출신 형사부 검사들이 불구속 기소를 하자 그들을 다른 지방으로 좌천시키고 광주와 목포에서 근무하던 호남 출신 검사들을 공안부로 전출시켜 그들에게 사건을 배당하여 긴급체포라는 무대를 만들고 연출했다는 사실이다.

김일성, 김대중 선거 돕기 위해 거액 자금과 간첩 3명 보내

1967년 총선거 당시 박정희와 공화당은 목포에서 출마한 김대중을 낙선시키기 위해 목포 선거에 엄청난 자금과 인력을 투입했다. 공화당은 박정희를 앞세워 목포 현지에서 국무회의를 두 번이나 열었으며, 목포와 영산강 개발 계획을 발표하고 낙후된 도로와 항만 건설을 위한 착공식도 가졌다. 또 경찰력과 행정력을 총동원하여 불법 선거운동에 나서도록 독려했다.

목포 지역의 국회의원 선거는 고래와 새우의 싸움이었다. 목포 민심도 변하기 시작했다. 실력자인 여당 후보를 뽑아 낙후된 목포시를 개발시키자는 여론으로 바뀌고 있었다. 그런데도 김대중은 초조함을 보이지 않았다. 그에게는 감추어 놓은 비장의 무기가 준비되어 있었기 때문이다.

한편 평양의 김일성과 이효순은 통일혁명당 지도원 김수영에게 비밀 지령을 보냈다. "국회의원 선거와 대통령 선거에 맞추어 반정부 투쟁을 조직적으로 벌여 공화당 후보자를 낙선시키고 제1야당 신민당 후보를 적극 지원하라"는 내용이었다.

이에 따라 김수영은 정태홍에게 최영길을 김대중 후보에게 접선시키라는 지시를 내렸다. 이미 목포에는 평양에서 훈련을 받은 특공대 3명이 막대한 자금과 선거 작전 지령 메모를 휴대하고 대기하고 있었다. (註 26)

1967년 5월 초, 김대중에게 반가운 친구가 찾아왔다. 북교 소학교를 함께 다녔던 동창생 정태홍(코드명 白頭 3)이었다. 두 사람은 목포 시내 죽동에 있는 한일 여관에서 반갑게 만났다.

정태홍은 일본에서 사업을 하여 큰돈을 벌었다는 자랑을 하면서 목포 민심과 공화당을 이기기 위한 선거 전략을 설명했다. 그는 또 "나의 아내가 목포 산정 국민학교 교사인데 선생들도 조직적으로 자네를 돕도록 하겠네. 그리고 옛 친구들도 찾아서 선거 운동을 돕도록 하겠네"하고 말했다. (註 27)

한 표가 아쉬운 김대중은 정태홍의 손을 잡고 선거 협조를 부탁했다. 며칠 후 정태홍의 안내를 받아 지지자이며 옛 친구인 최영길(코드명 백두 2)이 함께 왔다.

목포에 아는 사람이 많고 발이 넓다는 정태홍의 말에 김대중은 최영길을 선거 사무장으로 임명했다. 김대중을 만난 적이 없는 김종태(코드명 백두1)는 외곽에서 지원 활동을 했다.

김대중의 당선은 어렵게 보였다. 공화당의 물량 공세, 공무원들의 선거 개입도 문제였지만 박정희 대통령이 현지에서 두 번이나 국무회의를 열고 목포 개발과 지원을 다짐하는 바람에 목포 민심은 여당 후보로 돌아서고 있었다.

투표일을 3일 앞둔 6월 3일 오후 목포역 광장에서 김대중 후보 연설회가 있었다. 인구 3만여 명의 시민이 살고 있는 항구 도시 목포에 1만여 명 가까운 시민들이 운집했으니 시민 절반이 모인 것이나 다름없었다.

이 자리에서 김대중 후보는 필자가 쓴 '이것이 진상이다' 라는 책을 시민들에게 흔들어 보이며 "민족의 태양 백범 김구 선생을 암살한 배후 인물을 국회로 보낼 수는 없습니다. 김대중이가 국회의원이 되지 못하는 일이 있더라도 목포 시민들이 위대한 독립운동의 태양인 김구 선생을 암살한 살인범 김병삼 씨를 국회에 보냈다는 역사의 죄인이 되어서는 안됩니다"하고 폭로했다.

그리고 미리 쌓아두었던 책을 시민들에게 나누어 주었다. 그날 밤부터 목포 여론은 순식간에 변하고 있었다. 부산에서 선거 지원 유세를 마치고 유성 온천에서 하룻밤을 묵은 박정희는 그런 사실도 모르고 목포로 출발하였다. 김병삼 후보 지원 연설을 하기 위해서였다.

박정희가 탄 특별열차가 김제역을 통과할 무렵, 열차 정차를 알리는 신호와 함께 차단기가 내려져 있었다. 경호팀들은 바짝 긴장했다. 대통령 전용 특별열차를 세우는 일은 있을 수 없는 일이었다. 그런데도 김제역의 신호기는 열차 정지를 지시하고 있었다.

열차가 멈추자 장경순 국회부의장과 김보현 전남지사가 급히 열차에 올랐다. 두 사람은 지난 밤 목포 김대중 연설회 장소에서 있었던 일을 박정희에게 설명했다.

"각하…… 가셔도 별다른 소용이 없습니다. 민심이 하룻밤 사이에 바뀌었습니다."

보고를 듣고 화가 난 박정희는 열차를 돌려 전주에서 하룻밤을 머문 후 서울로 돌아갔다. (註 28)

박정희는 김형욱 정보부장에게 "경향신문 손충무 기자를 대동하고 목포에 내려가 김대중의 폭로가 거짓임을 밝히는 기자회견을 시키고, 김대중을 고발하여 선거를 무효화시키도록 하라"는 지시를 내렸다.

김형욱은 부하들에게 당장 손충무의 소재부터 파악하라고 명령했다. 하지만 "손충무가 남태평양 사모아 지역에 특파되었다"는 보고를 받고 맥이 풀렸다. 그래서 하와이 총영사관에 파견된 KCIA 요원에게 "사모아에 가서 손충무 기자를 급히 서울로 압송하라"는 긴급 전문을 보냈다.

본부의 지시에 따라 사모아로 급파된 KCIA 요원 2명과 함께 필자는 하와이로 나와 다음날 도쿄행 NWA 비행기를 예약했다.

그날 밤 필자가 서울 본사 선배에게 전화를 하자 지금 들어오면 체포된다며 당분간 귀국하지 말 것을 종용했다. 다음날 필자는 도쿄로 가는 비행기를 타는 체하면서 미국 본토로 피신했다. 그리고 6개월 이상 중남미 취재 여행길에 올랐다. 결국 6·8 선거에서 김대중은 당선됐으며 큰 정치인으로 부상했다.

박정희의 노여움이 어느 정도 풀어졌다는 정보를 입수한 필자는 귀국을 하기 위해 일단 일본으로 건너갔다. 그런데 도쿄 하네다 공항 입구 고속도로에서 교통사고를 당하고 말았다. 일본 신문들과 방송, 한국 언론들은 사망으로 보도했다. 하지만 급히 도쿄대학 병원으로 후송된 필자는 5일 만에 기적적으로 깨어났다. 뇌진탕이었다.

두 번에 걸친 대수술과 1년간 입원 치료를 받은 후 한국으로 돌아왔다.

그때부터 박정희 정권과 KCIA는 필자의 성분을 친 김대중파로 분류했다. 그리고 1977년까지 긴 세월 동안 감시하고 탄압하며 승진을 못하도록 신문사에 압력을 넣는 등 여러 가지 어려움을 겪어야 했다.

결국 필자는 박정희 정권의 탄압과 압력에 견디다 못해 1976년 유신정권을 반대하며 캐나다 대학 유학길에 올랐다. 하지만 그것이 1980년대 사형선고를 받은 김대중을 구출해 내는 예비된 길이 될 줄은 몰랐다.

특공대 3명, 영웅 칭호와 1급 훈장 받아

김대중이 당선되자 김일성은 목포에서 고생한 특공대 3명을 평양으로 불러 '조선민주주의인민공화국 영웅' 칭호와 함께 1급 훈장을 달아 주었다. 평양에 머무는 동안 김일성은 통일 혁명당 당기까지 만들어 주었다. (註 29)

김일성은 최영길을 통일혁명당 전라남도 도당위원장, 정태홍을 목포 임자도 군당위원장, 김종태를 서울시당 위원장에 임명하여 남한으로 다시 파견했다.

북한의 국가 영웅이 된 이들 3명은 막대한 공작금을 갖고 서울로 잠입하여 남한 사회의 불만분자들과 반정부 언론인, 학자, 종교인, 지식인 등 200여 명을 포섭했다. 그리고 이들을 중심으로 통일혁명당을 조직하여 본격적인 정당 활동을 펼쳤다.

1967년 7월, 중앙정보부는 이른바 동백림 유학생 간첩단 사건을 발표했다. 국민들은 놀랐으며 평양의 김일성은 분노했다. 20여 년간 독일, 프랑스, 영국, 이탈리아 등 유럽 각지에서 거주하고 있는 남한 유학생들과 현지 교민들을 포섭하여 스파이로 활용해 오던 김일성은 유럽을 중심한 간첩단 조직이 일망타진되자 땅을 치며 분노했다.

동베를린 북한 대사관을 총지휘 본부로 삼아 유럽을 거점으로 한 북한 간첩망이 무너지자 대남사업총국장 이효순(李孝淳)이 김일성에게 불려가 상당한 질책을 받았다.

김일성은 책임을 물어 이효순을 해임하고 그 자리에 인민군 대장 출신 허봉학(許鳳鶴)을 임명했다. 김일성은 허봉학에게 유럽 간첩망 붕괴에 대한 보복을 지시했다. 하지만 남한 정보기관은 그런 사실을 모르고 있었다.

유럽 간첩망 붕괴에 따른 대남사업총국의 다음 전략은 청와대 습격이었다. 허봉학은 북한군 특수 게릴라 부대인 112군 부대에서 60여 명을 선발하여 청와대 건물 모형을 만들어 놓고 강훈련을 시켰다.

1968년 1월 21일 밤, 김신조를 앞세운 북한 게릴라들이 청와대를 습격하기 위해 청와대 부근 자하문까지 침투하는 충격적인 사건이 발생했다. 이 사건으로 인해 국민들의 북한에 대한 증오심은 더욱 깊어졌으며, 박정희 정권은 더욱 강하게 반공 정책을 펼쳤다. 그런 사회적 분위기 때문에 통일혁명당 활동은 몇 개월 동안 주춤 하고 있었다.

1978년 7월 어느 날, 목포지역에 파견된 KCIA 지부 사무실에 시골 신사 한 명이 찾아와 책임자를 만나게 해달라고 요청했다. 직원은 찾아온 사람의 행색을 보고 "책임자가 지금 없으니 무슨 일인지 말씀하시면 도와주겠다"며 건성으로 대답했다. 그러자 "북한 간첩들이 서울과 임자도에 우글우글 한데 그것도 모르고 있으니 서울 본부에 가서 신고해야겠다"며 자리에서 일어났다.

그때서야 정신이 바짝 든 직원은 그를 지부장실로 안내했다. 지부장을 만난 신사는 북한에서 파견된 거물급 간첩을 신고하면 포상금을 얼마나 받을 수 있느냐고 물었다. 당시 정부는 간첩 신고를 할 경우 1인당 3천 만 원의 포상금을 지급하고 있었다. 그런 사실을 확인한 시골 신사는 엄청난 비밀 보따리를 풀어 놓기 시작했다.

그는 자신도 평양에서 밀봉교육을 받았으며, 몇 차례 평양과 서울을 왕래했다는 사실을 자백했다. 그리고는 임자도와 서울 무교동에 자리 잡은 통일혁명당 전모를 털어놨다.

그런 사실을 전혀 모르고 있던 KCIA는 큰 충격을 받았다. 당시 정보부장이었던 김형욱은 훗날 회고록을 쓰면서 "나는 주범 정태홍, 최영길, 김종태가 6년 동안 13회나 평양을 왕래했다는 충격적인 사실에 놀랐으며 흥분했다. 새벽 3시경에 받은 부하들의 전화 보고에 잠도 잊어버리고 후다닥 옷을 입고 사무실로 나갔다"고 회고했다.

첩보를 입수한 KCIA는 소리 없이 민첩하게 움직이면서 처음부터 그들을 체포하지 않고 추적하며 감시만 했다. 목포 특공대 3인방은 그런 사실도 모르고 평양과 비밀 교신을 계속하고 있었다.

그러던 어느 날 평양에서 교대할 간첩을 태운 수송 선박을 임자도에 파견한다는 통신을 보내 왔다. 그날 밤 임자도 해안에 매복한 KCIA 요원들과 해군, 육군의 입체 작전으로 간첩 수송선을 격침시켰다. 그와 함께 서울에 잠복하여 암약중이던 목포 특공대 3인방을 비롯하여 모두 118명을 체포했다. (註 30)

그들 가운데 20여 명이 대학생, 교수, 언론인, 전직 공무원, 사업가 등 지식층 직업의 소유자들이었다. 그들을 조사하는 과정에서 김형욱은 깜짝 놀라 뒤로 자빠질 만한 보고를 받았다.

김대중과 김형욱 비밀 거래

목포 특공대 3명 가운데 정태홍과 최영길은 신민당 김대중 의원과 고향 친구일 뿐만 아니라 목포 선거 때 평양에서 받은 자금을 김대중에게 전달하고 최영길이 선거운동을 지휘하는 선거 사무장에 임명되어 활동했다는 사실이 최영길과 정태홍의 진술로 밝혀졌다.

김형욱으로서는 엄청난 대어를 건져 올린 셈이었다. 김형욱은 여러 가지로 생각하며 고민했다. 박정희에게 김대중 문제를 보고하면 김대중의 정치 생명은 끝날 뿐만 아니라 감옥으로 보내야 한다. 그러면 박정희의 강력한 라이벌 한 명이 제거됨으로써 박정희는 영구 집권을 할 수 있다. 그러면 자신에게도 큰 영달이 있을 것이라고 생각했다.

김형욱은 그렇게 며칠을 고민하다 김대중을 비밀리에 세종호텔 특별실로 불렀다. 부하 직원들에게는 점심 초대라는 명분을 대고 모두 밖으로 내보낸 다음 김대중과 단둘이 마주 앉았다.

김형욱은 김대중에게 임자도 간첩단 조직, 통일혁명당 사건의 전모를 설명하고 정태홍, 최영길과의 관계를 추궁했다. 꼼짝 없이 죽게 된 김대중은 그 자리에서 김형욱에게 무릎을 꿇었다.

"김 부장 나 좀 살려 주시오. 나의 정치 생명이 김 부장 손에 달려 있습니다. 제발 살려 주시오. 이렇게 빕니다"하고 고개를 숙이며 애걸했다.

김형욱은 너털웃음을 웃으며 "왜 이러십니까? 김 의원, 내가 김 의원을 죽일 것 같으면 이렇게 만났겠습니까? 우선 조건부로 합시다. 내가 김 의원을 살려주는 대신 이제부터 김 의원은 나의 측근이 되시오. 그러면 살 수 있습니다. 내가 조사하는 아이들에게 잘 이야기해 놓을 터이니 김 의원은 절대로 정태홍과 최영길로부터 돈을 받았다고 하지 마시오. 옛날 친구로서 그들이 선거를 돕는다고 해서 임명한 것이지 그들의 정체를 몰랐다고 주장하시오." (註 31)

1968년 7월 21일, KCIA는 118명이 관련된 대규모 간첩단 사건을 발표했다. 그러나 김대중의 이름은 등장하지 않았다. 김일성이 보낸 3명의 간첩들로부터 선거자금과 함께 많은 도움을 받은 엄청난 범죄 행위는 김형욱과 김대중의 비밀 협약 때문에 세상 사람들이 모른 채 지나갔다. 그러나 모든 게 하나님의 뜻이었을까! 그 엄청난 비밀은 15년의 세월이 흐른 후 김형욱이 고백하고 김대중의 측근을 통해 폭로되었다.

특공대 3명의 죽음에 책상을 치며 통곡한 김일성

1969년 1월 22일, 임자도 간첩단 및 통일혁명당 사건에 대한 선고가 있었다. 김형욱과의 비밀 흥정으로 김대중의 범죄 행위는 빠진 채 주범 김종태, 최영길, 정태홍, 이문규 등 4명은 사형, 기타 관련자들은 5~10년의 실형이 선고되었다. 그리고 4년여의 재판 끝에 1972년 12월 대법원에서 정태홍, 김종태, 최영길 3명에게 사형이 확정되었다.

김일성은 특공대 3명을 살리기 위해 박정희 정권과 비밀 협상까지 벌였다. 김일성은 그들 3명을 북한으로 송환시켜 주면 북한에 있는 납북 어부 100명을 돌려보내겠다고 제의했다. 하지만 김일성의 제안을 박정희가 거절하고 정태홍, 김종태, 최영길의 사형이 집행되었다. 그리고 얼마 후 이문규도 형장의 이슬로 사라졌다.

김일성은 목포 특공대 3명이 처형됐다는 보고를 받은 후 책상을 치며 통곡했다. 그리고 평양 극장에서 추도 행사를 갖고 그들을 2중 영웅으로 추서하는 한편 시체가 없는 가짜 묘를 애국열사 공원에 만들었다. 또 평양 전기 기관차 공장을 '김종태 전기기관차 공장', 해주 사범대학을 '최영길 사범대학'으로 변경 했으며, 평양에 정태홍 거리를 만들었다.

그런 엄청난 사건이 역사 속에 파묻힌 채 세월은 흘러갔다. 하지만 대한민국의 정치인이 김일성이 보낸 특공대의 도움을 받고, 또 그들로부터 공작금을 받아 선거운동에 사용한 사실은 김일성의 손길과 입김이 대한민국 정계에까지 미치고 있음을 증명하는 것이다.

또 김일성과 김대중의 깊은 관계가 그때부터 시작되고 있었다는 사실과 그런 사실을 감추고 보호해준 김형욱의 정체는 무엇인가? 또 김형욱이 김대중에게 최영길로부터 돈을 받았다는 사실을 절대로 말하지 말라고 주의를 주었다는 사실은 정태홍, 최영길, 김종태가 김대중에게 공작금을 전달했다는 사실을 자백했을 가능성이 높다. 결국 그런 사실이 15년의 세월과 29년의 세월이 흐른 후에 모두 밝혀지게 된다.

김형욱, 김대중과 김일성의 관계 고백

김형욱은 박정희 정권 아래서 6년이라는 긴 세월 동안 중앙정보부장을 지내며 학생, 언론인, 재벌, 정치인을 탄압하며 괴롭혔다. 하지만 비밀 루트를 통해 김형욱의 잔인성과 부정축재 사실을 보고 받은 박정희는 그를 정보부장 자리에서 해임시켰다.

박정희는 김형욱에게 비례대표 국회의원 자리를 주고 쉬도록 하면서 김형욱의 부정축재 사실을 조사하고 있었다. 그런 정보를 입수한 김형욱은 자신이 정보부에 심어둔 측근들을 통해 아내 김명순을 재일교포 박영순으로 가짜 여권을 만들어 미국으로 먼저 탈출시켰다.

1975년 여름, 김형욱은 대만대학에서 특별강연 연사로 초청받아 강연과 함께 박사 학위를 받도록 교섭한 후 그런 사실을 박정희에게 보고하여 여행 허가를 받았다.

김형욱은 측근 3명만을 데리고 대만으로 가서 강연을 하고 박사 학위를 받았다. 그는 혼자서 쉬고 싶다며 측근들에게 돈을 주고 쇼핑과 관광을 하도록 내보냈다. 그 사이 항공사를 찾아가 도쿄 경유 미국행 비행기 표를 구입했다.

김형욱은 측근들을 불러 도쿄에 들렀다가 서울로 가겠다고 말하고 측근들을 먼저 서울로 보냈다. 그들이 떠난 후 김형욱은 도쿄 경유 미국행 비행기를 타고 뉴욕으로 도주했다. 2년 동안 조용히 머물던 김형욱은 1977년 미국 하원 프레이저위원회 비공개 청문회에 출석하여 박정희 정권의 부도덕성과 독재를 증언했다.

김형욱은 미국 정보기관이 자신의 신변에 대하여 모든 것을 조사하고 있는 줄은 몰랐다. 이미 그 시기 미국 정보기관은 김형욱이 미국, 스위스, 일본에 있는 은행에 3천 5백만 달러를 빼돌려 놓은 사실을 조사하고 있었다.

뉴저지 주에 살던 김형욱은 1979년부터 김대중의 측근인 박사월(朴思

越, 본명 김경재, 제15, 16대 민주당 국회의원)을 만나 자신의 지난 과거를 증언 녹음하고 있었다. 이때 김형욱은 자신이 김대중을 살려준 이야기를 자랑스럽게 모두 고백했다. 김대중과 김일성이 보낸 특공대와의 관계를 모두 알고 있으면서 부하들에게 수사하지 못하도록 방해했으며, 또 수사관들의 질문에 빠져나갈 수 있도록 답변하는 요령까지 알려주었다고 말했다.

김형욱이 이런 비밀을 고백할 수밖에 없었던 것은 언론들로부터 비난을 받고 있었기 때문이다.

1976년 10월, 필자가 워싱턴에서 정치 망명을 신청했을 때 김형욱은 미국 언론에 의해 영웅이 되어 있었다. 그러나 필자는 "김형욱이 프레이저위원회에서 증언한 사실은 모두 거짓"이라고 반격했다.

김형욱이 박정희 정권 아래서 가장 지독하게 인권과 언론을 탄압한 독재자임을 증언하고, 그가 해외에 빼돌려 숨겨놓은 재산이 2천 만 달러를 넘는다고 폭로했다. 그러면서 "김형욱이 진정으로 박정희 정권 타도를 원하는 민주화 대열에 참가하고자 한다면 부정 축재한 재산을 모두 민주화 투쟁 단체에 제공하고 양심선언을 하라"고 공격했다.

김형욱은 자신을 향해 비난 여론이 거세게 일자 이를 무마하기 위해 감추어 두었던 비밀을 고백할 수밖에 없었을 것이다. 그래서 김대중의 생명을 구해주었으며, 김상현을 통해 선거자금까지 지원했기 때문에 자신도 민주투사라는 점을 은근히 강조하기까지 했다.

1983년 10월 김형욱-박사월 공동 저자로 하여 미국 필라델피아에서 '혁명과 우상'이라는 책이 1, 2권으로 발간되었다. 책 속에는 15년 전 김형욱이 김대중을 살려준 이야기가 숨김없이 기록되어 있다. (註 31)

1982년 미국에 망명 중이던 김대중은 두 권의 책을 읽은 다음 "한국 근대사의 혁명적 역사 소설이다. 박정희 군사 독재 정권의 멸망을 불러온 훌륭한 기록문학 작품이다"라고 격찬함으로써 자신이 김일성으로부터 자금을 받았으며 김일성이 파견한 간첩 3명으로부터 선거 도움을 받았음을 스스로 고백한 셈이 되었다.

'혁명과 우상'은 태평양을 건너 1985년 10월 서울에서 '김형욱 회고록'이란 제목으로 발간되었다. 그때까지도 사람들은 김대중이 북한 김일성으로부터 선거자금을 받았으며 김일성이 파견한 간첩 3명이 선거 운동을 도와주었다는 사실을 무심코 넘겼다. (註 32)

그러다가 1997년 8월 주간지 「INSIDE the WORLD」와 잡지 한길소식, 월드코리어 등이 이 문제를 보도하고 나오자 모두들 깜짝 놀랐다. 사건이 점점 확대되자 김대중은 그 기사가 실린 주간지와 월간지를 판매하지 못하도록 법원에 판매금지 가처분 신청을 하는 등 상당히 허둥거렸다.

김대중은 자신의 측근인 김경재(金景梓)가 쓴 책이기 때문에 부인할수도 없었다. 그뿐 아니라 문제의 책을 '근대 한국 기록문학의 금자탑'으로까지 격찬했으니 이럴 수도 저럴 수도 없었다. 그런데 애꿎은 주간지와 잡지들만 판매하지 못하도록 만들었다. (註 33)

한편 「INSIDE THE WORLD」가 그런 내용의 기사를 보도하자 1968년 임자도 간첩 사건 수사를 담당했던 은퇴한 중앙정보부 수사관 2명이 필자를 찾아와서 "수사 당시 김형욱 부장의 지시로 김대중에 대한 수사를 하지 못한 것은 사실"이라고 양심선언을 했다.

그들은 "만약 그때 수사를 제대로 했다면 김대중이 틀림없는 공산당이라는 사실과 통일혁명당 관련 전모를 밝혀냈을 것입니다. 그런데 갑자기 김 부장이 김대중이 관련된 부분은 수사하지 말라고 명령하여 중단했습니다"하고 증언했다. (註.34)

전직 중앙정보부 수사관 2명이 필자에게 통일혁명당 사건과 목포 특공대 3인방과 관련하여 양심선언을 했다는 사실을 알게 된 김대중은 측근인 이용택(전 의원)과 김재영(전 의원) 씨를 몇 차례 보내 거액을 제시하며 녹음테이프를 넘겨 달라고 부탁했다. 그러나 필자는 거절했다. 양심선언을 담은 녹음테이프와 이용택, 김재영 씨가 제의한 녹취록을 필자는 아직도 보관하고 있다.

한편 북한은 '김대중-김일성-통일혁명당 사건' 자료를 김일성 군사정치대학(대남 공작원 양성기관) 비밀 서고에 보관하고 있으며, 남한에 파견되는 간첩들은 그것을 참고 자료로 사용했다.

그 같은 사실은 1976년 통일혁명당 재건 검열 공작원으로 남파된 거물 간첩 김용규(金用珪) 씨에 의해 밝혀졌다. 그는 서울과 평양을 일곱 번씩이나 왕래하다가 남한에서 통일혁명당이 발붙이기에는 아직 멀었다고 판단하여 정보기관에 자수하였다.

김용규는 진술을 통해 "김일성 군사정치대학에서 남파 간첩 교육을 받을 당시 핵심 지도원이 극비 문고로 비치된 그 동안의 대남 공작 자료를 읽도록 하였는데, 그 자료 속에 통일혁명당 사건의 비화도 있었다. 그 가운데 68년 통일혁명당 비화와 함께 김대중이 관련된 내용도 있었다"고 증언했다. (註 35)

그 기록에 의하면 '김수영이 정태홍을 통해 최영길을 김대중 선거 사무장으로 침투시켰다'고 되어 있다는 것이다. (註 36)

이철승의 도움으로 대통령 후보 됐지만 결국 배신해

1970년 정치판은 1년 후에 실시될 제7대 대통령 선거를 앞두고 숨 가쁘게 돌아가고 있었다. 4년 전 제6대 대통령 선거 때 야당의 윤보선을 이긴 박정희와 공화당은 7대 대통령 선거에서 압승을 거두기 위해 선거 준비에 만전을 기하고 있었다.

그러나 두 번씩이나 대통령 선거에서 패배한 신민당은 뚜렷한 대책 없이 시간을 허비하고 있었다. 그럴 때 김영삼 의원이 '40대 기수론'을 외치며 대통령 후보 지명전에 나섰다. 김영삼이 40대 기수론을 들고 출마 선언을 하자 이철승과 뒤이어 김대중도 출마 선언을 했다.

신민당의 분위기는 노장들의 반대에도 불구하고 젊은 40대 후보자들이 출마하는 가닥으로 방향을 잡아갔다. 정치판에서는 이제 겨우 2선인 김대중이 출마 선언을 하자 비웃음을 보였다. 대부분의 정치인들은 김영삼과 이철승의 대결장이 될 것이라고 점치고 있었다. 그러나 예상을 뒤엎는 돌풍이 발생했다.

1970년 9월 29일 세종로 시민회관에서 열린 신민당 대통령 후보 지명 대회에서 김대중이 당선되는 이변을 몰고 왔다. 야당은 물론 많은 사람들이 깜짝 놀랐다. 정치판은 큰 충격을 받은 것은 물론 놀라움에 입을 다물지 못했으며, 신민당 지명 대회는 커다란 화제를 뿌렸다.

국회의원에 2번 당선된 김대중이 야당 대통령 후보자로 당선되는 극적인 현상은 어떻게 해서 생겨났을까? 현재까지 생존해 있는 당시의 정치인들은 물론 한국 정치사를 연구하는 학자들의 논평을 종합하면 ① 목포 선거에서 승리한 것을 먼저 꼽았다. 목포에서의 싸움은 여당 후보 김병삼과의 싸움이 아니라 박정희 정권과의 싸움에서 승리한 것으로 김대중의 이름이 매스컴을 타고 국민들에게 알려졌고, 신민당 당원들에게 지도자로서의 자질을 인식시킬 수 있었다. ② 야당의 이합집산, 신민당 내부의 이해타산에 의한 격렬한 파벌 투쟁이 김대중에게 이익을 안겨 주었다. ③ 김대중의 재빠른 이해타산이 전북을 기반으로 하여 성장한 이철승과 호남 출신이라는 지역주의 감정에 호소하는 협상을 했으며 ④ 대의원 매수와 배신이라는 권모술수의 전술을 사용한 점이다.

김대중은 이철승과 협상을 할 때 자신을 후보로 밀어 당선되면 이철승에게 당수 자리를 줄 수 있다는 카드를 이철승 측근들에게 제시했다. 김대중과 이철승이 정치적 흥정을 했다는 사실을 전혀 눈치 채지 못한 김영삼은 자신이 당선될 것으로 생각하고 수락 연설문까지 준비하여 투표장으로 나갔다.

1차 투표에서 김영삼 1위, 김대중 2위, 이철승이 3위를 했다. 김영삼이 1위를 차지했으나 과반수 표를 얻지 못해 당 규약대로 2차 투표를 해야 했다.

이때 김대중은 자신의 명함 뒷면에 "당선되면 이철승에게 당수 자리를 추천한다"는 메모를 하고 사인했다. 각서를 쓴 것이다. 이 약속에 따라 이철승계가 2차 투표 때 김대중에게 표를 몰아주었다. 그래서 뜻하지도 않았던 정치 초년생 김대중이 야당 대통령 후보로 선출되는 역전극이 발생했다. 김대중 당선이라는 뜻밖의 결과가 나타나자 지명대회는 아수라장이 되었다.

김대중은 이철승의 도움으로 대통령 후보가 되었다. 그러나 김대중은 이철승 씨를 당수로 추천하지 않고 자신의 사람을 당수로 만들었다. 이철승과 유진산의 분노는 대단했으나 이미 버스는 떠나고 말았다.

그 사건 이후 김대중에게는 '마키아벨리를 능가하는 권모술수의 대가', '수단과 방법을 가리지 않는 사악한 인간', '거짓말쟁이', '파렴치한 배신자'라는 딱지가 평생토록 붙어 다녔다.

신민당 지명대회가 끝나자 이상한 소문이 나돌기 시작했다. 대부분 김대중 선거자금에 관한 것이었다. '선거 빚 때문에 아내가 죽은 지 몇 년 되지도 않았는데, 사업을 하는 것도 아닌 2선의 국회의원이 어디서 그런 돈이 나와 대의원들을 매수할 수 있었을까?' 하고 많은 사람들이 의심을 했다.

추측으로 번지는 정치판 이야기 중에서도 "박정희와 공화당이 김영삼이 후보가 되는 것을 막기 위해 뒷구멍으로 자금을 지원했을 것이다" 하는 소리가 가장 설득력 있게 번지고 있었다.

그 시절의 한국 정치판도 지금과 같은 개판이었다. 낮에는 야당 노릇을 하고 밤에는 여당에 붙어 돈을 받아쓰며 이권과 권력에 야합하는 사꾸라들이 많이 있었다.

조총련, 20만 달러 김대중에게 전달

김일성은 머지않아 형제와 같은 믿음과 신뢰를 보내고 있는 김대중이 박정희 정권을 무너뜨리고 남한 대통령이 된다는 생각에 회심의 미소를 지었을 것이다.

야당 대통령 후보가 된 김대중은 10월 16일 대통령 후보자 수락 기자회견을 갖고 "한반도 평화통일의 정착을 위해 미국, 소련, 중국, 일본 등 4대국의 보장이 필요하다. 또 비정치적 남북 서신 교류를 허용하여야 하며 향토예비군을 폐지하여야 한다"고 주장했다. (註 37)

박정희 정권은 김대중의 발언에 대해 맹렬하게 비난했다. "국제 정치 상황도 모르는 무식한 발언이다. 북한이 남한 침략 의도를 버리지 않고 있는 때에 서신 교류는 위험하며, 향토예비군 제도 폐지는 북한에 대한민국을 넘겨주자는 위험스러운 발상이다"라고 비판했다.

1971년 2월, 김대중은 야당 대통령 후보 자격으로 미국 방문을 마치고 귀국하면서 며칠간 도쿄에 머물렀다. 이 때 김대중이 미국 방문을 마치고 도쿄에 도착했다는 조총련 보고서가 김일성에게 도착해 있었다.

평양의 김일성은 상당히 흥분해 있었을 것이다. 그토록 믿고 있는 동지 김대중이 남한 대통령 후보자가 되었으며 당선 가능성 또한 높다는 보고서가 계속 평양으로 날아왔기 때문이다. 이제 김대중이 남한 대통령으로 당선되면 배신자 박정희는 무너지고 자신이 그토록 소망하던 '고려연방제'를 통한 통일을 할 수 있을 것이라는 꿈에 부풀어 있었다.

김대중이 도쿄 프라자 호텔에 머물던 어느 날 밤 귀한 손님이 호텔로 찾아 왔다. 조총련 국제국장 김병식(金炳植)이었다. 그는 조총련 의장 한덕수(韓德洙)의 사위이자 김일성의 신임을 받고 있는 인물로 사실상 조총련의 두 번째 서열 실력자였다.

김대중과 김병식은 서로 껴안고 뜨거운 포옹을 했다. 그런데 처음 만난 두 사람이 뜨겁게 껴안고 포옹을 했다는 사실은 무엇을 의미하는 것일까?

이 글을 읽는 독자들은 "김대중과 김병식이 뜨겁게 껴안고 포옹을 하였다"는 표현에 대해 현장에서 그런 광경을 보았다는 말이냐? 하고 궁금해 할 것이다. 그러나 4반세기가 흐른 후에 김병식이 그날 밤 있었던 진상을 공개함으로써 모든 것이 밝혀진다.

뜨거운 포옹을 마친 김병식은 20만 달러라는 큰돈을 김대중에게 건네주면서 "반드시 승리하여 조국 통일에 기여해 달라"고 부탁한다.

1971년 당시의 20만 달러를 지금의 가치로 환산하면 2억 달러 정도 되는 어마어마한 액수이다. 그토록 큰돈을 조총련 국제국장이나 한덕수 의장이 단독으로 결정해서 김대중에게 건네주었다고 믿는 사람은 없을 것이다. 김대중은 이미 1967년 목포에서 김일성이 파견한 특공대 3인방을 만난 적이 있다.

김병식으로부터 거액의 돈을 받고 귀국한 김대중은 4월 27일에 실시된 선거에서 박정희와 박빙의 승부를 벌이며 승리를 바라보고 있었다. 그러나 철저히 준비된 부정 선거로 인해 김대중은 46%의 지지를 받고 낙선했다. 박정희 정권과 공화당은 김대중과 70여만 표 차이라는 적은 표 차이로 승리하도록 개표 조작을 하였는데도 국민들은 그런 사실을 모르고 있었다.

한편 김대중에게 20만 달러라는 거금을 전달한 김병식은 그 후 1990년대 초 북한으로 가서 부주석에 취임했다. 그리고 1997년에는 부주석 겸 북조선 사회 인민당 중앙위원회 위원장(당수)으로 부상했다.

김대중이 김일성의 측근 김병식으로부터 20만 달러라는 큰돈을 받은 사실을 감춘 채 지구는 돌고 있었다. 그리고 김대중이 대통령에 당선되자 김정일은 협박을 시작했으며, 김대중은 그 협박에 못이겨 8억 달러를 싸들고 평양으로 가서 김정일에게 머리를 조아리며 김정일의 아비 김일성으로부터 받은 '대해보다 더 큰 은혜'를 갚기 시작했던 것이다.

〈 참고 자료 및 문헌, 증언, 인터뷰 〉

(註 1) 일요시사 편집부국장 대우 김대천 씨 증언 (2002. 10. 2)

(註 2) '김대중 - 김정일 최후의 음모' (손충무 저, 일본어판, 2002. 10)

(註 3) 일요시사 (2002. 11. 3)

(註 4) 일요시사 (2002. 11. 3)

(註 5) 미국, 워싱턴 선데이 타임스 (2003. 4. 12)

(註 6) 특검 수사자료 및 국내신문 보도 종합.

(註 7) 북한 선전 매체들, 특검과 한나라당 비난 성명.

(註 8) 특검 수사 발표문 가운데 간추린 부분 보도

(註 9) 워싱턴 선데이 타임스 (2003. 4. 13)

(註 10) INSIDE the WORLD (1997. 12. 3)

(註 11) 한길소식 (1997. 10. 29)

(註 12) 김대중 씨 호적 등본 (1988. 7. 28 발행)

(註 13) '유신공화국의 몰락' (이한두 저, 매산출판사, 1986. 1. 30)

(註 14) '김대중의 좌절' (시바타 미노루, 산케이 신문, 1981. 3. 10)

(註 15) '김대중, 이제는 당신이 대답할 차례' (야마사키 하지메 저, 1996)

(註 16) 손창식 씨 증언 인터뷰 (2003. 9)

(註 17) 손창식 씨가 미국에 보낸 자료 (2001)

(註 18) 제갈 성조, 김운식 씨 호적등본 (1998. 9. 28 발행)

(註 19) 김진하, 김경인 씨(전 국회의원) 증언 (1982~1990)

(註 20) 계엄사령부 합동수사본부 발표문 및 10여 종 자료 (1980. 5)

(註 21) 대한민국 건국회 성명서 (1887. 8. 25)

(註 22) '해방전선 제1권 (민주주의민족전선 발행, 1948)

(註 23) '남로당 연구' 제 1권 (김남식 저, 돌베개출판사, 1984. 4)

(註 24) '공산주의 활동과 실체' (김형욱, 광명출판사, 1988. 11)

(註 25) '최후의 영웅 김대중' (이태호저, 1988)

(註 26) '대한민국 건국 청년 운동사 254 페이지' (1989. 12. 25)

(註 27) 계엄사령부 합동수사본부 발표문 (1980. 5. 25)

(註 28) 장경순(전 국회부의장), 김보현(전 농림부 장관, 전남지사) 증언

(註 29) 김일성이 전달한 '통일 혁명당 당기' (북한, 영광의 기록 조선통신)

(註 30) 조선일보, 동아일보, 경향신문 (1968. 7. 21~22)

(註 31) 김형욱 회고록 '혁명과 우상' (김형욱, 박사월 공저, 1985. 10. 15)

(註 32) '혁명과 우상' (김형욱, 박사월 공저, 독립신문, 1983. 7. 4)

(註 33) 김형욱 회고록 (김형욱, 박사월 공저, 1985. 10. 15)

(註 34) '임자도 간첩단 사건 수사관 2명 양심선언 (1996. 2. 5)

(註 35) '왜 유독 김대중만 색깔 시비인가? (이재오, 민족정론, 1996. 2. 5)

(註 36) 31번~35번까지 같음. 김대중 대통령 후보 첫 기자회견 (1970. 10. 16)

제 7 장

큰 도둑놈, 작은 도둑놈들의 먹자판 통일행진곡

검찰은 정몽헌의 수사를 통해서
박지원에게 1억 원짜리 CD 150매를 전달하였음을 자백 받았다.
정몽헌은 김영완으로부터 연락을 받고 자신이 직접 명동 사채업자들을 동원하여
CD 150매를 마련 이익치 회장을 통해 전달했으며
며칠 후 박지원으로부터 감사하다는 전화를 받았다고 진술했다.
김대중 정권 5년 동안 한국이라는 나라는 큰 도둑놈, 중간 도둑놈, 새끼 도둑놈들과
그 도둑놈을 따라다니는 패거리 잔챙이 도둑놈들이 서로 많이 챙기려고 벌이는
경쟁 터가 되어버렸다.

김대중에게 내려질 벌은 단 하나 - 김대중 사형

노무현 대통령의 송두환 특검 수사기간 연장 거부로 인해 특검은 수사를 마무리 하지 못한 채 해체하면서 수사 기록을 대검찰청으로 넘겼다. 그리고 대검은 이 사건을 중앙 수사부(부장 안대희)에 배당했다.

그러나 야당과 노무현 정권 비판자들은 노무현 대통령의 특검 연장 거부에 대하여 비난을 퍼부었다. 한나라당은 '제2 대북 송금 의혹 수사 특검법'을 국회에 제출하여 통과시켰으나 노무현의 거부로 인해 제2특검은 재개의도 해보지 못하고 무대에서 사라져 버렸다.

그만큼 야당은 무기력의 깊은 수렁에 빠져 있었다. 국민들은 황당하고 불만스러웠다. 노무현의 행동에도 야당의 무기력에도 불만이 터져 나왔다.

지나간 세월에도 그랬지만 정치 집단이 한국 사회에서 가장 부도덕한 집단으로 부각되면서 "정치인들은 참으로 믿을 수 없다. 그 놈이 그 놈들이다. 개혁을 부르짖는 정치인들이 도리어 개혁의 대상자들이다" 하는 처절한 비난과 비판을 받고 있었다.

특검이 문을 닫으며 수사하지 못했던 박지원 뇌물 수수 사건 기록을 넘겨받은 대검 중수부가 수사 기록을 검토하고 있는 시기에 인터넷에는 몇 가지 재미난 글들이 올라 시선을 끌었다.

'김대중에게 내려질 벌은 단 하나 - 김대중 사형' 이라는 제목으로 발표된 글은 당시 상황과 김대중 정권 5년 동안을 재미있게 잘 표현 한 내용이었다.

대한민국의 공정 거래 총책임자가 알고 보니 도둑놈이었다.
대한민국의 포도청장(검찰총장)도 알고 보니 도둑놈이었다.
대한민국 금융의 총책임자도 알고 보니 도둑놈이었다.
대한민국의 2인자인 대통령 비서실장도 도둑놈이었다.

첫 번째 김대중 비서실장은 노태우 돈을 전달한 작은 도둑놈
두 번째 김대중 비서실장은 오리발 내민 중간 도둑놈
세 번째 김대중 비서실장(박지원)은 통일 팔아 땡잡은 큰 도둑놈이었다.

첫 번째 포도청장 놈도 두 번째 포도청장 놈도 도둑놈이었다.
도둑놈은 도둑놈들이 뽑는다.
김대중 도둑놈이 그런 도둑놈들을 뽑았다.
김대중이 큰 도둑놈은 전라도 사람들과 빨갱이들이 뽑았다.

큰 도둑놈 아들놈들도 새끼 도둑놈들이었다.
한 놈만 도둑놈이 아니라 아들 세 놈 몽땅 새끼 도독 놈들이었다.

그런 도둑놈 패거리 최고 두목이 노벨 평화상을 도둑질했다.
얼마나 머리가 좋던지 세계를 사기치고 국민의 세금으로 도둑질했다.

그런 도둑놈 패거리들이 통일을 하겠다며 팔을 걷어붙였다.
혹시나 했는데 역시나였다.
그것도 장난치지 않을까? 사기 치지 않을까 걱정했는데
통일 자금마저 도둑질해서 꿀꺽하다가 체했다.

국민들에게 사기치고
국가를 도둑질하고
민족의 염원인 통일마저 도둑질한 김대중에게 내려질 벌은
하나 밖에 없다.
그것은 – 사형 – 오직 사형 밖에 없다. (註 1)

또 다른 인터넷 게시판에는 '창녀가 싫어하는 얼간이들' 이라는 제목

아래 이런 글도 있었다.

YS : 사정만 하고 땡전 한 푼 안 준다

DJ : 안 한다고 말하며 두 번 사정한다.

JP : 한 번 한 다음 더 예쁜 년 있나 하고 이 방 저 방 살핀다.

HC(이회창) : 방에 들어온 후 '나는 이런데 올 사람이 아니다' 라고 하면서 결국 사정한다.

MH(노무현) : 제대로 할 줄도 모르면서 '문전' 만 어지럽혀 놓고 "좋습니다. 좋고요"한다.

BY(최병렬) : 제대로 하는 체 힘을 쏟다가 땀만 흘리고 내려간다.

IJ(이인제) : 첫 번째 실패한 후 두 번째 방을 기웃거리며 "그년이 날 버린 것은 힘이 모자란다고 도망갔기 때문"이라고 핑계를 댄다.

DH(전두환) : 사정한 후 대머리를 긁적대며 "지금 200원 밖에 없는데 나중에 줄게"하며 외상 거래를 한다.

TW(노태우) : "물이 없어 재미는 없었지만 또 올게"하면서 도망친다. (註 2)

국민들 정서 속에 남아 있는 김대중과 그 패거리들의 대국민 사기극과 정치인들의 모습을 잘 표현한 글이었다. 그만큼 한국 국민들은 근대에 와서 좋은 국가 지도자들을 만나지 못한 박복한 국민들이었다.

송두환 특검으로부터 박지원이 현대로부터 150억 원의 뇌물을 받아 챙겼다는 수사 기록을 넘겨받은 대검 중수부는 면밀한 검토 끝에 현대가 정상회담을 구실로 상당한 거액의 부정한 비자금을 마련했으며, 그 돈들이 김대중 정권의 실세들과 측근들에게 흘러 들어간 흔적을 발견했다.

또 특검에서 별도 의견서를 통해 '박지원이 현대로부터 200억 원의 뇌물을 받은 과정에 개입한 이익치, 김영완은 공범자에 해당된다' 는 사실을 주목하고 있었다. 그러나 어디서부터 수사를 착수해야 할 것인지 방향을 정하지 못하고 여론과 정치권의 동향, 청와대의 반응을 면밀하게 살피고 있었다.

특검은 수사기간 동안 현대와 청와대가 공모하여 김정일의 개인 계좌에 5억 달러라는 큰돈을 불법 송금했다는 잔챙이 가지만 수사하고 구속 기소하였을 뿐 알맹이는 손도 대지 못했던 것이다.

사실 특검이 수사를 통해 밝혀냈다는 5억 달러 불법 송금 사건도 이미 필자와 몇몇 언론이 추적 보도한 기사에 불과했을 뿐 그 이외에 더 큰 새로운 사실은 찾아내지 못했다. 수사권이 없는 언론인들이 그 정도 사실을 추적 보도했는데도 특검이 그런 정도의 진실밖에 밝혀내지 못했다는 사실은 아무리 어려운 환경 속의 수사였다고 하지만 실패작이었다.

그만큼 송두환 특검은 출발부터 기형적이었으며, 어느 수준의 수사에서 마무리한다는 눈가림에 불과했을 뿐 진실을 끝까지 캐내어 국민들에게 알려야 한다는 의욕도 없다는 비난을 감수할 수밖에 없었다.

특검을 마무리하던 날 기자회견에서 송두환 특별검사는 "수사의 정당성에 대하여 특검은 법에 따라 모든 수사를 하였다. 그러나 특검을 연장하여 계속 수사하기를 바라는 의견과, 특검의 수사 기간 연장을 반대하는 의견도 있어 부족하다고 비판하는 의견도 지나치다고 비판하는 의견도 모두 감수할 각오가 돼 있다"고 아쉬움과 불만과 미련이 뒤섞인 고뇌의 말을 남겼다. (註 3)

그런데도 특검의 공로를 치하한다면 박지원이 정상회담을 미끼로 200억 원 가까운 돈을 현대로부터 챙긴 사실은 밝혀낸 것이다. 하지만 큰 도둑놈(인터넷 문구 중에서) 김대중과 그 패거리들이 관련된 민족 반역 행위에 대해서는 손도 대지 못했다.

한편 특검 막바지에 김대중의 핵심 측근이며 '대북 불법 송금 의혹 특검'을 불러 오도록 만든 중심인물인 박지원의 150억 원 수뢰 사건을 떠안은 검찰은 처음에 상당히 부담스러워 했다. 특검이 캐내지 못한 새로운 범죄 행위를 찾아낸다면 다행이지만 그렇지 못하고 이미 특검이 찾아낸 사실만을 처리할 경우 가뜩이나 국민들로부터 곱지 않은 시선을 받고 있는 검찰로서는 입장이 난처해질 수밖에 없었다.

'권력자의 하수인', '청와대의 눈치만 보는 검찰', '죄를 지어도 돈 있고 권력 가진 자들은 무죄, 죄가 없어도 빽 없고 돈 없는 서민들은 유죄'라며 국민들은 검찰에 대해 강한 불신감을 갖고 있기 때문이었다.

그래서 적당한 선에서 수사를 마무리하면 또 다시 '권력자의 하수인', '제2 특검을 막기 위한 검찰의 음모'라는 비난과 함께 야당과 언론으로부터 집중 포화를 받을 게 뻔했다.

또 애당초 '대북 불법 송금' 사건이 불거져 나왔을 때 검찰이 수사를 시작하였다면 특검을 불러오지 않았을 것이다. 그런데도 검찰이 기피하는 바람에 특검 수사를 불러왔다. 원초적인 잘못이 검찰에 있었다. 그런 어려운 시기에 청와대가 '제 2 특검법'을 비토하고 그 대신 박지원의 150억 원 부분에 대해서는 특검을 통한 수사를 할 수 있다는 의견을 언론에 흘렸다.

고민하던 검찰은 수뇌부의 결심을 받아 전격적으로 서울 명동 사채 시장의 큰 손들 가운데 1차 10명, 2차 5명 등 15명을 출국 금지시키고 검찰로 소환하는 한편 기초 단계 수사에 착수했다.

검찰이 사채 시장의 큰손들을 소환하여 집중 수사하게 된 배경은 ① 박지원이 2000년 3월~4월 두 차례에 걸쳐 김영완을 문화광관부 장관실과 프라자 호텔 등지로 불러 정상회담 준비에 돈이 많이 들어 힘들어 죽겠다. 정 회장(정몽헌)을 잘 아니까 나의 어려움을 전해 달라고 이야기했으며, ② 김영완은 박지원의 이야기를 현대가 자금을 지원해 주어야 한다는 뜻으로 판단하고, ③ 정몽헌을 찾아가 박지원의 뜻을 전달했으며, ④ 정몽헌이 명동 사채 시장을 통해 1억 원짜리 무기명 양도 예금증서(CD) 150매를 마련 ⑤ 이익치(당시 현대증권 사장)를 통해 박지원에게 전달한 사실을 특검은 중시하고 검찰 수사를 촉구했기 때문이었다.

검찰은 사채 시장 큰손들로부터 현대그룹 실세들은 물론 정권의 핵심 실력자들인 박지원, 한광옥, 권노갑의 측근으로 알려진 김영완이 2003년 4월부터 7월 사이에 1억 원짜리 CD를 40억 원, 10억 원, 50억 원, 50억 원 등 네 차례에 걸쳐 현찰로 돈세탁을 해서 가져갔다는 진술을 받았다. 또 사채업자들의 사무실과 집을 수색하여 은행 비밀 거래 내역을 담은 컴퓨터 파일을 찾아냈다.

그리고 법원으로부터 계좌 추적 영장을 발부받아 박지원이 150억 원을 돈세탁하여 챙긴 자금을 추적했다. 박지원과 그의 주변 친지들, 집안 친척들의 계좌를 추적한 결과 50여 개의 가명, 차명 계좌를 찾아내는데 성공했다.

검찰이 가명, 차명 계좌를 추적하는 가운데 현대그룹이 300~500억 원의 CD를 사채 시장에서 무더기로 구입해 간 사실도 밝혀냈다. 그리고 현대가 2000년 3월부터 10월까지 명동의 사채 시장을 통해서 구입한 CD 액수가 700억 원 대에 육박했으며, 그 CD를 가지고 돈세탁을 한 인물이 김영완이라는 사실을 확인하기에 이르렀다.

수사관들이 긴급 체포 영장을 가지고 김영완의 집을 급습했다. 그러나 이미 김영완은 며칠 전에 집안 식구들을 모두 데리고 미국으로 도주한 후였다.

검찰은 김영완이 숨어 있는 LA에 수사관을 파견하면서 그 배후 세력에 주목하고 비밀리에 김영완이 접촉한 인물과 사업 관계를 전면 수사 선상에 올려놓고 추적하기 시작했다.

한편 검찰은 이익치를 소환하여 박지원에게 전달한 150억 원 CD 관계를 확인하고 또 다른 비자금을 추궁하기에 이르렀다. 검찰에 불려온 이익치는 "현대아산 정몽헌 회장이 박지원에게 전달한 150억 원 외에 더 많은 액수의 비자금을 조성했다"고 실토했다. 또 현대가 조성한 비자금이 1천억 원 대에 육박한다는 사실도 털어놓았다.

이익치는 또 "비자금 관리는 정몽헌이 직접하였으며 집권당 실세들과 가까운 김영완을 통해 민주당 고위층과 실세들에게 거액을 전달했다"고 진술했다.

이로써 현대 비자금이 민주당의 선거자금으로 제공되었을지도 모른다는 의혹이 강하게 대두되었으며, 결국 민주당 실세 국회의원 5명, 한나라당 국회의원 5명 등 10명의 정치인들에게 특별후원금 명목으로 상당한 액수의 돈이 전달되었음을 계좌 추적을 통해 찾아냈다.

대검 중수부는 "정몽헌을 소환하도록 해 달라"고 수뇌부의 결심을 촉구하면서 박지원에 대한 본격 수사에 착수했다.

박지원이 챙긴 돈 해외로 빼돌려

특검에 의해 구속당한 박지원은 서울 구치소에서 대검 중수부로 불려 다니며 조사를 받았다. 서울 구치소는 박지원에게 극진한 예우를 했다. 법무부 장관의 감독아래에 있는 전국의 구치소와 교도소에는 옛날부터 호남 출신 교정직 공무원들이 많았다. 그래서인지 박지원에 대한 대우는 최상급이었다.

박지원이 검찰에 불려서 구치소를 나갈 때나 구치소로 돌아 올 때 박지원은 혼자만 호송하는 단독 차량을 이용했다. 서울 구치소는 아침에 검찰이나 법정에 갈 때, 그리고 저녁에 구치소로 돌아 올 때는 버스 한 대에 40~60명씩 줄을 지어 앞뒤로 묶은 다음 별도의 쇠고랑을 채운 후 이동한다. 그러나 박지원은 서울 구치소의 호남 출신 교도관들로부터 특별대우를 받고 있었다. 대검찰청에서도 기자들이 박지원의 사진을 찍지 못하도록 여러 가지 조치를 해주며 대우했다.

검찰과 구치소가 박지원에게 특별대우를 해주자 박지원은 구치소 안에서도 특별한 신분으로 행세했다. 박지원은 7월 20일 특검이 자신을 기소한 공소 사실 혐의 가운데 "외국환 관리법 위반 혐의는 위헌 소지가 있다"고 주장하며 서울 지방법원에 '위헌법률 심판제청' 신청서를 제출했다.

박지원이 변호사를 통해 위헌의 소지가 있다고 위헌 심판제청을 요구한 내용을 "대북 송금 특별검사의 기소 내용 가운데 정몽헌 현대아산 회장 등과 공모하여 4억 5천 만 달러를 북한에 송금하는 과정에서 재정경제부 장관의 허가를 받지 않고 송금한 것이 구 외국환 관리법(외국환 관리법 27조 1항, 18조, 15조 1항 3항)을 위반했다고 공소하였으나 이 조항들은 헌법의 영토 조항 원칙에 위배돼 위헌성이 다분하다"는 것이었다.

대한민국의 헌법 영토 조항에는 '대한민국 영토는 대한민국 전 국토와 그 부속 섬으로 한다'고 명시되어 있어 북한은 외국이 아니기 때문에 구 외국환 관리법을 적용할 수 없다는 주장이었다.

박지원은 또 "특검이 제출한 증거를 인정하고 주거가 일정해 도주 우려도 없으며, 이기호 전 청와대 경제수석과 공모하여 현대에 불법 대출을 해주도록 산업은행에 압력을 넣은 사실이 없으니 무죄가 될 것이므로 보석을 허가해 달라"고 보석 허가 신청서를 제출하는 여유도 보였다.

박지원이 자신의 죄를 뉘우치지 않고 보석 허가와 위헌심판 제청을 했다는 뉴스가 보도되자 언론사 게시판에는 흥분한 네티즌들이 올린 분노의 소리가 넘쳐 났다.

검찰과 재판부는 박지원의 보석 신청을 불허했으며, 검찰은 박지원에게 150억 원의 수뢰 혐의에 대해 강하게 추궁하기 시작했다. 박지원은 처음에는 김영완을 모른다고 부인하다가 이익치와 사채 시장의 큰손들 증언과 가차명 계좌를 들이대자 일부는 시인을 했다. 그러면서도 자신은 이익치에게서 절대로 돈을 받지 않았고, 이익치가 사기를 친 것이라며 이익치를 명예 훼손 혐의로 고발했다.

박지원은 미국으로 도주한 김영완의 진술이 없기 때문에 무죄일 수도 있다는 변호사들의 조언에 따라 김영완과 이익치가 자신의 이름을 팔아 사기를 친 사건으로 몰아갔다.

검찰도 처음에는 상당히 주춤 거렸다. 특검에서도 박지원이 이익치로부터 1억 원짜리 CD 150매(150억 원)를 전달받았다고 구속 영장 청구 시에는 기록하고 있었으나 검찰에 넘기는 공소장에는 그 부분이 빠져 있었다.

특검에서는 "김영완을 조사하지 못했기 때문에 그 부분은 대검에서 철저한 수사를 하라는 뜻이었다. 200억 원 수뢰 부분은 김영완의 증언이 필수적이었다"고 말했다.

검찰은 김영완의 변호사를 미국에 보내 귀국하도록 몇 차례 설득하였으나 김영완이 미국 시민권자임을 이유로 귀국을 반대했다. 이에 따라 검찰은 미국 정부와 김영완의 강제 출국 문제를 논의하기 시작했다.

정몽헌, 박지원에게 150억 원 주었다고 자백

검찰 수뇌부는 수사 형평상 정몽헌을 수사하지 않을 수 없다는 수사팀의 건의를 받아들여 7월 26일 정몽헌을 비밀리에 소환 조사했다. 이 조사에서 정몽헌은 6월 초 특검에 제출한 남북 정상회담과 관련된 모든 부분에 대한 소명 자료에 대해 다시 조사를 받았다.

특검에서는 정몽헌의 소명 자료를 받은 후 정몽헌에 대한 수사를 하지 못하고 특검을 끝내야 했기 때문에 정몽헌의 조사 기록이나 진술서가 없었다.

검찰은 정몽헌의 수사를 통해서 박지원에게 1억 원짜리 CD 150매(150억 원)를 전달하였음을 자백 받았다. 정몽헌은 김영완으로부터 연락을 받고 자신이 직접 명동 사채업자들을 동원하여 150매를 마련, 이익치 회장을 통해서 전달했으며 며칠 후 박지원으로부터 잘 받았으며 감사하다는 전화를 받았다고 진술했다. (註 4)

정몽헌은 또 박지원에게 전달할 돈을 이익치 회장에게 주면서 '금강산 관광 사업이 하루에 수억씩 나는 적자 때문에 더 이상 지탱할 수가 없다.

그러니 관광선 안에 카지노 허가를 내주고 금강산 장진항과 죽전 항에 면세점 허가를 내어 달라고 요청하라'고 했으며, 박지원은 "정상회담이 끝나고 나면 빠른 시간 안에 꼭 성사되도록 하겠다"고 약속한 사실도 있다고 진술했다. (註 5)

박지원의 범죄 행위는 분명하게 밝혀지고 있었다. 하지만 박지원은 계속 자신의 범행을 부인했다. 그러나 검찰은 현대아산의 또 다른 비자금에 대해 수사의 손길을 뻗치고 있었다.

검찰의 강력한 귀국 요청에 김영완은 한국으로 귀국하지는 않겠으나 진술서를 보내기로 합의, 1차 진술서를 변호사를 통해 검찰에 제출했다. 김영완이 2003년 8월초 대검 중수부에 제출한 진술서에는 박지원이 검찰에서 부인하고 있는 말이 모두 거짓임을 증명하는 내용이 담겨져 있었다.

박지원, 고향에서 국회의원 출마 위해 자금 준비

김영완은 2000년 3월경 박지원이 자신을 문화관광부 장관 사무실로 두 차례 불러 남북 정상회담 추진을 위한 비밀 이야기를 털어 놓으면서 "아우님이 정 회장(정몽헌)에게 말하여 정상회담 준비와 언론 대책비를 마련해 주었으면 좋겠다. 정상회담이 열릴 때까지 보안이 유지되어야 하는데 신문쟁이, 마이크쟁이(방송기자)들이 가만히들 있어 줘야지? 신문쟁이들 처리가 골치 아파. 대한민국 신문쟁이 치고 박지원이 돈 안 먹은 놈 있으면 나와 보라고 그래…… 그래서 돈이 많이 들어 죽겠어……"하고 말했다고 증언했다.

며칠 후 박지원이 프라자 호텔 일본식당으로 불러 나갔더니 정 회장에게 빨리 자신의 뜻을 전해달라고 졸랐다는 것이다. 그래서 정몽헌에게 박지원이 한 말을 전했으며, 얼마 후 정몽헌으로부터 150억 원을 전달했다는 사실을 확인했다. 그리고 얼마 후 박지원이 다시 자신을 불러 150억 원 CD를 맡기며 돈세탁을 부탁했다고 진술했다.

김영완은 박지원의 CD를 명동과 소공동 사채 시장에 돌려 돈세탁을 한 후 40억 원은 국민 주택채권을 구입하고, 50억~60억 원은 주식을 샀으며, 20억 원은 제2금융권에 있는 고교 후배에게 빌려주고 아직 받지 못했다고 했다. 그리고 나머지 30억 원은 박지원이 돈이 필요하다고 하면 수시로 현금이나 소액 수표로 만들어 전달했다고 진술했다.

박지원은 현금이 필요하면 김영완에게 전화를 하여 "돈 많이 들어 죽겠어…… 돈 주는 놈은 없고 달라고 하는 놈뿐이야!"하고 푸념했으며, 어떤 때는 "아우님 용돈 좀 줘……" 하는 식으로 부탁했다. 그러면 김영완은 현찰을 만들어 갖다 주었다. (註 6)

김영완이 많은 현찰을 전달 할 때는 동대문 시장에서 구입한 싸구려 가방에 담아 가져 갔으며, 은밀한 장소에서 만날 때에는 여행 가방에 담아 날라다 주었다고 한다.

박지원은 기분이 좋으면 김영완과 술을 마시며 "정권이 끝나면 나는 광주나 진도에서 출마할 생각이야…… 그래서 지금부터 포석을 하는데 찾아오는 놈들은 모두 손을 벌리고 돈만 달라는 것이야…… 출마만 한다면 따 놓은 당상이라나……" 하고 큰소리를 치기도 했다.

박지원이 진도에서 국회의원에 출마하기 위해 상당한 공을 들인 것은 많은 사람들이 알고 있었다. 박지원은 대통령 비서실장이 되면서 친척 동생을 비서실에 두었다. 그리고 모든 이권 사업과 돈 거래는 동생에게 맡겼다. 당시 전국 경찰서장 인사이동 때 박지원에게 3천 만 원을 전달한 사람은 특급지, 2천 만 원을 전달한 사람은 A급지 서장으로 발령됐다는 소리가 나돌고 있었다.

박지원은 또 진도 경찰서장, 진도 교육장, 군수, 읍장 등 지방 고위 공무원 인사에 직접 개입하여 대부분 밀양 박 씨 성을 가진 친척이나 주변 친지들의 추천에 의한 사람을 인사 발령하는 등 철저히 준비를 하고 있었다.

진도는 지금은 다리가 놓여 육지로 연결되어 있지만 70년대 중반까지만 해도 섬이었다. 진도에는 옛날부터 창녕 조(曺)씨와 밀양 박 씨 집안이 오랫동안 틀을 잡고 살았으며, 창녕 조 씨 집안이 우세한 가문을 이어왔다.

박지원의 고모 한 명이 창녕 조 씨 집안으로 시집을 가서 창녕 조 씨 집안과는 고종 사촌의 가까운 친척 사이가 됐다. 박지원 집안사람들은 한국 전쟁을 겪으며 공산당 활동을 하다가 2명은 경찰과 총격전 끝에 사살당했으며 2명은 9 · 28 수복 후 마을 사람들에게 잡혀 맞아 죽는 비극을 당했다. 4명의 희생자가 생긴 것이다.

그래서 박지원의 집안을 비롯하여 밀양 박 씨 집안은 그 세력이 현저히 약화되고 창녕 조 씨 집안은 번성했다. 그러다가 박지원이 청와대에 들어간 후부터 판도가 달라지기 시작했다. 창녕 조 씨 집안사람들이 추풍낙엽처럼 힘을 잃고 있었다.

2000년 여름, 박지원 형제를 어릴 때부터 돌봐주던 고종사촌 형 조우승(曺佑承, 한의학 박사) 씨가 진도에 사는 집안사람들의 요청으로 5일간 진도를 방문했다.

오랜만에 고향에 내려온 조우승 씨에게 집안 원로들은 "박지원의 권력 때문에 우리 집안이 견딜 수가 없다. 창녕 조 씨 성을 가진 사람들은 모두 쫓겨나고 밀양 박가 세상이 됐다. 빨갱이 짓을 하던 놈들이 득세하여 진도를 망치고 있다"며 하소연과 함께 박지원에 대한 불평을 쏟아냈다.

어느 날 갑자기 조우승 씨가 현대 병원에 입원하였다는 소식을 듣고 필자와 평소 형제간 같이 가까이 지내는 친지 몇 명과 병문안을 갔다.

그때 조우승 씨는 진도에 갔다가 집안사람들로부터 들은 박지원에 대한 비난과 원성을 설명했다. 그리고 창녕 조가 성을 가진 사람들만 골라서 목을 자르고 있다는 소리를 듣고 화가 치밀어 올랐다고 말했다.

진도에서 좋지 않은 기분으로 먹은 생선회가 탈이 났는지 서울로 돌아오는 자동차 안에서부터 경련이 일어났는데, 집에 도착하여 잠을 자다가 갑자기 마비 상태에 빠져 가족들이 긴급히 병원으로 옮겨 입원하게 됐던 것이다.

10여 일 입원해 있는 동안 우리들은 두세 차례 병문안을 했다. 그때 조우승 씨는 "박지원 아우와 그 형제를 내가 어릴 때부터 거두어 주었지. 그 녀석이 옛날에도 나를 배신한 적이 있었는데, 이번에 청와대에 들어갔다고 횡포를 부려 조 씨 집안을 망치려 한다는 것이야. 국회의원에 출마한다고 벌써부터 조직을 한다는 것이야…. 그러면 못 쓰는데…, 결국 제 꾀에 빠져 망칠 텐데 그것이 걱정이야."라고 말했다. (註 7)

그 후 박지원을 불러 충고하던 조우승 씨는 박지원으로 인해 얻은 화병 때문에 끝내 회복하지 못하고 2000년 초 겨울 결국 세상을 떠났다. 필자는 그 소식을 미국 병원에서 들었다.

박지원의 고종사촌 형이 진도에서 보고 듣고 증언한 것처럼 박지원은 일찍이 진도에서 출마 준비를 했었다.

김영완은 검찰에 제출한 두 번째 진술서를 통해 "정권이 끝나면 국회의원에 출마해야 하니까 아우님이 돈 관리를 잘 해 달라. 선거에는 돈이 많이 필요하다고 박지원이 여러 번 말을 하여 주식과 채권을 구입, 돈을 증식하여 나중에 주려고 했었다"고 진술했다.

그는 또 "박지원과 사석에서는 형님 동생 하는 사이였다. 정몽헌 회장과도 사석에서는 형님 동생하며 부르다가 회의 때나 옆에 다른 손님이 있을 때에는 회장님이라고 부르는 가까운 사이였다"고 증언했다. (註 8)

검찰이 박지원에게 김영완의 진술서를 보이자 그때까지 부인으로 일관하던 박지원은 숨을 죽이며 비굴한 자세를 보이는 등 한풀 꺾이는 모습이었다. 그런데도 김영완이 국내에 돌아오지 않는 것을 알고 "김영완과 이익치의 주장은 거짓"이라며 부인했다.

그러나 검찰은 박지원의 주장을 무시하고 특정범죄 가중 처벌법으로 구속 기소하는 한편 김영완이 관련된 또 다른 비자금 수사에 착수했다.

그리고 김영완의 가정부와 운전사를 통해 세상이 깜짝 놀랄 만한 엄청난 사실을 알아냈다. (註 9)

김대중 정권이 얼마나 부패했으며, 박지원이 행사한 권력의 부작용이 얼마나 나라를 좀먹고 선량한 국민들 가슴에 멍이 들도록 만들었는지 그 전모가 드러나기 시작했다.

김대중 정권 5년 동안 한국이라는 나라는 큰 도둑놈, 중간 도둑놈, 새끼 도둑놈들과 그 도둑놈들을 따라 다니는 패거리 잔챙이 도둑놈들이 서로 많이 챙기려고 벌이는 경쟁 장터가 되어버렸다.

그리고 국민들은 그 도둑놈들과 패거리들을 위해 피땀 흘리며 생산 활동을 하고 세금을 내는 기계에 불과했다. 필자는 김대중과 주변 패거리들의 정체를 알았기 때문에 김대중 정권 탄생을 막기 위해 기사와 저술 활동을 펼치며 투쟁했다.

그때 김대중과 박지원은 17억 원이라는 큰돈으로 필자를 매수하려고 하였으나 이를 거절했다. 그러자 김대중은 당선 후 다음날에 출국 금지를 시키더니 취임 4개월이 지나자 긴급 구속시켜 2년 동안 감옥에 가두었다.

2000년 6월 3일 새벽 12시 10분 춘천 교도소 문을 나선 필자는 마중 나온 후배들과 가족들 앞에서 이렇게 외쳤다.

"태어나지 말아야 할 정권이 태어나서 나라를 망하게 만들고 국민들에게 고통을 안겨주고 있습니다. 두고 보십시오. 김대중은 반드시 역사에 실패한 대통령으로 기록될 것입니다."

진정 김대중 정권은 태어나서는 안 될 정권이었다. 지난 1997년 필자를 비롯하여 몇 사람의 언론 출판계 인사들이 앞장서 유권자들이 바른 판단을 할 수 있도록 김대중의 정체를 알리고, 김일성과의 관계를 폭로했다. 그때 김대중의 친위 세력과 호남인들, 빨갱이들은 처음에 돈으로 매수하려고 하다 그것이 실패하자 협박을 했다.

그 당시 조선일보, 동아일보, 중앙일보 등 한국의 메이저 신문들과 자유 민주주의를 원한다고 말하면서도 비겁하게 뒤로 도망치던 보수 진영 사람들이 관심을 갖고 유권자들을 일깨워 주었다면 큰 도둑놈들과 그 패거리들, 좌파 세력들에게 두 번씩이나 나라를 점령당하는 일은 없었을 것이다.

떼강도 9명, 김영완 집에서 180억 원 강탈

현대아산 정몽헌 회장, 그리고 김영완과 비밀 거래를 해온 사채업자 등 접촉 인물들의 가택 수사를 하던 검찰은 전 가정부와 현재 일하고 있는 가정부를 통해 "평창동 집에 현찰을 가득 담은 사과 박스가 수십 개가 쌓여 있었다. 또 김 회장 집에 두 번씩이나 강도가 침입하여 거액을 털어 갔다"는 증언을 들었다.

이 부분은 특검의 조사 서류에도 간단하게 남아 있다. 특검이 수사 기간 1차 연장을 노무현 대통령에게 신청하여 기다리는 며칠 사이 김영완의 전 운전기사와 가정부를 소환하여 진술을 듣는 가운데 2002년 두 차례에 걸쳐 김영완의 집에 강도들이 침입 수백억 원을 강탈해 갔다는 진술을 확인했다.

그러나 특검법이 허용한 수사 범위 속에 포함시켜 수사를 할 수 있는 사건인지 아닌지를 검토하는 사이 특검이 끝나게 되어 강도 사건은 제대로 손도 대보지 못하고 특검을 끝내야 했다.

김영완의 집에 두 차례 침입한 강도 사건은 특검에서는 빛을 보지 못하고 끝이 났지만 언론에서 센세이셔널하게 지면을 도배질하며 독자들의 궁금증을 풀어 주었다.

검찰은 김영완의 가족과 함께 생활하던 가정부 방순자(58) 여인을 불러 참고인 진술을 들었으며, 그 진술 가운데 두 차례 침입한 떼강도 일당 가운데는 김영완의 차를 운전하던 김철범(가명)이 가담되어 있다는 사실을 확인했다.

검찰은 김영완의 집에 침입하여 수백억 원을 강탈해 간 떼강도 사건과 현대 비자금, 그리고 박지원이 받은 150억 원과 깊은 관련이 있을 것이라고 판단하여 재수사를 하지 않을 수 없었다.

수사 과정에서 떼강도 사건이 초기에는 검찰에 보고되지 않았으며 공식 채널을 통한 정상적인 수사가 이루어지지 않았다는 사실이 드러났다. 또 강도를 당한 피해자가 오히려 재판부에 용서해 달라는 탄원서와 진정서까지 제출했다는 사실도 알게 되었다. 수사관들은 떼강도 침입 사건과 현대 비자금, 김영완과 박지원의 밝힐 수 없는 삼각관계의 비밀이 숨어 있다는 사실을 빠르게 알아 차렸다.

김영완은 3명의 운전기사와 2명의 가정부를 고용하고 초호화판 생활을 했다. 김영완은 자신의 승용차를 비롯하여 아내와 아들, 딸 전용으로 모두 다섯 대의 외제 고급 승용차를 소유하고 있었다.

현대로부터 현금을 싣고 오거나 박지원, 권노갑에게 사과 박스를 전달하는 기사는 자신의 차를 운전하는 운전사에게만 심부름을 시켰다. 그래서 운전기사 김철범은 2000년 3월경부터 김영완이 부정한 돈 거래를 하고 있다는 사실을 눈치 채고 있었으며 그런 사실을 알고 지내던 친구들에게 자랑삼아 털어 놨다.

그러다가 딴 마음이 생긴 김철범은 2001년 9월경부터 친구들과 모의하여 주인 김영완 집을 습격하자는 데 합의하고 성공 후 자신의 몫을 배분받는다는 약속을 받았다.

김철범은 범행에 가담한 친구들에게 "김영완은 부정한 방법으로 돈을 모은 인간이니까 돈을 털려도 자신의 약점이 모두 들통날까봐 절대로 경찰에 신고하지 못할 것이다"라고 하며 안심시켰다.

2002년 3월 31일 밤 김철범은 김영완이 사는 빌라의 문을 잠그지 않고 닫아만 놓았으며, 밤 11시경 얼굴에 검은 복면을 쓴 9인조 떼강도가 집안으로 침입하였다.(2명은 밖에서 망을 보고 있었음)

강도들은 집안 구조를 잘 알고 있었다. 그들은 칼과 권총(후에 가짜 권총으로 판명) 등 여러 가지 흉기를 들고 김영완과 부인, 아들을 넥타이와 로프로 묶은 다음 한 방으로 몰아넣었다. 그리고 김영완의 목에 칼을 대고 위협했다.

겁에 질린 김영완은 서재와 안방에 돈을 숨겨둔 장소를 알려 주었다. 별다른 저항도 받지 않고 강도들은 현금 7억 원, 미화 5만 달러, 일본 돈 3백 50만 엔, 자기앞 수표 2천 4백만 원, 골프장 회원권, 주택 등기권리증, 91억 원 상당의 무기명 채권 등 180억 원이 넘는 금품을 강탈했다.

강도들은 김영완과 아내의 목에 칼을 대고 경찰에 신고하면 반드시 일가족을 죽일 것이라는 말을 남기고 사라졌다.

강도들의 말대로 김영완은 경찰에 신고하지 않았다. 다른 사람들 같으면 그 자리에서 112에 신고하거나 자신이 살고 있는 관할 종로 경찰서에 강도 신고를 했을 것이다. 그런데도 무엇이 두려웠던지 강도를 당한 그 밤을 조용하게 보냈다.

김철범의 말대로 부정한 돈 거래 사실이 외부에 알려지면 안 되는 것이었던지, 경찰에 신고하면 가족을 몰살하겠다는 강도들의 협박이 무서웠는지는 알 수 없는 일이다. 그러나 필자의 생각으로는 부정한 돈의 출처가 알려지는 것이 가장 두려웠을 것이다.

뜬눈으로 밤을 새운 김영완은 4월 1일 청와대로 박지원을 찾아 갔다. 그리고 박지원에게 "어젯밤 몇 명인지 알 수 없는 떼강도들이 침입하여 상당한 현금과 채권, CD 등을 강탈해 갔다"고 말했다.

김영완은 박지원에게 "형님이 맡긴 돈은 아니니까 안심하셔도 됩니다. 형님 돈은 철저하게 잘 보관하고 있습니다"라고 말했다. 박지원이 자신의 돈이 아닌지 궁금해 할 수도 있다는 생각 때문이었다.

박지원은 경찰에 특명을 내려 수사시키겠다며 김영완을 안심시키고 돌려보냈다. 그리고 자신의 심복인 청와대 민정수석 비서관실에 파견 근무중인 경찰청 소속 박종이(朴鍾二) 경위를 불러 김영완이 강도당한 사실을 설명하고 조용하게 수사하여 범인들을 체포하라고 지시했다.

이날 박지원에게 불려간 박종이 경위는 1년 후 이 사건으로 커다란 곤욕을 치른다. 그러나 박지원과 같은 진도 출신 후배로서 박지원의 후광에 힘입어 5년 동안에 말단 순경에서 경감으로 초고속 승진하는 신화를 남긴 인물이었기에 자업자득이었다.

경찰청 내부에서는 박지원의 친척 동생이라는 소문이 날 정도로 박지원의 심복 역할을 충실하게 했다. 그런 소문 때문에 경찰청장과 치안감들도 박종이의 눈치를 보며 그에게 잘 보이려는 행동까지 했다.

그런 상황을 두고 경찰청 내 비판 세력들은 "경위가 경찰청장에게 명령을 하는 귀하신 몸"이라고 비꼬았으며, "청와대에 있는 진짜 경찰청장 나리님……"이라고 비난했다.

그런 소리가 과장이 아님을 입증하는 엄청난 사건이 벌어진다.

박종이 경위는 박지원의 지시에 따라 김영완을 만났다. 박종이와 김영완은 김대중 정권 출범 후 박지원의 소개로 알게 된 사이였는데 가끔 김영완이 박종이에게 용돈을 주기도 하고 술 스폰서가 되기도 했다.

김영완으로부터 자세한 이야기를 들은 박종이 경위가 김영완을 종로 경찰서로 대동하여 수사를 받게 하는 등 정상적인 경찰 임무를 수행했더라면 1년 후 커다란 소용돌이에 휩싸이지 않았을 것이다.

박종이는 경찰청 수사국장이며 평소 가까이 지내던 이승재(李承裁) 치안감에게 전화하여 사건 경위를 간단하게 설명하고 박지원의 지시이니 조용하게 보안을 지켜 가며 수사를 해달라고 부탁했다.

이승재 국장은 서울 경찰청 강력계장 이조훈 경감을 불러 김영완을 만나 사건 경위를 들어 보도록 지시했다. 김영완을 만나 이야기를 들은 이조훈 계장은 서대문 경찰서 강력 2반장 이경재 경위를 적임자로 추천했다. 이경재 경위는 이조훈 계장과 종로 경찰서 수사과에서 함께 근무한 적이 있었다.

한편 이승재 치안감은 서대문 경찰서 수사과장 문귀환(文貴煥)에게 전화를 하여 이경재 경위에게 청와대 특명사건의 수사를 전담시키고, 철저히 보안을 유지하면서 수사를 빨리 마무리하라고 지시했다.

문귀환 수사과장은 본청 수사과장의 지시이고 청와대가 관련되어 있다는 소리에 긴장했다. 문귀환은 자신의 심복이며 수사통인 이경재에게 사건을 전담하도록 지시 했다.

문귀환 수사과장으로부터 사건 수사를 지시받은 이경재는 김영완을 만난 후 수사본부를 김영완 집 근처에 있는 쉐라톤 호텔(구 올림피아 호텔)에 설치하고 몇 명의 민완 형사들을 차출하여 본격적으로 수사에 착수했다.

청와대 비서실장의 친척뻘이 되는 중요 인물이 피해를 당했다는 사실과 청와대 민정수석 보좌관실의 특명사건이라고 생각했는지 문귀환 수사과장은 초기에 상사인 서대문 경찰서장에게도 보고하지 않았다.

이승재 서울 경찰청 수사국장도 초기에는 이대길(李大吉) 경찰청장에게 보고하지 않았다. 이처럼 이상한 수사가 두 개의 비선 라인을 통해서 진행되었고, 청와대에 파견 근무 중인 박종이 경위가 최종 보고를 받았다. 대한민국 경찰 조직을 뿌리째 흔든 엄청나게 잘못된 사건이었다.

이대길 청장도 박종이 경위로부터 보안을 철저히 해 달라는 부탁과 함께 구두로 사건 보고를 받았다. 이대길 청장은 박지원 비서실장의 친척 동생이라는 소리에 긴장하면서 서대문 경찰서장 김윤철 총경에게 전화를 하여 "안쪽(청와대) 고위 인사가 관련된 사건이니까 언론에 새지 않도록 조심하라"고 주의를 주었다.

180억 원 이상의 금품을 강탈당한 대형 강력범죄 사건인데도 의당히 보고를 받고 수사를 지휘해야 할 이한선 서울 경찰청 수사본부장과 김동민 형사부장은 사건이 발생하고 수사가 비밀리에 진행되고 있는데도 2주일 동안을 알지 못하고 있었다.

이한선 수사본부장이 안쪽 고위인사(청와대 특별보좌관)가 특명사건으로 지시한 비밀 수사 사건을 알게 된 것은 모 신문사 경찰청 출입 기자를 통해서였다. 그 기자는 어디서 무슨 정보를 입수했는지 서대문 경찰서에서 비밀리에 수사하는 대형 사건에 어떤 정치인이 관련되었는지 여러 가지 유도 질문을 했다. 이한선 수사본부장은 무언가 있다는 것을 직감적으로 느꼈다.

이한선 본부장은 기자가 돌아간 후 김윤철 서대문 경찰서장에게 전화를 해서 비밀 수사 사건에 대해 물었다. 이에 김윤철 서장은 "본청 청장님께서 안쪽 고위 인사가 관련된 사건으로 철저히 보안을 유지하라는 지시 때문에 보고하지 못했다"고 말했다. 이후 이한선 본부장은 그 사건에 대하여 알려고 하지 않았으며 누구에게 질문도 하지 않았다. 그런 사실은 2003년 7월 사건이 터진 후 경찰청 자체 감찰에서 밝혀졌다.

전화위복이라고 할까? 사건 발생 당시만 해도 수사를 지휘해야 할 수사본부장으로서 따돌림을 당했다는 서운한 감정이 있었는데, 오히려 모른 체한 것이 다행이었다. 그는 비선 라인 사건을 보고 받지 않았고, 수사를 지시한 사실이 없었기 때문에 1년 후 사건 전모가 밝혀지고 그 여파가 태풍처럼 번져 경찰이 망신을 당하고 있을 때도 피해갈 수가 있었다.

수사에 나선 비밀 수사팀은 김영완의 집 내부 사정을 잘 아는 사람의 소행으로 간주했다. 그래서 전 현직 운전기사와 가정부를 상대로 수사망을 좁혀 나갔다.

2002년 4월 중순경 명동 사채 시장에서 김영완에게 연락이 왔다. 김영완이 강도를 당한 후 사채업자들에게 강탈당한 사실을 말하고 채권 발행 은행과 번호를 알려 주었기 때문이다.

범인 일당 9명은 현금 7억 원, 미화 5만 달러, 일본 돈 350만 엔, 자기앞 수표 2천 500만 원을 현금화시켜 1인당 15억 원 가까이 나눈 다음 뿔뿔이 흩어졌다. 그 가운데 두 명이 무기명 채권을 팔기 위해 명동 사채 시장에 나타난 것이었다.

수사팀은 사채업자들과 공조하여 사건 발생 1개월 후인 5월 말에 범인 9명 가운데 5명을 체포했다. 커다란 개가를 올린 수사팀은 언론에 수사

결과를 발표할 준비를 했다. 그러나 김영완과 박종이는 "언론 발표를 하거나 기자들이 알아서는 절대로 안 된다. 현금은 범인들이 써 버렸다고 하니 100억 원이 넘는 채권과 집 등기권리증, 골프 회원권을 찾도록 해 달라"고 부탁했다.

서대문서 수사팀은 체포한 5명의 범인들을 밤에는 서대문 경찰서 유치장에 재우고 아침이면 범인들을 호텔로 데리고 와서 특별 수사를 하였다. 그러는 사이 범인들은 가족과 친지들을 면회하며 호텔 방으로 가져온 음식을 먹으며 밸런타인 17년산까지 마셨다. 그렇게 수사가 끝나고 범인들은 검찰에 이송되었다.

범인들의 변호사를 선임하고, 선처 탄원서까지 올린 김영완

6월에 서울 지방법원 서부지원에서 재판이 시작되었을 때 이상한 상황이 발생했다. 피해자인 김영완이 주범인 김철범의 변호사를 선임해 주었다.

김철범이 훗날 기자들에게 증언한 바에 의하면, '영등포 구치소에서 재판을 기다리고 있는데 어떤 사람이 찾아와서는 "김 회장(김영완)이 나를 김철범 씨 변호사로 선임해 주었다"고 말하면서 가벼운 처벌을 받도록 김 회장이 선처 탄원서까지 재판부에 낼 것이니 안심하라고 했다'는 것이다.

변호사의 말대로 김영완은 1심 재판부에 김철범의 처벌을 바라지 않는다는 내용의 탄원서를 제출했다.

서울지방법원 서부지원 1심 재판부는 6월 말 "피고 김철범의 경우 같은 전과가 없으며 사건 발생 후 이익을 얻은 것이 없고 피해자가 처벌을 바라지 않고 있어 정상을 참작, 징역 1년 6월에 형 집행을 2년간 유예한다"고 판결을 내렸다.

김철범은 풀려난 후 김영완과 만나서 어떤 협상을 하였는지 얼마 후

사라져 버렸다. 김철범보다 실형을 많이 받은 4명의 범인들은 구치소로 돌아가 항소했다. (註 10)

김영완 집에 두 번째 강도 침입

1심 재판이 끝난 2002년 7월, 김영완은 가족들을 데리고 미국으로 건너갔다. LA와 산타모니카 중간 지점의 고급 주택가에는 김영완이 구입해 둔 200만 달러 상당의 집이 있었다. 그리고 가족과 함께 미국으로 떠난 후 평창동 집에는 가정부 방순자 여인이 혼자 지키고 있었다.

그런데 7월 20일 밤에 3인조 강도가 재차 침입했다. 범인들은 이불로 방 여인을 덮어씌운 다음 집안을 뒤지다가 별다른 것을 찾지 못하고 도주하였다.

강도들이 도망간 사실을 안 방여인은 미국의 김영완에게 강도가 들었다고 알렸다. 김영완은 그 사실을 국제 전화로 박종이 경위에게 알려 주었다. 박종이는 그 사실을 박지원에게 보고한 후 이대길 서울경찰청장을 찾아갔다. 그리고 식사를 하면서 "박 실장이 알고 상당히 화를 냈다. 한 집에 두 번씩이나 강도가 들었다는 것은 경찰의 망신이라고 말했다"고 전했다.

이대길 청장은 수사 지휘관들을 모아놓고 김영완의 집에 두 번째 강도가 침입한 사건을 철저히 수사하도록 지시하면서 관할 경찰서 책임자에게 책임을 묻도록 지시했다.

경찰은 도난당한 금품이 없다는 사실을 파악하고 "강도들이 금품보다는 1차 범행 후 일행이 체포당한 데 대한 보복을 하려고 침입했을 가능성이 있다"고 보고했다.

미국에 가족을 두고 혼자 긴급히 서울로 돌아온 김영완은 평창동 빌라를 그대로 두고 인근에 빌라를 구입하여 이사를 했다. 그리고 2심 재판부에 다시 범인들의 선처를 호소하는 진정서를 제출했다.

김영완의 집에 떼강도가 침입한 사건을 경찰이 비선 라인을 통해 비공식 수사를 하고, 피해자가 범인의 변호사를 선임해 주고 관대한 처벌을 호소하는 탄원서와 진정서를 재판부에 제출하였다는 언론 보도에 여론은 들끓기 시작했다.

더욱이 1년 전 사건이 완전히 베일에 싸인 채 종료되었으며, 박지원이 비밀 수사를 지시했다는 보도에 흥분하고 있었다. "청와대가 개입했다면 그 배후는 누구인가? 김영완이 강탈당했다는 100억 원의 채권 주인은 박지원이가 아니냐?" 하는 의혹으로 번져 나갔다.

그와 함께 박지원이 현대로부터 받은 150억 원 외에 또 다른 100억 원의 뇌물을 받은 것이 아닌가? 하는 추측이 난무하면서 언론에서는 '김영완이 보관하고 관리하는 몇 백 억 원의 부정한 자금이 또 있다' 고 보도했다.

조선, 동아, 중앙일보를 비롯한 언론들은 '현대가 김영완을 통해 김대중 측근들과 민주당 실세들에게 거액의 비자금을 전달했으며, 그 자금이 민주당 총선 자금이나 대통령 선거자금에 사용되었을 가능성이 높다' 고 보도했다.

그때쯤 대검 중수부는 자취를 감추었던 김영완의 전 운전기사 김철범을 찾아내어 모처에서 참고인 진술을 확보하고 있었다. 검찰은 김철범을 통해 김영완이 민주당의 실세이며, 김대중의 금고지기인 권노갑을 형님이라고 부르며 가까이 지내고, 권노갑의 집에 갈 때마다 사과 박스에 돈을 담아 날라다 주었다는 진술을 받았다.

또 김영완은 1주일에 두 세 차례씩 권노갑의 집을 방문하였으며, 권노갑이 살고 있던 평창동의 고급 빌라도 김영완이 구입하여 제공했다는 사실도 확인했다.

검찰은 권노갑에게 화살을 겨누고 있었다. 검찰은 김영완이 선임한 변호사를 불러 다시 귀국을 종용했다. 검찰은 김영완이 자진 귀국하여 사건

선모를 고백하면 법률 위반 부분에 대해서는 형사 처분을 하지 않겠다는 폴리바겐 조건도 제시했다.

그런데도 특검에서 엄청난 부정 뇌물 제공 사건의 공범자로 낙인이 찍혀 있는 김영완은 자신이 지은 죄가 너무 많고 크기 때문에 겁이 나서 서울로 귀국하지 못하고 있었다.

검찰은 김영완이 자진 귀국하지 않을 경우 서울에 있는 수백억 원에 달하는 김영완의 재산을 압류하고 미국 정부와 강제 귀국 문제를 논의하겠다며 그의 변호사를 통해 최후통첩을 했다.

귀국할 수도 없고, 그렇다고 귀국하지 않으면 재산을 모두 빼앗기고 큰 파렴치범이 된다는 사실에 번민하던 김영완은 시애틀 근처 도시에 피신해 있다가 LA로 돌아가서 서울에서 온 변호사를 만났다. 그리고 지금까지 숨겨온 모든 비밀을 밝히는 세 번째 진술서를 검찰에 제출했다. 박지원에 대해 진술하지 않은 부분과 함께 현대가 수백억 원의 뇌물을 권노갑에게 제공하였으며, 그 돈을 자신이 배달했다고 자백했다. (註 10)

권노갑, 3천 만 달러 스위스에 빼돌려

대검 중수부는 권노갑의 뇌물 수수 사건을 중점으로 파헤치기 시작했다. 이익치를 소환하여 권노갑에게 미화 3천 만 달러를 권노갑의 해외 계좌로 보냈으며, 그와는 별도로 2000년 3월 민주당 총선 자금으로 200억 원의 선거 자금을 제공 했다는 진술도 확보했다.

이익치는 "권노갑에게 제공한 3천 만 달러는 내가 직접 김영완을 통해 권노갑이 거래하는 스위스 은행의 이름과 계좌번호를 받아 정몽헌에게 전달했다. 그러나 권노갑이 200억 원을 달라고 요구하는 현장에는 참석했으나 돈은 내가 전달하지 않고 현대상선 김창식 사장이 전달했다"고 진술했다.

결국 모든 진실은 정몽헌의 입에서 나왔다. 정몽헌은 이익치를 통해 "검찰이 박지원과 권노갑에게 뇌물을 제공한 사실뿐만 아니라 여야 국회의원들에게 제공한 정치자금까지도 모두 알고 있다"는 소리를 듣고 더 이상 거짓말이 통하지 않는다는 현실을 깨달은 모양이었다.

2003년 7월 26일 검찰에 불려온 정몽헌은 밤을 새우며 강도 높은 조사를 받았다. 검찰은 김영완과 이익치를 통해 사전에 알게 된 사실을 집중 추궁했다. 하룻밤을 새우며 입씨름을 하던 정몽헌은 권노갑을 만나게 된 동기부터 3천 만 달러를 해외 계좌로 보내주고 그 외 민주당 총선 자금으로 200억 원을 제공하였음을 자백했다. (註 11)

정몽헌은 2003년 7월 26일과 자살하기 2일 전인 8월 2일 검찰에 소환되어 강도 높은 조사를 받았다. 정몽헌은 밤을 새우며 진행된 강한 신문에 더 이상 버티지 못하고 권노갑과 거래해 온 뇌물 제공 사건의 전모를 털어 놨다.

정몽헌이 검찰에 남긴 진술서 내용은 이런 것이다.

문 : 권노갑을 언제부터 알게 되었는가?

답 : 1998년 1월 현대그룹 회장 취임 후 김영완과 이익치가 '금강산 사업을 하기 위해서는 권노갑 씨를 만나 두어야 한다'고 하면서 인사를 가자고 하여 권 씨 집으로 인사차 방문했다.

문 : 그때 돈 봉투를 가져가지 않았는가?

답 : 평소에 인사를 하는 정도의 액수를 봉투에 넣어 가지고 갔다.

문 : 그 액수가 얼마나 되는가?

답 : 기억에 없다. 2천만 원 정도의 수표가 들어 있었을 것이다. 그 후 권 씨가 병원에 입원해 있을 때 위문차 방문했으며 새해 세배 등의 이유로 여러 번 만났다.

문 : 권노갑을 만나야 할 이유는 무엇이었는가?

답 : 김대중 정부 출범 후 남북 사업이 시작되었다. 주변에서 김대중

정권의 실세인 권 씨의 협조가 있어야 사업을 잘 추진할 수 있다고 권유해서 만나게 되었다.

문: 권노갑을 누가 소개하였는가?

답: 김영완이다. 김영완은 권 씨의 자금 관리인으로 알려져 있는 것처럼 두 사람이 무척 친한 사이로 보였다.

문: 어떤 행동을 보였는가?

답: 김영완은 권노갑을 형님이라고 불렀다. 권 씨도 김영완을 부를 때 김 회장이라 하고 어떤 때는 아우님이라 부르기도 했다.

문: 권노갑을 만났을 때 어떤 청탁을 하였는가?

답: 금강산 관광 사업의 가장 큰 문제는 하루에 3억 원씩 나고 있는 적자를 해결하는 것이 급선무였다. 그 해결 방법은 유람선 안에 카지노와 면세점을 설치하고 금강산 온정각에 면세점을 설치하는 것이었다. 그 방법 이외에는 다른 해결책이 없었다. 그래서 권노갑이나 박지원에게 매달린 것이다.

금강산 관광 사업을 처음 시작할 때 적자를 예상했으며, 그 적자를 해결하는 방법은 카지노와 면세점이었다. 정부가 처음에 허가를 해주겠다고 해서 시작된 것이다.

그런데 북한을 국가로 인정치 못하는 법률상의 문제 때문에 관계 부처마다 의견이 달라 허가를 내주지 않아 많은 적자를 냈다. 그래서 권 씨에게 수차에 걸쳐 문제를 해결해 달라고 호소하였다. 카지노와 면세점이 없으면 하루에 몇 억 원씩 나는 적자 때문에 버틸 수가 없으므로 정부에 영향력을 행사하여 문제를 풀어 달라고 한 것이다.

문: 그럴 때 권노갑은 무슨 말을 하였는가?

답: 권 씨는 "나는 민주당의 큰형이다. 내가 40년간 선생님(김대중)을 지키며 정권을 만들어 냈다. 민주당 정권에서 내 말을 듣지 않을 놈은 없다. 내가 힘을 써서 문제를 해결해 주겠다"고 말했다. (註 12)

권노갑의 스위스, LA 비밀계좌

문 : 권노갑이 정 회장에게 큰돈을 요구해 주었다는 증거를 우리는 확보하고 있다.

답 : 사실이다. 여러 차례에 걸쳐 주었다. 처음 돈을 달라고 한 것은 2000년 1월말 경이라고 생각한다. 권 씨가 김영완을 통해서 만나자는 연락을 전해왔다. 날짜를 택일하여 신라호텔 라운지 커피숍에서 이익치와 함께 먼저 가서 기다리고 있는데 권 씨가 김영완과 함께 들어 왔다. 인사를 나눈 후 커피를 마시면서 권씨가 "선거가 얼마 안 남았는데 현대에서 좀 도와 달라. 여당을 도와줘야 대북 사업도 잘 될 수 있을 것 아니냐, 각하께서는 선거자금에 대해 관련하지 않겠다고 했다. 그래서 내가 마련을 해야 한다"고 말했다. 그래서 내가 도울 수 있는 데까지 돕겠다는 약속을 하고 헤어졌다.

문 : 돈은 언제 전달했는가?

답 : 3~4일 후 이익치 회장이 찾아와 "권노갑 고문이 3천 만 달러를 급히 준비해 달라고 한다. 돈을 보낼 곳은 준비가 되면 알려 주겠다고 말했다"고 보고했다. 그래서 내가 "약속을 했으니 줘야 하지 않겠느냐"고 말했다. 그리고 며칠 후 이익치가 김영완으로부터 받았다는 해외 은행의 계좌 번호를 가져와서 "이쪽으로 보내달라고 한다"며 나에게 주었다.

문 : 그 후에는 어떻게 하였는가?

답 : 현대상선 김충식 사장을 불러 계좌 번호가 적인 메모지를 건네주면서 '총선과 대북 사업에 필요한 자금이니까 어렵겠지만 그 계좌로 보내주었으면 좋겠다고 지시했다. 김 사장은 '지금 회사 형편상 어렵지만 회장님 지시이니 보내겠다'는 말을 하고 헤어졌다. 그리고 며칠 후 송금을 완료했다고 알려 왔다.

그리고 얼마 후 권 씨로부터 잘 받았다는 전화가 왔다. 권 씨는 현대의 어려움을 알고 있으니 선거가 끝나면 적극 돕겠다고 했다. 그 말에 나도

"지금 형편이 어렵지만 고문님의 말씀이라 무리해서 보냈습니다. 도와주십시오"하고 말했다.

문 : 돈을 다시 준 것은 언제인가? 그리고 무슨 이유로 돈을 주었는가?

답 : 2000년 2월말 경 권 씨가 만나자고 연락을 해서 이익치와 함께 신라호텔 라운지 커피숍에서 권노갑, 김영완 등 4명이 함께 만났다.

그때 권 씨는 "돈이 더 필요하다. 총선이 임박했으니 가능한 빨리 도와달라. 모든 것은 김영완 아우를 통해서 진행해 달라"고 하는 말을 남기고 먼저 떠났다. 그 후 김영완이 200억 원을 마련해 달라고 하여 김충식 사장을 불러 '현대상선이 어렵겠지만 대북 사업과 관련된 일이니 잘 준비하여 그쪽으로 보내 달라'고 지시하였으며, 김 사장이 김영완에게 연락하여 보냈다(김충식 사장은 돈을 마련한 후 사과 박스에 3억~5억 원씩 담아 현대가 사용하는 테이프를 튼튼히 바른 후 현대택배를 통해 배달을 의뢰했다. 김영완이 지정하는 압구정동 갤러리아 백화점 뒤쪽의 운동장 같은 공간, 또는 현대 아파트 공원 부근과 청담 고등학교 담벼락에서 김영완이 가져온 6인승 밴에 네 차례에 걸쳐 운반했다. 김영완은 그 돈을 자신의 집에 보관했다가 자신의 승용차에 옮겨 권노갑에게 전달했다.

훗날 권노갑 변호인은 40억 원을 실은 승용차가 질주할 수 없다며 재판부에 현장 검증을 요구하여 재판부가 현장 검증을 실시했다. 그런데 40억 원을 실은 승용차가 쌩쌩 잘 달리는 바람에 또 한 번 화제가 되었다).

문 : 권노갑으로부터 어떤 연락이나 언질은 없었는가?

답 : 4·15 총 선거가 끝난 후 권 씨가 전화로 선거 때 도와줘서 고맙다고 인사를 했다. 그래서 "현대의 어려움을 잘 풀어 달라. 대북 사업이 잘되어야 이 정권이 빛을 볼 것이 아닌가?"하고 말했더니 권 씨는 "청와대에 들어가 각하께 직접 말씀 드려 해결하겠다"고 말했다.

문 : 그 후에 허가를 받았는가?

답 : 아직도 받지 못했다. 카지노 허가가 나지 않았지만 권 씨 불만을

표시한 적은 없다. 권 씨가 미안하게 생각하고 있을 것으로 알고 있지만 그런 말을 전해 온 적은 없다.

문 : 마지막으로 할 말은 없는가?

답 : 할 말이 별로 없다. 여러 가지로 물의를 일으켜 죄송하다. 모든 책임은   나에게 있다고 생각한다. (註 13)

현대그룹은 참으로 바보였다. 김정일에게 뜯기고, 김대중의 오른팔 박지원에게도 뜯기고, 김대중 40년 금고지기 권노갑에게도 뜯겼다. 어디 그 뿐인가? 여야 국회의원들에게 뜯겼다. 그렇게 뜯기고 또 뜯겼으니 어떤 기업이 살아남을 수 있을까?

그런데 문제는 더 큰 데 있었다. 현대가 그들에게 뜯긴 돈이 어찌 현대의 돈인가? 그 돈은 바로 선량한 기업과 국민들이 피땀 흘려 김대중 정권에 바친 세금이라는 사실이다. 그 돈을 도둑놈 패거리들이 통일을 미끼로 3억 달러를 사기쳐서 강탈해 간 것이다.

현대그룹의 고위 간부들과 이익치는 " 현대 측이 박지원에게 150억 원을 주었지만 현대는 20조 원의 이득을 얻었다"고 말했다. 그러면 권노갑에게 500억 원 정도를 건네주고 100조 원의 이득을 보았을 것이다.

통일을 미끼로 8억 달러를 준비하여 김정일에게 5억 달러를 주고 김대중 패거리들에게 3억 달러를 준 대가로 현대는 수십 배에 해당하는 돈벌이를 한 셈이다. 그런 날강도 같은 기업을 가만히 둘 수는 없다. 그런 엄청난 범죄 집단을 용서할 수는 없는 일이다. 이제 국민의 힘으로 통일을 미끼로 악마 같은 수법으로 돈을 챙긴 김대중 패거리들과 현대그룹의 범죄를 엄중 처단해야 할 것이다.

그리고 현대그룹에 몸담아 금강산 관광이라는 명분으로 국민의 세금을 적의 두목에게 갖다 바친 국가 반역 이적 행위에 대한 책임도 물어야 할 것이다.

햇볕정책이 불러온 정몽헌의 자살

정몽헌이 검찰에서 밤샘 조사를 마치고 집으로 돌아가자 언론들은 '권노갑 민주당 고문 현대에서 200억 원 받아', '현대 권노갑에게 총선자금 200억 원 제공' 하는 제목으로 현대와 여권 실세의 유착을 보도하기 시작했다.

정몽헌은 그런 언론 보도를 접하고 태연한 모습을 보였으나 검찰 수사가 점점 자신의 목을 조여 온다고 생각하니 속마음은 몹시 초조했다. 국민들의 따가운 눈초리도 견딜 수가 없었다.

정몽헌은 현대와 자신을 향해 불어오는 태풍과 검은 구름을 어떻게 하든지 피하고 싶었다. 그러나 해외로 도망칠 수도 없었다. 그에게는 이미 출국금지 조치가 내려져 있었다. 앞뒤가 모두 차단되고 꽉 막혀 있었다.

이제 자신을 지켜주고 현대를 보호해 줄 사람은 무대에서 사라지거나 감옥에 가 있었다. 결국 자신도 박지원이나 이기호, 이영근과 같이 감옥을 가야 한다는 강박감이 짓누르고 있었다.

김정일－김대중－정몽헌(현대)이라는 삼각 관계는 노무현 정권을 포함하여 10년 동안 함께 재미를 보고 즐기며 자유 민주주의를 바라는 국민들을 속이고 같은 패거리들끼리 평양과 서울에서 탱고를 추며 허니문을 즐긴 세월이었다.

현대의 대북 사업과 남북 정상회담, 김대중 노벨상 수상, 부도 위기에 빠진 현대에 32조 원이라는 천문학적인 공적자금 투입, 한국관광공사의 지원(812억 원), 정부가 북한 땅에 관광을 가라고 돈을 꾸어 주는 하늘 아래 둘도 없는 민간기업 봐주기 정책에 국민들의 울분은 쌓이고 있었다.

그 행복했던 밀월 시대는 끝나고 '현대를 해체하라', '정몽헌, 김윤규, 이익치와 대북사업 관계자들을 처벌하라' 며 국민들의 분노가 분출하기 시작했다. 그런 국민적인 분노에 정몽헌은 좌절했다. 김정일－김대중 정권－정몽헌의 현대가 5년 동안 밀월을 누렸지만 빛이 강했던 만큼 몰락의 검은 그늘이 그를 엄습하고 있었다.

정몽헌은 자신의 판단 잘못으로 거짓말쟁이 김대중 정권과 손을 잡고 '한반도에 평화를 정착시키기 위해 대북 사업을 펼쳤다'는 화려하게 포장된 거짓이 비참하게 그 정체를 드러내고 있는 사실이 가슴 아팠다.

핵무기를 만들어 대한민국과 세계를 협박하고 있는 국제 테러리스트 지원 국가인 김정일에게 30억 달러의 현금을 안겨준 것은 곧 대한민국을 위험에 빠뜨리고 자유세계를 위험에 빠뜨리는 공동 범죄를 저지른 셈이었다.

정몽헌은 자살하기 며칠 전까지 측근들과 아내에게 "정말 괴롭다. 내 혼자 모든 책임을 져야 한다는 것이 괴롭다. 죽고 싶다"는 말을 자주 했다고 한다. 자신만 무대에서 사라지면 가족이나 측근들도 지금의 고통에서 피할 수 있을 것이라 생각했는지도 몰랐다.

특검과 대검 중수부를 거치며 모든 비밀을 털어놓은 정몽헌은 "내가 어리석어 잘못을 저질렀다. 모든 것을 내가 짊어지고 가겠다"는 내용으로 가족에게 남긴 편지와 "현대를 잘 지켜 달라"며 김윤규 사장에게 남긴 편지, 그리고 현대 임직원들에게 보내는 편지 등 3통의 유서를 남기고 8월 4일 새벽 서울 계동의 현대사옥 12층에 있는 자신의 사무실에서 투신했다.

그의 죽음을 두고 사람들은 김대중 정권의 햇볕정책 실패를 혼자서 지고 감당한 수사의 중압감, 국민들의 분노, 사업 부진에 대한 책임 때문에 죽음을 선택했을 것이라고 분석을 했다.

이로써 집권 5년 동안 김정일에게 무려 20억~30억 달러 상당을 퍼부어준 햇볕정책은 감옥으로 가거나 자살이라는 비극적인 결말을 보여 주었다. 미국의 유력 신문 워싱턴포스트는 사설을 통해 '정몽헌 회장의 자살은 남북 정상회담을 유치하는 대가로 북한에 돈을 지급한 김대중 정권의 햇볕정책이 낳은 비극적인 결과의 한 부분'이라고 지적했다.

이 신문은 또 '지금도 많은 한국인들은(그들 대부분은 김대중 추종 세력들이지만) '북한이 2000년 6월 남북 정상회담에 합의한 것은 좀 더 우호적이고 자유로운 국가로 변화하고 있기 때문이라고 믿고 있지만, 사실상 김정일이 회담에 합의 한 것은 북한 경제가 파산 상태였기 때문에 응했을 뿐이다. 북한은 지금까지 하나도 변한 것이 없으며 변화하려고 보이는 증좌도 없다' 고 따갑게 비판했다. (註 14)

일본의 아사히 TV 방송은 1시간 특집 방송을 통해 '한국 현대그룹 정몽헌 회장의 죽음은 자살인지? 타살인지? 원인을 알 수 없는 괴상한 죽음으로 이번 비극은 김대중이 노벨 평화상을 받기 위한 야망이 동기였다' 고 보도했다.

아사히 TV의 인기 프로인 '일요일 세계 뉴스분석' 은 인기 캐스터인 다하 쇼이치로(田原統一郎) 씨가 사회를 맡고 있는데, 이 프로에 참석한 한반도 전문가 시케무라(重村) 씨는 "김대중 씨는 일본에서는 민주투사로 알려져 있으나 한국에서는 그 반대로 거짓말쟁이, 부정 축재자, 언론 탄압자, 좌파적인 사상을 가진 인물로 비판받고 있다"고 말했다. (註 15)

조갑제(조갑제, 월간조선 발행인) 씨는 서울에서 현지 인터뷰를 통해 "김대중과 현대가 대북 지원을 하지 않았다면 김정일 정권은 지금쯤 붕괴되어 한반도 상황이 상당히 달라지고 있었을 것이다"라고 증언했다. (註 16)

한편 전 세계에 위성 TV와 단파 방송을 송출하는 JAPAN 위성 TV 및 단파 방송은 워싱턴에 있던 필자와 전화 인터뷰를 했다. 필자는 인터뷰를 통해 "김대중 정권이 출범하기 전인 1995년부터 1999년까지 북한은 6% 마이너스 경제였다. 그러나 김대중 정권 5년 동안 플러스 6% 성장으로 돌아섰다. 12%의 경제 성장을 보인 것이다. 그 기간 동안 한국의 경제는 침체 상태에 있었다. 북한은 1년 수출량이 모두 합쳐도 5억 달러가 최고 액수이다. 그런데 김대중 정권 5년 동안 20억~30억 달러를 지원했다. 그 돈은 원자재 값이나 원가가 들어간 액수가 아니라 공짜로 얻어진 돈이다. 그래서 미국의 경제 전문가들은 김대중이 김정일 정권에게 5~10년을 버틸 수 있는 자금을 마련해 주었다고 비판한다"고 말했다.

필자는 또 "정몽헌의 죽음은 자살이라고 하나 아직 확실한 사인은 알 수가 없다. 자살이라고 하기에는 여러 가지 불투명한 점이 많이 있다. 어찌 되었던 정몽헌의 죽음은 '태양(太陽)정책' (일본에서는 햇볕정책을 태양정책이라고 함)이 감옥으로 가고 자살로 마무리하는 비극의 정책이었음을 설명하고 있다"고 말했다. (註 17)

그런데도 김대중과 그 패거리들은 "정 회장의 죽음은 특검과 검찰의 강압적인 수사와 야당과 언론 때문에 자살했다"며 검찰 수사를 비난했다.

또 검사 출신의 민주당 H의원은 "검찰이 정 회장에게 잠을 안 재우고 전화번호부로 등과 머리를 때렸다는 소리를 들었다"며 국회에서 무책임한 발언을 했다. 그러자 검찰은 정중하게 대했으며, 신문 때에는 변호사가 입회했다고 응수했다. 하지만 북한의 인권 문제, 탈북자 문제, 북한이 강제 수용하고 있는 국군포로 문제, 북한이 납치한 어부, 납치한 KAL기 승무원 송환 문제에 대해서는 언급도 하지 않는 친북 좌파 성향의 언론들은 김대중 패거리들의 목소리에 동조하는 논조의 기사만 보도해 비난을 받았다.

북한도 이들에게 질세라 '애국자, 통일의 일꾼 정몽헌 회장의 죽음은 통일을 방해하려는 반역 패거리 한나라당과 보수 언론, 검찰이 죽음으로 몰고 간 불행한 사건' 이라고 선전 방송을 하고 금강산에서 별도 추도식을 여는 등 쇼를 했다.

북한의 발표와 친북 언론들이 보도한 논조가 어쩌면 그토록 같은 내용을 담고 있는지 모를 일이었다.

정몽헌의 죽음은 한국의 기업가가 공산주의자들의 정체가 무엇인지도 잘 모르면서 너무 욕심만 앞세운 결과이다. 김대중과 김정일의 술수에 멍들고, 통일을 미끼로 사기 친 김대중 패거리 박지원과 권노갑에 뜯기어 회사는 거덜 났으며, 국민의 분노가 하늘을 찌르는 현실에서 기업의 대표가 감옥을 가야 하는 비극적 현실이 안겨준 선택이었을 뿐이다.

정몽헌의 비극적인 최후는 김대중이 김일성과 김정일에게 잡힌 약점 때문에 펼친 햇볕정책이 불러온 대가에 불과한 것이다.(정몽헌의 죽음은 제8장 별도 챕터로)

금강산 관광, 개성공단 만든 자들 심판해야

금강산 관광 사업이라는 것은 처음부터 잘못된 생각에서 출발됐다. 정몽헌과 현대는 금강산 독점 개발이라는 장사꾼 속셈에서 출발했는지는 모르지만 김대중은 김정일에게 돈을 보내기 위한 창구로 활용하기 위해 만들었다.

김대중의 측근들은 현대라는 돈주머니를 이용하여 자신들의 주머니를 채우기에 혈안이었다. 김영완이라는 날강도 같은 자들은 그 틈새를 이용하여 자신들의 잇속을 크게 챙겼다.

미국의 6자 회담 수석대표인 크리스토퍼 힐 아시아태평양 차관보는 "금강산 관광 사업은 김대중 정권이 김정일의 협박을 벗어날 수 없는 상황에서 김정일에게 자금을 제공하기 위해 만든 쇼 장이다"라고 말했다. (註 18)

금강산 관광이라는 것은 하지 말았어야 하는 사업이었다. 북한에서는 남북한 간의 민족화합 차원에서 한다고 자랑했지만 남쪽 국민들의 생각은 김대중이 김정일과 짜고 치는 공작금 빚 갚기 파티장이라고 생각했다.

금강산 관광 사업을 허가할 때 김대중 정권은 '이 사업은 정치가 아닌 민간 차원의 경제적 판단에 의한 사업'이라고 떠벌렸다. 그러나 사실은 김대중이 김정일의 아버지 김일성에게 30여 년간 받은 공작금을 이자까지 계산하여 보내는 빚 청산을 위해 벌인 것에 불과했다.

그러므로 애당초 이 사업은 하지 말았어야 하는 것이다. 그런데도 현대는 눈이 멀어 국민들의 반대에도 아랑곳 하지 않고 판을 벌여 몇 년 동안에 30억 달러라는 엄청난 돈을 제공했다.

지난 2010년 3월 26일 밤 9시 25분 서해 해상을 경비 중이던 천안함을 북한은 어뢰를 이용하여 격침시켰다. 그로 인해 46명의 꽃다운 해군 영웅들이 목숨을 잃는 대 참사가 발생했다. 사건의 전모가 밝혀지기 시작하자 북한은 갑자기 금강산 관광을 중단시킨다고 발표했다. 지난 13년 동안 실컷 단물을 빨아 먹고 내뱉는 행위를 저질렀다. 이에 필자는 〈손충무 칼럼〉을 통해 김대중, 김정일, 이명박을 싸잡아 비난했다. 여기에 그 칼럼을 그대로 전재한다.

'이제 여러 말이 더 이상 필요 없다. 금강산 관광사업과 개성공단 사업을 하자고 앞장서서 수천 만 달러를 챙겨 자신들의 호주머니에 넣고 김정일에게 50억 달러 이상을 퍼부어 준 박지원, 정동영, 임동원, 이종석, 박재규를 국민 심판대 위에 세워야 한다.

금강산 관광과 개성 공업단지, 개성 관광 사업을 벌여 온 주범들인 현대그룹의 정주영 회장과 현대아산 정몽헌 회장이 사망했기 때문에 그들을 처벌할 수는 없지만 도덕적 역사적 책임은 물어 후세 역사에 남겨야 한다. 그와 함께 현대아산과 그 산하 방계 회사는 물론 현정은 현대아산 회장의 개인재산까지 모두 차압하여 정부에서 빌려준 돈을 받아내야 한다.

그뿐 아니라 고 정주영 회장의 아들이면서 한나라당 대표가 된 정몽준 의원은 한나라당 대표 자리를 내놓고 의원직도 사퇴해야 한다.

금강산 관광사업과 개성관광 사업, 개성공업단지 조성은 현대그룹 창업주 정주영 회장과 김정일과 김대중이 짜고 친 고스톱이며, 그 하수인으로 자살인지 타살인지(일부에서는 김대중, 김정일이 합작으로 자살을 가장한 타살이라는 루머도 있음) 알 수 없는 죽음을 불러온 정몽헌과 박지원, 정동영, 임동원, 이익치, 김윤규, 김영완은 힘을 쓴 하수인들이다.

지난 1998년 11월 새빨간 좌파 김대중 정권이 현대를 앞세워 김정일에게 엄청난 자금을 안기며 추파를 보낼 때 필자 손충무는 물론 조갑제, 김동길, 서정갑, 류근일, 김대중(조선일보 고문), 지만원 등 애국지사들은 글과 강연을 통해 "금강산 관광은 적에게 군사력 자금을 대어 주는 행위"라고 비난하며 절대 반대를 했었다.

그런데도 정주영과 현대그룹은 김정일에게 굽실거리며 북한 독점개발이라는 미명 하에 엄청난 달러를 북한 땅에 퍼붓기 시작했다. 그로 인해 금강산 1만 2천 봉오리 나무 가지마다 100달러짜리 지폐가 주렁주렁 걸리며 김정일의 허기진 배를 채워 주었다.

당시 국내의 양식 있는 사람들뿐만 아니라 미국과 자유세계 정부들과 언론들은 '김대중 정권의 위험한 곡예' 라고 비난했다. 우리들은 '김대중이 평생토록 김일성에게 받아 쓴 공작금에 높은 이자까지 계산하여 빚을 갚는 행위' 라고 비판했다.

그런데도 김대중과 그의 졸개들인 박지원, 임동원, 정동영, 정몽헌은 햇볕정책 이라는 돈키호테식 논법을 펴면서 "동토(凍土)의 땅에 쨍쨍한 햇볕을 보내면 그들이 외투를 벗고 개혁 개방의 길로 나온다. 그러므로 지원을 해주어야 한다"며 국민들이 피땀 흘려 낸 세금을 마구 퍼부어 주었다.

그래서 김대중 – 노무현 좌파 정권 10년 동안 어림잡아 정부에서 지원한 자금이 50~60억 달러, 민간 차원에서 건네준 돈이 20억 달러, 현대가 퍼부어 준 돈이 30억 달러를 넘고 있다는 자료도 있다. 그런데도 북한이 외투를 벗기는커녕 그네들은 남한에서 보내주는 밑천이 안 드는 공짜 알자배기 달러 때문에 군사력을 증강시키고 핵을 만들고 미사일을 만들어 국제사회를 향해 노략질을 계속하고 있다.

결국 김대중, 노무현 정권과 현대그룹은 대한민국의 재산을 적의 두목에게 보내어 대한민국을 침략하는 데 사용되는 군사력을 증강시켜 주는 행위를 함으로써 자유 대한민국을 위험에 빠지도록 만들고 적을 이롭게 만든 이적행위 반국가 행동을 해온 것이다.

좌파 정권 10년 동안 마구 퍼부어 준 돈과 현대아산이 김정일에게 보낸 돈은 약 80억 달러로 추정하고 있는데 김정일이 과연 외투를 벗고 개혁과 개방으로 나왔는가?

일본의 고이즈미 준이치로 총리는 일본 엔화를 한 푼도 김정일에게 주지 않고 두 차례나 김정일을 만나 김정일이 직접 자신이 지시하여 일본인들을 납치해 온 사실을 고백하도록 만들었다.

또 돌아오는 비행기에 납치당한 일본 국민 6명을 태우고 오는 외교적 성공을 거두었다. 그러나 김대중, 노무현, 현대아산은 80억 달러라는 거액의 현금을 건네주면서 무엇을 가져 왔는가?

북한에 생존해 있는 국군포로를 한 명이라도 데리고 온 적이 있는가? 북한이 납치해 간 국민들 600여 명 가운데 한 명이라도 데리고 온 적이 있는가? 오히려 관광객 박왕자 씨가 백사장 길을 잘못 들어 출입 금지 구역을 밟았다고 뒤편에서 비무장 여인에게 총을 쏴 살해하는 범행을 저질렀는데도 사과 한번 제대로 받아 내지 못했다.

개성공단에 수십 억 달러를 들여 4만 5천 여 명의 북한 근로자들을 취업시켜 먹고 살도록 해주고 있는데도 북한 여성과 연애를 했다는 혐의로 남한 남성을 체포 몇 개월 동안 감금하고 그가 먹은 밥값까지 받아 가는 것이 북한이라는 공산주의 국가의 실체이다.

그래서 우리들은 이명박 정권에게 금강산 관광과 개성공업단지를 폐쇄시키고 철수하라고 수차례 요구한 바 있다. 그런데도 이명박 정권은 못 들은 체했다. 그 이유가 김정일과 만나기 위한 준비 때문이라고 알려져 왔다.

그러나 북한은 지난 3월 26일 남한 해군의 초계 함정인 천안함에 어뢰로 공격하여 격침시키고 46명의 젊은 생명을 앗아갔다. 그런데도 이명박 정권은 어중간한 정책을 취했으며, 이제는 북한이 저지른 것이 확실하게 밝혀지고 있다.

그래서 국민들은 분노한다. 김정일 집단의 만행은 물론 그 만행에 대해 응징하지 못하고 엉거주춤 하는 모습을 보여준 무능한 이명박 정권에게 분노하는 것이다.

남한 국민들의 분노, 국제 사회의 비판에 직면한 김정일 집단은 제 발이 저렸는지 오히려 적반하장도 분수가 있지 지난 23일 금강산 관광 사업을 영원히 중단 시키고 금강산에 있는 한국 정부의 자산인 이산가족 면회소를 비롯한 금강산 내 남한 측 부동산 다섯 곳을 몰수한다고 발표했다.

또 현대아산을 비롯하여 민간 기업인들이 투자한 12개 건물과 골프장, 맥주공장, 온천장 시설도 압류한다는 발표를 했다. 또 개성 공업단지 지구 사업도 전면 재검토하겠다고 지난 8일에 발표한 바 있다. 금강산 지역에 투자한 액수만도 3,569 억원 규모라고 한다.(통일부 자료)

결국 지난 12년 동안 대한민국 국민들과 정부, 현대아산, 개성공업단지와 금강산 관광 지구에 투자한 130여 개 민간 기업들은 북한의 손바닥 위에서 놀아난 허수아비에 불과했다.

이런 상황을 만들어낸 자들이 누구인가? 그것은 두말 하면 잔소리가 되는 김대중, 노무현, 김정일, 정주영, 정몽헌이다.

그들 5명 가운데 4명은 이미 세상을 뜨고 김정일 한 명만 남아 있다. 그러나 김정일은 우리가 손을 댈 수가 없으니 그들 4명의 하수인들인 박지원, 정동영, 임동원, 이익치, 김윤규, 현정은을 체포하여 처벌해야 한다. 그렇지 않고는 김대중, 정몽헌, 박지원, 임동원이 벌인 통일 사기극에 속은 국민들의 분노를 해결할 수 없기 때문이다.

이명박 대통령은 국민들의 분노를 풀어줄 자신이 없거나 용기가 없으면 스스로 그 자리에서 물러나야 한다. 이제 국민들은 더 이상 이명박과 그 정권에 기대를 갖지 못하고 있기 때문이다. (註 19)

〈 참고 자료 및 문헌, 증언, 인터뷰 〉

(註 1) 부정부패추방위원회 홈페이지

(註 2) 인터넷 뉴스 홈페이지

(註 3) 송두환 특별검사 기자회견 (2003. 6.)

(註 4) 정몽헌 회장 검찰 진술서 (2003. 7. 6)

(註 5) 4번과 같음

(註 6) 김영완 검찰 진술서 (2003. 9.)

(註 7) 조우승(박지원 고종사촌 형) 박사 증언

(註 8) 김영완 검찰 진술서

(註 9) 한국의 각종 신문 기사 참조 (2003. 7~9)

(註 10) 김영완 검찰 진술서

(註 11) 정몽헌 검찰 진술서 (2003. 7. 26)

(註 12) 정몽헌 검찰 진술서 (2003. 8. 2)

(註 13) 정몽헌 검찰 진술서 (2003. 8. 2)

(註 14) 워싱턴포스트 (2003. 8. 10)

(註 15) 일본 아사히 TV (2003. 8. 14)

(註 16) 조갑제 닷컴 대표

(註 17) 손충무, 일본 위성 TV 라디오 인터뷰

(註 18) 크리스토퍼 힐, 미 국무성 동아시아 태평양 담당 차관보 증언

(註 19) 손충무 칼럼 (2010. 4. 26)

제 8 장

김대중 패거리들은 이리 떼처럼 뜯어 먹었다

미국에 망명해 있을 때 김대중은
미국 교포들이 광주학살 희생자 유가족에게 전달해 달라고 기탁한 15만 달러와
한국 민주화운동에 써달라고 모금해 준 수백만 달러를
자기 주머니에 넣고 호화판 생활을 해 교포사회의 지탄을 받았다.
그때 유행한 언어가 '인마이 포켓'이었다.

김대중 패거리들은 이리 떼처럼 뜯어 먹었다

'DJ 정권 실세들이 굶주린 이리 떼처럼 달려들어 20조 원짜리 회사를 뜯어 먹었다. 뼈도 형체도 남기지 않고 말아 먹었다.'

지난 2009년 3월호 월간조선의 톱기사 제목이다. 김대중에 의해 20조 원의 재산을 빼앗긴 63빌딩의 소유자 전 신동아그룹 최순영(崔淳永) 회장이 10년 만에 통분의 이야기를 털어 놓은 인터뷰 기사이다.

최순영 씨는 63빌딩을 비롯하여 대한생명과 20여 개의 그룹 계열 회사를 빼앗긴 진상을 처음으로 털어 놓았다. 1997년 김대중의 측근들이 찾아와 1992년 대통령 선거 때 김영삼 후보에게 지원했던 100억 원보다 더 많은 200억 원을 달라고 요구했으며, 그것을 거절한 데 대한 보복이 직접적인 이유라고 주장했다.

최 씨는 "김대중 정권의 실세 9인방으로 구성된 비선 조직에서 신동아그룹을 손보기로 논의했으며, 김대중의 30년 집사이며 당시 아태평화재단 상임이사였던 이수동(李守棟, 그는 뉴욕으로 도주하여 살고 있다)이 주도적인 역할을 했다"고 폭로했다. 그리고 지난 2001년 8월, 전라도 출신 박 모 검사가 자신에게 "기소유예 처분을 조건으로 조선일보의 비리 사실을 아는 대로 진술하라"고 회유했다고 덧붙였다.

신동아그룹의 주력 기업인 대한생명은 1992년 2월 현재 자산 규모가 14조 6천800억이었다. 매월 3조 5천 억 원의 유동자산이 있었고 매월 5천 억 원 이상의 수입 보험료를 거두어 들였다.

그런 기업에 3조 5천500억 원의 공적 자금을 투입하여 국민 혈세를 낭비하고 그 과정에서 이수동, 권노갑 등 김대중 측근 9명이 짜고 치는 고스톱처럼 많은 이권을 챙기며 공중 분해시켰다고 말한 것이다.

필자는 생전에 최 씨를 세 번 만날 기회가 있었다. 두 번은 사회에서 만났는데, 첫 번째 만남은 1986년 10월경으로 생각된다. 당시 필자가 집필한 '통일교 문선명 그 실상과 허상' (문학예술사) 단행본이 서울에서 출간되어 상당한 화제를 일으켰다.

어느 날 출판을 기념하는 자리에 통일교 측에서 깡패를 보내 폭력을 행사하려 했지만 우리 측 사람들이 먼저 진을 치고 있어 큰 불상사는 일어나지 않았다. 이후 온갖 회유와 협박에도 굽히지 않자 통일교 고위 간부들이 필자와 출판사를 출판물에 의한 명예 훼손 혐의로 고소할 것을 검토했다.

그런 때 통일교 실력자인 박보희 회장이 만류하여 통일교는 필자를 상대로 고소를 하지 않았다. 필자는 워싱턴과 서울에서 박보희 회장을 몇 번 만나 인터뷰도 하고 12 · 12 사건 후 신군부 세력들과 만나도록 중간에서 알선을 해준 인연이 있었다.

그런 소문이 외부에 알려지자 그렇지 않아도 신동아그룹과 통일교 관련설 때문에 머리를 싸매고 있던 최순영 회장에게 거대한 통일교 세력과 맞붙어 싸움을 하는 언론인이 있다는 이야기가 전해졌던 모양이다.

최 씨는 필자가 집필한 책을 읽어본 후 비서실을 통해 필자와 만나고 싶다는 뜻을 전해왔다. 그리하여 필자가 63빌딩을 방문하여 최 회장의 집무실에서 1시간가량 면담을 했다. 그 후 최 씨는 필자가 쓴 책 100여 권을 구입하여 기성 교회에 보낸 것으로 알고 있다.

두 번째 만난 것은 1995년경이다. 통일교 관련설에 평생을 시달려온 그는 자신이 설립한 횃불교회 집사, 권사, 전도사, 장로 등 교회 간부급 800여 명 앞에서 자신의 집안과 통일교 관련설에 관한 신앙 간증 및 양심 선언을 하기로 되어 있었다. 이 자리에는 언론인들은 물론 기독교 계통 종교 신문 기자들도 초대하지 않았다. 하지만 필자는 횃불교회 김상복 담임 목사와 K장로가 보증하여 최순영 씨가 간증하는 내용에서 절대 벗어나는 기사를 쓰지 않는다는 조건으로 단독 취재를 허락받았다. 김상복 목사와는 워싱턴에서부터 알고 지내는 사이였고, K장로는 당시 INSIDE THE WORLD의 이사였기에 가능한 일이었다.

필자는 그때 취재한 내용을 톱기사로 몇 페이지에 걸쳐 보도했다. 그러나 그 이후에는 최 회장과 만날 기회가 없었다. 그러다가 무슨 운명인지 1999년 2월 10일 서울 구치소에서 만나 2~3개월을 같은 감방에서 지냈다. 그런데 재미있는 일이 있었다.

최순영 씨의 비리 사실을 김대중 측근들에게 모두 알려준 신동아그룹 계열사 김 모 사장(편의상 김 사장으로 표현)이 필자의 옆 감방(필자는 16동 2층 102호)인 103호에 있었다.

그는 고향이 전라도 광주 인근이라고 했다. 그는 최순영 회장으로부터 사기배임 혐의로 고소당해 2년 6개월 징역형을 선고받고 필자보다 먼저 구치소에 수감되어 있으면서 항소를 하여 재판을 기다리고 있었다. 그래서 운동 시간에 함께 시간을 보내며 신동아그룹과 최 회장 부인의 옷 로비 사건으로 김태정 법무부 장관의 목이 달아난 사건 등을 화제로 삼아 많은 이야기를 나누었다.

99년 2월 초, 검찰에 불려갔다 돌아온 그가 밝은 얼굴로 "손 선생님! 나는 며칠 내로 석방되어 나갈 것입니다. 나에 대한 진실이 밝혀 질 것입니다. 그래서 이번에는 최순영이가 잡혀 들어 올 것입니다" 하고 말했다.

그로부터 며칠 후인 1999년 2월 10일 밤, 최순영 회장이 구속되어 서울 구치소에 수감되었다. 그리고 며칠 후 김 사장은 자신의 말대로 집행유예를 받고 석방되었다.

최 회장은 김 사장이 수감되었던 감방 근처로 옮겨 왔다. 그래서 필자는 면회 시간이나 운동 시간에 가끔씩 최 회장을 만나 그의 심경을 들을 수 있었다. 그는 자신에게 고소를 당했던 김 사장이 전라도 출신의 검찰에게 모략을 하여 자신이 잡혀 들어온 것이라며 분개했다.

그러니까 김대중 측근들이 신동아그룹을 빼앗기 위해 음모를 꾸미고 지혜를 짜내고 있을 때 검찰이 최순영으로부터 고소당해 감옥에 있던 전라도 출신 김 사장을 불러내어 최 씨와 신동아그룹에 대한 비리 사실을 제보 받고 최 회장을 우선 구속시키고 김 사장은 집행유예 처분으로 풀어 준 것으로 생각되었다. (註 1)

월간조선 기사가 나가고 얼마 후 이번에는 동아건설 최원석(崔元錫) 회장이 월간지 인터뷰를 통해 "김대중과 그 측근들에게 회사와 전 재산을 모두 빼앗겼다. 이제 진상을 밝히고 뺏긴 회사를 찾으려고 한다"고 밝혔다.

최 회장은 신동아그룹 최순영 회장이 "이리떼들처럼 달려들어 뜯어 먹은 정도가 아니라 하이에나처럼 악착같이 달려들었다"고 했다.

필자는 최원석 회장하고도 참으로 기구한 운명의 에피소드가 세 건이나 있다. 그 모두가 여자들과 얽히고 설킨 스캔들이다.

이 글을 마무리해 가던 2010년 5월 최원석 회장이 미스 코리아 출신으로 전직 아나운서였던 네 번째 부인과 이혼했다는 뉴스를 읽었다. 한국 언론들은 세 번째 부인이라고 했으나 사실은 네 번째 부인이다. 첫째 부인도 미스코리아 출신의 미인이었는데 아이를 낳지 못해 글래머 스타 김혜정에게 남편을 빼앗겼다.

최 회장과 두 번째 부인 김혜정 사이에는 1남 1녀가 있었으나 또 다른 글래머 여배우와의 사이에 딸이 한 명 더 있다. 잘 알려진 펄시스터스의 배인순 씨는 세 번째 부인이다.

김대중과 그 패거리들은 오랫동안 야당 생활을 하면서 고생을 했기 때문에 이리떼처럼 하이에나처럼 몰려들어 뜯어 먹었다.

김대중 정권 때 한국의 대표적인 기업인 대우그룹과 신동아그룹, 동아건설이 거덜이 났다. 이들 세 개 기업 가운데 신동아그룹과 동아건설 회장은 기업과 재산을 강제로 빼앗긴 배경을 폭로했다. 김우중 씨만 아직도 입을 다물고 있을 뿐이다.

김우중과 대우그룹의 비극

김우중은 고 박정희 대통령이 키운 재벌이다. 대구사범학교를 졸업한 청년 박정희는 경북의 문경 새재 산골 국민학교(지금의 초등학교) 선생으로 부임했는데, 그때 박정희에게 배운 학생 가운데 김우중이 있었다. 그런 인연으로 박정희 대통령은 기업인 김우중을 극진히 사랑했으며 재벌이 되기까지 지원을 아끼지 않았다.

김우중은 '세계는 넓고 할 일은 많다' 는 책을 발행하여 젊은이들에게 커다란 희망과 꿈을 심어 주었으며, 대한민국 경제 성장에 주도적인 역할을 해온 인물임을 역사는 부인하지 못한다.

김우중은 박정희, 전두환 정권의 눈을 피해 김대중에게 많은 정치 자금을 제공하고 있었다. 그런데도 김대중의 감언이설에 넘어가 그룹이 분해되고 망명객이 되어 세계를 유랑하게 되었다.

그런 시절 프랑스와 미국의 중요 기관 인사들을 통해 또 다른 망명자인 필자와 간접적인 대화를 하면서 모든 비밀을 필자가 넘겨받게 되었다.

필자가 그 엄청난 비밀을 폭로할 준비를 하고 있을 때 김대중은 워싱턴에 있는 필자와 김우중이 제 3국을 통해 접촉하고 있다는 정보를 입수했던 모양이다. 그래서 노무현 정권 말기에 신병 치료라는 명분으로 김우중 회장을 한국으로 귀국하도록 만들었다. 하지만 당사자인 김우중 씨는 아직도 입을 열지 않고 있다. 그래서 필자가 비밀의 일부라도 폭로함으로써 그 진상이 조금이라도 밝혀지기를 기대한다.

우리 속담에 '제 것 주고 뺨 맞는다' 는 말이 있는데 대우그룹과 김우중의 시련이 꼭 그 짝이었다. 김우중은 김대중에게도 비밀 보험을 잘 들어 튼튼했으며 평양의 김일성하고도 잘 지내던 사이였다. 하지만 그때 김우중 씨가 김일성의 아들이며 실세인 김정일과 가까이 지냈으면 그룹이 공중분해는 당하지 않았을 것이다. 김우중이 김일성 측근들에게만 밀착하다가 김정일에게 밉보여 한밤중에 평양을 탈출해야 했던 일도 있었다.

김일성이 사망하고 김정일이 권력을 승계한 이후 2000년 6월 15일 남북 정상이 만났던 그 시절부터 김정일은 대우그룹과 김우중에 대해 여러 차례에 걸쳐 불만을 전달했다. 그리고 결국 김우중은 프랑스 파리 망명객이 되었다.

김대중의 충격적 범죄 행각

김대중이 사망한 후인 2009년 9월 22일, '부정부패추방시민연합(대표 윤용)' 홈페이지의 '김대중 비리 코너'에 한 네티즌(ID 한국 청년)이 재미난 글을 올렸다.

'현충원에 억지로 묻혀 있는 김대중의 충격적 범죄 행위'라는 제목의 이 글은 '김대중이 숨겨놓은 수조 원의 검은 돈 행방을 좇아라!' 하는 내용으로 시작되는데, 이 글은 김대중이 집권 중이던 2004년에 쓴 글로서 당시에는 눈에 뜨이지 않다가 김대중이 사망한 후에 다시 사이트에 올려져 화제를 뿌렸다. 지금도 '김대중 비리 코너'에 그대로 보존되어 있다.

– 1982년 12월 김대중은 미국 망명 때 전두환에게 정치 활동을 하지 않겠다고 서약하고 그 대가로 30만 달러의 돈을 받았다. 1992년 대선 직전 그는 노태우로부터 20억 원을 받았다. 전 평민당 창당 자금으로 300억 원을 받았고, 6공 정권에 대한 중간 평가 문제로 궁지에 몰렸던 노태우에게 그것을 유보한다는 대가로 500억 원을 받았다. 그러니까 노태우로부터 전부 1천 200억 원을 받았다.

(中略) 미국에 망명해 있을 때 김대중은 미국 교포들이 광주학살 희생자 유가족들에게 전해 달라고 기탁한 15만 달러와 한국 민주화 운동에 써달라고 모금해준 수백 만 달러를 자기 주머니에 넣고 호화판 생활을 해 교포 사회의 지탄을 받았다. 그때 유행한 유행어가 '인마이 포켓'이었다.

사실 이 기사는 1984년 필라델피아에서 주간지로 발행하던 자유 신문에 몇 회에 걸쳐 연재된 것이 국내로 흘러 들어온 모양이다.

IMF 사태로 구조조정을 한다는 명분으로 기업과 은행을 외국 투자가들에게 매각하면서 또한 큰 돈벌이를 했다. 김대중은 미국 SAS 회사가 한국 화학의 발전 사업을 헐값으로 매입할 수 있게 해 준 덕으로 500억 원을 받았고, 한국의 유망 기간산업의 주식을 헐값으로 팔아넘기고 사례금을 받았다.

소로스에게 단기 채권 시장을 허가해 주고, 서울증권을 헐값으로 매입할 수 있게 해준 대가로 400억 원의 사례금을 받은 것을 비롯해서 외국 투자가들에게 온갖 이권을 보장해준 대가로 지금까지 받아먹은 돈이 2천억 원이나 된다.

인사(人事)는 돈줄 - 인사를 통한 김대중의 돈 사냥은 주로 장남 김홍일을 통해 벌어지고 있다. 김홍일은 애비의 권세를 등에 업고 정치권은 물론 군과 검찰, 경찰의 인사권까지 개입하여 돈벌이를 톡톡히 했다. 군 장성 별 한 개의 승진 값은 1억 원이라는 것은 공공연한 비밀이다. 김대중 부자가 군과 경찰 인사를 통해서만 착복한 돈이 600억 원을 넘는다.

김대중의 처남 이성호는 해외여행 업체인 '평화관광'을 경영하면서 김대중을 이용, 해외 특혜 여행을 미끼로 여행자들로부터 막대한 자금을 걷어 들이는 한편 유학 시절 미국 에모리대학과 조지 워싱턴 대학원에서 친교를 맺었던 인맥들과 짜고 미국 현지에 진출한 한국 재벌 업체들에게 이권을 보장해 준다고 하면서 막대한 돈을 뜯어내 김대중의 금고를 채워 주고 있다.

김대중의 처조카 이형택 동화은행 영업 1본부장은 김대중 정권 출범 후 금융계에 손을 뻗쳐 신탁통치로 인해 생사기로에 놓여 있는 은행들과 종금사들을 살려 주겠다는 담보로 수백 억 원의 비자금을 마련하고 뉴욕으로 도주 빌딩과 값비싼 아파트를 갖고 있다.

김대중은 대통령 후보 경선 당시 소유한 재산이 9억 4천만 원으로 신고했고 대선 후의 재산 공개 시에는 8억 8천만 원으로 6천만 원이 줄어든 것으로 공개했지만 지금 실제로 소유하고 있는 재산은 알려진 것 만 해도 1조 원이 넘는다.

김대중은 온갖 부정한 방법으로 뜯어낸 돈을 스위스와 싱가포르를 비롯한 외국 은행들에 개설한 자신의 비밀 구좌에 입금시켜 놓았는데 그 규모는 10억 달러에 달한다. 얼마 전 김대중은 국가 경비로 유럽 여행을 했었다. 이 여행을 둘러싸고 미국에 망명중인 전 국정원 직원 김기삼 씨는 "김대중의 스위스 방문은 명목상으로 WHO 총회 참석이지만 실상은 비밀계좌 이체나 양도에 친필 서명이 필요했기 때문에 방문 한 것"이라고 폭로했다. (中略)

김대중의 영원한 동반자라고 자랑하는 부인 이휘호 씨가 한국 민주화 여성동반자라고 주접을 떤다. 기껏 여성부나 만들어서 국가를 웃음거리로 만들어 놓고 장관 부인들 죄다 모아서 상납 받은 것 들통 난 것이 옷 로비 사건이다. 그래, 그때 웃었다. 앙드레 김의 진짜 이름이 김봉남으로 밝혀져…… 이휘호 좋냐? 대놓고 옷 로비 받아서, 어쩜 자식새끼들 죄다 범죄자 사기꾼으로 길러 놓고…….

첫째 새끼는 전라도 조폭들과 결탁되어 있고, 둘째 새끼는 뻔뻔스럽게도 국회의원이 되어 있냐? 목포의 눈물 한곡으로 딴 의원직이라서 얼굴도 못 디밀지?

이휘호가 직접 낳은 막내 자식은 미국에서 황태자로 잘 지내고 있더군.…… 좋냐? 재산 관리 자식이 직접 하고 있어서……. (註 2)

이 글을 쓴 네티즌은 한국 국내에 살고 있는 사람이 아닌가 생각된다. 만약 로스앤젤레스나 뉴욕 등지에 살고 있다면 김대중의 아들들은 물론 사돈의 팔촌까지 엄청난 달러를 미국으로 빼돌려 호위호식하고 사는 범죄자들의 모습을 더 기록했을 것이다.

김대중 추종 세력들은 김대중이 IMF 파동 때 대한민국을 살렸다고 말하는 사람들도 있다. 그러나 그런 평가는 잘못된 평가이다. 김대중은 경제를 제대로 알지 못하면서 IMF 수습을 하는 체하면서 엄청난 이권을 챙겼고 그 패거리들이 배가 터지도록 이권을 챙기도록 그대로 두었다. 또 김대중은 자신의 호주머니를 채우기 위해 외국의 단기 투자가들에게 대한민국 국부(國富)를 헐값에 팔아 넘겼다.

김대중이 대한민국의 국부를 헐값에 팔아 넘겨

미국에는 2명의 대통령이 있다고 말한다. 물론 국가를 이끄는 행정부 대통령은 백악관에 있지만, '경제 대통령', '세계 경제를 주름잡는 마법사', '시장 지배자'로 불리며 미국 경제를 손안에 넣고 휘두르는 FRB (연방준비제도이사회) 의장의 권한은 대통령 못지않다.

FRB 의장은 대통령에 의해 지명, 추천되어 상원 본회를 통과해야 하는데 FRB 의장의 말 한마디에 미국 금융시장은 물론 세계 금융시장이 몸살을 앓거나 춤을 춘다.

로널드 레이건 대통령에 의해 처음 이사회 의장으로 발탁된 그린스펀은 이후 조지 H.W. 부시, 빌 클린턴, 조지 W. 부시 대통령에 의해 연임될 만큼 세계적으로 권위를 인정받는 학자였다.

그린스펀 의장은 부시 정권 때 상당수 국민들로부터 비난을 받으면서도 이라크 전쟁과 부시 정권을 전폭적으로 지지했다. 그로 인해 일부 비판자들은 그린스펀 때문에 미국 경제가 무너졌다고 비난을 하는 사람들도 있다. 그런 비난에 대해 그린스펀은 대수롭지 않게 생각하며 침묵을 지켰다.

그린스펀은 지난 2007년 9월 자신의 회고록 '격동의 시대'를 출간했다. 그는 회고록을 통해 "이라크 전쟁을 적극 지지할 수밖에 없었던 것은 미국과 자유세계의 안정된 석유 공급을 위해 지지할 수밖에 없었다"고 밝혔다.

그린스펀은 또 회고록 속에 한국의 IMF 파동과 김대중에 대해서도 날카롭게 비판했다. "1997년 한국의 김영삼 정권 시절의 금융 위기는 나에게 상당히 큰 충격을 주었다. 그해 여름 아시아 금융 위기는 태국에서 시작되어 동남아시아 여러 나라로 번졌다. 그런 가운데 한국이 위험하다는 사실을 알고 큰 충격을 받았다.

클린턴 대통령과 상의한 후 한국을 디폴트(채무 상환 불능)할 수는 없다고 생각했다. 한국을 디폴트 시켰다면 세계 금융시장은 더욱 악화 되었을 것이다. 그래서 클린턴 대통령과 합의한 후 로버트 루빈 재무 장관을 만나 전 세계 재무장관들에게 한국에 대한 채무 상환을 당분간 유예해 줄 것을 부탁했으며, 550억 달러를 자유세계에서 만들어 서울로 보내 주었다"고 회고했다.

그러나 다음에 등장한 김대중 정권은 성공할 수 있는 IMF 진행 상황을 잘못 유도했으며, 김대중이 국제 금융시장의 경험 부족으로 한국 의 재산들을 국제시장에 너무 헐값에 팔아 많은 국부(國富)를 잃어버린 것은 큰 잘못이었다"고 비난했다. (註 3)

그런 사실도 모르고 김대중 추종 세력들과 호남 사람들은 "DJ가 IMF를 탈출시켰다"며 자랑하고 다녔다. 그러나 한국의 디폴트를 막아준 사람은 클린턴과 그린스펀이었으며, 한국은행이 외화 부도가 나지 않도록 550억 달러를 빌려 준 사람은 로버트 루빈 재무 장관이었다.

그런 와중에 김대중과 그 패거리들은 IMF를 이용, 원도 없이 한도 없이 챙겨먹었다. 부실기업이라는 딱지를 먼저 붙이고 공적자금을 투입하면 회생할 수 있다는 명분으로 수천억 원의 공적자금을 나누어 주고 30% 이상씩 커미션을 챙겼다는 것이다. 그러니까 김대중 정권이 IMF를 잘 수습한 것이 아니라 그 패거리들과 그들을 추종하는 세력들의 기름진 배를 채워 주었던 것이다. 이제 그런 비밀이 모두 밝혀져야 한다.

권노갑, 해외에 수천만 달러 빼돌려

금강산 관광 사업에서 김정일은 현대판 봉이 김 선달이다. 그래도 대동강 물을 팔아먹은 봉이 김 선달은 주민들이 대동강 물을 길어 가도록 하고 돈을 받았다. 그러나 21세기 금강산 관광 사업은 대동강 물을 팔아먹은 봉이 김 선달보다도 더 지독한 사기꾼이었다.

김대중과 현대를 이용하여 금강산 관광 사업을 비싼 값에 팔아먹은 김정일은 물도 가져가지 못하도록 하고 돌멩이 하나 나뭇가지 하나도 가져가지 못하도록 하면서 1인당 300달러 가까운 돈을 챙김으로써 21세기 현대판 봉이 김 선달이나 다름없는 사기꾼 짓을 했다.

어쩌면 그렇게 김대중과 현대그룹 정주영의 가슴속을 속속들이 꿰뚫고 그들을 이용하여 엉터리 장사로 큰돈을 챙겼을까? 사진도 마음대로 찍을 수 없고, 등산을 하다가 소변이 급해도 함부로 용변을 볼 수 없으며, 돌멩이 하나 주워 가거나 나무 가지 하나만 꺾어도 몇 백 불씩 벌금을 물어야 한다. 총만 안 들었지 강도 행위나 다름없다.

금강산 관광 사업은 대한민국 국민이 낸 세금을 김정일에게 갖다 바치는 '돈만 먹는 하마 관광'이라고 했다. 어느 야당 국회의원은 현지 조사를 마치고 돌아와 "금강산 1만 2천 봉 나무 가지마다 백 불짜리 달러가 주렁주렁 매달린 관광"이라고 비난했다.

금강산 관광 사업을 미끼로 북한이 챙긴 돈은 모두 40억 달러가 넘는다. 40억 달러면 북한이 6년 동안 피땀 흘려야 벌 수 있는 금액이다. 그런데도 김대중과 그 패거리들, 그 가운데 통일을 팔아 3억 달러를 챙긴 박지원과 임동원은 국회 증언을 통해 "단돈 1달러도 몰래 북한에 제공해 준 돈이 없다"고 말했으며, 현대 측도 "부정한 돈 거래는 없었다"고 했다. 그런 말들이 모두 거짓으로 드러나자 정몽헌은 죽음을 선택함으로써 금강산 사업의 부정과 그 뒷거래 비밀을 무덤으로 가져갔다.

박지원은 통일을 미끼로 정몽헌에게서 250억 원 정도의 뇌물을 챙겼고, 권노갑은 5천만 달러를 챙겨 스위스로 빼돌렸다. 또 민주당 선거 자금으로 사용한다고 200억 원을 뜯어다가 100억 원만 자금으로 사용하고 100억 원을 챙겼다는 엄청난 범죄 사실이 국민들을 커다란 충격 속으로 몰아넣었다.

노무현 정권이 김대중의 40년 오른팔인 권노갑과 박지원을 구속 수사하자 정치권의 부패를 제대로 척결하는 것으로 생각하는 사람들도 있었다. 그러나 그것은 쇼였다. 국민의 분노를 가라앉히는 연막전술이었던 것이다. 오랜 세월 동안 썩을 대로 썩어 온 검은 정치 자금 줄을 정리한다는 것은 꿈같은 이야기였다. 검찰은 8월 14일 저녁 권노갑을 집에서 긴급체포 연행한 후 밤샘 조사를 마치고 15일 '현대의 대북 사업 지원 명목으로 200억 원을 받은 혐의(특가법상 알선수재)'로 구속 영장을 신청했다.

검찰은 영장 신청 이유서에 '피의자는 13, 14, 15대 국회의원과 새천년 민주당 상임고문, 최고위원을 지낸 정치인이고 40년간 김대중 전 대통령의 측근으로서 한국 정계, 재계, 관료 사회에 지대한 영향력을 행사하던 자로서 99년 초부터 2000년 2월까지 수차례 정몽헌 현대아산 이사회 회장과 이익치 김영완 등 4명이 서울 장충동 신라 호텔 커피숍에서 만나 금강산 관광 유람선에 카지노와 면세점을 허가해주겠다고 약속하고 '2000년 4.13 총선거에 필요하니 200억 원을 마련해 달라'고 정몽헌에게 요구하였으며, 정몽헌은 그 돈을 마련해 김영완을 시켜 네 차례에 걸쳐 피의자에게 전달했으며, 이는 공무원의 직무에 속한 사항의 알선 수재 혐의를 범한 자이다.

본건 사건은 정경유착의 심각한 형태를 보여주는 전형적인 사안으로 자금 난에 허덕이며 현대그룹의 명운을 걸고 대북 사업을 하던 정몽헌 회장에게 연간 1천억 원의 적자를 면하기 위해 카지노, 면세점을 허가 받도록 해주겠다고 약속, 사상 유례없는 막대한 금액을 수재한 것으로 이를 엄단 정경유착의 고리를 단절할 필요가 절실합니다.

또 피의자는 정몽헌이 사망하고 공범 관계인 김영완이 외국으로 도주한 현 상황을 기화로 죄책을 면하려고 범행을 부인하고 있는 것으로 보아 불구속을 할 경우 중요 증인인 이익치 등을 상대로 협박 회유를 시도할 가능성이 농후하고 수사를 피하기 위해 도주할 우려 또한 크다고 보여 구속하지 아니하면 도망 및 증거인멸 우려가 매우 농후함'이라고 기록했다. (註 4)

서울지법 강형주 영장전담 부장판사는 이날 영장 실질심사에서 "범죄 사실에 대한 소명 자료가 충분하고 사안이 중요하며 높은 처단형이 예상되고 도주 우려가 있다"고 영장 발부 사유를 밝혔다.

권노갑은 서울 구치소로 가면서 기자들에게 "김영완과 이익치가 사기를 친 것이다. 나는 정몽헌으로부터 한 푼도 받지 않았다. 다만 2000년 2월 28일 김윤규 현대아산 사장이 10억 원을 가져 왔기에 당에 입금시킨 일은 있다"고 주장했다.

권노갑은 그 사건으로 세 번째 금전 스캔들로 구속당하는 기록을 남겼다. 권노갑에게는 항상 금전 스캔들이 따라다녔다. 1997년 한보그룹 로비 사건으로 구속됐으며, 또 다른 금전 스캔들 사건으로 구속당했다가 무죄를 선고받은 적이 있다.

권노갑이 구속당하자 민주당은 크게 반발했으며, 검찰과 노무현 정권을 싸잡아 비난했다. 민주당 사람들은 "권 고문이 돈을 구해서 노무현 당으로 가버린 초선 재선 의원들의 선거 자금으로 지원했다"며 노무현과 열린 우리당 쪽으로 비난의 화살을 돌렸다.

2000년 4. 13 총선거 당시 민주당 사무총장이었던 김옥두(金玉斗) 의원은 권노갑의 뒤를 이은 동교동계의 2인자 격이다. 김옥두는 "지난 총선거 때 권노갑 고문이 구해 온 돈을 수도권과 영남 후보들에게 모두 지원했다. 권 고문이 구해 온 돈에 누구도 자유롭지 못하다"고 고해성사를 했다.

김옥두의 고해성사 발언이 있자 야당은 "노무현은 이번 선거 때 부산에서 출마하여 원도 한도 없이 돈을 써봤다고 말했다. 그때 사용한 돈이 현대의 돈이 아닌지 진실을 고백하라"고 촉구했다. 결국 김옥두의 고백은 노무현과 민주당을 탈당하여 열린 우리당을 만든 의원들을 향해 화살을 날리고 있었다.

권노갑이 현대로부터 200억 원을 받아 그 가운데 90억 원 가량을 착복하고 110억 원을 민주당에 전달했으며, 그 돈으로 후보들을 지원했다는 사실이 드러났다. 그러자 반 노무현 세력이면서 권노갑의 측근으로 알려져 있던 이인제(李仁濟) 의원이 언론과 인터뷰를 통해 "나는 권노갑 씨로부터 특별 지원을 받은 사실이 없다. 나는 2000년 총선 당시 선거대책위원장을 맡았으나 그 사람들이 자금에 관한 권리는 나에게 하나도 준 것이 없다. 나는 선거 자금이 어디서 나와서 어떻게 쓰였는지 전혀 모른다"고 말했다.

그는 또 "노무현과 당내 후보 경선을 할 때 박지원과 김대중이 나를 버리고 노무현을 선택한 것은 그들의 사상이 나하고 다르고 5억 달러 불법 송금 사건을 내가 막아주지 않을 것이 두려웠기 때문이다. 그래서 자신들과 코드가 맞는다는 노무현을 선택했지만 결국 노무현이 그들을 배신하지 않았는가?"하는 주장도 했다. (註 5)

권노갑은 검찰에서 조사받을 때나 재판을 받을 때도 200억 원을 받은 사실을 부인하며 "김영완과 이익치가 사기를 쳤거나 배달 사고가 났을 것이다" 라고 주장했다. 그러면서 김영완을 빨리 데려오라고 큰 소리로 외치기도 했다. 권노갑의 변호인들은 김영완이 도망하고 없음을 기화로 검찰의 구속 수사를 비판하며 "검찰은 증거가 없다. 이 사건은 사기꾼들에 의해 날조되었다"고 언론에 흘리고 있었다.

그러나 검찰은 그동안 감추어 두었던 김영완의 세 번째 진술서를 법정에서 공개했다. 김영완은 "권노갑이 현대로부터 200억 원을 받아 150억 원을 가져갔으며, 나머지 50억 원은 현재 내가 보관하고 있다"는 진술을 했다.

검찰은 또 그동안 언론에 발표하지 않은 정몽헌과 이익치가 고백한 3천만 달러 해외 은행 송금 사건을 들추어냈다. 검찰이 전략상 감추어 두었던 것이다. 검찰은 "권노갑 피의자는 해외에 비밀 은행 계좌를 갖고 있으며, 그곳에 막대한 자금을 도피시켰다"고 추가 기소했다.

한편 김영완은 진술서를 통해 죽은 정몽헌과 여러 차례 통화를 한 사실도 고백했다. 정몽헌은 특검 수사가 시작되고 박지원에게 전달한 150억 원 사건이 터지자 김영완에게 전화를 하여 "정치인들에게 돈을 준 사실을 모두 공개하여야 하는가? 박지원 외에 권노갑과 다른 정치인들에게 준 것도 모두 고백하여야 하는가?"하고 물었으며, 김영완은 "내가 이미 모든 것을 고백했으니 모두 밝히는 것이 좋을 것"이라고 말했다는 것이다.

김대중, 노태우 돈 받고 중간평가 하지 않기로

김대중의 40년 금고지기 권노갑이 수천만 달러를 해외에 빼돌려 놓았다면 금고 주인인 김대중은 얼마나 많은 돈을 해외에 빼돌려 놓았을까? 김대중은 권노갑이 해외에 빼돌린 돈의 몇 십 배에 해당하는 수십억 달러를 외국으로 빼돌려 놓았을 것이라는 의혹을 받고 있다.

김대중이 40여 년 정치 활동을 하면서 쓴 돈은 천문학적인 액수이다. 김대중이 그런 돈을 마련하기 위해 재벌을 등치고 국회의원 공천 장사를 한 것은 공공연한 사실이다. 또 노태우 전 대통령에게서 중간 평가를 하지 않는다는 조건으로 20억 원을 받은 것도 알려져 있으나 사실은 200억 원을 받았다는 소문도 널리 퍼져 있었다.

그때 노태우의 돈 심부름을 한 사람이 김대중 집권 후 첫 청와대 비서실장을 지낸 김중권(金重權) 씨이다. 그가 김대중 정권 첫 청와대 비서실장으로 임명되자 정치판에서는 '노태우에게서 받은 20억 원 외에 더 큰 액수를 받은 것이 들통 날 것이 두려워 김중권의 입을 막기 위해 비서실장으로 임명했을 것'이라는 말들이 나돌았다.

또 두 번째 돈 심부름을 한 사람이 노태우 씨의 처조카인 박철언(朴哲彦) 전 의원이다. 박 씨가 김대중에게 돈을 전달할 때 그를 안내한 사람이 당시 김대중의 자금줄 역할을 하던 임춘원(林春元) 씨다. 임춘원 씨는 당시 민주당 재무분과위원회 간사였기 때문에 김대중의 신임을 받던 재정경제통에 자금 조달을 맡은 사람이었다.

박철언이 김대중에게 돈을 전달할 때 커다란 꽃바구니를 만들어 그 바구니 아래 수표를 가득히 담았다. 그런 박철언을 임춘원 씨가 자기 자동차에 태워 동교동으로 밤 11시에 데리고 갔으며, 박철언과 김대중은 지하실 서재에서 새벽 3시까지 밀담했다. 그리고 이틀 후 김대중은 노태우 대통령의 초대로 청와대를 방문했다. 그곳에서 노태우 대통령을 몇 시간 동안 만난 김대중은 사흘 후에 "평화민주당은 중간 평가를 하지 않기로 했다"고 발표한다.

그 후 정치판에는 "김대중이 노태우로부터 엄청나게 챙겼다"는 소리가 떠돌아 다녔으며, 훗날 김대중은 "노태우로부터 20억 원을 받았으나 당에 모두 전달했다"는 사실을 고백한다. 그러나 국민들은 김대중이 20억 원을 받았다는 고백을 진실로 믿을 수가 없었다. 지금까지 김대중이 너무 많은 거짓말을 하고 국민들을 속여 왔기 때문이다.

1997년 김대중과 사이가 멀어진 임춘원 씨가 김영삼 정권의 실력자들과 만나 김대중과 노태우 사이에 오간 자금 관계를 폭로하는 자리에 필자는 두 차례 참석한 적이 있다. 그때 임춘원 씨는 "김대중은 노태우에게서 20억 원만 받은 것이 아니라 수백억 원을 받았다. 그때 내가 박철언을 태우고 김대중 집으로 안내했다"고 말했다. (註 6)

필자는 박철언 씨를 잘 알고 있다. 노태우 정권 출범 후 시작된 북방정책에 그와 함께 참여하여 러시아-한국, 중국-한국이 수교를 하는데 깊숙이 관여했다. 그런 사이였기 때문에 임춘원의 증언에 대하여 진실을 말해 달라고 부탁했다.

그러자 박철언 씨는 "내가 전달한 것은 20억 원이 전부입니다. 그 후 내가 정부에서 물러나고 김중권 씨가 비서실장을 했는데 그때부터 더 큰 돈이 전달되었다는 소문이 있었습니다"하고 말했다. (註 7)

자신이 아는 것은 20억 원뿐이지만 더 큰 돈은 다른 루트를 통해서 전달되었다는 뜻을 함축하고 있는 말이었다.

DJ에게 토사구팽 당한 김우중과 대우그룹

김대중이 청와대에 들어간 후 IMF 위기를 넘기며 구조조정이라는 명분 아래 부도 위기의 재벌을 정리하면서 대우그룹을 산산이 쪼개어 형체가 없도록 만들었다. 하지만 김우중은 선거 때마다 3~5억 원의 돈을 담은 사과 박스 20여 개를 서울 동작동 반포 아파트에 살고 있는 박정훈(朴正勳, 전 평민당 의원)의 집으로 옮겼다. 박정훈은 김대중과 김우중 두 사람이 믿는 측근이었다.

그렇게 하여 돈을 다 옮기면 박 씨의 부인 김재옥(金在玉)이 김대중의 장남 김홍일에게 연락했으며 김홍일이 밤에 와서 그 돈을 싣고 갔다.

김재옥 씨는 "7~8평 정도의 아파트 서재 안에 돈을 담은 사과 박스가 가득 차서 천정까지 닿았다. 돈 냄새 때문에 아파트에 들어서면 머리가 띵하고 아플 지경이었다. 김우중 회장은 그토록 많은 돈을 선거가 있을 때 마다 3~4차례 전달했다"고 폭로했다. (註 8)

박정훈은 학생운동 경력 때문에 취직을 하지 못했는데, 김우중의 친구가 부탁하여 대우그룹에 특별 채용되었다. 그리고 나중에 김우중이 김대중에게 천문학적인 돈을 전달한 후 부탁하여 국회의원이 되었고 두 사람 사이에서 다리 역할을 하게 되었다.

선거 때마다 김대중에게 많은 돈을 제공했던 김우중이 김대중 정권 출범 후 제1착으로 토사구팽을 당했다는 사실은 아이러니였다. 그런 사실을 두고 정치판과 재계에서는 "김우중의 돈을 무한정 받은 DJ가 김우중으로부터 과거의 은혜를 갚으라는 압력을 받을 것이 두려워 해외로 추방시켰다"는 말까지 나돌았다. 김우중 씨도 미국의 경제 전문잡지 포춘(FORTUNE)과의 인터뷰를 통해 상당 부분을 확인해 주는 말을 했다.

2003년 1월 포춘은 신년 표지 인물로 김우중 씨를 선정하고 그의 독점 인터뷰 기사를 보도했다.

포춘은 "한국의 큰 호랑이 경제인 대우그룹의 김우중은 그가 도와준 김대중 정권으로부터 버림을 받고 지금은 프랑스에 장기 체류하며 해외를 떠도는 도피 생활을 하고 있다. 그는 한국 국적을 포기하고 프랑스 시민이 됐다. 김우중은 김대중이 대통령에 당선되어 청와대에 들어간 후 김대중이 직접 전화를 해서 '해외에 잠시 나가 있다 돌아오면 대우자동차 등 기업을 다시 맡도록 해주겠다'고 말해서 한국을 떠났던 것인데 '그들

(김대중 정권)은 내가 떠난 후 도망자로 만들었다' 고 주장하고 있다"고 보도했다. (註 9)

김우중과 관련된 또 다른 소문도 떠돌아 다녔다. 김대중이 1945년 8월 15일 해방 후 공산당에 가담하여 활동을 하다가 이승만 정권에 쫓기는 어려운 때에 자신을 살려준 은인의 아들 조풍언(趙豊彦, 무기 중개업자, LA 거주)에게 대우그룹을 헐값으로 넘겨주기 위해 토사구팽을 시켰다는 이야기였다.

조풍언은 김대중 정권 출범 후 가장 큰 이득을 챙긴 사람 중의 한 명이다. 그는 김대중이 팔려고 내어 놓은 일산 집을 시가보다 비싼 6억 원에 사주고 LA에서는 김대중의 막내아들 김홍일에게 200만 달러 집을 마련해준 인물이다.(조풍언 부분은 다른 장에서 기술)

한때 김대중은 한국 정치인 가운데 가장 많은 현금을 갖고 있는 사람으로 알려졌다. 그러면 김대중은 얼마나 많은 돈을 가지고 있었을까?

1997년 제15대 대통령 선거 때 한나라당의 강삼재(姜三載) 사무총장은 "김대중 후보는 수천억 원의 비자금을 갖고 있다. 검찰은 철저한 수사를 통해 그 비자금의 정체를 밝혀내야 한다"고 폭로하고 검찰에 수사를 촉구했다.

한나라당의 폭로에 겁이 난 김대중은 김영삼 대통령에게 사람을 보내 "만약 비자금 사건을 검찰이 수사하면 선거를 치를 수 없게 만들 것이며 아들 현철이를 둘러싼 모든 비밀을 폭로할 것"이라고 협박했다. 이에 이회창의 당선을 바라지 않던 YS가 김태정 검찰총장에게 수사 중단을 지시했고 결국 김대중이 당선되었다. 그때 검찰이 김대중의 비자금을 수사했다면 김대중은 당선되지 못했을 것이다.

김대중은 선거에 당선된 후 김태정 검찰총장을 일산 집으로 불러 감사한 마음을 전달하고 사건 폐기를 부탁하였다. 김대중의 부탁을 받은 김태정은 증거가 없다는 이유로 김대중 비자금 사건을 폐기시켰다.

김태정은 그 공으로 김대중 정권 출범 후에도 검찰총장을 지내다가 법무부 장관으로 승진까지 했다. 하지만 김태정의 부인이 김대중 정권의 장관들 부인과 봉사 활동을 구실로 부유층 여자들과 몰려다니다가 옷 로비 사건을 일으키는 바람에 법무부 장관에서 불명예 하차했다.

그러면 그토록 많은 비자금을 김대중은 어디에 감추어 두고 있었을까? 한나라당 강삼재 의원이 검찰에 넘기고 언론에 공개한 자료에 의하면, 김대중은 자신의 친척과 처가 사람들 이름으로 된 150여 개의 비밀 구좌를 갖고 있었으며, 그 자금 관리는 처조카(부인 이희호 씨의 오빠 아들)인 이형택(李亨澤)이 관리하고 있었다.

김대중 정권 출범 후 이형택은 모 은행 공항 지점장에서 일약 보험공사 전무이사 자리로 승진했다. 그는 온갖 이권에 개입하며 엄청난 부정 자금을 끌어 모으다 결국 감옥에 가는 신세가 되었다.

그런데 김대중이 스위스와 싱가포르 은행에 비밀 계좌를 갖고 있으며, 10억 달러의 큰돈을 빼돌려 숨겨 놓고 있다는 사실이 폭로되었다. 그런 사실은 '신뢰할 수 있으며 대화를 나눌 있는 식견을 가진 훌륭한 인물, 북한을 통치할 수 있는 힘을 갖고 있는 사람'이라고 김대중이 부시 대통령에게 칭찬했던 김정일에 의해 밝혀졌다.

김정일, 김대중 해외자금 10억 달러 폭로

김대중이 청와대에 들어간 지 1년 반쯤이 지난 1999년 7월 초부터 북한 대남사업부가 관리하는 한국민족민주전선은 '구국의 소리'를 통해 '김대중 역도의 부정부패 행위를 고발한다'는 방송을 시작했다.

구국의 소리는 몇 차례의 방송을 통해 '한민전 중앙위원회 선전국이 현 집권자인 김대중의 부정부패 진상을 고발했다'며 ① 김대중은 해방 전 일본 놈 상선 회사에 경리부 사원으로 입사하여 그때부터 부정한 돈을 만지는 데 맛을 들이고, ② 야당 생활을 하면서 여당과 재벌들로부터 부정한 돈을 챙기고, ③ 정당을 만들어 공천 장사를 하였으며, ④ 1992년 제14대 선거와 1997년 제15대 선거를 앞두고 권노갑, 김옥두, 한화갑, 송천영 등 심복들을 통해 돈 되는 일이라면 무슨 짓이라도 하도록 지시하여 비자금을 조성했으며, ⑤ 당선 후 특혜 보장을 담보로 삼성, 대우, 진로 소주, 벽산개발, 한창, 대호 등 수십 개 기업들로부터 천문학적인 돈을 뜯어 선거에 사용하고, ⑥ 남은 돈은 스위스와 싱가포르 등지의 외국 은행에 빼돌렸는데 그 액수가 10억 달러에 달하는 엄청난 것이라고 폭로하였다.

1999년 7월 19일 북한은 구국의 소리 방송을 인용, '한민전 중앙위원회 선전국, 현 집권자의 부정부패 진상 고발장 발표-김대중 역도의 부정부패 행위를 고발한다' 는 제목으로 신문을 제작하여 여러 나라에 살고 있는 한국인 이민자들에게 발송했다.

북한은 이 신문을 서울에서 발행되는 것처럼 속이기 위해 '서울에서 청취된 구국의 소리 방송에 의하면 한국민족민주전선 중앙위원회 선전국은 현 집권자(김대중)의 부정부패 행위 진상을 폭로하는 고발장을 발표하였다' 고 주장하며 김대중에 대한 30여 가지의 부정부패 행위를 2페이지 신문에 가득 실었다.

그 가운데 마지막 부분은 상당히 중대한 내용을 담고 있다. 당시 남한의 언론사들은 김대중 용비어천가를 부르며 김대중 추켜올리기에 경쟁을 벌이고 있었는데, 북한에서 먼저 김대중의 부정부패 행위를 폭로한 것이다. 이는 반년 후 김대중을 굴복시켜 평양으로 달려오도록 만드는 데 큰 역할을 했다.

'김대중은 온갖 부정한 방법으로 뜯어낸 돈을 스위스와 싱가포르를 비롯한 외국은행에 있는 비밀 구좌에 입금시켰다. 그 규모는 10억 달러에 달하고 있다. 김대중 역도가 정계에 발을 들여놓은 때로부터 오늘에 이르기까지 저지른 부정 비리에 대하여 일일이 다 열거하려면 끝이 없다. 그러나 나타난 사실만을 가지고도 김대중 역도야말로 역대 집권자들을 찜쪄 먹을 극악한 도적 왕초임을 극명하게 보여주고 있다. 이런 추악한 도적이 권좌에 앉아 정치를 하고 있기에 이 땅이 도적놈의 소굴로 부정부패의 전시장으로 세계인의 손가락질을 받는 것은 당연하다.'

'한국은 국제통화기금의 신탁통치로 망하고 김대중의 부정부패로 망하고 있다는 것이 국민들의 생각이다. 부정부패의 왕초 김대중 역도를 하루빨리 청산해야 한다. 그래야 사회와 정치적 안정과 민생 안정도 이룩할 수 있고 깨끗한 정치도 실현할 수 있다' 고 보도했다. (註 10)

김대중은 구국의 소리 방송과 신문 보도에 대하여 국민들에게 해명해야 했다. 김대중과 그의 후계자임을 내세운 노무현은 자신들이 잘못하고 있는 것은 깨닫지 못하고 잘못되는 것은 모두 야당과 언론 탓으로 돌리고 언론인과 언론사를 무더기로 고발했다.

그런 이유에서 국민과 해외 동포들은 한국 언론들이 보도하는 것은 믿을 수 없지만 북한에서 방송되고 발행되는 평양 언론 매체들이 김대중과 노무현에 대하여 보도하는 기사는 믿었을 것이기 때문이다.

북한에서 발행되는 모든 매스컴은 김정일의 절대적인 통제 아래 있다. 그렇기 때문에 김정일이 보도하도록 승인한 기사는 김대중에게 유리한 내용일 수밖에 없다. 그런데도 북한이 김대중의 부정부패를 폭로한 것은 무엇을 의미하는가.

이 글을 읽은 독자들은 이제부터라도 김대중이 스위스와 싱가포르 은행에 빼돌려 놓은 10억 달러를 국내에 반입하도록 요구하여야 하며, 관계 당국은 그 돈의 출처가 어디인지 밝혀야 할 것이다.

박지원도 해외 은행에 비밀 계좌

김대중 정권 5년 동안 가장 출세한 인물이 박지원이다. 뉴욕 브로드웨이의 가발 장수에서 청와대 비서실장까지 올라갔으니 세속적인 관점에서는 최고의 수준까지 출세한 사람이 됐다.

김대중은 임기 5년 동안 박지원과 임동원, 이기호 세 사람을 옆에 끼고 돌았으며 그들을 통해서만 세상 이야기를 들었다. 그런 편협한 국정 운영으로 나라 살림을 거덜 내고 자신도 실패한 정치인이 된 것이다.

김대중이 세 사람을 옆에 끼고 돈 것은 이들 모두 대북 비밀송금 사건의 주범들이었기 때문이다. 김대중은 김정일에게 보낸 8억 달러의 비밀이 샐까봐 두려움 때문에 전전긍긍했을 것이다.

국민들이 박지원과 임동원, 이기호를 청와대에서 쫓아내고 그들의 범죄 행각을 조사하라고 요구하며 국회에서 해임 건의안을 통과시키기까지 했지만 김대중은 며칠 후 다시 그들 3명을 청와대로 불러들였다. 그리고 마땅한 자리가 없으면 새로운 자리를 만들어 임명하는 행태를 되풀이하였다.

이들 세 사람은 김대중의 가장 큰 약점을 알고 있었다. 김대중은 세 아들이 저지른 부패 사건으로 국민들로부터 배척을 당해 국정 수행 능력을 잃어버리고 식물 대통령이나 다름없는 시기가 있었다. 그때 박지원은 김대중을 대신하여 부통령 행세를 하며 국정을 농단했다. '박지원에게 부탁하면 안 되는 일이 없다'는 말이 나돌았으며, 박지원을 소통령, 중통령, 부통령이라 부르기도 했다. 또 '김대중 정권의 이기붕'이라 빗대기도 했다.

박지원이 통일을 팔아 현대로부터 챙긴 350억 원 외에 그보다 더 엄청난 액수의 뇌물을 받았을 것으로 생각하는 국민들은 상당히 많다.

"노무현 후보가 당선된 후 아직 대통령에 취임도 하지 않았는데 주변 측근들에게 돈벼락 세례가 파도같이 밀려왔다"고 노무현을 떠난 한 측근이 폭로하여 화제가 되었던 때가 있다.

아직 대통령에 취임도 하지 않았는데 노무현 측근들에게 돈벼락 세례가 파도같이 밀려 왔다면 청와대 대변인, 문화관광부 장관, 청와대 통일담당 특별보좌역, 비서실장, 대(代)통령 등 김대중 정권 5년 동안 노른자위만 차지했던 박지원은 오죽하겠는가! 상상도 하지 못할 엄청난 액수의 돈을 챙겼을 것이라 생각하는 것도 무리는 아니다.

그러면 박지원은 그 많은 돈을 모두 어디에 감추어 두었을까? 박지원이 현대로부터 받은 150억 원의 행방은 밝혀졌다. 박지원은 이 돈을 김영완에게 맡겼으며, 김영완은 120억 원을 자신이 보관하고 있다고 검찰에 진술한 바 있다. 하지만 부정하게 받은 돈이 어디 그 뿐일까.

박지원은 정치에 입문하기 전에 뉴욕에서 가발 장사와 부동산 회사를 경영하며 서울과 무역 거래를 하였다. 그러므로 박지원이 무역 형태를 통해 해외로 돈을 빼돌리는 것은 간단하다.

미 법무성 감찰국과 연방수사국(FBI) 은 지난 2001년과 2002년에 박지원과 미국에 살고 있는 그의 가족, 형제들의 재산 현황과 무역회사의 운영실태, 은행 거래 상황 등을 조사한 일이 있다.

뉴욕과 뉴저지 주에는 박지원의 큰형과 조카, 친척들이 여러 개의 회사를 운영하고 있으며 박지원의 부인 이선자(李善子)도 상당 기간 미국 시민권을 갖고 있었던 것으로 확인되었다.

그때 조사에서 박지원이 한국 외환은행 뉴욕지점, 한국 제일은행 뉴욕지점, 그리고 미국 은행에 구좌를 갖고 있음을 확인했으나 박지원은 그 거래 내역과 액수에 대해서는 입을 열지 않았다.

한편 뉴저지에 살고 있는 박지원 측근 한 명은 "박지원이 김대중 정권의 실세가 되자 박지원을 쫓아 서울로 나가 박지원 부근에서 심부름을 하고 지내다가 박지원이 구속된 후 뉴저지로 돌아 왔는데 200만 달러짜리 큰집을 구입하고 벤츠 고급 자동차를 구입 하고 큰 가게를 운영 하는 등 돈을 흥청만청 쓰고 있다"는 소리가 주민들 입을 통해 번지고 있다.

결국 통일을 팔아 큰 몫을 챙긴 권노갑, 박지원, 김영완, 이수동 등 민족 배신자들은 모두 해외에 비밀 은행 구좌를 갖고 있으며 엄청난 돈을 빼돌려 놓고 있었다. 이제 국민들이 피땀 흘려 낸 세금을 도둑질 하여 해외로 빼돌린 그 돈을 한국으로 다시 환수할 수 있도록 한 목소리를 내어 정부에 요구해야 할 것이다.

큰 도둑놈 김영완과 조풍언을 추적하다

김영완은 현대 정몽헌이 박지원에게 전달해 달라고 부탁한 150억 원 양도성 예금증서를 맡아 보관했으며, 두 번씩이나 떼강도를 당하고 수십억 원의 돈을 뺏기고도 범인들을 처벌하지 말아달라고 진정서를 재판부에 낸 인간미(?) 넘치는 인물이다.

그는 필자와도 인연이 있다. 1996년 봄으로 기억한다. 국가안전기획부 차장을 지낸 H씨가 어느 날 한 남성과 함께 사무실을 방문했다. H씨는 그를 김영완 회장이라고 소개했다. 그때 김영완은 무기중개업을 하는 로비스트 명함을 건네주었다.

H씨는 김영완을 자신이 안기부에 근무할 때 모시던 차장의 사위 되는 사람이라고 소개했다. 김영완의 장인은 해군사관학교 출신 장성으로 5.16 때 혁명군에 가담했으며, 예편 후 오랫동안 정보부 차장으로 근무했던 인물이다.

김영완이 장인의 옛 부하를 앞세워 필자의 사무실을 방문한 것은 자신이 추진하고 있는 미국제 아파치 헬기 수입을 필자가 반대하고 나설지도 모른다는 우려 때문이었다.

당시 INSIDE THE WORLD는 정부가 F-16 전투기를 도입하는 것은 잘못된 판단이라는 기사를 시리즈로 연재하고 있었다. F-16 전투기는 상당히 문제가 많은 기종이었다. 그런데도 재벌이 앞장서 정부를 속이고 F-16 전투기 조립 공장까지 건축하는 등 엄청난 국가 예산이 투입되고 있었다.

그런 때 김영완은 문제의 시리즈 기사를 읽으면서 아파치 헬기 도입을 로비하는 자신에게 화살이 날아 올 것을 우려해 필자를 찾아온 것이다.

첫날은 5년 치 장기 구독료 100만 원을 내고 돌아갔다. 그리고 몇 개월에 한 번씩 만나 골프를 치고 식사를 함께 했다. 어느 날은 정주영 회장의 막내아들과 함께 골프를 친 적이 있다. 그때 김영완은 정주영 회장을 친

아버지처럼 모시고 있으며, 정 회장도 자신에게 많은 의지를 한다며 자랑했다.

1996년 말부터 야당은 국방부 군납 비리와 무기 거래 커미션에 대해 날카롭게 파고들었다. 그러면서 아파치 헬기 도입 문제에 대해 국정조사를 하자고 주장했다.

당시 김대중이 이끌던 정당은 새천년민주당이었으며 권노갑이 국방위원회 야당 측 간사였다. 권노갑은 아파치 헬기 도입을 반대하며 국정조사를 요구했다. 초조해진 김영완이 필자를 찾아와 권노갑을 소개해 달라고 부탁했다. 김영완을 만난 권노갑은 이후 아파치 헬기 도입 문제와 관련하여 국정조사를 하자는 소리를 입 밖에 내지 않았다.

1997년 가을 한국 정부는 아파치 헬기를 도입했다. 그런데도 야당의 반대는 없었다. 훗날 들은 이야기이지만 김영완이 사과 상자에 엄청난 현금을 넣어 권노갑 집으로 가서 전달했으며 권노갑에게 충성을 맹세 했다고 한다. 이후 권노갑은 정몽헌에게 돈을 달라고 부탁할 때는 김영완을 불러 이야기했다. 박지원도 권노갑을 통해 김영완을 소개받았으며, 김영완을 통해 정몽헌의 돈을 받았다.

김영삼 정부 시절 아파치 헬기 도입으로 엄청난 로비 커미션을 받은 김영완은 아파치 헬기 성능을 선전하는 광고를 가져와 INSIDE THE WORLD 2~3회 게재한 바 있다. 그런데 김대중 정권 출범 후 필자가 김대중 정권과 사이가 나빠지자 다시는 필자 앞에 나타나지 않았다. 그런 김영완이 권노갑과 박지원의 심복이 되어 그들의 심부름꾼이 되었으며, 정몽헌이 박지원에게 전달한 150억 원 CD를 김영완이 현금화하여 자신의 집에 보관하고 있었다. 그러다 노무현 정권 들어 특검이 수사를 시작하자 김영완은 150억 원을 가지고 미국으로 도주했다.

김영완은 사진 찍는 것을 극히 싫어했다. 박지원 사건으로 김영완의 이름이 1년 이상 신문 톱기사로 올랐지만 그의 얼굴 사진은 대학 졸업 사진이 유일했다.

김영완의 이름이 언론에 오르내릴 때 필자는 그저 귀에 익은 이름이겠거니 했다. 설마 H씨가 소개한 그 김영완은 아니라고 생각했다. 그래서 서울의 H씨에게 전화로 물어봤더니 그가 필자에게 소개한 김영완이 틀림없었다.

필자는 김영완을 만나기 위해 캘리포니아 주 산호세 카운티 해변 고급 주택 단지에 있는 그의 집 주변을 며칠 동안 맴돌았다. 하지만 그는 집 밖으로 모습을 드러내지 않았다. 그래서 무조건 대문의 초인종을 눌렀다.

문 밖으로 나온 한국 사람에게 명함을 건네주며 김영완에게 전해 달라고 했다. 그는 김영완이 동부 지역으로 출장을 갔다고 했다.

워싱턴으로 돌아온 며칠 후 김영완의 변호사라는 사람이 전화를 했다. 지금은 만나고 싶지 않다는 것이었다. 그때부터 김영완의 뒤를 추적했으나 2003년 가을에 집을 팔고 사라져 버렸다. 자신의 신분이 필자에게 노출되자 다른 곳으로 도망을 친 것이다.

2003년 7월 20일 필자는 칼럼을 통해 '미국 한국인 동포 사회에 정체불명의 돈이 넘쳐난다' 고 보도했다. 이 칼럼이 워싱턴 조선일보를 비롯하여 워싱턴 선데이타임스, 뉴스메이커 등 많은 언론에 보도되자 그때까지 눈치만 보고 있던 현지 한국어 언론들이 김영완과 조풍언의 배후를 추적하기 시작했다.

2005년 11월 LA에서 발행되는 주간신문 선데이저널이 특종을 낚았다. LA 한미은행에 '박지원 또는 김영완, 이익치 돈으로 보이는 의심스러운 5천만 달러의 뭉칫돈이 예금되어 있다' 고 폭로했다.

이 기사는 INSIDE THE WORLD 인터넷 판을 통해 국내로 전달됐으며 월간조선과 오마이뉴스 인터넷신문이 보도하면서 국민들에게 알려지기 시작했다. 선데이저널은 조풍언과 김대중의 관계 및 배후를 밝히면서 조풍언이 김대중과 결탁하여 엄청난 외화를 홍콩으로 빼돌려 미국으로 가져왔다고 폭로했다. (註 11)

김대중 측근들 뉴욕에서 3억 달러 굴리며 이자 놀이

김대중의 측근인 김영완과 박지원, 권노갑 등이 미국으로 빼돌린 불법 자금을 추적 보도하기 시작한 지 2년 만인 2004년 3월 경 뉴욕에서 발행되는 주간지 뉴스메이커(발행인 임종규)와 뉴욕 '정의사회실천시민연합'에 중요한 정보가 입수되었다. 도피중인 김영완이 부인 이름으로 뉴욕 맨해튼 파크 애비뉴에 있는 1천 200만 달러 상당의 호화판 맨션아파트 2동을 구입했으며, 김대중의 처조카 이형택도 미국으로 엄청난 자금을 빼돌려 뉴욕 맨해튼에 1천만 달러 상당의 고급 아파트를 구입했다는 정보였다. 정보를 입수한 필자는 비행기를 타고 재빨리 뉴욕으로 날아갔다.

뉴스메이커 임종규 발행인을 만난 필자는 김영완과 이형택이 구입한 콘도와 고급 아파트의 부동산 등기부를 입수했다. 2006년 4월 19일 뉴스메이커는 '김대중 정권 사람들 해도 해도 너무 한다. DJ 처조카 이형택 씨, 뉴욕에 고급 콘도 일시불 매입, 부동산 투기 의혹, 자금 출처 의혹', '도피중인 김영완 씨 맨해튼 파크 애비뉴 호화 콘도 1천 87만 달러 주고 구입' 등 여러 페이지에 걸쳐 김대중의 처조카 이형택과 박지원의 심복 김영완이 아파트와 콘도를 구입한 사실을 대대적으로 보도했다.

다음날 이 기사는 「www.usinsideworld.com」을 통해 전 세계로 퍼져 나갔다. 이로써 김대중과 그 측근들이 수십억 달러를 불법으로 빼돌려 뉴욕에 부동산을 대량 구입하고 있는 사실이 밝혀졌다. (註 12)

뉴스메이커와 「INSIDE THE WORLD」를 통해 엄청난 뉴스가 폭포처럼 쏟아지자 김대중 측근들과 부정 행각을 벌이던 양모 씨가 뉴욕정의사회실천시민연합 사무실을 찾아와 양심선언을 하기 시작했다.

그는 자신이 몇 년 동안 "김대중의 비자금을 운반했으며 한 번 운반할 때마다 3천 달러의 운반비가 들었다?"고 증언 했다. 그가 뉴욕 맨해튼 브로드웨이 36번가에 있는 슈퍼마켓에서 1주일에 한 번씩 200만 달러가 든 돈 가방을 몇 년 동안 배달했는데 양심상 더 이상 감출 수가 없어 진상을 폭로하기로 결심했다"고 실토했다.

정의사회실천시민연합은 양모 씨의 증언을 연방수사국(FBI)에 신고했으며, FBI는 약 1개월 동안 증언을 청취하고 그의 신변 보호를 위해 다른 지방으로 직장을 옮겨 주었다.

양모 씨의 증언에 따라 김대중 측근임을 주장하는 3명의 호남 출신들이 무려 3억 달러의 자금을 투입하여 120여 건의 부동산을 소유하고 있음도 밝혀냈다. 뉴스메이커는 2006년 5월 10일자에 "김대중 정권 비자금 담긴 돈 가방 내가 직접 날랐다 – 지금까지 의혹으로만 제기되던 DJ 비자금 뉴욕 뉴저지 유입 모두 사실"이라는 제목으로 보도했으며 「www.usinsideworld.com」이 크게 보도하여 전 세계로 타전했다.

뉴스메이커와 인사이드월드는 김대중 측근들인 이의건, 홍성은, 다니엘 리 씨가 사들인 부동산이 100여 건이 넘으며 3억 달러를 호가한다고 보도했다.

이들 3명의 부정 축재 사실과 불법 자금 사용, 돈세탁 혐의를 계속하여 보도하고 FBI가 전면 수사를 벌이자 이들은 변호사를 고용하여 뉴스메이커와 임종규 발행인, 정실련과 임종규 회장, 워싱턴 usinsideworld.com 회사와 손충무 발행인을 명예훼손 혐의로 뉴욕 지방 법원에 고소했다.

이들은 김대중이 빼돌린 3억 달러와 자신들이 굴리고 있는 3억 달러는 관계가 없다며 소송을 제기했다. 그들은 소송을 제기하면 더 이상 기사를 쓰지 못할 것으로 알았다. 그러나 임종규 발행인과 필자는 양모 씨의 양심선언 비밀문서와 녹음테이프, FBI 수사기록, 이들 3명의 이름으로 되어 있는 부동산 리스트를 입수하고 있었다. 그래서 정정당당하게 법정에 출두하여 그들의 음모를 밝힐 예정이었다. 그런데도 고소를 제기한 이들은 세 번째 재판이 진행되는 날짜에도 나타나지 않아 재판부는 소송 자체를 기각시켰다.

필자와 임종규 발행인은 김대중이 뉴욕으로 **빼돌린 3억 달러**와 양모 씨 비밀 증언과 FBI에서의 증언과 1,200 페이지에 달하는 조사 기록을 연방 하원 부정부패 수사 및 예방 위원회에 청문회를 요청하며 수사를 의뢰했다. 연방 하원은 조사를 시작하면서 임종규 발행인과 필자, 그리고 위험을 무릅쓰고 양심선언을 한 양모 씨를 불러 사건을 청취했다.

부시 대통령 특별성명, 부정한 정치인 자금 조사 지시

뉴스메이커와 인사이드월드가 매일 같이 엄청난 내용의 기사를 보도하고 있었으나 한국 언론들은 모두 눈뜬장님들이었고 꿀 먹은 벙어리들이었다. 워싱턴과 뉴욕에 나와 있는 한국 언론사 특파원들은 애써 모르는 체했으며 아예 취재할 엄두도 내지 않았다. 보도는 하지 못하지만 그나마 관심을 가지고 가끔씩 사건 진행 사항을 물어온 사람은 문화일보와 국민일보 특파원 정도였다.

2006년 5월 말경, 서울에 있는 이철승(민족회의 총재), 김한식 목사(대한민국 안보와 경제 살리기 국민운동본부 본부장), 장경순 전 국회부의장(대한민국을 사랑하는 호남인들의 모임 대표) 등 10여 개의 애국 시민단체장들이 주축이 되어 '김대중 비자금 미국 유출 및 방북 규탄'을 목적으로 필자와 임종규 발행인을 특별 연사로서 서울로 초청했다.

그러나 필자의 여권을 노무현 정부가 무효화시켰기 때문에 갈 수가 없었다. 혼자 서울로 나간 임종규 발행인은 6월 8일 프레스센터에서 공개 기자회견을 통해 김대중과 그 측근들이 3억 달러를 뉴욕으로 빼돌린 진상을 공개했다.

이날 행사 현장에 미국에 있는 임종규 발행인이 나타날지는 국정원도 청와대도 알지 못했다. 그것은 행사를 준비하는 측에서 "미국에서 언론인 손충무 씨가 귀국, 김대중과 그 측근들이 미국으로 빼돌린 비자금과 부정부패를 폭로한다"고 선전하였기 때문에 청와대와 국정원은 필자의 귀국에만 신경을 쓰고 있었기 때문에 임종규 씨가 귀국하는 것은 모르고 있었다.

청와대로부터 손충무가 귀국하면 공항에서부터 체포하라는 지시를 받은 국정원과 검찰은 인천공항에 수사관을 파견하여 필자를 기다리고 있었다. 그렇기 때문에 8일 새벽에 임종규 발행인이 도착한 사실을 그들은 모르고 있었다.

공항을 빠져 나온 임종규는 주최자들이 준비한 호텔에서 잠시 휴식을 취한 후 프레스센터 행사장에 나타나 김대중 측근들이 뉴욕으로 빼돌린 3억 달러 비자금 사건 전모와 미국 수사기관과 연방 하원에서 조사에 착수했다는 사실을 폭로하고 각종 자료를 주최 측에 넘겼다.

500여 명의 청중들은 혼이 나간 사람처럼 임종규의 입술만 쳐다보았다. 한국 언론에서 단 한 줄도 보도되지 않은 엄청난 내용에 청중들은 분노했다. 현장에 잠입한 국정원 직원들과 경찰들, 청와대 보좌관들도 놀랐다.

그들이 돌아가 보고서를 작성하고 호들갑을 떨고 있을 때 임종규 발행인은 오후 3시 도쿄발 비행기에 몸을 싣고 있었다. 정보부와 경찰이 임종규가 묵고 있던 숙소를 체크하고 있을 때 그는 이미 일본 땅에 있었다. 임종규 발행인이 이날 서울에 체류한 시간은 모두 10시간이 채 되지 않았다.

대한민국을 사랑하는 호남인들의 모임은 6월 16일 김대중과 그 측근들을 검찰에 고발했다. (註 13)

이날 대검찰청에 고발장을 접수시킨 사람들은 김한식 목사(안경본 대표), 서석구 변호사(미래포럼 대표), 홍정식 활빈당 대표 등 10여 명이었다. 이들은 김대중을 '특정경제범죄가중처벌법 및 국가 보안법 위반 혐의'로 고발했다.

이들은 고발장을 통해 '김대중은 과거 직업에 종사하거나 국회의원이나 대통령으로 재임하는 동안의 수입으로는 도저히 저축할 수 없는 엄청난 재산을 가진 부정 축재자인 것이 판명되었다. 더욱이 대한민국의 재산을 미국에 불법 유출하는 범죄를 저질렀으며, 특히 대한민국에 적대하는 반국가단체인 북한을 이롭게 하는 자금을 지원한 범죄자'라고 밝혔다.

또 '김대중은 스스로를 민주화와 인권의 투사인 것처럼 미화하면서 산업화의 성공과 그 기반으로 이룩한 민주화의 공적을 부정했으며 자유 대한민국을 부정해온 좌파 빨갱이' 라고 지적했다.

그와 함께 '김대중이 축적한 재산은 뇌물, 불법 정치 비자금으로 획득한 부정한 것이며 그 재산을 해외로 도피 은닉시키고 불법 재산을 반국가 단체의 고무 찬양, 이적, 항적의 용도로 사용하고 있으므로 국고로 환수하는 조치를 취해야 한다' 고 요구했다. (註 14)

그 시기 콘돌리자 라이스 국무장관이 필자를 만나고 싶다는 연락을 취해와 비공개로 모처에서 만났다. 라이스 장관은 FBI에서 증언한 양모 씨의 수사 기록과 연방 하원에 제출한 고발 청원서를 1부씩 보내 달라고 요청했다.

그 후 문제의 서류들을 전달했다. 그로부터 1개월 후인 2006년 8월 11일, 조지 부시 대통은 백악관에서 특별 기자 회견을 통해 "독재자, 도둑 정치와 전쟁을 선포한다"고 발표했다.

부시 대통령은 특별성명을 통해 "국부를 제멋대로 주무르며 자신과 하수인들의 배만 채우는 부패한 나라의 독재자들과 정권을 응징하겠다"고 선언했다.

부시 대통령은 "도둑 정치는 민주 발전의 장애물이며 국민의 장래를 훔치는 것이다. 그런 독재자들의 부정한 자금을 찾아내어 그 나라로 돌려보내는 것이 마땅하다"고 밝혔다. (註 15)

부시 대통령의 특별회견과 성명서 내용은 언뜻 보면 쿠바의 카스트로, 북한의 김정일, 아프리카의 독재자들을 비난하는 것처럼 보이나 사실은 김대중과 뉴욕에 들어와 있는 3억 달러에 대한 비난이었다.

사건이 이토록 확대되어 가자 노무현 대통령은 상당히 초조하고 불안했던 모양이다. 그래서 이태식 주미 대사에게 김대중 비자금 3억 달러 뉴욕 유입 사건과 연방 하원의 조사, 부시 대통령의 이례적인 특별성명의 배경에 대한 자료를 입수하여 급히 귀국하라는 비밀 지시를 내렸던 모양이다.

8월 중순 이태식 대사로부터 인편에 아침을 같이 하자는 메시지를 가지고 사람을 보내왔다. 그래서 워싱턴 D.C.의 호텔에서 만나 아침을 함께 했다. 필자는 그 자리에서 김대중 측근들의 부정한 자금이 뉴욕으로 유입된 사건과 노무현 정권이 필자의 여권을 무효화시킨 데 대해 설명했다.

이태식 대사는 대통령의 지시로 급히 서울을 가야 한다며 그 동안 「www.usinsideworld.com」과 뉴스메이커가 보도한 기사를 모두 스크랩 해달라고 부탁했다. 그리고 연방 하원에 고발한 고발장과 FBI에 증언한 수사 기록도 구해 달라고 부탁했다. (註 16)

며칠 후 이 대사가 부탁한 자료를 전해 주고 필자는 임종규 발행인과 눈물을 흘리며 지나간 몇 년 동안을 회고했다. "이제 우리가 해야 할 일은 다 했다. 부시 미국 대통령을 움직였으며 노무현이 진실을 알도록 만들었다. 이제는 한국 국민들이 들고 일어날 차례이다. 한국 언론들은 바보들이고 엉터리들이기 때문에 믿을 수가 없다"며 서로를 다독였다.

2007년 1월 23일 미국 공화당 싱크탱크인 헤리티지 재단은 '지난 10년 동안 한국의 좌파 정권들이 독재자 악의 축 북한 김정일에게 갖다 바친 약 50억 달러의 자금 출처와 그 돈이 김정일에게 가서 어떻게 사용되었는가를 의회가 직접 나서 청문회를 개최 조사해야 한다'는 특별 보고서를 의회에 제출했다.

헤리티지 재단의 아시아 태평양 문제 전문가 그룹인 나일 가디너, 브레트 스카에페, 스티 그로보스 연구원이 공동 작성한 이 보고서는 '한국의 김대중, 노무현 좌파 정권들은 지난 10년간 북한에 약 50억 달러의 자금을 지원했다. 여기에는 김대중이 지난 2000년 6월 첫 남북 정상회담을 성사시키기 위해 비밀리에 보낸 8억 달러도 포함되어 있다'고 밝혀 필자가 10여 년 동안 주장해 온 8억 달러가 사실로 확인된 셈이었다. (註 17)

한편 보고서는 '미국에 나돌고 있는 독재자들의 부정한 자금에 대해서도 의회 차원에서 진상 조사를 해야 한다'고 건의했다. 그러나 2008년 민주당 정권이 탄생하고 상하원이 민주당으로 넘어 가는 바람에 연방 하원의 조사는 폐기되었다. 그러나 연방수사국의 조사는 그 후에도 진행되었다.

〈 참고 자료 및 문헌, 증언, 인터뷰 〉

(註 1) 월간조선 (2009년 3월호)

(註 2) 부정부패추방시민연합 홈페이지 (2009. 9. 22)

(註 3) 앨런 그린스펀 회고록 '격동의 시대' (2007. 9. 17)

(註 4) 김대중 자금지기 권노갑 특검 구속영장 청구서

(註 5) 이인제 의원 기자 간담회에서

(註 6) 임춘원 전 의원 증언 (한때 김대중 자금 책임자)

(註 7) 박철언 전 장관 증언

(註 8) 박정훈 전 의원 부인 김재옥 여사 증언 (월간조선)

(註 9) FORTUNE지 김우중 인터뷰 기사 (2003. 1. 22)

(註 10) '구국의 소리' 방송 한민전 신문 기사 (1999. 7. 19)

(註 11) 필라델피아 선데이토픽 LA 현지 소식 (2005. 12. 18)

(註 12) 뉴스메이커 기사 (2006. 4. 19)

(註 13) 뉴스메이커, 인사이더월드 기사 (2006. 6. 21)

(註 14) 호남인들의 김대중 대검찰청고발장 (2006. 6. 16)

(註 15) 조지 부시 대통령 특별성명서 (2006. 8. 11)

(註 16) 이태식 주미 한국대사 면담 기록

(註 17) 미 공화당 싱커탱크 해리티지 보고서 (2007. 1. 22)

제 9 장

김대중 노벨상 받은 것에 개도 웃었다!

김대중은 "나는 세상에 태어난 후 약속을 지키지 않은 적은 있지만
거짓말을 해 본적이 없다"는 천하의 거짓말을 했습니다.
김대중은 아주 뻔뻔한 철면피든가, 아니면 김동길 박사의 말대로
"나이 때문에 망령이 났다면 본인이 잘 알고 있을 테니 하루 빨리 청와대를
떠나 병원 치료를 받든지,
아니면 휴양지에서 쉬면서 자기 정신이 돌아올 수 있도록 마음을 갈고 닦아라"
하는 말이 정답일 것입니다.

북한과 거래하며 받은 빛 바랜 노벨상

지난 2009년 8월 13일 김대중 씨가 숨을 거두자 '말 잘하는 반벙어리' 한국 언론과 방송사들은 24시간 추모 방송에 열을 올렸다. 그러나 해외 언론들은 냉철하게 김대중의 공과(功過)에 대해 칭찬할 것은 칭찬하며 날 카롭게 비판했다.

외국 언론들의 전반적인 흐름은 한국 민주화에 이바지한 공로는 칭찬 했으나 언론사와 언론인 탄압, 금강산 관광사업과 햇볕정책에 대해서는 실패했다고 비판 했다. 특히 노벨평화상을 받기 위해 친북 일변도로 북한 과 음성적인 거래를 해온 정책에 대해 비판했다. 그로 인해 햇볕정책은 동해바다로 흘러가 버렸으며 '김대중이 받은 노벨상은 빛을 잃었다' 고 비난했다. 대표적인 것이 「LA 타임스」 바바라 데믹 기자가 쓴 칼럼 '노벨 상은 빛을 잃었다' 였다.

바바라 데믹 기자는 2009년 8월 18일자 신문에서 'Former South Korean President Kim Dae Jung Dies(한국 전 대통령 김대중 사망' 이 라는 기사를 통해 '김대중 씨가 야당 정치인으로서 한국의 민주화와 인권 투쟁에 기여한 공로는 크다. 그러나 그의 대북한 정책은 실패했으며 많은 사람들로부터 비판을 받고 있다' 고 지적했다.

바바라 데믹 기자는 LA 타임스 서울 지국장을 지낸 한국통이다. 그렇 기 때문에 한국 사정을 누구보다 잘 알고 있다. 그는 김대중하고도 친한 편이었다. 그런데도 그는 김대중을 날카롭게 비판했다.

김대중 사망 후 한국 언론들과 방송들이 찬양과 추모 일변도의 기사를 내보낸 것과는 질적으로 달랐다. LA 타임스는 '김대중은 말년을 정치 스 캔들 속에서 보내야 했다. 막내아들이 로비스트로부터 돈을 받아 구속되 었다. 김정일과 회담 직전 참모들에게 은밀하게 지시하여 5억 달러를 북 한으로 송금한 사실이 들통남으로써 남북 정상회담과 노벨 평화상 수상 의 순수성에 국내외 비판자들의 비난을 받아야 했다' 고 폭로했다.

LA 타임스는 또 '2005년 수사관들은 매우 아이러니컬한 사실을 밝혀냈다. 그것은 민주주의와 인권의 아이콘이라고 하는 김대중이 대통령으로 재직하면서 과거 군부 독재자들과도 매치가 안될 페이스로 불법 전화 도청을 승인했다는 것이다. 그런 사실은 김대중이 만들어 준 노무현 정권의 수사기관들이 밝혀낸 것이다' 라고 보도했다.

그뿐 아니라 김대중은 수년간 국제적인 이슈로 부상한 북한 인권 참상을 외면하고 인도적 이유라는 명분으로 김정일에게 현금을 제공하여 김정일 독재 정권을 지탱하도록 만들어 줌으로써 북한에 대해 너무 지나치게 관대하다는 비난을 받아야 했다. 그런데도 김대중은 퇴임 후 남북 정상회담에 비용을 지불했다는 혐의에 대해 뉘우치는 모습을 보이지 않았다.

파이낸셜 타임즈는 2004년 김대중과의 인터뷰에서 '잘사는 형이 가난한 동생을 방문하는데 빈손으로 가서는 안된다고 말한 바 있다' 고 보도하면서 '김대중 이 북한과의 거래(dealings)로 받은 노벨 평화상은 이제 그 빛을 상당 부분 잃었다. 결과적으로 그는 자신이 정치 초년생 시기에 세운 한국 민주화에 대한 공로로 더 나은 평가를 받을 수 있었지만 대북 화해 정책을 추진하면서 수상하게 된 노벨 평화상의 위상을 하락시킨 주인공이 됐다' 고 비판했다. (註 1)

이에 앞서 김대중이 사망하기 2개월 전인 6월 15일자 월스트리트 저널(WSJ)은 '한국 전직 대통령들 대북 정책 놓고 충돌' 이라는 기사를 크게 보도 하면서 '김영삼 전 대통령은 김대중 전 대통령을 향해 북한에 수십억 달러를 제공한 DJ는 공산주의자라고 비판했다' 고 보도했다.

김영삼 전 대통령이 김대중을 공산주의자라고 비판한 것은 한두 번이 아니지만 WSJ 신문 인터뷰를 통해 날카롭게 지적한 것은 미국 시민들에게 김대중의 정체를 알리기 위한 목적이 강했던 것으로 평가됐다.

김대중이 김영삼으로부터 공산주의자라는 말을 듣게 된 것은 6·15 기념식장에서 "이명박 대통령이 펼치고 있는 일부 조치들이 독재자의 모습과 닮았으며 민주주의와 진보주의를 위협하고 있다"고 비난한 사실이 언론에 보도되자 YS가 흥분하며 비난의 포문을 열었던 것이다.

김대중은 이명박 현 정권이 김대중, 노무현 좌파 정권의 퍼부어 주기 일변도의 북한 정책을 대폭 수정하고 평등한 북한 정책으로 전환하자 이를 비난했다. 이에 언론인 손충무, 조갑제, 이도형과 더불어 김대중-김정일 평양선언을 무효화시키고 김정일 서울 방문 반대 운동을 벌여왔던 김영삼이 김대중의 발언이 크게 잘못 됐다고 판단했다.

WSJ은 논평을 통해 '역사가 짧은 한국의 민주주의는 정기적으로 거리 시위와 국회 소란, 언어 공격 등을 야기하는데, 일부 정치 평론가나 외부인들은 이런 행동을 '한국의 국민성 때문이다' 라고 말하고 있다' 고 분석했다.

이 신문은 또 '최근 노무현 전 대통령이 자살하자 그의 지지자들이 분노해 거리로 나온 것이 그 같은 예이다' 라고 지적하며 '수십 년간 정치적 라이벌이었던 두 전직 대통령의 충돌은 최근 핵실험과 두 미국인 여자 기자와 한국인 사업가를 구금한 북한의 호전적 조치들로 인한 부산물로 생겨난 것' 이라고 전했다. (註 2)

노벨상 받기 위해 김정일에게 마구 퍼주어

그러면 김대중이 어떻게 해서 노벨상 위원회를 속이고 계획적인 행동을 통해 노벨상을 받게 됐는지 그 전모를 파헤쳐 보자.

6·15 평양회담을 마친 김대중은 노벨 평화상을 받기 위해 본격적인 로비 공작을 펼쳤다. 김대중은 자신이 청와대에 있는 동안 노벨상을 받아야 한다는 강한 집념을 갖고 있었다.

그래서 햇볕정책은 임동원, 대북협상은 박지원, 노벨상 프로젝트는 동교동 가신(家臣) 출신 남궁 진(南宮 鎭)을 정무담당 비서관으로 임명, 노벨상을 받기 위한 팀을 만들어 조직적으로 움직였다.

청와대의 남궁 진 외에 국정원장 비서실에 특이한 인물이 부임해 있었다. 그의 이름은 김한정(金漢正)이다. 그는 아태평화재단에 근무하다가 노벨상 프로젝트를 위해 김대중을 따라 청와대로 가지 않고 국정원장 비서실에 파견되었다. 그러나 책상만 거기에 있었을 뿐 거의 대부분을 해외에서 보내고 있었다. 노벨상과 함께 김한정의 신분이 노출된 것은 2003년 1월 미국에 망명중인 전 국정원 직원 김기삼(본명 김기환)이 양심 선언을 함으로써 알려지게 됐다.

김씨는 양심선언을 통해 "김대중이 노벨상을 받기 위해 천문학적인 액수의 돈을 뿌리며 로비 공세를 펼쳤다. 김한정이 국정원장 비서실 속에 대외협력 보좌관 이라는 직함을 갖고 근무하면서 DJ가 노벨상을 받기 위한 실무 지휘를 했다. 김한정은 해외에 나가 있는 국정원 조직을 이용 노벨상 수상자들과 저명 인사들을 비밀리에 초청하여 남북 이산가족 상봉 장소에 참석시켜 그들이 이산가족들이 울고불고 하는 장면을 목격하도록 하여 DJ의 햇볕정책 업적을 홍보하도록 만들었다"고 폭로했다.

김기삼 씨는 또 "내가 국정원에 근무할 때 비서실과 대외협력 보좌관 실에서 김한정과 함께 근무한 적이 있으며 김한정이 노르웨이, 스웨덴, 덴마크 등 유럽을 자주 여행하는 목적을 알고 있었다"고 폭로했다. (註 3)

김대중은 국정원과 외교통상부 공무원을 이용하여 노벨상을 신청하는 데 필요한 추천을 받기 위해 노벨상 수상자들을 서울로 초청했다. 또 스웨덴, 노르웨이, 덴마크의 정치인과 언론인, 종교인들을 초청하여 국민의 세금으로 그들을 극진하게 접대했다. 노벨상 위원회 관계자들은 노벨상을 신청한 사람들의 초청이나 단체의 초청에 응하지 못하기 때문에 노벨상 위원회에 직간접적으로 영향력을 행사할 수 있는 사람들을 초청한 것이다.

2000년 10월 13일 노벨상 위원회는 '2000년 노벨 평화상 수상자로 한국의 김대중 대통령이 결정됐다' 고 발표했다. 그러자 김대중은 기자 간

담화를 열어 "노벨상 위원회의 발표를 듣고 아내를 껴안고 눈물을 흘렸다"고 고백했다. (註 4)

노벨 평화상을 향한 김대중의 염원은 청와대 홈페이지 '김대중 대통령 소개란'에 잘 나타났다. 거기에는 '노벨 평화상 13회 후보자 추천을 받음'으로 되어 있었다. 13회씩이나 추천을 받았으면서도 상을 받지 못했으니 얼마나 가슴이 아팠을까?

김대중이 노벨상 후보로 처음 추천된 것은 1987년이었다. 김대중을 지지하는 조총련계 학자들과 일본의 공산진영, 진보진영 학자들과 정치인들이 김대중을 구출하기 위한 방법의 하나로 선택한 수단이었다.

그들이 김대중을 노벨상 후보로 추천하게 된 진짜 이유는 노벨상 수상보다는 군사 정권의 탄압에서 김대중을 구출해 내는데 더 큰 목적이 있었다. 노벨상 후보에 오른 사람을 군사 정권이 함부로 탄압하지 못할 것이기 때문에 압력 수단으로 사용한 것이다. 그 후 매년 여러 가지 형태로 김대중의 노벨상 후보 신청서가 노벨상 위원회에 도착했고 2000년까지 모두 13회 접수되었다.

김대중이 노벨 평화상을 받기를 얼마나 갈망했는지 많은 이야기 가운데 부끄러운 일화가 또 있다.

당선자 시절이던 1998년 1월 초, 미국 캘리포니아 대학(버클리 캠퍼스)에서 경제학을 공부했다는 젊은 청년 최규선(崔圭善)이 김대중 당선자 비서로 채용되었다. 최규선은 버클리 대학에서 아시아 전문가인 스칼라피노 교수 아래서 7년 동안 공부를 했기 때문에 스칼라피노 교수의 소개로 미국의 유명한 정치인과 경제인 몇 명을 알게 됐다. 그리고 워싱턴 정계의 로비스트 몇 사람과도 알고 지냈다.

최규선은 그것을 밑천으로 삼아 김대중에게 접근하였으며 IMF 파동 때문에 골머리를 앓던 김대중에게 뉴욕 금융계의 큰손 솔라즈를 소개하고 방한하도록 하는데 성공했다. 또 사우디아라비아의 알 왈리드 왕자를 김대중에게 소개하고 한국에 투자하도록 알선했다.

최규선의 능력에 반한 김대중은 그를 붙들고 "자네는 크게 될 인물이야, 이제 자네는 내 옆에서 도와줘야겠어. IMF 문제만 처리하면 다음은 노벨 평화상을 받는데 자네가 앞장서서 도와주기를 바라네"하고 말했다. 그만큼 김대중은 노벨상 받는 일에 빠져 있었다. (註 5) 하지만 최규선은 김대중 취임 후 배척당해 비서 자리에서 물러난다.

김대중에게 이용만 당했다는 생각에 분노한 최규선은 김대중의 셋째 아들 홍걸(弘傑)을 앞세워 각종 이권 사업에 개입하여 상당한 금액을 챙기다가 결국 홍걸과 함께 체포되어 재판을 받고 감옥살이를 했다.

김대중이 얼마나 노벨상을 받고 싶었으면 아직 성숙되지도 못한 30대 초반의 청년에게 "노벨상을 받을 수 있도록 자네가 앞장서서 수고해 주게" 하고 부탁까지 했을까?

김대중은 자신이 노벨상을 받기 위해 직접 로비에 나서기도 했다.

1992년 12월 김영삼에게 패배한 김대중은 정계 은퇴를 선언하고 1993년 1월 27일 영국으로 유학을 떠났다. 런던에 머무는 동안 김대중은 스웨덴 노벨상 위원회에 대한 정보를 수집할 수 있었다. 노벨상은 절대로 로비가 통하지 않는다는 소리도 들었다. 그러나 김대중의 생각은 달랐다.

영국에서 돌아온 김대중은 1994년에 아시아태평양평화재단을 설립하고 재단 이사장 자격으로 북유럽의 여러 나라를 방문했다. 특별히 노벨상과 관련이 있는 스칸디나비아 3개 국가(스웨덴, 덴마크, 노르웨이)를 순방하며 그곳의 인권단체와 언론단체를 방문하여 이름과 얼굴 알리기에 노력했다.

청와대 노벨상 프로젝트 팀의 권유에 따라 김대중은 1999년 8월 노르웨이 전 총리를 서울로 초청했으며, 9월 30일에는 스웨덴 국회의장을 국빈으로 초청했다. 스웨덴의 국회의장이 한국을 방문한 것은 두 나라 수교 이후 처음이었다.

10월 초에는 UN밀레니엄 정상회담 참석이라는 명분을 내세워 뉴욕으로 가서 스웨덴 총리와 정상 회담을 갖는 등 스웨덴, 노르웨이, 덴마크에 자신의 이름을 알리는 전략을 조직적으로 펼쳤다.

뉴욕에서 서울로 돌아온 김대중은 한국을 방문한 스웨덴 언론사 간부들을 청와대로 초청하여 점심 식사와 함께 인터뷰를 했다. 그 시기 스칸디나비아 3개 국어로 번역된 김대중의 옥중 편지가 책으로 발행되어 스웨덴, 덴마크, 노르웨이의 정치인, 언론인, 종교인, 학자들에게 무료로 배포되었다. 이 작업을 김한정이 수행했던 것이다.

김대중은 노벨상을 받기 위해서는 가장 안전한 방법이 북한의 김정일과 만나는 것이라고 판단했다. 반세기 동안 냉전의 잔재로 남아 있는 동토 평양을 방문하여 김정일을 만남으로써 자신이 평화를 사랑하는 인권주의자로 세계 속에 평가받을 수 있다고 생각했다. 그리고 한편으로는 오래 전부터 김일성으로부터 받았던 정치적 도움과 공작금을 이제는 그의 아들 김정일에게 돌려주어야 한다고 생각했을 것이다. 그래야만 김정일의 협박에서 벗어 날 수 있었기 때문이다.

김대중은 노벨상을 받고 난 다음의 일도 생각했다. 수백 만 명의 주민이 굶어 죽고 살기 위해 수십 만 명이 중국과 서방 자유세계로 도망쳐 나오고 있는 현실에서 북한 주민들이 들고 일어나는 사태가 발생하면 루마니아의 차우셰스쿠처럼 김정일은 죽고 김대중 자신은 독재자와 만났다는 오명만 남게 된다는 사실을 알고 있었다. 그래서 김대중은 자신의 임기 중에 김정일이 죽거나 붕괴되어서는 안 된다는 판단을 했을 것이다. 그러기 위해서는 김정일 정권이 붕괴되지 않도록 도와주는 것이라고 생각했을 것이다. 그 방법이 햇볕정책이며 금강산 관광이라는 명목으로 북한에 합법적으로 돈을 보내게 된 것이다.

금강산 관광객들이 관광 입장료라는 명분으로 돈을 보낼 경우 미국의 감시도 피할 수 있고 한국의 야당과 비판 세력들의 비난도 피할 수 있다는 묘수를 찾아냈던 것이다.

노벨상 값이 개 값보다 못하단 말인가!

김대중이 노벨상을 받은 것은 개인에게는 커다란 영광이었을지 모르지만 노벨상 위원회의 입장을 난처하도록 만들었으며, "노벨평화상을 개 값으로 떨어 뜨렸다", "네 번째 실패한 노벨상 수상자"라는 비난을 받아야 했다. (註 6)

김대중은 김정일과 공동으로 상을 받기 위해 상당히 노력했었다. 김대중은 평양에서 김정일과 만났을 때 "우리 두 사람이 손을 잡고 한반도 통일을 위해 나아갑시다. 내가 평양에 온 사실에 세계가 놀라고 있으며 노벨 평화상을 함께 받읍시다"하며 김정일을 설득했을 것이다.

그러나 노벨상 위원회는 10월 13일 김대중 단독 수상 결정을 발표했다. 김대중은 기뻤으나 김정일은 몹시 서운했을 것이다. 김대중에게 속았다며 분노했을 것이다.

이에 대해 일본의 월간잡지 「現代」는 2000년 12월 호에 이렇게 보도했다. "노벨상 위원회의 소식통에 의하면 김대중의 측근들로부터 김정일과 공동으로 상을 받도록 해달라는 강력한 로비가 있었다. 그래서 선발위원회도 상당히 고심했다. 그러나 김정일의 경우 북한은 물론 아시아에 있어서 민주주의의 발전과 인권문제에 대하여 변화시키거나 개선을 시킨 공로가 없다. 또 일본과의 화해도 진전시킨 노력이 없는 가운데 미국은 북한을 테러 지원국가로 지정하고 있다. 그런 세 가지의 중요한 문제 때문에 평화상을 줄 수 있는 대상에서 제외됐다"고 보도했다. (註 7)

김대중이 한국인으로서는 처음으로 노벨상을 받은 데 대해 국민들은 환영했으며 감사하게 생각했다. 그러나 김대중과 그 주변 인물들은 겸손할 줄을 몰랐다. 전국 곳곳에 김대중 대통령의 노벨 평화상 수상을 축하하는 플래카드를 만들어 걸도록 지시했으며, 방송과 신문은 몇 개월에 걸쳐 김대중이 노벨상을 받기까지의 스토리를 만들어 보도했다. 그러자 처음에는 환영하던 국민들도 얼마의 시간이 흐른 후부터는 피곤함을 느끼기 시작했다.

2000년 12월 일본 잡지 「문예춘추」는 '김대중이 노벨상을 받은 것에 개도 웃었다' 하는 타이틀로 5페이지에 걸쳐 기사를 보도해 김대중이 받은 노벨 평화상의 가치를 평가절하했다.

문예춘추는 "김대중이 노벨 평화상을 받은 것에 대해 김영삼 전 대통령은 '김대중의 노벨 평화상은 국제 사기극이며 노벨상의 가치를 하락시켰다' 는 말을 했다"고 보도했다.

김영삼 전 대통령은 "김대중이 노벨 평화상 수상자로 발표되는 날 김대중의 고향사람들이 나에게 편지를 보내왔다. 그들이 보낸 편지 내용 가운데 '김대중이 노벨상을 받는다고 하자 우리 집 개도 웃었다' 고 쓰여 있다"고 하면서 인터뷰 기자에게 편지를 건네주었다. 그 편지를 읽은 문예춘추 편집자가 김대중을 웃음거리로 만들어 버린 것이다. (註 8)

한편 일본 주간지 「SAPIO」는 '김대중 대통령의 집념의 노벨 평화상 획득은 한반도에 위험을 불러왔다' 는 타이틀의 특집기사를 보도했다.

이 기사는 일본의 한반도 문제 전문 저널리스트인 「KOREA REPORT」 편집장 변진일 씨가 쓴 것으로 그는 이 기사를 통해 "과연 김대중 대통령이 노벨상을 수상할 만한 자격이 있는가?" 하고 질문했다.

또 변진일 편집장은 기사를 통해 "김대중 대통령은 언론인을 탄압 2명을 감옥에 보냈고(INSIDE THE WORLD 발행인 손충무, 주간 한길소식 발행인 함윤식), 3명의 언론인을 형사 처분하도록 만들었으며, 3개 언론사가 망하도록 만들었다. 그뿐만 아니라 노벨상을 받기 위해서 로비공작을 했으며, 북한 김정일을 만나 관계 개선을 하는 척하면서 노벨상을 받았다.

그러나 남북 문제는 6 · 15선언으로써 완성되는 것이 아니다. 또 진정한 남북 통일과 평화를 위해서 남북 정상회담을 한 것이 아니라 노벨상을 받기 위해서 급조된 남북 정상회담을 돈을 주고 했기 때문에 불만을 가진 북한이 언제든지 6 · 15선언을 무효화시킬 수 있으며, 그렇게 됐을 경우 한반도 통일의 길은 더욱 멀어지고 한반도에 새로운 위험을 불러올 수 있

다"고 지적했다. (註 9)

워싱턴 선데이타임즈는 '김대중이 노벨상을 받는 바람에 노벨상 값을 개 값으로 하락시켰으며, 김대중은 네 번째 실패한 노벨상 수상자가 될 것이다'라고 비난했다. (註 10)

김대중은 국민이 낸 세금을 사용 150여 명의 축하객을 대통령 전용기에 태우고 스웨덴으로 가서 상을 받았다. 노벨상 시상식에 이토록 대규모 축하객을 태우고 온 수상자는 김대중이 처음이었다.

김대중은 노벨 평화상 상금으로 100만 달러를 받았다. 귀국 후 기자회견을 통해 상금 100만 달러(12억 원)는 가난한 사람들을 위해 복지사업에 사용하겠다고 말했다. 국민들은 그렇게 했을 것이라고 생각했다. 그러나 김대중은 상금 100만 달러를 자신의 개인 연구소인 아시아태평양평화재단(부 이사장 김홍업, 김대중의 2남, 당시 비리사건으로 감옥에 있었음)에 기부한 것으로 만들어 개인의 별도 구좌에 숨겨놓았다. 이 사실을 2002년 4월 월간 신동아가 폭로했다. (註 11)

그러자 김대중측은 "아태재단에 기부한 것이 아니라 잠시 보관시킨 것이다. 어느 곳에 사용해야 할지 현재 연구 중이다"라며 궁색한 변명을 했다. 비판 세력들은 "김대중이 평양의 김정일에게 보냈을지도 모른다"는 소리와 함께 "노벨상을 받기 위해 국민의 세금으로 운항하는 대통령 전용기를 타고 갔으므로 상금은 당연히 국고로 입금시켜야 한다"고 목소리를 높였다. 국민이 낸 거액의 세금을 자신의 개인 활동에 사용하면서 상금은 자신의 호주머니 속에 챙기는 인간, 그가 '준비된 대통령'이라고 선전하던 김대중의 또 다른 모습이다.

DJ 옆에 친 북한 세력 포진해!

김대중 정권이 펼치고 있는 햇볕정책이 한반도의 통일을 위한 것이라

기보다는 붕괴되고 있는 김정일 독재체제를 도와주는 친북 정책이라는 점을 지적한 것은 국내 인사들뿐만 아니었다. 2001년 2월 일본 쥬오코론(中央公論) 국제문제 전문 저널리스트 시케무라 토시미츠(重村智訸) 씨가 기고한 '부시 승리로 어려움에 빠진 두 사람의 김' 이라는 글을 보도해 주목을 받았다.

시케무라 씨는 부시 정권이 출범한 지 1달 만에 발표한 이 글을 통해 '미국 공화당 보수파들은 한국의 김대중 정권이 운명을 걸다시피 하며 추진하고 있는 햇볕정책은 북한 김정일 총서기가 원하고 있는 남한 사회를 붕괴시키기 위한 통일혁명 전략을 도와주는 정책이라고 비판하고 있다'고 보도했다.

시케무라는 '김대중 정권의 매스컴 정책은 언론 탄압이며, 김대중 정부 각료들 가운데는 북한 에이전트로 보이는 사람들이 포진하고 있는 것으로 워싱턴 정보 관계자들은 인식하고 있다' 는 충격적인 보도를 했다.

그는 또 '일본에서는 그다지 알려지지 않고 있지만 한국에서는 김대중의 지지율이 급속히 하락하고 있으며, 노벨 평화상을 받은 사실에 대해 많은 한국 국민들은 냉소적이다. 부시 정권의 탄생으로 가장 놀란 사람은 김정일과 김대중일 것이다. 부시 정권은 김대중-김정일 평양회담 이후 한국에서 급속히 번지고 있는 주한 미군 철수 데모 등 반미 무드에 대해 김대중 정권을 의심하고 있다' 고 보도했다. (註 12)

시케무라 씨가 제기한 문제는 상당히 핵심을 찌르는 글이었다. 그런데도 한국의 언론들은 그런 기사를 보지 않은 것처럼 외면했다. 그러나 워싱턴의 「INSIDE THE WORLD NEWS SERVICE」는 시케무라의 기사를 번역하여 게재했으며, 그 기사를 미국과 캐나다에서 발행하는 한국어 언론들이 전문을 그대로 전재하였다.

또 한국에서는 대령연합회, 시스템클럽, 퇴우 닷컴이 전문을 보도함으로써 인터넷을 통해 한국 사회에 알려지게 됐다. 그런데도 한국 언론들은 입도 뻥긋 하지 않는 졸렬함을 보였다. 김대중, 노무현 정권 당시 한국 언론들이 대부분 침묵하고 있을 때 「INSIDE THE WORLD NEWS SERVICE」는 한국의 애국 세력들과 보수 세력들에게 해외 정보와 특종 정보를 제공하는 유일한 창구 역할을 했으며, 또한 김대중, 노무현 정권의 비위 사실과 김정일 집단과의 야합을 폭로하며 세계에 알리는 창구였다. (註 13)

도쿄에서 발행되는 현대 코리아 편집장 니시오카 스토무는 '김정일과 김대중'이라는 저서를 통해 '워싱턴에서 보면 김정일은 지금도 핵무기를 개발하고 있으며 1~2개의 핵무기를 갖고 있는 것으로 믿고 있다. 그런데도 김대중이 평양회담을 통해 김정일에게 압력을 가해 핵 개발을 못하도록 하지 못하고 너무 많은 것을 양보한 것에 큰 불만을 갖고 있다. 또 워싱턴과의 협의 없이 주한 미군의 중립화 평화 유지군 등의 지위 변경을 논의한 점 등 두 사람의 회담에 대해 의혹을 갖고 있다. 특히 평양회담 후 남한에 조직적으로 번지고 있는 반미 운동에 대해 의심하고 있다'고 주장했다. (註 14)

한편 1996년 2월 도쿄에서 발행되는 월간잡지 「세이카이(政界)」에 논설위원 야마사키 하지메(山琦 一)가 기고한 '김대중은 공산주의 활동가였다'고 하는 기사가 다시 주목을 받은 것도 이 시기였다.

이 시기 필자는 미국 전역을 순회하면서 강연을 하고 다녔다. 강연 장소를 가득히 메운 미국 현지 동포들의 궁금증은 김대중이 어떻게 하여 노벨 평화상을 받았으며 앞으로 한반도가 어디로 가느냐? 하는 우려의 질문을 가장 많이 했다. 그리고 2000년 6·15 평양선언을 만든 김대중의 정체는 무엇이며, 앞으로 과연 자유 대한민국이 그대로 유지 되겠는가? 하는 우려와 걱정이었다.

당시 워싱턴 선데이타임즈, 필라델피아 선데이토픽, 캐나다 토론토 코리아뉴스 등 언론들은 필자를 이렇게 소개했다.

"손충무 선생은 김대중의 정체를 가장 많이 그리고 깊이 알고 있는 언론인입니다. 그렇기 때문에 김대중은 당선된 다음날 검찰에 자신의 심복

국회의원 5명을 보내 손충무, 이도형, 천봉제, 함윤식의 출국금지를 지시하고 불법으로 체포하여 2년 동안 감옥살이를 시켰습니다. 김대중은 그런 악행을 자신이 했다는 것을 감추기 위해 박지원을 시켜 검찰과 국정원에 지시했으며, 박지원의 지시를 받은 이강래라는 인물이 이종찬 국정원장과 모의하여 손충무 씨를 구속시킨 것입니다. 손충무 씨가 강연을 하는 이 시간에도 김대중은 청와대에 앉아 김정일과 손잡고 '낮은 단계로의 연방제'를 구상하고 있을 것입니다" 하면서 연사를 소개했다. (註 15)

"존경하는 내빈 여러분……. 그리고 신사 숙녀 여러분…….

지금 여러분들이 두고 온 조국 대한민국은 참으로 어렵고 위험한 백척간두에 서 있습니다. 21세기를 맞이한 지금 한반도에는 현대 문명사회에서 아직도 시대에 뒤떨어진 구태의연한 두 개의 낡은 유물이 한반도 남쪽과 북쪽에 자리 잡고 한반도를 지배하고 있는 사실에 저는 통곡하는 마음으로 이 자리에 섰습니다.

뉴욕 강연회에서 김대중의 정체를 폭로하는 손충무 발행인

한반도 북쪽에는 공산주의 국가에서도 그 유례를 찾아 볼 수 없는 김일성 주체사상 세습이라는 봉건적 권력이 그의 아들 김정일에게 이어져 허울 좋은 사회주의 이름 아래 2천 500만 명의 북한 주민들의 인권을 탄압, 노예화시키고 200만 명의 주민들이 굶주림에 견디다 못해 고귀한 생명을 잃었으며 20여 만 명이 폭압과 학정에 견디다 못해 북한 땅을 버리고 두만강을 건너 중국 땅에서 헤매고 있습니다.

또 하나는 남쪽의 대한민국에 지역주의 산물로 탄생한 김대중 대통령

이 이끄는 국민의 정부가 민주주의로 위장해 독재 정치를 서슴없이 자행하고 있습니다.

노벨평화상을 받았다는 사람이 민주주의 기본인 인권, 언론, 야당을 탄압하여 세계에 웃음거리가 되고 있고, 그로 인해 지금 국제사회는 '김대중 같은 사람이 노벨 평화상을 받는 바람에 노벨 평화상이 개 값으로 떨어졌다' 는 말이 나돌고 있을 정도입니다.

왜 그런 말이 나왔는고 하니 지난해 DJ가 노벨 평화상 수상자로 결정되었다는 보도가 나오자 전라도 어느 지역 사람들이 김영삼 전 대통령과 이회창 한나라당 총재 앞으로 보낸 편지에 '김대중이 노벨 평화상을 받았다는 소리에 우리 집 개도 다 웃었습니다' 하는 내용을 보낸 것이 있었는데, 일본 문예춘추 기자들이 YS와 회견할 때 이야기를 듣고 그 편지를 읽은 후 '김대중이 노벨 평화상을 받은 것에 개도 웃는다' 라는 인터뷰 기사 제목을 달아 그 말이 유행하고 있는 것입니다.

얼마나 부끄러운 이야기입니까? 그 영예롭다는 노벨 평화상을 받고서 개 값 소리를 들어야 한다는 사실이 얼마나 치욕스럽고 부끄러운 이야기입니까?

노벨평화상을 받았다는 것은 상을 받은 김대중 씨는 물론 지금까지 수상자가 없는 한국의 입장에서 얼마나 자랑스러운 일입니까? 그러나 지금 김대중 이 "노벨평화상을 받은 것이 잘못이다", "김대중 때문에 노벨 평화상 값이 개 값으로 떨어지고 있다", "김대중은 노벨 평화상을 받은 네 번째 실패자가 될 것이다" 하는 말들이 나오고 있으니 차라리 상을 받지 않은 것보다도 못하게 됐습니다.

지금까지 노벨 평화상을 받고서 실패한 사람으로 분류되는 사람은 키신저 전 미 국무장관, 바웬사 폴란드 전 대통령, 고르바초프 전 소련 대통령인데 이제 김대중도 실패한 사람으로 분류돼 노벨 평화상을 받은 네 번째 실패자로 전락하고 말았습니다.

김대중 씨가 그렇게 된 것은 그가 진심으로 한국의 자유 민주주의와 인권을 그리고 통일을 위해 헌신했더라면, 또 자신의 몸을 조국과 민족을 위해 불살라 투쟁한 정치인이었다면 그런 실패는 없었을 것입니다. 하지만 불행히도 DJ는 오로지 대통령이 되기 위해 권모술수와 온갖 거짓말과 부정부패를 저지르며 북한 김일성과 비밀리에 손잡고 평양의 컨트롤을 받으며 정치를 해 온 사기꾼이며 자유민주주의의 배신자였다는 정체가 드러나고 있습니다. 그래서 노벨상의 가치가 폭락하고 있는 것입니다.

호남 사람들의 '한풀이' 라는 지역 몰표와 이른바 내각책임제를 조건으로 한 'DJP 연합' 으로 간신히 대통령에 당선된 후에도 오로지 노벨상을 받겠다는 그 목적 하나를 달성하기 위해 정권이 국가경영 시스템을 그쪽에다 맞추어 국정을 수행하는 바람에 김정일에게 발목 잡히고 나라 경제는 수렁으로 빠졌으며, 대한민국은 북한 노동당 정권의 지배를 받는 나라의 꼴로 변하고 만 것입니다. 지금 여러분들이 두고 온 조국은 공산화 일보 직전의 베트남이 무너지기 직전의 상황으로 빠진 위험한 나라로 변해 버렸습니다.

야당의 김용갑 의원은 국회 본회의 발언을 통해 "민주당이 노동당 2중 대인가?"하고 질문할 정도입니다. 사람들은 김대중에게 "노벨 평화상 독재자"라고 부릅니다. 이 얼마나 어울리는 이름입니까? 아마 지하에 있는 노벨 선생이 그런 말을 듣고 있다면 자신이 노벨 평화상을 제정한 것을 땅을 치며 통곡할 것입니다.

노벨상 받으러 대통령 전용기에 150여 명 태워

노벨 평화상 얘기가 나온 김에 하나 더 이야기해야 할 것 같습니다. 일본의 몇몇 언론들은 김대중이 노벨 평화상을 받기 위해 엄청난 돈을 쓰면서 로비했다고 폭로한 바 있습니다.

청와대에 노벨상 추진 팀까지 만들어 엄청난 로비 자금을 사용하면서 노벨상 관계 인사들을 서울로 초청, 선심을 베풀었다고 합니다. 그때 사용한 돈이 개인 돈인지, 국민들이 낸 세금으로 사용했는지 궁금할 뿐입니다.

또 노벨상을 받기 위해 대통령 전용기에 가족과 친척 사돈의 팔촌과 추종자들 150명을 싣고 다녀 웃음거리가 됐는데, 엄밀히 따지면 김 대통령이 국민이 낸 세금을 자기 개인의 사적인 일에 마구 사용했다는 이야기가 됩니다. 대통령 전용기에 사용되는 돈은 모두 국고에서 나갑니다.

그렇다면 노벨상 상금 100만 달러는 국가에 헌납하든지 아니면 거리에서 잠자는 실업자 기금으로 내놓든지 해야 합니다. 김대중은 "상금은 사회를 위해 사용하겠다"고 이미 말한 바 있습니다. 그러나 상금은 자신이 운영하는 아시아태평양평화재단에 맡겼습니다.

결국 자신이 노벨상을 받으려고 국민이 낸 세금을 사용하고는 그 상금은 자신의 주머니에 넣은 모양이 됐습니다. 이런 행태가 눈만 뜨면 "국가와 민족을 위해 한몸 바치겠다"는 김대중의 습관화된 거짓말입니다.

김대중은 "나는 세상에 태어난 후 약속을 지키지 않은 적은 있지만 거짓말을 한 적은 없다"는 천하의 거짓말을 했습니다. 김대중은 아주 뻔뻔한 철면피이든가, 아니면 김동길 박사의 말대로 "나이 때문에 망령이 났다면 본인이 잘 알고 있을 테니 하루빨리 청와대를 떠나 병원 치료를 받든지, 아니면 휴양지에서 쉬면서 자기 정신이 돌아 올 수 있도록 마음을 갈고 닦아라"하는 말이 정답일 것입니다.

그런데도 김대중은 제왕적 대통령이 돼 "내가 아니면 안 된다. 통일에 관해서는 내가 모든 것을 이루어 놓아야 한다. 통일을 이룩했다는 역사의 한 페이지를 만들어야 한다"며 고집스런 늙은 노인의 망상에 빠져 나라를 이토록 어지럽히고 뒤죽박죽으로 만들어 놓고 있습니다.

워싱턴포스트, DJ 향해 언론탄압, 독재자 거친 표현으로 비난

미국의 워싱턴포스트 신문은 전통적으로 민주당을 지지해 온 신문입니다. 따라서 워싱턴포스트는 클린턴 정권의 묵인 하에 김대중이 햇볕정책이라는 이름으로 북한과 위험한 곡예를 벌였는데도 '선샤인 폴리시(햇볕정책)'를 지지해 왔습니다.

그런 신문이 지난 8월 14일자 1면 기사에서 '미국과 김대중 정권이 정반대로 가고 있으며 김대중이 김정일의 서울 방문을 구걸하는 방향으로 몰고 가는 바람에 한국인들의 자존심을 상하게 만들었으며 김대중은 난처한 딜레마에 빠져 있다'고 비난했습니다.

워싱턴포스트는 또 8월 21일자 사설을 통해 '김대중은 국내에서 영웅이 아닌 악역(Not Such Hero at Home)'이라고 비꼬고 있습니다. 워싱턴포스트는 '최근 김대중 정부는 자신의 정권을 비판하는 2대 일간신문 발행인들을 전격 체포하는 행동으로 국내에서는 상상도 못할 정도의 악행을 감행하고 있다'고 신랄하게 비판했습니다.

손충무의 저서 '김대중 X-파일'을
연재 보도한 INSIDE the WORLD 잡지

이 신문은 '최근 언론사 사장단 체포 행위는 한국의 언론자유를 탄압, 말살시키려는 그의 단계적 수행 과정의 단면일 뿐이다. 그는 대통령 취임 즉시 정치 도의에 어긋난 자유언론 방해 정책을 거침없이 펼쳐왔다'고 비난했습니다.

이 소리는 대통령 당선이 발표된 그 날 밤 검찰에 요청, 자신을 비판한 언론인 손충무를 비롯 5명에게 출국금지를 시키도록 지시하고, 대통령에 취임한 1998년 2월 25일 5

명의 언론인을 민 형사로 고발한 후 손충무에게는 징역 2년, 함윤식 발행인에게는 징역 1년 6개월, 이도형 발행인 등 3명에게는 집행유예 3년의 실형을 살게 했습니다.

그 후 홍석현 중앙일보 사장을 6개월 간 구속했다가 집행유예 3년과 벌금으로 석방했습니다. 그러니까 김대중은 당선된 후부터 현재까지 6명의 언론사 발행인을 구속한 셈입니다. 이는 민주국가 지도자로서는 도저히 있을 수 없는 독재자의 전형적인 수법입니다. 그래서 워싱턴포스트 신문은 '김대중은 그의 정치 행적의 더러운 게임으로 인해 과거 인권옹호자로서 명예를 먹칠하고 있다며 참으로 안타까운 일이 아닐 수 없다'고 지적했습니다.

김대중을 지지해 주던 세계적인 신문이 처음으로 김대중을 향해 악마역, 더러운 게임의 먹칠 등 거친 표현을 사용하며 김대중을 공격하고 있다는 것은 이미 김대중의 정체와 그 정치 행태를 모두 알고 있다는 표현으로 볼 수 있습니다.

뉴스위크도 지난 8월 27일자에서 '정부는 세무조사가 언론의 부패를 뿌리 뽑기 위해 필요한 조치라고 하지만 국민들은 그런 변명을 믿지 않고 있으며 정권의 필사적인 마지막 몸부림 게임에 불과하다'고 비판하고 있습니다.

뉴스위크는 '구속된 발행인들이 설사 유죄가 인정되더라도 사람들은 김 대통령이 가장 강력하고 거슬리는 비판자들에게 재갈을 물린 결과를 가져 올 뿐이다'라고 비난하고 있습니다.

세계언론인협회(IPI)가 김 대통령과 조선, 동아일보 기자들에게 보내는 서한을 통해 '세무조사의 어떤 측면은 언론인들을 위협하려는 의도가 감추어져 있다. 우리는 비판적이며 독립적인 보도를 위한 귀하들의 계속된 헌신에 충심으로 지지하며 높이 평가한다'고 격려하고 있습니다.

또 뉴욕에 본부를 두고 있는 국제언론인 단체도 김 대통령에게 보내는 서한을 통해 '우리는 김 대통령이 당선된 후 6명의 발행인을 감옥에 보내고 3개 언론사(INSIDE the WORLD, 월드코리아, 한길 소식)를 문을 닫도록 만든 것은 분명한 언론탄압, 언론말살 조치이며 의문을 갖고 있다'고 비판한 바 있습니다. 그래서 사람들은 김대중을 향해 '노벨상 독재자' '언론탄압 독재자' 라며 분노합니다.

미 CIA, 공식 업무 외에는 한국 정보요원 접촉하지 말라 지시

2주일 전 미국 CIA는 서울에 나가 있는 요원들에게 한국 정보기관원들과 공식 업무 외에는 접촉하지 말라는 지시를 내렸습니다.

이 같은 지시는 한국 정부가 서울에 파견된 존 윤이라는 CIA 에이전트를 기피인물로 선언했기 때문에 취해진 조치입니다. 한국 정부가 우방국의 정보요원을 기피인물로 선정, 철수를 요청하고 미국 정보기관 책임자에게 공식 사과를 요구하여 미국 CIA가 비공식 사과를 했습니다. 그렇다면 미국 CIA 요원이 무엇을 잘못했기에 서울에서 추방당하고 비공식 사과를 했을까요?

우리는 여기서 쫓겨난 CIA 요원에게 감사해야 할 일이 하나 있습니다. 서울에서 쫓겨난 CIA 요원과 그에게 김대중 정권과 평양 김정일 정권 사이에 맺은 비밀자료를 넘겨준 한국 국가정보원 안재호 과장(가명. 외국어대 출신 81학번)이 아니었다면 대한민국이 송두리째 김정일에게 넘어 갈 뻔했다는 사실입니다.

국정원 발표에 따르면 안재호 과장은 국정원 내부 북한 담당 실무 책임 과장이었는데 그가 상사에게 보고도 없이 미국 정보기관 요원들과 만나 북한 관계 비밀 자료를 넘겨 주었다는 것입니다.

국정원이 자세히 밝히고 있지는 않으나 본인이 취재한 정보에 의하면, 지난 3월 14일 일본 요미우리 신문은 워싱턴발 기사를 통해 '미 정보기관 소식통에 의하면 김정일 국방위원장의 서울 답방이 5월에 이루어질 것으로 보이며 이때 남북한은 평화선언을 발표하기로 결정했다. 그에 따라 남한은 평화선언문을 기초해 몇 차례 북한과 교환했으며 마지막 손질을 하고 있다' 는 깜짝 놀랄 만한 특종을 보도한 바 있습니다.

그러나 누구보다 놀란 것은 김대중과 임동원 장관, 그리고 평양의 김정일과 대남사업을 담당하고 있는 김용순 비서였습니다. 그 사실은 김대중과 김정일, 임동원과 김용순 등 남북한을 통틀어 10여 명 정도밖에 모르는 초특급 비밀이었습니다.

이 비밀이 워싱턴으로 건너가 일본 언론에 보도되자 김정일은 5월 서울 방문을 취소했으며, 그로 인해 평화선언은 불발탄이 됐습니다. 청와대와 국정원은 남한측에서 5명 정도밖에 모르는 비밀이 새 나간 사실에 충격을 받고 비밀을 알고 있는 사람들에 대한 1대1 감시를 하고 있었는데, 그 감시망에 국정원 햇볕정책 실무책임자 안재호 과장이 CIA요원 존 윤과 정기적으로 만난 사실을 확인했으며 자료를 넘기는 현장을 포착하기에 이른 것입니다. 그래서 안재호 과장을 국정원 지하실에 가두고 며칠 동안 조사한 후 파면 조치를 했습니다.

한국에 정보부가 생긴 이래 현직 고급간부를 미국 정보원과 만나 정보를 넘겨주었다는 혐의로 파면한 사건은 이번이 처음이라고 합니다. 구속을 하지 않은 것은, 구속할 경우 안재호 씨가 알고 있는 더 큰 비밀을 변호인을 통해 폭로할 것이 두려웠던 것입니다. 존 윤이 서울에 부임한 것은 1998년 5월이었으니, 지난 3년 동안 김대중과 그 패거리들이 평양과 비밀리에 거래해 온 비밀자료들이 모두 워싱턴으로 넘어왔다고도 볼 수 있습니다.

김대중의 햇볕정책과 김정일과의 거래 내역을 워싱턴은 깨알같이 알고 있는 것입니다. 김대중과 햇볕 전도사 임동원, 박지원이 비밀리에 김정일과 거래하고 약속했어도 워싱턴은 대부분 알고 있었고 적절한 대책을 세우고 있었던 것입니다.

그래서 본인은 지난 8월 10일 '한미 두 나라 스파이가 대한민국을 살렸다'는 기사를 보도했습니다. 하나님이 그래도 대한민국을 사랑하시어 이들로 하여금 한국에서 미군을 철수시키고 김정일에게 대한민국을 공짜로 넘겨주려던 김대중과 김정일의 음모를 막을 수 있도록 하셨습니다. 훗날 김대중 정권이 끝나면 이들에게 훈장을 수여해야 할 것입니다.

미국으로 돌아온 존 윤 요원은 무사합니다. 그러나 한국에 있는 안재호 씨는 파면당해 퇴직금도 받지 못하고 늘 미행을 당하며 엄청난 고통을 받고 있을 것입니다.

김대중 정권이 출범한 후 한국에서 고문이 사라지고 인권이 향상됐다고 한국 정부는 발표하고 있습니다만 멀쩡한 거짓말입니다. 고문은 은밀하게 보다 지능적으로 자행되고 있습니다.

국정원에는 감찰실이라는 기구가 있습니다. 이 기구는 국정원 직원들의 비행을 조사하는 곳입니다. 만약 조사해야 할 직원이 있으면 지하실로 끌고 갑니다.

그곳에서 팬티 한 장만 입히고 모두 발가벗도록 만듭니다. 그리고는 무자비한 매질이 시작됩니다. 며칠 밤 잠을 재우지 않고 매질하며 인간으로서 견디기 힘든 수모와 수치심을 주어 자살 충동을 느끼도록 만들기도 합니다.

그런 사실은 김대중이 저를 고소해 재판을 받는 과정에서 드러난 것입니다. 김대중이 손충무를 고소해도 영남 출신 검찰은 8개월 동안 구속하지 않았습니다. 아무리 대통령의 지시라도 죄가 없는데 어떻게 구속을 합니까?

그러자 전라도 출신 검사로 바꾸고는 구속 사유를 만들었습니다. 그때 워싱턴에 문명자라는 여인이 북한으로부터 사주를 받았는지 허위 정보를 김대중에게 넘기고 김대중의 지시에 따라 국정원 이강수 비서실장(국장급)을 지하실에 4일 동안 감금, 고문해 허위 사실을 자백하도록 만들어 저를 구속했던 것입니다.

그러나 재판 과정에서 이강수 비서실장이 국정원 지하실에서 4일 동안 고문에 못이겨 허위 자백한 사실을 밝히면서 저를 긴급구속했던 사유가 무죄로 판명났습니다. 그렇다면 구속을 풀고 처음대로 불구속 상태에서 재판해야 합니다. 그런데도 엉터리 재판은 계속됐고 결국 2년 징역을 살도록 만들었습니다.

국정원 직원들은 어제까지 자신들의 상관이었던 국정원장 비서실장을 지하실에 넣고 고문해 허위 자백하도록 했습니다. 그러니 안재호 씨가 얼마나 큰 고통을 당하고 있을까? 하는 우려를 합니다.

신사 숙녀 여러분!

집에 돌아가시면 미국 친구들에게, 아직도 한국 정보기관 지하실에서 고문이 자행되고 있으며 안재호 씨에게 고통을 가하지 못하도록 김대중 정권의 잘못을 꼭 말해 주시기 바랍니다.

미국은 이제 배신한 김대중을 믿지 않는다

제가 조금 전 한국과 미국의 스파이 두 사람이 대한민국을 살렸으며 정권이 바뀌면 그들에게 훈장을 줘야 한다고 말했습니다. 그 사건은 이렇습니다. 김대중과 김정일이 계획했던 평화선언을 발표하고 체결하면 대한민국은 반년 이내에 조선민주주의 인민공화국이 되고 맙니다. 많은 한국인들은 평화협정과 평화선언에 대해 잘 알지 못하고 있습니다.

평화라는 말이 들어가니까 모두 좋은 것으로만 생각하는 듯합니다. 그러나 평화협정과 평화선언은 너무도 다릅니다. 평화협정이라는 것은 한반도에 두 개의 주권을 가진 나라가 생기는 것을 말합니다. 평화협정은 통일이 되기 전까지 남한과 북한이 각각 주권을 가진 사이 좋은 이웃국가로 지내는 것입니다. 평화협정이 체결되면 미국과 캐나다처럼 남북한이 국경을 맞대고 무역 통상, 문화 인적 교류를 하며 자유롭게 왕래하고 존중하며 지내는 것입니다. 또 평화를 보장하기 위해 UN의 중재와 감시 아래 국경선을 만들고 남북한 군사력을 감축하고 평화를 가꾸어 가며 서로 믿고 신뢰감이 생길 때 통일을 논의하는 형태입니다.

그러나 평화선언은 평화협정과 다릅니다. 평화선언이 되면 지금의 휴전상태가 전쟁이 끝낸 상태로 바뀌게 되는 것을 의미합니다. 그러면 한반도에 있는 미군은 필요 없게 되고 철수해야 합니다.

미군이 나가면 북한은 기다렸다는 듯이 밀고 내려올 것입니다. 평화선언이라는 것은 현실적인 실체는 그대로 둔 채 서로 전쟁만 하지 않겠다는 약속이기 때문에 북한에게만 유리하며, 한국은 북한 군대가 쳐들어 오라고 대문을 활짝 열어주는 꼴이 됩니다. 지금까지 한반도가 휴전 상태이기 때문에 유엔군과 미군이 한국을 지켜주고 있는 것입니다.

여러분 6·25 전쟁이 왜 일어났는지 아십니까? 당시 미 국무성과 국방성에 그리고 영국 국방성에 소련 첩자들이 득실거리며 모스크바 지령에 따라 한국에 주둔한 미군을 떠나도록 종용한 결과 미군이 떠났습니다. 그 1년 후에 김일성이 38선 이남으로 쳐들어 왔습니다. 따라서 평화선언이라는 것은 참으로 위험하며 북한 꼬임에 넘어가는 전략일 뿐입니다. 그런 위험한 음모를 두 명의 스파이들이 막은 것입니다. (註 16)

한미 스파이 2명이 대한민국을 지켰다

2001년 3월 14일 일본 요미우리 신문은 워싱턴발 기사를 1면 톱으로 보도해 한반도 문제에 관심을 갖고 있는 나라들을 깜짝 놀라게 만들었다.

누구보다 놀라고 충격을 받은 사람은 6·15 평양선언에 사인을 했던 김대중과 김정일이었다. 요미우리 신문은 기사를 통해 '미 정보기관 소식통에 확인한 바에 의하면 김정일 국방위원장의 서울 방문이 오는 5월에 이루어지며, 이때 남북한 평화선언을 발표하기로 합의하고 이미 수차례에 걸쳐 평화선언의 초안을 작성하여 평양과 서울이 교환, 마지막 손질을 하고 있다. 이에 대해 미국은 상당히 불쾌하게 생각하고 있으며 앞으로의 상황을 지켜보고 있다'고 보도했다.

이 기사가 보도되자 깜짝 놀란 김대중과 김정일은 비밀이 누설된 배경을 둘러싸고 서로 책임을 묻고 있었다. 이 정보는 평양의 김정일, 김용순 등 5명 정도, 서울에서는 김대중, 임동원, 박지원 등 10여 명 정도 그러니까 남북한을 합쳐서 15명 내외의 사람들만 아는 초특급 비밀이었다.

그런 비밀을 CIA가 입수하여 일본 언론인에게 알려주고 톱기사로 보도되자 워싱턴과 도쿄가 모르게 비밀 작업을 해오던 김대중과 김정일은 놀랄 수밖에 없었던 것이다.

평양을 다녀온 김대중은 김정일과 승용차 안에서 약속한 대로 주한 미군을 한국에서 철수시키기 위한 극비작업을 하고 있었다. 그것은 '한반도 평화선언'이었다.

김정일이 5월(2001년)에 서울을 방문하여 김대중과 평화선언을 함으로써 한반도에 전쟁이 발생할 위험이 없으니 미군이 한국에 주둔할 이유가 없어지는 것이다. 그러면 미군이 한반도에서 철수해야 하며 미군이 철수하면 3개월 이내에 북한 인민군이 남한을 점령할 수 있다는 사실을 김대중과 김정일은 알고 있었다. 그래서 김대중, 임동원, 박지원 등 3인과 국가정보원장, 제3차장 그리고 그 아래에 있는 대북 전략국장(제5국)과 대북 종합전략과장 등 7명밖에 알지 못하는 비밀 전략이 준비되고 있었다.

국정원 비밀전략 팀이 청와대 임동원의 지시에 따라 마련한 평화선언문 초안과 시나리오를 평양으로 보내면 김정일이 자신의 뜻과 코멘트를 달아서 다시 서울로 보냈다. 그러면 비밀전략 팀이 다시 손질을 했다.

김대중이 평양을 다녀온 후부터 CIA와 DIA의 날카로운 눈과 귀는 김대중과 임동원의 행동과 발언을 주시했다. 한국과 미국은 동맹국가이기 때문에 살펴본다는 표현을 하는 것이지 사실은 감시하는 것이었다.

CIA와 DIA의 안테나는 청와대와 국정원 대북전략 팀의 움직임도 감시하고 있었다. 2001년 1월 20일 부시 정권이 출범하면서 워싱턴의 대북 전략이 클린턴 정권의 'Soft Landing(연착륙)'에서 'Target North Korea' 정책으로 바뀌고 있었다.

그 시기 서울, 도쿄, 베이징에 있는 CIA, DIA의 안테나에 서울과 평양이 분주하게 움직이고 있는 상황이 포착되었다. 워싱턴이 모르고 있는 비밀스러운 작업이 이루어지고 있음을 포착한 것이다. 서울에 있는 CIA 지부에는 존 윤(Jhon, Yoon, 가명)이라는 요원이 있었다.

그는 한국계 미국인으로 한국말을 잘하기 때문에 국정원 요원들과 자주 만나서 한미간 정보를 교환하고 있었다. 존 윤은 국정원 대북 종합전략 과장인 안태훈(가명)을 가끔 만나 술도 마시고 골프를 치면서 김대중 정권의 대북정책에 대해 서로 토론하고 서울과 워싱턴의 견해 차이를 조정했다.

안태훈 과장은 김대중의 고향인 호남 출신이 아니고 영남 출신이었다. 그는 김대중이 미국도 모르게 비밀리에 김정일과 손을 잡고 평화선언을 하여 미군을 한국에서 철수시키려는 데 불만을 가진 양심 세력이었다.

자칫하면 대한민국이 지구상에서 사라져 버리고 조선민주주의인민공화국으로 변할 수 있다는 위기감을 느꼈다. 그래서 안태훈은 대한민국이 공산주의 나라가 되는 것은 막아야 하며 그런 역할을 할 수 있는 나라는 미국밖에 없다고 판단했다. 안태훈은 자신이 취급하고 있는 김정일 5월 서울 방문과 평화선언 프로젝트 시나리오를 존 윤에게 넘겼으며, 그 보고서는 긴급으로 워싱턴 CIA 본부에 도착했다. 그리고 그 내용은 3월 14일 요미우리 신문에 의해 폭로되었다.

충격적인 사실에 워싱턴은 물론 일본 도쿄의 지식인들도 아연실색했다. 김대중과 김정일 사이의 음모 일부가 결국 미군을 한국에서 쫓아내고 대한민국을 김정일에게 넘겨주려고 했던 사실에 충격과 쇼크를 받았던 것이다. 그와 함께 김대중은 믿을 수 없는 인간이라는 점을 알기 시작했다. 하지만 워싱턴과 도쿄에 사는 사람들은 이 사실을 잘 알고 있었으나 한국 언론들은 국정원과 청와대의 압력 때문에 요미우리 신문기사를 한 줄도 보도하지 못했다.

한편 극비중의 극비가 워싱턴 CIA로 빠져 나간 데 대해 김대중은 분노했으며 범인 색출을 지시했다. 이에 따라 신건 국정원장이 부임하면서 국정원 대북 전략국 내 중요 부서에 근무하는 요원들을 1대1 비밀 감시하는 팀을 만들었다. 신건 원장의 비밀 특명을 받은 호남 출신 비밀 감시팀이 만들어진 사실도 모르고 안태훈은 존 윤 요원과 계속해서 접촉했으며 그 현장이 사진에 찍혀 감찰실에 넘어갔다.

국정원 지하실에 있는 조사실로 끌려간 안 과장은 자신이 만들었던 평화선언 극비 문서를 CIA에 넘겨주었음을 자백했다. 그리하여 김대중 정부는 미국 정부에 존 윤 요원을 기피인물로 선정하고 추방 통고를 했다.

동맹국가 사이에 외교관 신분으로 근무중인 정보요원을 기피인물로 선정하여 추방을 통고한 것은 극히 드문 일이다. 더욱이 한국 정부가 CIA 요원을 기피인물로 선정하여 미국 정부에 추방을 통고하고 CIA 책임자의 사과를 요구한 것은 5·16 혁명 후 처음이다. 1960년 5·16혁명 때 박정희 장군은 군사 쿠테타를 반대하는 CIA 요원을 추방시킨 일이 한 건 있었다.

지난 1977년 박정희 정권이 박동선을 이용한 로비를 벌이다가 코리아 게이트 사건이 발생했으며, 이때 KCIA 요원 30여 명이 미국에서 활동하고 있다는 사실이 미국 정부에 발각되어 박 정권이 미국에 사과한 적은 있었다. 그런데 한국 정부가 우방 국가인 미국 CIA 요원을 기피인물로 추방하고 CIA 책임자의 사과를 요구한 것은 처음이었다. 결국 워싱턴은 사과문을 보냈다. 국정원의 승리였다. 하지만 한미 양국 정보기관의 거리는 점점 멀어지고 있었으며, 그 사이의 간격을 옛날처럼 좁힐 수는 없었다.

서울과 워싱턴 사이에 줄다리기를 하다가 존 윤은 워싱턴으로 돌아갔고, 이 사건은 조용히 수습되었다. 하지만 김정일의 서울 방문과 김대중–김정일 의 평화선언 음모는 중지되었다.

한편 국정원에서 쫓겨난 안태훈은 김대중, 노무현 정권 동안에 감시 대상에 올라 있었으며 해외여행이 금지되었다. 김대중 정권이 안태훈을

감옥에 보내려고 했으나 워싱턴에서 적극 반대하여 감옥에는 보내지 않았다. (註 17)

나라를 지킨 안태훈은 영웅이다

그런 사실이 숨겨져 오다가 2001년 8월 10일 워싱턴 선데이타임즈가 '손충무 칼럼'을 통해 한·미 두 나라 스파이 2명이 대한민국을 살렸으며, 김대중이 북한과 비밀리에 평화선언을 준비하다 미국에 발각되었다고 보도했다. 그 기사가 미국 내 4개의 한국어 신문과 3개의 한국 인터넷 신문에 전재되면서 한국에 알려지게 되었다. (註 18)

이후 워싱턴과 서울에서는 "김정일의 서울 방문과 평화선언을 막은 안태훈 은 애국자이다. 다음 정권 때 안태훈에게 훈장을 주어야 한다"는 소리가 널리 확산되었다.

민주당은 노동당 2중대인가?

일본 지식인들이 즐겨 보는 종합잡지 「중앙공론」에 게재된 시게무라의 기사와 요미우리 신문의 기사가 워싱턴 선데이타임즈 '손충무 칼럼'을 통해 국내에 알려지자 6·15 평양회담과 노벨상 연극 쇼크에 취해 있다가 조금씩 눈을 뜨기 시작한 국민들이 비난의 소리를 내기 시작했다.

한국에 있는 신문들과 방송들은 대부분 호남출신 언론인들이 장악하고 있었으며 박지원이 뿌리는 촌지 봉투에 눈이 멀어 김대중 정권에 비판적이거나 김정일을 공격하거나 비난하는 기사는 취급하지 않았다. 그래서 국내의 보수 세력들과 애국 투사들에게는 '손충무 칼럼'이 정보 소스였으며 희망이었다. 그렇기 때문에 국내 언론이 보도하지 못하고 있는 소스를 워싱턴으로 비밀리에 보냈다. 당시 용산의 미 8군 기지와 평택의 미 공군 기지 안에는 워싱턴의 손충무에게 전달되는 직통 우편함이 설치되어 있었으며, 2주에 한 번씩 메신저가 미 군용기를 이용하여 손충무가 쓴 기사와 칼럼을 가지고 서울에 들어가 요소요소에 전달했다. 그때서야 건전한 상식을 가진 국민들이 정신을 차리기 시작했다.

2001년 7월 23일 대한변호사협회는 제12회 법의 날 결의문을 통해 "김대중 정부의 개혁은 구호만 요란했을 뿐 국민에게 고통만 안겨 주었다. 국민에게 고통만 안겨준 개혁을 한 대통령은 탄핵을 해야 마땅하다"는 내용의 엄청난 결의문을 채택했다. (註 19)

대한변호사협희의 결의문이 언론에 보도되면서부터 김대중 정권 퇴진과 탄핵을 부르짖는 소리가 전국적으로 일기 시작했다.

2001년 10월 9일 김영삼 전 대통령이 세 번째 공개적으로 "김대중은 공산 독재자 김정일에게 대한민국을 바치려 하고 있다. 김대중은 자신의 공산주의 사상을 버리지 않으면 본인도 나라도 불행해질 것이다. 김대중을 타도해야 한다"고 말했다.

김영삼은 이날 김대중을 절대적으로 비토하고 있는 대구에서 열린 김종필 자유민주연합 총재 취임식에 보낸 축사를 통해 김대중을 맹렬하게 성토했다. (註 20)

이날 김대중과 정권 연합을 하여 김대중을 대통령으로 당선시켜 주고 3년 동안 공동 정권을 함께 운영하며 국무총리를 하다가 떨어져 나온 김종필은 "대한민국 정통성을 지켜야 할 김대중 씨가 정통성을 부인하고 있다. 6 · 25 전쟁에서 조국을 지키다가 산화한 호국영령들을 반통일 세력으로 모는 발언을 한 것은 참으로 이해할 수 없으며 통탄할 일이다. 김 대통령의 사상이 의심스럽다는 말을 들을 수밖에 없도록 만들고 있다"고 공격했다. (註 21)

YS 와 JP의 대구 발언이 있은 지 이틀 후인 10월 11일(2001) 국회는 김대중 정권의 이념과 사상 문제 때문에 또 한 번 커다란 파동을 겪는 사건이 발생했다. 이날 한나라당 김용갑 의원은 본회의 대정부 외교 안보 정책을 질문하는 발언자로 지명되어 있었다. 김 의원은 발언 원고를 의원들에게 미리 나누어 주었다.

본회의 발언의 요지는 "김대중 정권 출범의 의미는 단순한 체제 내의 정권 교체가 아니라 반북 세력에서 친북 세력으로 넘어간 것이다. 김정일 독재 체제를 찬양하는 좌익 세력들이 우리 사회의 주도권을 장악하면서 대한민국의 정통성이 뿌리부터 흔들리고 있다. 다 같이 가난하게 못사는 것이 사회 정의라고 하는 소수 세력의 공산주의식 주장이 나라의 존립 기반을 흔들고 있다. 김대중 정권은 북한이 주장하고 있는 '고려 연방제' 통일 방안에 동의하고 있는 것이 아닌지 답변해 달라. 이 정권의 곳곳에는 진보주의자라는 가면을 쓴 공산주의자들이 난무하고 있다. 그들은 자유민주주의를 신봉하고 조국의 평화적 통일을 기원하는 절대 다수의 국민들과 보수 세력들을 적으로 규정하고 탄압하고 있다. 국가를 배신하고 친북을 외치는 자들이 민족의 지도자로 바뀌고 독립을 위해 민족을 위해 자유 민주주의를 위해 투쟁한 사람들이 탄압받는 이 정권의 정체는 무엇인가?"하는 것이었다. (註 22)

원고의 내용을 입수한 김대중은 노발대발하여 여당 의원들에게 김용갑 의원이 절대로 발언하지 못하도록 지시했다. 결국 정부 여당의 발악적인 처사로 국회가 하루 동안 소란을 피웠다.

이에 앞서 김용갑 의원은 2000년 11월 14일 국회 본회의 발언을 통해 "한국 사회 일각에서는 민주당을 노동당 제2중대가 아닌가? 하고 말하는 사람이 많이 있습니다"하는 폭탄 발언을 했다.

김 의원은 "김대중 대통령과 집권 민주당은 햇볕정책에 있어 지나친 자신감과 오만함이 나라의 장래를 위태롭게 할 수 있다는 사실을 명심하여야 합니다"하며 따끔한 충고 발언을 했다. (註 23)

김 의원이 발언을 마치자 민주당 의원들이 고함을 지르며 벌떼같이 들고 일어나 소란을 피우며 속기록 삭제를 주장했으나 야당의 반대로 무산

되었다. 김 의원의 발언이 언론에 보도되자 야당은 물론 그 동안 움츠렸던 국민들은 "오랫만에 가슴이 후련한 소리를 들었다"고 격려했다. 그리고 그때부터 김대중 정권에 등을 돌리기 시작했으며, 김대중 정권은 서서히 침몰하고 있었다.

김대중을 법정에 끌어내야 대한민국이 바로 선다

2002년 4월 27일 한국에서 최대 발행 부수를 자랑하는 조선일보 1면에 '거대한 음모의 실체'라는 대대적인 광고가 게재되었다. 5월 7일에는 동아일보에 '좌익 정권 몰아내야 국가가 산다(대한민국이 좌익 책동으로 무너지고 있습니다)' 하는 내용의 광고가 게재되었다.

이 광고들은 자유수호국민운동(상임의장 장경순)이라는 단체의 이름으로 300여 명의 발기인 명단이 함께 실렸다. 발기인 가운데는 전직 국방부 장관 2명, 전직 국무총리 1명, 육해공군 대장 6명, 예비역 장군 10여명, 전직 국회의원 10여명, 전직 경찰청장 1명, 현직 언론계 대표 3명, 종교계 대표, 여성계 대표 등이 참가하고 있었다.

그들은 광고를 통해 김대중 정권의 잘못을 24개 항목으로 지적하고 김대중 정권을 좌익 정권이라고 규탄하고 나섰다. (註 24)

1998년 2월 김대중 정권 출범 후 시민들이 자발적으로 단결하여 호주머니를 털어 '김대중 정권은 공산주의 정권으로 퇴장시켜야 한다'는 대국민 호소 광고를 하고 김대중의 하야를 주장하고 나선 것은 처음이었다.

이렇게 김대중 정권 퇴장, 김대중 하야를 주장하며 전 국민을 향해 공개적인 운동을 벌이자 김대중 정권은 무척 당황했다. 게다가 성명서에 서명한 300여 명의 사람들이 대부분 한국 사회의 중요 인사들이며 지성인들이기 때문에 커다란 쇼크를 받았다.

이 단체와는 별도로 김대중 하야 운동을 벌이던 기독교 단체들도 있었는데 그들도 국민운동본부와 합류했다. 결국 김대중 정권은 절대 다수의 한국 국민들에게 '좌익 정권, 공산주의 정권'으로 낙인 찍혀 서서히 침몰했다.

'헌법을 생각하는 변호사 모임'(회장 정기승)은 2003년 5월 27일 김대중, 박지원, 임동원 등 3명을 국가보안법(일반이적), 특정경제범죄가중처벌 등에 관한 법률, 형법 제356조, 남북교류 협력에 관한 법률, 외국환거래법 위반 등 혐의로 특검에 고발했다.

'헌법을 생각하는 변호사 모임'은 고발장을 통해 "대한민국의 안전보장에 위험을 초래한 피고발인들을 국가보안법 등으로 고발하오니 엄중 조사하여 의법 기소하여 줄 것"을 요구했다.

또한 이 단체는 고발장을 통해 "이들 3명은 ① 대한민국의 국가방위를 의도적으로 약화시키려 노력한 자로 보지 않을 수 없는 행위를 하여 왔으며, ② 국가보안법의 해체를 끈질기게 주장함으로써 대한민국의 안전보장을 위태롭게 해왔을 뿐 아니라 실제로 국가보안법 위반자들과 투명하지 않은 관계를 맺어 왔다. 또 ③ 반국가단체가 50여년간 강점하면서 2천만 동포들의 인권을 짓밟은 세력과의 남북 연방제를 시도했으며, ④ 김대중은 젊어서 공산주의자들과 통일전선인 민주주의 민족전선 중앙위원, 남로당의 전신인 신민당(해방 직후 정당) 해당 지역 조직부장, 민주청년동맹 해당 지역 부위원장을 역임한 경력과 그 좌익 사상을 은폐하면서 수시로 이 사상의 실현을 위하여 노력한다고 볼 수밖에 없는 언동을 해왔다. 그뿐 아니라 ⑤ 그들 3인 피고발인들은 수시로 공모하여 반국가단체인 북한 지배층에게 5억~8억 달러를 제공, 대량살상 무기와 핵무기 군사력을 증강시키는데 기여, 대한민국의 안전보장을 위태롭게 했다"고 밝혔다. (註 25)

한편 '친북좌익세력 명단 공개 추진본부'는 김대중을 친북 좌익세력 제1호로 선정 발표하고 김대중, 박지원, 임동원 등 3명이 대한민국의 안전보장을 허물어뜨려 대한민국의 주적인 북한을 이롭게 하려고 시도한 범죄 행위 50개 항목 리스트를 만들어 발표했다. (註 26)

햇볕정책은 처음부터 실패작

클린턴 정권 시절 국무성 대북담당 특사였던 케네스 퀴노네스(C. Kenneth Quinones) 박사가 2003년 9월 서울 '십자성 포럼' 모임에 연사로 초청받아 가면서 필자와 만났다.

그는 평소에 필자와 자주 접촉하면서 김대중 정권에 탄압받고 고생하는 필자를 위로해 주었다. 그러면서 선사인폴리시(햇볕정책)에 대해 토론했으며 필자와 의견을 같이 했다. "햇볕정책은 처음부터 잘못된 것이며 다른 목적을 가지고 출발했다"는 필자의 주장에 그도 동의하고 있었다.

서울에 도착한 그는 연설을 통해 "햇볕정책은 북한을 변화시키지 못했다. 가장 큰 실수는 김대중 정권이 평양에 현금을 준 것이다. 북한이 핵과 군사력을 증강시켰다. 또 햇볕정책은 한미 동맹을 불신하도록 만들었으며 워싱턴 – 서울 거리를 멀도록 만들었다"고 뼈아픈 말을 했다. (註 27)

한국인들은 오랜 기간 김대중에게 속고 있었다. 김대중의 카멜레온적인 찬란한 변신에 속았던 것이다. 그리고 김일성과 김정일 부자에게 충성한 골수 좌익 김대중에게 기만당한 것이다.

김동길(金東吉) 박사는 김대중에게 보내는 공개 편지를 통해 "당신은 국제 사회에 독재자 김정일을 유명 인사로 만들어 주고 5~8억 달러라는 뒷돈을 대어 주었습니다. 김정일의 못된 짓거리 때문에 우리는 불안하고 북한에서는 날마다 시달리며 살다가 굶어 죽습니다.

인권을 명목으로 받은 노벨 평화상을 반환하는 것이 타당하지 않겠습니까? 청와대와 그 주변은 부정부패 소굴로 만들어 놓고 어찌하여 당신은 199평 호화 주택에 오늘도 편하게 살고 계십니까? 당신은 한국 역사에 가장 실패한 인물로 기록될 것입니다." (註 28)

김대중에게 속은 사실을 알게 된 국민들은 "햇볕정책은 반역이다. 피플파워로 단죄해야 한다"고 요구했다. 2003년 7월 9일 인터넷에서 네티즌 정승섭 씨는 "대역 죄인 김대중은 시간이 지나도 좋다. 반드시 처형해야 된다. 김대중 그는 희대의 사기꾼이며 민족을 팔아먹은 대역적이고 지구 역사상 최초로 노벨 평화상도 사기를 쳐서 탄 놈이다. 지금 당장 처형하라"고 흥분했다. (註 29)

김수환 추기경은 2004년 1월 29일 인사차 자신을 찾아온 열린우리당 정동영 의장 등 당직자들을 만난 자리에서 "반미 친북으로 가는 것은 위험하다. 지금 우리 사회가 어디로 가고 있는지 걱정된다. 6 · 15 남북 공동선언 내용 가지고는 부족하다. 북한에 아주 유리하고 우리(남한)가 얻은 것은 없는 것 같다. 북한 체제가 중국 정도로 변해야 하는데……. 주민 상당수가 굶어 죽어가고 있다"고 일침을 가했다. (註 30)

김대중의 햇볕정책과 그 정책을 이어 받겠다는 노무현 정권을 싸잡아 비판 한 것이다. 정치 현실에 초연하려고 입을 다물고 있던 추기경은 이날 작심하고 비판을 하며 충고를 했던 것이다.

2003년 2월 20일 청와대를 떠난 김대중은 집으로 찾아온 어느 외신 기자와 만난 자리에서 "두 자식 문제가 내 평생 최대의 불행한 일이었다. 항상 국민과 세계의 모든 사람들에게 죄송하고 미안한 생각을 떨치지 못하고 있다"고 고백했다. (註 31)

아, 슬프다! 노벨 평화상이여! 인권 대통령이여!

필자를 비롯하여 국제 사회의 많은 지식인들이 김대중의 햇볕정책이 실패하고 있음을 알리기 시작하자 한국은 물론 해외에서도 김대중에게 주어진 '노벨상은 실패했으며 반납하라' 는 비난이 번지고 있었다.

그런 때인 2005년 8월 한나라당 김문수 의원(현 경기지사)이 '아, 슬프다! 노벨 평화상이여! 인권 대통령이여!' 하는 한탄의 칼럼을 발표했다. 상당히 날카로운 비판이었다. 그래서 필자는 미주의 한국어 신문사에 돌려 크게 보도했다. 그러나 한국의 언론들은 별로 중요하게 취급하지 않았다.

　김문수 의원은 직격탄 칼럼을 통해 "그 동안 국정원과 정보통신부에서는 국회에 출석하여서나 언론을 통해서 CDMA 방식의 핸드폰은 기술적으로 절대 도청 불가라고 얼마나 강변 했는가? 국민들의 기억 속에도 생생하다. 나도 그 말을 믿었다. 그런데 진실은……?"

　헛되고 헛되고 또 헛되도다!
　아! 노벨 상이여!
　민주화 운동이여!
　인권이여!
　그리고 거짓말이여!
　그대 이름은 김대중이여! (註 32)

노벨상 반납하라! 네티즌들이 터뜨린 분노

　김대중은 명색이 인권 대통령이라 하고 민주주의를 위해 투쟁한 대통령이라 하면서 노벨 평화상은 받았다. 그런 김대중 정권이 4년 동안 전화 도청을 했다는 사실이 폭로되자 민심은 상당히 격앙되었다.

　각 언론사 게시판과 포털 사이트 게시판에는 김대중의 부도덕성을 규탄하며 '노벨상을 반납하라' 는 네티즌들의 글들로 넘쳤다.

　▶"망신-개 망신-국제 망신- 인권을 논하던 정권이 불법 도청 도청, 감청에 개인 휴대폰까지 도청 감청이라고 하니? 그런 사실이 진작 밝혀졌으면 노벨상 근처에도 못갔을 텐데, 더 망신당하기 전에 국민의 이름으로 반납하라"고 요구했다.(네이버 '토크광장' Vitamin007)

　▶"노벨 평화상에 빛나는 위대한 김대중 선생이 공적자금 수십조 삥땅과 불법 도청까지……. 그런 사실이 김대중에게까지 보고가 안됐으며 소

통령인 박지원에게는 보고가 됐을 것 아닌가? 박지원이도 안 받았다면 어느 시러베아들놈이 보고 받았다는 말인가?"(네이버 Hanbit0909)

▶ "무슨 노벨상 수상자가 구린내 나게 평생을 거짓말만 하고 살아 왔는가? 하기야 거짓말 때문에 노벨상 받았다고 하드만…."(네이버 뉴스 게시판 SWDC)

▶ "역사상 노벨상이 가장 잘못된 사람인 김대중에게 가장 잘못되게 수여됐다. 햇볕정책도 실패하고 했으니 노벨상을 반납하는 것이 정직한 태도 아닌가베?"(Jojo085)

▶ "많은 김대중 추종자들과 전라도 사람들이 노벨상을 상당히 위대하게 평가하는데 국민 돈을 자기 돈처럼 수없이 뿌려서 받은 노벨상은 창피해서 죽겠다. 지하에 계신 노벨 선생이 얼마나 분노하실까?"(makil1231)

▶ "YS 전 대통령이 '김대중이 노벨상을 받은 것 개도 웃었다' 는 말을 했고 언론인 손충무는 '김대중이 노벨상 값을 개 값으로 떨어뜨렸다' 고 했는데 세상 돌아가는 꼴을 보니 진짜네. ×대중이는 노벨상을 자진 반납하라."(코리아 뉴스 독자 게시판 samuel3344) (註 33)

〈 참고 자료 및 문헌, 증언, 인터뷰 〉

(註 1) LA 타임즈, 'DJ가 받은 노벨상 빛을 잃었다' (2009. 8. 18)

(註 2) 월스트리트저널(WSJ) 기사 (2009. 6. 15)

(註 3) 김기삼(전 국정원 직원) 양심선언 폭로 (2003. 1. 5)

(註 4) 김대중과 기자 간담회 (2000. 10.)

(註 5) 최규선 녹음테이프에서 기자들이 발췌 (2002. 11.)

(註 6) 워싱턴선데이타임스, '손충무 칼럼' (2001. 3.)

(註 7) 일본 월간잡지 現代 (2000. 12월호)

(註 8) 일본 월간잡지 文藝春秋 (2000. 12월호)

(註 9) 일본 주간지 SAPIO, 변진일 칼럼 (2000. 12. 20)

(註 10) 워싱턴 선데이타임스 (2002. 2.)

(註 11) 월간 신동아 (2002. 4월호)

(註 12) 일본 월간잡지 中央公論 (2001. 2월호)

(註 13) INSIDE THE WORLD NEWS SSERVICE (2001. 2.)

(註 14) '김대중 과 김정일', 니시오카 스토무 저 (2000. 10.)

(註 15) 워싱턴 선데이타임즈, 캐나다 코리아뉴스 등 (2001. 6.)

(註 16) 미국,캐나다 4개 한국어 신문, 한국의 3개 인터넷 매체 보도

(註 17) 일본 요미우리 신문 1면 톱기사 (2001. 3. 14)

(註 18) 워싱턴 선데이타임즈, '손충무 칼럼' (2001. 8. 10)

(註 19) 대한변호사협회 결의문 (2001. 7. 23)

(註 20) 김영삼 전 대통령 JP 총재 취임 축하 연설 (2001. 10. 9)

(註 21) 김종필 총재 대구에서 취임 연설 (2001. 10. 9)

(註 22) 김용갑 의원 국회 본회의 발언 (2001. 10. 11)

(註 23) 김용갑 의원 국회 본회의 발언 (2000. 11. 14)

(註 24) 조선일보 광고, '거대한 음모의 실체' (2002. 4. 27)

(註 25) 헌법을 사랑하는 변호사 모임 고발장 (2003. 5. 27)

(註 26) 친북좌파세력 명단공개 추진본부 발표 (2003. 2. 7)

(註 27) 케네스 퀴노네스 박사 연설 (2009. 9.)

(註 28) 김동길 박사 '김대중에게 보내는 공개 편지'

(註 29) 인터넷 논객 정승선 칼럼 (2003. 7. 9)

(註 30) 김수환 추기경 열린우리당 대표단과의 만남에서 (2004. 1. 29)

(註 31) 김대중 외신기자 인터뷰 (2003. 2. 20)

(註 32) 캐나다 코리아 뉴스, 김문수 의원 칼럼 (2005. 8. 15)

(註 33) 캐나다 코리아 뉴스, '인터넷 네티즌들의 분노' (2005. 8. 12)

에필로그

〈김대중 X-파일〉제2탄 '비자금 - 김대중 · 김정일 최후의 음모'를 읽은 독자들은 저자 손충무(孫忠武)가 왜, 갑자기 한국을 떠나 미국에 정치적 망명을 선언했으며, 10년이 넘도록 귀국하지 못하고 있는 이유를 알게 되었을 것이다.

2000년 12월 28일, 연말의 술렁이는 틈을 타서 도쿄로 탈출, 그곳에서 몇 주를 머물며 세계가 깜짝 놀랄 수밖에 없는 '김대중 · 김정일' 비밀 거래를 폭로하고 워싱턴에 도착했다.

그동안 김대중 · 노무현 정권은 저자의 여권을 무효화시켜 활동을 중지 시키려했으나 오히려 미국 정부에서 '무국적자 여행증명서'를 발급해 주어 캐나다, 중국, 일본, 러시아를 돌면서 반(反) 김대중, 노무현, 김정일 타도 운동을 벌렸다. 그러자 김대중과 김정일은 도쿄에서 조총련을 앞세워 두 번이나 납치하려 했으나 일본 경찰의 보호로 무사할 수 있었다. 도쿄 경시청 정보팀들과 내각공안청 관계자들에게 감사를 드린다.

도쿄에서 필자를 납치하려다 실패한 '김대중 · 김정일' 패거리들은 2008년 7월 교통사고를 가장하여 죽일 작정으로 커다란 트럭과 밴 트럭을 가지고 앞을 가로 막고 뒤에서 들이받아 정신을 잃고 쓰러지기도 했으며, 경찰조사 결과 캐나다 국적과 도미니카 국적을 가진 자들이 사고를 내고 캐나다 국경을 넘어 도주해 버린 사건이 나기도 했다.

그동안 필자는 세 차례나 귀국 준비를 하고 있을 때마다 교통사고를 가장한 암살 시도가 두 차례 있었고, 백혈구 부족으로 몇 개월씩 장기 입원하여 치료를 받아야 했다.

〈손충무 - 20세기 그 현장의 증언〉제 1 탄 '김일성의 꿈은 김대중을 남조선 대통령으로 만드는 것이었다' 는 비밀 스토리가 중심이다. 김일성이 김대중을 남한의 대통령으로 만들어 그가 주창하여 오던 '고려연방제'를 꿈꾸고 있었기 때문이다.

〈김대중 X-파일〉제 2탄 '비자금' 은 2000년 6월 김대중이 평양의 김정일을 만나기 위해 8억 달러라는 엄청난 거액을 비밀리에 전달하고 노벨평화상을 받기 위해 계획적으로 국가공무원을 동원하고 국가 예산을 자기 마음대로 사용했다는 진실이 담겨져 있다.

특히 6 · 15 평화선언을 만들어내기 위해 국제정치도 모르는 박지원, 김영완, 정몽헌, 이익치와 현대그룹이 국가 반역죄를 짓는 범죄에 대한 철저한 고발이다.

한국 속담에 '너무 많이 알면 탈이 난다' 는 말이 있다.

김대중이 6 · 15 평양선언을 마치고 돌아오자 매스컴과 좌파들, 심지어 외국 언론들마저 마치 한국에 통일이 오는 것처럼 덩달아 춤을 추고 있었다.

김대중이 평양을 다녀온 지 2개월 후인 2000년 8월, 한국 전체가 6 · 15선언에 도취되어 미친 듯이 돌아갈 때 필자에게 우방의 친구들이 엄청난 편지와 자료를 비밀루트를 통해 보내왔다. "김대중은 김정일을 만나기 위해 현대그룹을 통해 5억 달러 현금을 보낸 사실을 확인했으며, 현대그룹 해외 지사망을 통해 3억 달러를 보내고 있는 사실을 추적중이다. 우리 정부는 김대중 대통령에게 두 차례에 걸쳐 김정일에게 거액의 현찰을 건네어 주는 것은 위험하다는 경고를 했다"고 알려 주었다.

또 "우리들은 당신(필자)이 김대중, 박지원 등 권력자들에 의해 2년 동안 불행한 감옥살이를 한 사실을 알고 있으며, 한국 언론인 중에 당신이 소스를 가장 적절하게 사용할 것으로 판단되어 알려 준다"고 밝혔다.

30여 년을 "형이야, 아우야"하면서 지내온 관계였기 때문에 그들의 정보는 정확한 것이었다. 이 엄청난 정보를 가지고 김영삼(Y.S) 전 대통령과 전 권영해 안기부장과 상의했다. Y. S는 그 자리에서 자신이 나서 기자회견을 통해 공개하겠다고 했다. 그러나 필자와 권영해 전 부장은 반대했다. 기자 회견을 하여도 국내 언론들이 정권의 눈치를 보느라고 보도하지 못한다는 우려와 함께 자칫하면 필자가 다시 김대중 정보기관(국가정보원)의 표적이 되어 활동을 하지 못하게 되며 체포될 수도 있다는 우려를 말했다.

결국은 "손 동지가 껴안아야 한다. 손 동지는 일본과 미국에 많은 지인들과 언론인들을 알고 있으니 해외에 나가서 한 2년 동안 고생하다가 귀국하는 것이 좋겠다"라는 방향으로 의견이 모아졌다. 그래서 필자는 한국을 떠나기에 앞서 과거에 데리고 있던 인사이드월드 취재 기자 가운데 믿을 수 있는 아이들 2명과 신동아의 C군에게 엄청난 비밀을 알려주고 "앞으로 나의 활동을 지켜보라"는 말을 남기고 서울을 떠났다.

그 내용은 2001년 1월 도쿄에서 먼저 폭로하고, 2002년 워싱턴과 캐나다 등지에서 폭로하고, 2002년 10월 일본에서 '김대중 · 김정일 최후의 음모'라는 책을 출판하여 세계에 알렸다. 그 때문에 국민들이 진실을 알게 되었고 뒤늦게 한국 언론들이 필자의 폭로를 따라올 수밖에 없게 되어 드디어 2003년 6월 '대북송금 특별검사(특검)' 제도가 도입되었다.

필자가 2001년 1월 도쿄에서 처음으로 폭로하고 책이 출판된 지 꼭 2년 후이다. 그만큼 필자의 정보가 정확했으며 3년을 앞서갔다.

'대북 송금 특검'이 시작되자 자유대한민국을 배신한 반역자 정몽헌(현대아산회장)은 투신자살하고 박지원 등 수 명이 체포 구속됐다. 정몽헌과 박지원 사이의 심부름꾼 김영완은 정몽헌이 박지원에게 보낸 150억 원을 보관하고 있다가 그 돈을 가지고 미국으로 도망쳤다. 그 때문에 "박지원의 돈이다", "아니다" 하는 법정 투쟁이 계속되다가 2006년 서울고등법원은 박지원에게 징역 3년, 추징금 1억 원을 선고 법정 구속했다.

그러나 김대중과 김정일의 지시를 받던 노무현 정권은 2007년 2월 25일 노무현 대통령 취임 4주년 특별사면이라는 시나리오를 만들어 박지원을 풀어주었다. 3년 징역형의 범죄인을 6개월도 징역을 살지않는 데 사면복권이라는 엄청난 특혜를 주었다. 당시 김성호 법무장관이 "노무현과 김대중의 압력 때문에 어쩔 수 없었다"는 뒷말을 남겼다.

이에 비해 김대중과 박지원은 필자에게 꼬박 2년의 징역을 살도록 만들고 손충무, 권영해, 이대성 씨 등 소위 허위 조작한 '북풍사건' 의 사람들은 10년 동안 사면복권을 시키지 않았으며, 이명박 정권 수립 후인 2008년에야 모두 사면복권 되었다.

뉴욕서 가발 장사를 하다가 김대중에게 생활비 5,000달러(그 가운데 2,000달러는 김경래 씨가 열차 칸에서 꾸어주었음)를 주고 김대중의 충견(忠犬)이 된 그가 김대중의 지역구 목포에서 국회의원에 출마 당선되어 지금은 야당인 민주당의 원내대표가 되었다. 이런 쓰레기 같은 한국 정치판을 지켜보는 미국 교포들은 한국에 대해 진저리치며 안타까운 감정을 갖고 살아가고 있다.

그런 때인 지난 9월 11일 뉴욕의 원로 언론인(방송인) 주은택 씨가 쓴 '박지원 원내대표의 정체 바로 알기' 라는 비판의 글이 이 많은 인터넷매체를 뜨겁게 달구고 있다(www.usinsideworld.com 박지원 X-파일 참조).

주 씨는 긴 글의 마지막 부분에서 "박지원은 전경환과 밀착 경호를 하며 지내다가 김대중에게 과감하게 '유턴(Uturn)' 을 한 것은 아무나 할 수 없는 그의 특이한 배짱과 절묘한 배신을 잘 사용하는 장점을 갖고 있다고 나 할까? 권력의 2인자자리까지 올랐던 그가 죽은 DJ망령을 업고 다시 정치 일선에 돌아온 것은 너무 욕심이 과한 것 아닌가? 하는 생각이 든다. 그가 김대중 정권 때 저지른 여러 가지 극비사항들이 어느 날인가는 수면 위에 부상할 것이다"라고 충고했다.

자유 대한민국을 김정일에게 넘겨 고려연방제를 지지하는 친북좌파들과 김정일 추종자들이 8·15해방 전후 날뛰던 그때 모습을 재연하고 있어도 이명박 정부와 한나라당은 남의 집 불구경하듯 손 놓고 있다. 그런 정부와 여당을 바라보는 국민들은 분노하고 좌절한다.

이런 때에 자유대한만국을 지키기 위해 각 방면에서 국가발전에 크게 공헌하신 원로들이 모여 〈대한민국수호국민총연합회(가칭)〉의 태동(11월) 앞두고 모든 준비를 하고 있다는 반가운 소식을 들었다.

지난 9월 10일 발기인 준비회의가 있었으며 이 자리에는 김동길 박사, 권영해(전 안기부장), 이도형, 이상훈, 김홍도, 이동복, 이정린 씨 등 120여 명이 참석했다고 저자에게 알려왔다. 특히 권영해 장로는 "손 동지는 자신의 임무를 120% 달성했다. 지금 조국에 할 일이 많다. 꼭 살아서 돌아와야 한다"고 격려를 하면서 "김동길 박사, 서정갑 회장, 서석구 변호사도 반드시 살아서 돌아와야 한다고 기도하고 있다"면서 위로해 주었다.

조국에서 필자의 귀국을 기다리는 여러분에게 감사의 말씀을 드리며 "반드시 살아서 한국으로 돌아갈 수 있도록 해 달라"고 하나님께 매달려 기도하고 있다.

2010년 9월 30일
워싱턴에서 _ 저자 손 충 무

저자 손충무 프로필

저자 손충무(孫忠武)의 호 (號)는 석천(石川)이며 1940년 음력 6월 23일 경상남도 하동군 하동(河東)읍 읍내리 1113번지에서 아버지 손두봉(孫斗鳳), 어머니 김말수(金末壽, 영세명 : 수산나) 사이 6남매의 장남으로 태어났다. 아버지 손두봉 씨는 1950년 6·25 김일성의 남한 침략 전쟁 때인 6월 28일 새벽에 집에서 정체 모를 사람들에게 끌려 나간 후 행방불명이 됐으며 홀로된 어머니가 6남매를 키웠다.

1963년 11월 〈경향신문〉 제6기 견습 기자 시험에 합격, 1964년 1월 경향신문 기자로 출발한 후 중요 데스크를 거쳐 1977년 박정희 유신정권을 반대 2번째 미국으로 정치 망명한 후 〈자유신문〉〈한국신보〉 편집국장을 지냈다.

1981년 5월 미국 워싱턴D.C에서 주간지 〈한·미타임스-KOREA·AMERICA TIMES〉를 창간, 편집인 겸 발행인으로 근무하다 1985년 후배들에게 물려주고 일본 도쿄의 아사히 저널, 도쿄 투데이, 국제문제 칼럼니스트로 자리를 옮겨 활약하다 1988년 서울로 귀국 했다.

1989년 10월부터 주간지 「INSIDE THE WORLD」편집인 겸 발행인을 겸한 국제적인 저널리스트로서 지난 46년간 언론계에 종사하면서 31권의 저서와 많은 시(詩), 1000여 편의 칼럼과 에세이, 논문 등을 발표했고, 일본에서도 4권의 책을 저술 출판됐다.

1964년 6월- 박정희 정권은 대학생들의 한·일 협정 반대 투쟁을 견디다 못해 6월 3일 밤 10시에 서울 경기지방에 8시로 소급 '비상 계엄령'을 선포, 데모 주동 학생 200여명과 언론인 17명을 불법 체포 구속 했다. 한일협정 반대 데모를 선동한 필화 사건 혐의였다.

당시 박정희 정권은 동아 방송 앵무새 프로 제작팀 7명, 경향신문사는 발행인 이준구, 사회부 기자 손충무, 정치부 차장 윤상철, 조선일보에서 4명 기타 신문사에서 3명을 학생 데모 선동 배후 언론인 혐의로 체포하여 반공법, 국가 보안법 위반, 내란 선동 등의 혐의로 구속 기소했다. 그러다가 국제적으로 언론탄압 국가라는 비난 여론에 굴복하여 6개월 만에 계엄령 해제와 더불어 무혐의 불기소 처분을 내리며 석방했다. 그때 서울 구치소에서 고려대학 총학생회 부회장으로 데모를 하다가 잡혀 온 이명박, 김덕룡 등 데모 주동 학생들을 만났다.

1988년 5월에는 '이병철과 삼성왕국(三星王國)'을 집필, 발행했는데 삼성 측이 '출판물에 의한 명예훼손'으로 고소, 128일 동안 억울한 구치소 생활을 하였으나 그의 주장을 굽히지 않았고, 무죄로 석방되었다.

1992년 5월에는 김영삼(金泳三) 민자당 대통령 후보에 의해 '출판물에 의한 명예훼손'으로 고소당해 불법체포 구속되었다가 26일 만에 무죄로 석방되는 고초를 겪었는데, 그 때 어머니 김수산나 여사가 아들의 불법 구속 소식을 듣고 졸도 쓸어져 살아나지 못하고 세상을 떠나는 불행을 겪었다. 어머니 김 여사는 저자 손충무 씨가 1980년 5·18 사건 당시 신

군부가 김대중, 김종필, 김영삼을 구속 할 때 김영삼을 구하기 위해 전두환, 노태우, 김복동 씨 등 신 군부를 설득 김영삼은 구속 하지 않고 집안 연금 정도로 그의 정치 생명을 구출해 준 사실을 알고 있었는데, 김영삼이 고소하여 불법 구속 시키는데 큰 쇼크를 받았던 것이다.

1997년 6월 김대중은 박지원을 시켜 10억 원이 넘는 돈을 보내 「인사이더월드」에 연재 중인 '김대중 X-파일'을 중지하고 단행본 책이 나오지 못하도록 매수하려고 했으나 이를 거절했다. 김대중이 1997년 12월 19일 대통령에 당선이 되고 다음 날 당선 제1성으로 "정치보복을 하지 않겠다"고 말하고 다음날 검찰에 야당의원 5명을 보내 자신을 비판한 손충무를 비롯하여 언론인, 출판인 15명을 '출판물에 의한 명예훼손'으로 고소하여 1998년 6월 1일 새벽 5시에 불법 연행되어 그날 밤 긴급 구속당해 2년 징역을 살았다.

그가 11년째 운영하던 「INSIDE THE WORLD」주간지는 김대중 정권에 의해 강제 폐간 당했다. 그는 2000년 6월 3일 단 1분도 감형 혜택을 받지 못하고 2년 만에 춘천 감옥에서 출소하여 2001년 1월 미국으로 정치 망명했다. 워싱턴 도착 후 「www.usinsideworld.com」인 터넷 신문을 창간, 편집인 겸 발행인을 맡아 좌파정권 10년 동안 생명을 건 투쟁을 벌였으며, 이명박 정권 탄생 후인 2008년 8 · 15에 사면복권 되었다.

한국의 민주주의와 언론자유를 위해 투쟁한 그의 노력을 인정받아 1993년 미국 연합 감리교에서 '1993년 국제 인권공로상'을 받았으며, 1987년 5월 '법의 날' 대한변호사협회로부터 인권옹호에 이바지한 공으로 표창을 받았다. 또 1996년 11월 미국의 NSC(미국 제전략연구소)로부터 국제 평화의 상(賞)을, 1994년 대만 언론재단에서 '정의로운 언론인 상'을 1974년 대만 문화공보처 장관으로부터 한 · 중 친선교류에 노력한 공로로 문화부 장관 표창을 받았다.

1967년부터 지난 30년간 김대중 씨를 막후에서 도왔는데 그 때문에 김대중 파로 몰려 2차례(1967, 1976년)에 걸쳐 미국에 망명해야 할 정도로 뼈아 있는 글을 써서 박정희 정권과 여러 번 충돌하였으나 그는 항상 민족을 사랑하는 바탕 위에서 글을 쓰며 자신을 '자랑스러운 민족주의자'라고 내세운다. 그는 지난 46년간 한국의 언론자유와 민주화를 위해 투쟁했으며, 그로 인해 세 번의 구치소 생활, 2년 감옥생활, 7차례에 걸쳐 KCIA(한국 중앙정보부)에 연행 당해 고문을 받기도 했다.

미국의 조지 부시, 지미 카터, 제럴드 포드 전 대통령, 먼데일 전 부통령, 에드워드 케네디 상원의원, 프레이저 의원, 일본의 호소카와 전 총리, 뎅히데오 참의원, 이시바시 마사시 전 사회당 위원장 등 국내외 거물 정치인들과 깊은 유대 관계를 가지고 있으며, 일본 사회당이 한국을 인정하고 한국과 교류를 트는데 중요한 역할을 했으며, 전두환, 노태우, 김영삼 정권 때 남북협상과 남북문제에도 깊이 관여했었다.

그는 또 구 소련과 한국과의 수교를 트는데 막후 역할을 했으며 소련과의 35억 달러 차관 금액을 조정하는데 한 몫을, 전두환 대통령과 북한 김일성 주석 사이에 정상회담과 올림픽을 개최하도록 아이디어를 주고 프로그램을 만들어 주기도 했다.

저자 손충무 씨를 연구 하다가 보면 많은 사람들은 그의 다방면에 걸친 활동과 노력 애국충정에 고개를 숙인다. 또 한 사람의 언론인이 어떻게 그토록 많은 활동을 하며 많은 저서를 집필 하였는지에 대해 감탄한다.

　손충무는 언론인으로써, 문학가, 저술가, 외교가, 로비스트, 북한 전문가로 활동 했으며, 백범 김구선생 연구(김구에 관한 저서 4권) 와 김대중 연구에 상당한 노력을 하여 후학들에게 좋은 자료를 남기고 있다. 그의 활동에 대해 국내외 많은 사람들과 언론들이 평가한 내용들을 보면 ● 김영삼(Y. S) 前 대통령은 김대중이(D. J) 손충무 씨를 구속하자 자신을 인터뷰 하러온 일본 문예춘추, SAPIO 주간지 등 기자들과 만나 "한국의 3金 (3K) 가운데 DJ가 손충무 발행인의 도움을 가장 많이 받은 사람이다. 그런데도 자신의 비밀과 약점을 너무 많이 알고 있는 손 발행인이 두려웠던 것이다. 그래서 불법으로 감옥에 보냈다"고 말했다.

　● 한국 언론계의 대부였던 고 최석채 (崔錫采 , 前 조선일보, 매일신문 주필, 경향신문, 문화방송 회장) 옹은 수습기자 교육 시간이나 공개된 장소에서 "손충무 같은 언론인은 한국 언론계에 과거에도 없었지만 앞으로도 상당기간 나오지 않을 것이다" 라고 말했다.

　● 김경래 (金景來, 前 경향신문 편집국장, 기독교 100주년 기념사업회 대표) 장로는 "내가 언론계 40년 생활을 하면서 3명의 천재를 길러냈다. 그들은 이어령 (전 문공부 장관) 심재훈 (파이스턴 주간지 서울 지사장) 손충무이다" 라고 자랑 하고 있다.

　● 어임영 (魚任泳 前 경향신문 편집국장) 은 "내가 사회부장을 7년 동안 했는데 손충무 차장이 옆에서 테스크를 도와주면 가장 안심이 되었다. 그의 책상 서랍에는 항상 몇 개의 톱기사가 준비 되어 있었다.

　● 최종철 (前 경향신문 주간경향 편집국장, 의사신문 발행인) 은 "손충무는 특이한 기자이다. 그는 자신에게 주어진 어떠한 사건도 취재 기사를 만들어 내는 천재적인 기자 정신을 가진 사람이다. 또 자신이 쓴 기사는 인쇄 직전 까지 교정을 보는 완벽주의자이다. 나는 기자를 선발 할 때 손충무 밑에 3년을 근무 했다면 시험을 치지 않고 채용한다."

　● 변진일 (邊鎮一 TOKYO KOREA REPORT) 발행인은 "손충무 씨는 한국 언론계에 특이한 존재이다. 한국 언론인들은 권력 지향적이며 재벌과 정치인들이 주는 촌지에 잘 길들여져 있는데 그는 박정희, 전두환, 김영삼 정권 때 여러 차례에 걸쳐 정치나 내각에 들어오도록 교섭을 받았으나 거절 한 것으로 알려져 있다. 또 김대중이 박지원을 시켜 보낸 거금을 받지 않고 되돌려 보내고 '김대중 X-파일' 기사를 발표하고 책을 만들어 감옥행을 선택한 이야기는 일본 언론계에도 널리 알려져 있다.

　● 미국 워싱턴타임스는 1998년 9월 22일 자에 2페이지에 걸쳐 손충무 구속 사건을 컬러 페이지로 보도하면서 "손충무 기자는 권력을 가진 사람들과 재벌들에게 저항하는 강한 의지를 갖고 있는 저널리스트이다. 그는 김대중 정권으로부터 탄압을 받고 있으며 100만 달러 이상의 돈으로 매수 하려 했으나 거절 하고 감옥을 택한 저항 언론인" 이라고 소개 했다.

　● 일본의 보수우익 대변지 SAPIO 주간지는 "손충무라는 한국 언론인은 한국뿐만 아니라 도쿄, 미국 워싱턴에도 많이 알려져 있다. 그가 김대중에 의해 '출판물에 의한 명예 훼손' 혐의로 고소당해 부당하게 2년간 감옥살이를 했다. '출판물에 의한 명예 훼손' 이라는 법을 형사사건으로 다루는 나라는 자유세계에서 한국 밖에 없는 법이다. 한국에 이 법이 있는 한 진정한 언론자유가 없는 나라이다."

● 뉴욕에서 발행되는 뉴스메이커 (주간지, 발행인 임종규) 는 "손충무 씨는 기자를 하기 위해 태어난 사람으로 신문제작과 책 집필 외에는 다른 일은 할 줄 모르는 사람이다. 46년 언론인 외길을 걸어온 그는 '우리 시대의 마지막 남은 정의로운 언론인'이 되었다"고 보도했다.

저자 손충무 씨의 사상은 백범(白凡) 김구(金九) 선생과 안중근 (安重根) 의사를 흠모하며 그 방면의 저서와 자료 발굴에 많은 정열을 쏟았다. 인권 문제에 깊은 관심을 갖고 있는 그는 1994년 5월 대만에서 열린 국제인권대회에 특별연사로 초청 받아 5천여 명의 세계 각국 대표들 앞에서 연설했다. 중국 지하에 있던 '북한 망명정부'의 실체를 찾아내고 보도하여 국제적인 주목을 받았으며, '북한 망명정부 워싱턴 외교부 위원장'으로 추대되어 일본과 미국에 '북한 망명정부 해외위원회'를 설치했다.

북한 김정일 집단과 김대중 노무현 추종자들은 손충무를 암살하기 위해 도쿄에서 2번이나 납치하려다 실패했으며, 지난 2008년 7월에는 정체를 알 수 없는 괴한들이 자동차 사고를 가장 살해하려다 실패 도주하기도 했다. 또 노무현 정권은 저자 손충무 씨의 여권을 무효화 시켜 강제 귀국 시키려는 음모를 꾸몄으나 오히려 미국 정부에서 망명자에게 제공하는 '무국적 여행증명서'를 발행해 주어 이를 소지 하고 일본, 캐나다, 멕시코, 중국을 다니며 김대중, 노무현 좌파 정권 타도와 김정일 집단 타도 운동에 더욱 매진 할 수 있었다.

2008년 9월 9년 만에 귀국을 준비 하다가 감옥 안에서 몇 번이나 쓰러져 치료 받을 때 소독이 제대로 되지 않은 주사기를 사용하여 주사를 맞은 것에 다른 사람들의 나쁜 병균이 옮겨와 10년을 잠복해 있다가 '골수 암'으로 판명 되어 존스홉킨스 암 병원에 입원, 생사의 갈림길에서 하나님의 축복으로 죽음을 이겨냈다. 병원 문을 나설 때 의사들은 "앞으로는 정신노동을 필요로 하는 일은 일체 하지 말고 잘 먹고 운동을 많이 하면 좋아질 것"이라고 당부했으며 가족들도 기사를 쓰지 못하도록 적극 만류했다. 그런데도 지난 1년 반 동안 새벽 2~3시 까지 기사를 쓰고 또 2권의 책을 집필하다가 다시 병이 재발하여 VIRGINIA HOSPITAL CENTER에서 3개월 입원하여 치료 후 현재 요양 중에 있다.

한편 2004년 미국 연방 의회가 '북한 자유 인권법'을 제정할 때 노력한 공으로 '아시아 태평양 인권협회'로부터 '공로표창'을 받았으며, 한국의 '국민행동본부'와 워싱턴, 로스앤젤레스의 '대한민국을 사랑하는 동포 모임' (대사모)으로부터 좌파정권 10년 투쟁의 공로로 '애국투사' 칭호를 받고 공로 감사패를 받았다.

손충무의 많은 저서는 한국의 국회 도서관뿐만 아니라 일본의 국회 도서관에도 20여 권, 미국 워싱턴 연방의회 도서관에도 25권, 또 하버드 대학, MIT, 콜롬비아 대학 등 미국 동부 아이비리그 5개 대학 도서관에도 소장되어 있다.

저자 손충무 씨의 가족 상황은 유준자 여사와 사이에 3형제 (우영, 세영, 국영)을 두고 있으며 손자 3명, 손녀 2명을 두고 있다.

- 이포 출판사 편집부

저자의 주요 저서 일람표

1. 이것이 眞相이다 ▮ 백범 암살 진상 폭로기 / 진명문화 / 1966.9 / 한국 / 380원

2. 南太平洋 ▮ 남태평양 특파 이야기 / 진명문화 / 1967.1 / 한국 / 430원

3. 原罪 ▮ 미국 및 북구라파 여행기 / 大志閣 / 1968.4 / 한국 / 420원

4. 마담 프란체스카 ▮ 한국 첫 번째 퍼스트레이디 / 동아출판 / 1970.2 / 한국 / 1,500원

5. 파란 눈의 북악산 여신 ▮ 마담 프란체스카 개정판 / 동아출판 / 1970.4 / 한국 / 820원

6. 에덴의 길목에서 ▮ 맨발기자 지구를 누비다 / 집현각 / 1972.6 / 한국 / 920원

7. 暗殺 ▮ 이것이 진상이다. / 晴文社 / 1972.6 / 일본 / 600엔 /

8. 한강은 흐른다 ▮ 승당 임영신의 생애 / 동아출판 / 1972.9 / 한국 / 1,300원

9. 暗殺 作戰 ▮ 김구와 이승만, 안두희 / 교학사 1976.5 / 한국 / 1,500원

10. 亡國의 恨 ▮ 백범 김구 史錄 / 범우사 / 1976.8 / 한국 / 1,500원

11. 김형욱, 그는 애국자인가? 배신자인가? ▮ 미국 망명 김형욱과 투쟁기록 / 한국신보 / 1978.9 / 미국 / 8달러

12. 케네디와 지미 카터 ▮ 80년대 미국과 한반도 / 교학사 / 1980.5.30 / 미국 / 4,000원

13. 경무대의 여인들 ▮ 마담프란체스카 개정판 / 한진 출판 / 1980.7 / 한국 / 2,000원

14. 최후의 그 말 한마디 ▮ 손충무 칼럼집 1 / 문학예술 / 1986.5 / 한국 / 3,500원

15. 김형욱, 최후의 그 얼굴 ▮ 김형욱과 파리 실종 다큐 / 문학예술 / 1986.8 / 한국 / 3,500원

16. 통일교와 문선명 ▮ 통일교의 실상과 허상 / 문학예술 / 1986.9 / 한국 / 3,500원

17. 언론과 정치 ▮ 이승만, 박정희 정권의 경향신문 탄압 / 문학예술 / 1987.4 / 한국 / 3,500원

18. 김종필과 새 공화국 ▮ JP일대기 / 돌샘 / 1988.4 / 한국 / 3,800원

19. 진흙탕 속 별들의 전쟁 ▮ 손충무 칼럼2집 / 돌샘 / 1988.4 / 한국 / 3,500원

20. 상해 임시정부와 백범 김구 ▮ 亡國의 恨 개정판 / 범우사 / 1988.4 / 한국 / 3,500원

21. 이병철과 삼성왕국 ▮ 삼성그룹의 기업 내막 / 돌샘 / 1988.5 / 한국 / 3,500원

22. 형님! 나는 한다면 합니다 ▮ 박정희와 김재규 10 · 26관계 / 삼성서적 / 1989.10 / 한국 / 3,800원

23. 김형욱을 누가 죽였는가? ▮ 박정희, 차지철, 김재규 그 운명의 사람들 / 삼성서적 / 1990.1 / 한국 / 3,800원

24. 김정일의 核이 日本을 노리고 있다 ▮ 북한 핵 문제와 김정일의 정체 / 고려서방 / 1993.11.13 / 일본 / 1,300엔

25. 서울은 불바다, 평양은 피바다 ▮ 김일성이 남한을 침략하는 날 / 국제정보 / 1994.4 / 한국 / 4,500원

26. 대통령 예~말 좀 애끼쇼 ▮ 손충무 칼럼 3집 / 국제문화 / 1994.9 / 한국 / 6,000원

27. 제4공화국(전2권) ▮ 박정희와 김재규 10.26시해사건 / 삼성서적 / 1995.11 / 한국 / 3,500원

28. 김대중 X-파일 ▮ 김일성 김대중을 남조선 대통령 만들기 / 새세상출판 / 1997.8 / 한국 / 7,500원

29. 김대중 김정일 최후의 음모 ▮ 김대중, 김정일에 8억 달러 전달 / 日新報道 / 2002.10 / 일본 / 2,300엔

30. 김일성의 꿈은 김대중을 남조선 대통령으로 만드는 것이었다 ▮ 김대중 X-파일 제1탄 / 이포출판 / 2010.8 / 한국 / 15,000원

저자의 주요 약력

1940년 6월 23일(음) 경남 河東 출생. 명지대학 국문학과를 졸업하고 중앙대학교 사회개발대학원을 수료했다. 또 서울대학교 신문대학원에서 특별교육을 받으며 일본 게이오대학 신문연구소에서 공부했다.

주요 저서 『金大中 X-파일』(1997.8), 『김정일·김대중 최후의 음모』(2002.10 日本語), 『대통령 예-말 좀 애끼소』(1994.9), 『서울은 불바다 평양은 피바다』(1994.4), 『형님, 나는 한다면 합니다』(1989.1), 『이병철과 삼성왕국』(1988.5), 『김종필과 새 공화국』(1988.2), 『제1, 제3공화국의 언론과 정치』(1987), 『통일교-문선명 그 실상과 허상』(1986.9), 『김형욱 최후의 그 얼굴』(1986.8), 『최후의 그 말 한마디』(1986.5), 『케네디와 지미카터』(1980.5), 『배신자 김형욱의 최후』(1978), 『암살』(1972.6), 『한강은 흐른다』(1972.9), 『에덴의 길목에서』(1971.6), 『마담 프렌체스카』(1970.2), 『남태평양』(1967.1967.11), 『이것이 진상이다』(1966.9) 등 국내에서 30여 권을 출판했으며 일본에도 4권이나 출판 되었으며, 그 외 칼럼 1,000여 편, 시, 에세이 논문 등도 다수 발표했다.

秘비 資자 金금
김대중·김정일 최후의 음모

3판인쇄·2012년 10월 15일 인쇄
3판발행·2012년 10월 20일 발행

지은이·손충무
편집 발행인·이정승

펴낸곳·도서출판 이포(李浦) www.usinsideworld.com
출판등록·제 5-00019호(2005. 04. 19)
주소·서울시 도봉구 창동 74-25번지 4층
　　　Po Box-150694 Alexandria, VA 22315 U.S.A
전화·010-6626-9793 / 070-4076-9931
E-mail : charis4@naver.com / charis-jslee@hanmail.net

ISBN 978-89-92908-15-3(04300)
ISBN 978-89-92908-13-9(04300)

공급처·지성문화사
TEL·02-2233-5554